中国科学院教材建设专家委员会教材建设立项项目

高等职业教育制造大类精品教材

国家示范性高职院校建设系列成果

现代企业生产与运作管理

周建忠　主编

刘正怀　俞鸿斌　副主编

科学出版社

北　京

内 容 简 介

本书是在结合大量现代企业在生产运作管理中所积累的经验基础上，针对企业管理人员在日常工作中遇到的问题编写而成的。本书注重理论联系实际，并附有大量的案例分析，内容丰富、翔实。

全书共 15 个项目，主要内容有：认识生产与运作管理、生产运作战略制定、产品开发与工艺选择、生产运作系统的布局、生产过程组织、生产技术准备、劳动组织设计、生产计划制定、生产作业计划编制、独立需求库存控制、制造资源计划（MRP Ⅱ）、企业生产物流管理、设备综合管理、生产现场管理、现代生产系统与先进生产方式。

本书可作为普通高等院校、高职高专院校和成人高校生产管理课程的教材或教学辅导，也可供工商企业界和经济管理人士参考。

图书在版编目(CIP)数据

现代企业生产与运作管理 /周建忠主编. —北京：科学出版社，2009
（中国科学院教材建设专家委员会教材建设立项项目·高等职业教育制造大类精品教材·国家示范性高职院校建设系列成果）
ISBN 978-7-03-026037-6

Ⅰ. 现… Ⅱ. 周… Ⅲ. 企业管理：生产管理-高等学校：技术学校-教材
Ⅳ. F273

中国版本图书馆 CIP 数据核字（2009）第 209959 号

责任编辑：何舒民 / 责任校对：耿 耘
责任印制：吕春珉 / 封面设计：耕者设计工作室

科 学 出 版 社 出版
北京东黄城根北街 16 号
邮政编码：100717
http://www.sciencep.com
新科印刷有限公司 印刷
科学出版社发行 各地新华书店经销
*
2009 年 12 月第 一 版 开本：787×1092 1/16
2018 年 8 月第八次印刷 印张：21 3/4
字数：510 000
定价：53.00元
（如有印装质量问题，我社负责调换〈新科〉）
销售部电话 010-62134988 编辑部电话 010-62137154（VT03）

◀ 前　言 ▶

　　本教材是国家示范性高职院校建设系列成果之一,适于高等职业院校、高等专科学校、成人高校及本科院校开办的二级职业技术学院开设生产管理课程的专业作为教材使用,同时也可供工商企业界和从事经济管理实际工作人士参考。

本教材主要编写思路

　　1. 本教材以培养生产管理岗位的综合管理技能为主线,以工学结合为切入点,打破以知识传授为主要特征的传统学科课程模式,转变为以生产管理岗位的典型工作任务选择内容,从而更有效地培养学生实际工作的能力,提高课程内容的实用性以及与工作任务的相关性,让学生在完成具体项目的过程中来构建知识,并发展职业能力。经过行业专家深入、细致、系统的分析,本教材最终确定了以下工作任务作为主要内容(即 15 个项目):认识生产与运作管理、生产运作战略制定、产品开发与工艺选择、生产运作系统的布局、生产过程组织、生产技术准备、劳动组织设计、生产计划制定、生产作业计划编制、独立需求库存控制、制造资源计划(MRPⅡ)、企业生产物流管理、设备综合管理、生产现场管理、现代生产系统与先进生产方式,这些项目分别对应着生产管理中的不同的工作岗位。教材内容突出对学生职业能力的训练,理论知识的选取紧紧围绕工作任务完成的需要来进行,同时又充分考虑了高等职业教育对理论知识学习的需要,强调以必需、够用为原则,例如"生产现场管理"这个项目,着重培养学生灵活运用一些工具、方法实施现场管理与改善活动的能力,如 5S 活动的实施、看板管理、目视化管理、定置管理、搬运管理等。

　　2. 按照情境学习理论的观点,只有在实际情境中学生才可能获得真正的职业能力,并获得理论认知水平的提高,因此本教材打破纯粹理论知识的学科体系模式,以案例导入为切入点,实施项目教学,以改变学与教的行为。这是教学模式的一个重大转变,要有力地推动这一转变,需要以项目为载体来组织课程内容。在项目课程设计中,项目载体设计是一个关键环节。本教材每个项目都以企业实际的典型生产管理案例或生产现场为载体进行设计,以工作任务为中心整合理论与实践,实现理论与实践的一体化。教学过程中,根据实际情况采用角色扮演、仿真模拟、操作训练、现场参观、顶岗实训等多种教学组织形式,以自主学习、小组讨论和网络学习以及调研分析等方式来训练学生的独立思考能力、协作攻关能力、解决问题能力、迁移学习能力和创新能力等。教学效果评价采取过程评价与结果评价相结合的方式,通过理论与实践相结合,重点评价学生的职业意识、职业态度与职业能力。

本教材主要特色与创新

1. 以培养社会需要的高技能型人才为导向。本教材建立在高职高专培养"银领"(即高级技能型应用人才)的办学理念基础上,从编写指导思想到内容选择、体系设计、编写模式,都以服务于培养生产管理岗位人才的综合管理技能与素质为出发点和归属,努力打造充分体现高职特色的实用教材。

2. 从基层生产管理岗位的实际需要出发,注重内容的实用性,最大限度地减少基层岗位不直接应用的理论知识,而尽可能地增加实用知识与技能的内容。

3. 编写形式的创新。为适应教材的编写目标,体现高职高专教材特色,建立了"栏目式"教材编写模式,这些栏目包括教学目标、能力目标、案例导入、复习思考题、案例分析等。

本书将企业的生产实践与学校的教学有机结合在一起,将工学结合的教学理念贯穿于整个教学过程中,操作性、实践性强,着重培养学生分析与解决实际问题的能力。

全书由周建忠负责结构确定及全书的统稿工作,并负责编写前言及项目1~3、6、9、10、15,刘正怀负责编写项目4、7、11,俞鸿斌负责编写项目5、8、12,丁伟文负责编写项目13、14。

在整个编写过程中,作者参考了大量的中外管理类著作,引用了不少案例和阅读材料,在此谨表谢意。同时,在编写过程中还引用了一些学者的研究成果和观点,由于篇幅和其他原因,在本书最后的参考文献中可能有所遗漏,敬请谅解。

限于作者水平,特别是高职高专教育改革还在不断深入,本书存在一些不足之处与缺憾在所难免,恳请广大读者批评指正。

编　者
2009 年 9 月

目 录

━ 项 目 **1** ━

认识生产与运作管理

━

── 教学目标 ──────

1. 理解生产与运作管理的含义；
2. 熟悉生产与运作管理的内容；
3. 理解生产运作管理与其他职能管理的关系；
4. 了解生产与运作管理的作用；
5. 了解生产与运作管理的发展历程；
6. 理解现代生产与运作管理的特征。

── 能力目标 ──────

1. 能说出制造业各种生产类型的特点以及对管理的要求；
2. 能够结合生产实际，提出对传统生产管理模式更新的内容。

── 案例导入 ──────

1950 年，丰田汽车公司总经理丰田英二和副总经理大野耐一行人在考察了美国的福特、通用等最先进的汽车公司之后认为：虽然规模经济带来低成本，但这只适合于产品不很丰富的时代。随着人们生活水平和对产品要求的提高，这种生产方式迟早会被市场淘汰，丰田汽车公司必须自己开创一条发展日本汽车产业的新路。经过 20 年的努力，丰田公司终于创立了对汽车工业具有划时代意义的丰田生产方式。丰田生产方式成功的重要标志是它制造的汽车品种多、质量高、生产与使用成本低，并能快速根据市场变化推出新产品和调整生产计划。

请思考：丰田公司的生产运作体系有哪些神奇之处呢？

1.1 生产与运作管理概述

自从人类有了生产活动,就开始了生产管理的实践。18世纪70年代西方产业革命之后,工厂代替了手工作坊,机器代替了人力,生产管理理论研究与实践开始系统和大规模地展开。

生产与运作管理既要解决传统产业存在的问题,也要针对服务业、高新技术等新兴产业存在的问题进行研究。有人说MBA代表着财富、地位、权力和荣誉,而生产与运作管理却意味着汗水、心血、能力和胆识。要搞好生产与运作管理,尤其是大中型企业的生产与运作管理,比企业管理其他任何领域付出的劳动与资本、人力与物力都要多。

现代企业内部分工越来越精细,任何一个生产环节的失误都可能使整个生产过程无法进行。为了适应变化多端的市场竞争,提高产品综合竞争力,采用先进的制造技术和先进生产制造模式,提高生产与运作管理水平已势在必行。

1.1.1 生产与运作管理的含义

1. 生产与运作的概念

(1) 生产与运作的概念

生产与运作的实质是一种生产活动。人们习惯把提供有形产品的活动称为制造型生产,而将提供无形产品即服务的活动称为服务型生产。过去,西方国家的学者把有形产品的生产称作"production"(生产),而将提供服务的生产称作"operations"(运作)。而近几年来更为明显的趋势是把提供有形产品的生产和提供服务的生产统称为"operations",都看成是为社会创造财富的过程。

(2) 生产与运作活动的过程

把输入资源按照社会需要转化为有用输出,实现价值增值的过程就是运作活动的过程。表1.1列出了不同行业、不同社会组织的输入、转换、输出的主要内容,其中,输出是企业对社会做出的贡献,也是它赖以生存的基础;输入则由输出决定,生产什么样的产品决定了需要什么样的资源和其他输入要素。一个企业的产品或服务的特色与竞争力,是在转化过程中形成的,因此转化过程的有效性是影响企业竞争力的关键因素之一。

表1.1 输入—转换—输出的典型系统

系统	主要输入资源	转换	输出
汽车制造厂	钢材、零部件、设备、工具	制造、装配汽车	汽车
学校	学生、教师、教材、教室	传授知识、技能	受过教育的人才
医院	病人、医师、护士、药品、医疗设备	治疗、护理	健康的人
商场	顾客、售货员、商品、库房、货架	吸引顾客、推销产品	顾客的满意
餐厅	顾客、服务员、食品、厨师	提供精美食物	顾客的满意

（3）制造生产与服务运作的区别

有形产品的制造过程和无形产品的服务过程都可以看作是一个"输入—转换—输出"的过程，但这两种不同的转换过程以及它们的产出结果有很多区别，主要表现在以下五个方面。

1）产品物质形态不同　制造生产的产品是有形的，可以被储藏、运输，以用于未来的或其他地区的需求。因此，在有形产品的生产中，企业可以利用库存和改变生产量来调节与适应需求的波动。而服务生产提供的产品是无形的，是不能预先生产出来的，也无法用库存来调节顾客的随机性需求。

2）顾客参与程度不同　制造生产过程基本上不需要顾客参与，而服务则不同，顾客需要在运作过程中接受服务，有时顾客本身就是运作活动的一个组成部分。

3）对顾客需求的响应时间不同　制造业企业所提供的产品可以有数天、数周甚至数月的交货周期，而对于许多服务业企业来说，必须在顾客到达的几分钟内做出响应。由于顾客是随机到达的，就使得短时间内的需求有很大的不确定性。因此，服务业企业要想保持需求和能力的一致性，难度是很大的。从这个意义上来讲，制造业企业和服务业企业在制订其运作能力计划及进行人员和设施安排时，必须采用不同的方法。

4）运作场所的集中性和规模不同　制造企业的生产设施可远离顾客，从而可服务于地区、全国甚至国际市场，比服务业组织更集中，设施规模更大，自动化程度更高，资本投资更多，对流通、运输设施的依赖性也更强，而对服务企业来说，服务不能被运输到异地，其服务质量的提高有赖于与最终市场的接近与分散程度。设施必须靠近其顾客群，从而使一个设施只能服务于有限的区域范围，这导致了服务业的运作系统在选址、布局等方面有不同的要求。

5）在质量标准及度量方面不同　由于制造业企业所提供的产品是有形的，所以其产出的质量易于度量。而对于服务业企业来说，大多数产出是不可触的，无法准确地衡量服务质量，顾客的个人偏好也影响对质量的评价。因此，对质量的客观度量有较大难度。

2. 生产与运作管理

生产与运作管理是指对企业提供产品或服务的系统进行设计、运行、评价和改进的各种管理活动的总称。生产与运作系统的设计包括产品或服务的选择和设计、运作设施的地点选择、运作设施的布置、服务交付的系统设计和工作的设计。生产与运作系统的运行，主要是指在现行的运作系统中如何适应市场的变化，按用户的需求生产合格产品和提供满意服务。生产与运作系统的运行主要涉及生产计划、组织与控制三个方面。

人们最初开始的是对生产制造过程的研究，主要研究有形产品生产制造过程的组织、计划和控制，称为"生产管理学"（production management）。随着经济的发展、技术进步以及社会工业化、信息化的进展，社会构造越来越复杂，社会分工越来越细。原来附属于生产过程的一些业务、服务过程相继分离并独立出来，形成了专门的商业、金融、房地产等服务业。此外，人们对教育、医疗、保险、娱乐等方面的要求也在不断提高，相关行业也在不断扩大。因此，对这些提供无形产品的运作过程进行的管理和研究也就应运而生。人们开始把有形产品和无形产品的生产和提供都看作是一种"投入—变换—产出"

的过程(图 1.1),从管理的角度来看,这两种变换过程实际上是有许多不同之处的,但从汉语习惯上将生产与运作两者称生产运作。其特征主要表现为:①能够满足人们某种需要,即有一定的使用价值;②需要投入一定的资源,经过一定的变换过程才能实现;③在变换过程中需投入一定的劳动,实现价值增值。

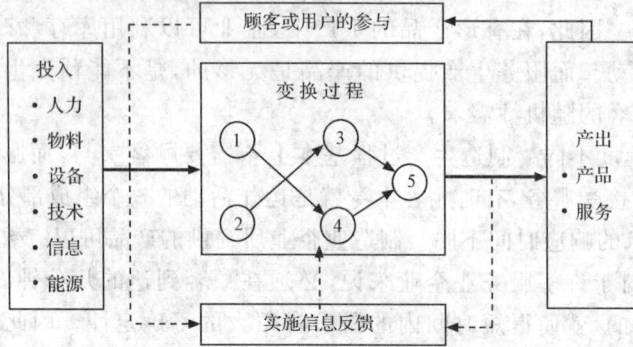

图 1.1　生产系统运转程序图

3. 生产与运作管理的研究对象

生产与运作管理学的研究对象是生产与运作系统。如上所述,生产与运作过程是一个"投入—变换—产出"的过程,是一个劳动过程或价值增值过程。所谓生产与运作系统,是指使上述的变换过程得以实现的手段。它的构成与变换过程中的物质转化过程和管理过程相对应,也包括一个物质系统和一个管理系统。

物质系统是一个实体系统,主要由各种设施、机械、运输工具、仓库、信息传递媒介等组成。例如,一个机械工厂,其实体系统包括车间,车间内的各种机床、工具,车间与车间之间的在制品仓库等;一个化工厂,它的实体系统可能主要是化学反应罐和形形色色的管道;一个急救系统或一个经营连锁快餐店的企业,它的实体系统可能又大为不同,不可能集中在一个位置,而是分布在一个城市或一个地区内各个不同的地点。

管理系统主要是指生产与运作系统的计划和控制系统,以及物质系统的设计、配置等问题,其中的主要内容是信息的收集、传递、控制和反馈。

1.1.2　生产与运作管理内容

1. 生产与运作战略制定

生产与运作战略决定产出什么,如何组合各种不同的产出品种,为此需要投入什么,如何优化配置所需要投入的资源要素,如何设计生产组织方式,如何确立竞争优势等。其目的是为产品生产及时提供全套的、能取得令人满意的技术经济效果的技术文件,并尽量缩短开发周期,降低开发费用。

2. 生产与运作系统(设计)构建管理

生产与运作系统(设计)构建管理包括设施选择、生产规模与技术层次决策、设施建设、设备选择与购置、生产与运作系统总平面布置、车间及工作地布置等,其目的是以最快的速度、最少的投资建立起最适宜企业的生产系统主体框架。

3. 生产与运作系统的运行管理

生产与运作系统的运行管理是对生产与运作系统的正常运行进行计划、组织和控制。其目的是按技术文件和市场需求,充分利用企业资源条件,实现高效、优质、安全、低成本生产,最大限度地满足市场销售和企业盈利的要求。生产与运作系统的运行管理包括三方面内容:①计划编制,如编制生产计划和生产作业计划;②计划组织,如组织制造资源,保证计划的实施;③计划控制,如以计划为标准,控制实际生产进度和库存。

4. 生产与运作系统的维护与改进

生产与运作系统只有通过正确的维护和不断的改进,才能适应市场的变化。生产与运作系统的维护与改进包括设备管理与可靠性、生产现场和生产组织方式的改进。生产与运作系统运行的计划、组织和控制,最终都要落实到生产现场。因此,要加强生产现场的协调与组织,使生产现场做到安全、文明生产。生产现场管理是生产与运作管理的基础和落脚点,加强生产现场管理,可以消除无效劳动和浪费,排除不适应生产活动的异常现象和不合理现象,使生产与运作过程的各要素更加协调,不断提高劳动生产率和经济效益。

1.1.3　生产与运作管理的目标

生产与运作管理的目标是:高效、低耗、灵活、清洁、准时地生产合格产品或提供满意服务。高效是对时间而言,指能够迅速地满足用户的需要,在当前激烈的市场竞争条件下,谁的订货提前期短,谁就更可能争取用户;低耗是指生产同样数量和质量的产品,人力、物力和财力的消耗最少,低耗才能低成本,低成本才有低价格,低价格才能争取用户;灵活是指能很快地适应市场的变化,生产不同的品种和开发新品种或提供不同的服务和开发新的服务;清洁指对环境没有污染;准时是在用户要求的时间、数量内,提供所需的产品和服务。

1.2　生产与运作管理的地位和作用

1.2.1　生产与运作管理的地位

生产与运作管理是对企业生产活动的管理,主要解决企业内部的人、财、物等各种资源的最佳结合问题。生产与运作管理是把企业的经营目标,通过产品的制造过程而转化成为现实。然而,在市场经济条件下,在科学技术尤其是生产制造技术飞速发展的今天,现代生产与运作管理同传统生产与运作管理相比,无论从内容上,还是管理方式上都得到了充实、发展与完善,形成了新的特点。

生产与运作管理在企业管理中的地位,首先表现为生产与运作管理是企业管理的一部分,从企业管理系统分层来看,生产与运作管理处于经营决策(领导层,上层)之下的管理层(中层),它们之间是决策和执行的关系,生产与运作管理在企业管理中起保证作用,处于执行的地位。其次,生产与运作管理活动是企业管理一切活动的基础。对生产活动管理不好,企业就很难按品种、质量、数量、期限和价格向社会提供产品,满足用户要求,增强企业自身的竞争力。在这种情况下,企业就无法实现其经营目标。所以,在市场经济条件下的企业,在重视经营管理的同时,决不能放松生产与运作管理。相反,应更重视它,使经济效益的提高建立在可靠的基础之上。

1.2.2 生产运作管理与其他职能管理的关系

生产运作管理与其他职能管理的关系归纳如下。

1. 生产运作职能是企业管理三大基本职能之一

企业管理有三大基本职能:运作、理财和营销。运作就是创造社会所需要的产品和服务,把运作活动组织好,这对提高企业的经济效益有很大作用。理财就是为企业筹措资金并合理地运用资金。只要进入的资金多于流出的资金,企业的财富就不断增加。营销就是要发现与发掘顾客的需求,让顾客了解企业的产品和服务,并将这些产品和服务送到顾客手中。无论是制造业企业还是服务型企业,生产与运作活动是企业的基本活动之一,生产与运作管理是企业管理的一项基本职能。

2. 生产运作管理与市场营销的关系

生产运作管理与市场营销处在同一管理层次上,相对独立,又有着十分紧密的协作关系。生产与运作管理为营销部门提供满足市场消费、适销对路的产品和服务,搞好生产与运作管理对开展营销管理工作、提高产品的市场占有率和增强企业活力有着重要的意义。所以说,生产与运作管理对市场营销起保障作用,同时市场营销为生产提供市场信息,是生产与运作管理的产品价值实现的保证。

3. 生产运作管理与财务管理的关系

生产运作管理与财务管理也处在同一管理层次上,彼此之间既独立又有联系。企业的生产与运作活动是伴随着资金运动同时进行的。财务管理是以资金运动为对象,利用价值形式进行的综合性管理工作。企业为进行生产与运作活动通过借贷、筹集等方式获得资金,先以货币资金形式存在于企业,当企业采购生产所需的原材料、燃料等实物后,货币资金转化为储备资金;在生产过程中,储备资金又转化为生产资金;当转化过程结束后,原材料加工成为成品,生产资金转化为成品资金;产品在市场销售后,其价值得以实现,成品资金转化为货币资金。

在上述资金运动过程中,资金流动与实物流动交织在一起,资金流动对实物流动起着核算、监督和控制的作用。从财务管理的角度看，企业财务管理系统既要为生产与运作活动所需的物资及技术改造、设备更新等提供足够的资金，又要控制生产与运作中所需的费用，加快资金周转，提高资金利用效果。

从生产的角度来看，生产与运作管理所追求的高效率、高质量、低成本和交货期，又可以在各方面降低消耗、节约资金，提高资金利用效率，增加企业经济效益。

4. 生产运作管理与企业管理系统的关系

企业管理的目的是要在充分发挥市场营销、生产运作与财务管理等职能作用的基础上，实现企业系统的整体优化，创造最佳经济效益。在企业管理系统中，三大职能互相影响、互相制约。如果企业营销体系不健全，营销政策不完整、销售渠道不畅，即使企业拥有竞争力很强的产品，也难将产品销售出去，更谈不上取得市场地位、获得竞争优势。如果企业生产与运作系统设计不合理，产品质量不能保证，这样的产品就是有再完善的营销体系也很难将产品销售出去。假如企业上述两项都不错，但财务管理系统较弱，资金筹措和资金运作能力很低，企业最终也会因为没有足够的资金支持和资金使用效率低，而不能在市场竞争中把企业做大做强。因此，对于企业这样一个完整的有机系统，提高企业管理水平必须以系统的观点，应从系统的角度全面提高企业各职能的管理水平。

1.2.3　生产与运作管理的作用

1. 生产与运作是企业价值链的主要环节

从人类社会经济发展的角度来看，物质产品的生产制造是除了天然合成（如粮食生产）之外，人类能动地创造财富是最主要的活动。工业生产制造直接决定着人们的衣食住行方式，也直接影响着农业、矿业等社会其他产业技术装备的能力。在今天，随着生产规模的不断扩大，产品和生产技术的日益复杂，市场交换活动的日益活跃，一系列连接生产活动的中间媒介活动变得越来越重要。因此，与工业生产密切相关的金融业、保险业、对外贸易业、房地产业、仓储运输业、技术服务业和信息业等服务行业，在现代社会生活中所占的比重越来越大，在人类创造财富的整个过程中起着越来越重要的作用，是人类创造财富的必要环节。而作为构成社会基本单位的企业，其生产与运作活动是人类最主要的生产活动，也是企业创造价值、服务社会和获取利润的主要环节。

2. 生产与运作管理是企业市场链的主要活动

企业生产经营可以说有五大活动：财务、技术、生产、营销和人力资源管理。这五大活动是有机联系的一个循环往复的过程，如图1.2所示。企业为了实现自己的经营目的，首先要制定一个经营方针，决定经营什么、生产什么；然后需要准备资金，即进行财务活动；其次需要研制和设计产品以及工艺——技术活动；设计完成后，需要购买物料和加工制造——生产活动；产品生产出来以后，需要通过销售使价值得以实现——营销活动；销售以后得到的收入进行分配，其中一部分作为下一轮的生产资金，又一个循环开始。而能使这一切运转的，是人——人力资源管理活动。

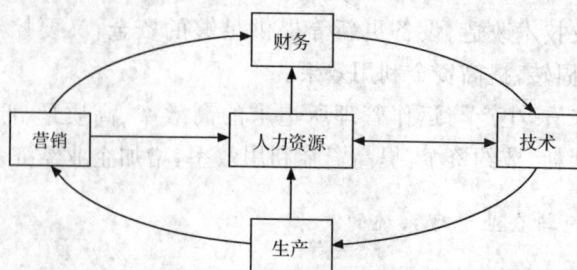

图 1.2　企业经营的活动过程

　　企业为了达到自己的经营目的,以上五大活动缺一不可。例如,没有资金,生产活动就无法开始,也就谈不上创造价值;又如,生产出来的有价值的产品,如果销售不出去,价值也就无从实现。而其中生产活动(包括"技术"活动在内)的重要意义在于它是真正的价值创造过程,是产生企业利润的源泉。

　　3. 生产与运作管理是构成企业核心竞争力的关键内容

　　在市场竞争条件下,企业竞争到底靠什么? 不同的企业有各自不同的战略和各自不同的成功经验。归纳起来,最终都体现在企业所提供的产品上,体现在产品的质量、价格和适时性上。哪个企业的产品质量好,价格低,又能及时推出,就能在竞争中取胜。一个企业也许面临许多问题,如体制问题、资金问题、设备问题、技术问题、生产问题、销售问题、人员管理问题以及企业和政府、银行、股东的关系问题等,任何一个方面的问题,都有可能影响整个企业的正常生产和经营。但消费者和用户只关心企业所提供的产品对他们的效用。因此,企业之间的竞争实际上是企业产品之间的竞争,而企业产品的竞争力,在很大程度上取决于企业生产与运作管理的绩效,即如何保证质量、降低成本和把握时间。

　　从这个意义上来说,生产与运作管理是企业竞争力的真正源泉。在市场需求日益多样化、顾客要求越来越高的情况下,如何适时、适量地提供高质量、低价格的产品,是现代企业经营管理领域中最富有挑战性的内容之一。在 20 世纪 80 年代,美国工商企业界的高层管理者们曾经把兴趣更多地偏重于资本运营、营销手段的开发等,而对集中了企业绝大部分财力、设备、人力资源的生产系统缺乏应有的重视,结果导致整个生产活动与市场竞争的要求相距越来越远。而后起的日本企业,则正是靠它们卓有成效的生产与运作管理技术和方法,使其产品风靡全球,不断提高其全球竞争力。尤其日美汽车工业之间的竞争和成败是这方面的一个最好例子。在今天,绝大多数企业已经意识到了生产与运作管理对企业竞争力的重要意义,开始重新审视生产与运作管理在整个企业经营管理中的地位和作用,大力通过信息技术的应用等手段来加强生产与运作管理。今天的中国企业实际上也面临类似的问题,西方国家的经验教训值得我们借鉴。

1.3 生产与运作管理的发展历程

1.3.1 生产与运作管理的产生

工厂制度刚出现时期,经济学家亚当·斯密在1776年撰写的《国富论》一书中,最早注意到了生产经济学。他揭示出劳动分工的三个基本优点:重复完成单项作业会使技能或熟练程度得到发展;通常由于工作变换而损失时间的节约;当人们在一定范围内努力使作业专门化时,通常会发明出机器工具来。在工厂制度下,由于大量生产需要集中大量的人员,劳动分工作为一个具有普遍意义的方法发展起来,协作的方法是有效的。亚当·斯密观察到这个现象,注意到了它三方面的优点,并把它写进了《国富论》中。《国富论》是生产经济学发展中的一个里程碑,生产与运作管理这门学科,从完全叙述的阶段,发展到了具有一门应用科学特征的阶段。

在亚当·斯密之后,英国人查尔斯·巴贝奇扩大了斯密的观察范围,提出了许多关于生产组织和经济学方面带有启发性的观点。他的思想在1832年所写的《论机器和制造业的经济》一书中概述出来。巴贝奇同意亚当·斯密关于劳动分工的三方面优点,但是他注意到亚当·斯密忽略了一个重要的优点。例如,巴贝奇引用了那个时候制针业的调查结果,专业化分工导致制针业有七个基本操作工序:①拉线;②直线;③削尖;④切断顶部;⑤作尖;⑥镀锡或镀白;⑦包装。巴贝奇注意到这些不同工序工资等级所付费用,便指出,如果工厂按照每个人完成全部工序的操作来重新组织的话,就要对这些人按全部工序要求的最难的或者最好的技巧来支付工资。实行劳动分工就可以按每种技巧恰好所需要的数量来雇佣劳动力。所以,除了亚当·斯密提出的生产率方面的优点以外,巴贝奇还认识到对技巧订出界限作为支付报酬依据的原则。在亚当·斯密和查尔斯·巴贝奇考察之后的年代里,劳动分工继续发展,并且在20世纪前半叶里发展更快了。弗雷德里克·W·泰罗为生产与运作管理的发展作出巨大的贡献,泰罗认为:科学的方法能够而且也应当应用于解决各种管理中的难题,完成工作所用的方法应当通过科学的调查研究,由企业的管理部门来决定。他列举出管理部门的四条新的职责,概述如下:

1) 研究一个人工作的各个组成部分,以替代传统的凭经验的做法。

2) 用对员工进行科学的选拔、培训和提高,代替允许员工选择自己的工作和尽他自己的能力来锻炼自己的传统做法。

3) 在员工和管理部门之间发展诚心合作的精神,以保证工作在科学的设计程序下进行。

4) 在员工和管理部门之间按几乎是均等的份额进行工作分工,各自承担最合适的工作,以代替过去员工负担绝大部分工作和责任的状况。

这四条职责使人们对管理组织有了许多的考虑,几乎完全是现代组织实践的基本组成部分,并在工程方法与劳动测量领域中得到了发展。泰罗还做了许多著名的开创性的实验。这些实验涉及各个领域,包括基层生产组织、工资付酬理论、以及诸如当时钢铁工业部门中常有的金属加工、生铁搬运和铲掘作业的基本步骤的制订。

在很长的一段时间里,泰罗的基本观点很少变化,他所设想的本来意义上的生产管理科学发展极为缓慢。之所以发展缓慢的原因有很多,如还没有可以运用的、合适的知识与工具,而且必须纠正泰罗以后一段时期内的滥用情况。多年来,人们试图打破这种僵局,用单一的数字代表人们的产量或单个人-机系统化产量来解决一项作业获多少产量,可见这个方法不适用于这种情况。在泰罗以后的时期中,困扰着人们的另一个重大困难是:大规模问题的复杂性出现了,任何问题的所有可变因素似乎完全是相互依存的。今天,由于对统计和概率论的普遍认识并日益应用于生产,以及计算机的运用,与以往相比,现在的生产系统模型更加接近于现实了。

1.3.2 生产与运作管理的发展

生产与运作管理的发展(表 1.2)分为四个阶段:19 世纪末以前的早期管理思想阶段;19 世纪末到 20 世纪 30 年代,以泰罗科学管理和法约尔一般管理思想为代表的古典管理思想阶段;20 世纪 30 年代到 20 世纪 40 年代中期,以梅奥的人际关系理论和巴纳德的组织理论为代表的中期管理思想阶段;20 世纪 40 年代中期,以后一系列管理学派(管理科学学派、行为科学学派、系统管理学派等)为代表的现代管理思想阶段。其中一个重大的发展就是应用了线性规划,由于计算机的发展使大规模线性规划问题的解决成为可能。计算机技术推动了生产与运作管理的发展,如生产方式的变更、自动化的实现。

表 1.2　19 世纪以来运作管理发展演进的重大事件

年份/年	概念和方法	发源地
1917	科学管理原理、标准时间研究和工作研究	美国
1931	工业心理学	美国
1927～1933	流水装配线	美国
1934	作业计划图(甘特图)	美国
1940	库存控制中的经济批量模型	美国
1947	抽样检验和统计图技术在质量控制中的应用	美国
1950～1960	霍桑试验、人际关系学说	美国
	工作抽样分析	英国
	处理复杂系统问题的多种训练小组方法	英国
1970	线性规划中的单纯形解法	美国
1980	运筹学快速发展,如模拟技术、排队论、决策论、计算机技术	美国和欧洲
1990	车间计划、库存控制、工厂布置、预测和项目管理、MRP 和 MRP Ⅱ 等	美国和欧洲
	JIT、TQC、工厂自动化(CIM、FMS、CAD、CAM、机器人等)	美国、日本和欧洲
	TQM 普及化、各国推行 ISO9000、流程再造(BPR)、企业资源计划(ERP),并行工程(CE)、敏捷制造(AM)、精益生产(LP)、电子商务、因特网、供应链管理。	美国、日本和欧洲

1.4 现代生产与运作管理的特征

1.4.1 传统生产管理模式及其弊端

20世纪20年代出现了"第一次生产方式革命",即单一品种(少品种)大批量生产方式替代手工制造单件生产方式,但随后代之的是"多品种、小批量生产方式",即"第二次生产方式革命"。我国传统的生产管理模式是在20世纪50年代学习前苏联的基础上创立发展起来的,与单一品种(少品种)大批量生产方式相适应的,以产品为中心组织生产,使得整个经济处于投入多、产出少、消耗高、效益低的粗放型发展状态,形成生产单一产品的"大而全"、"小而全"的工业生产体系。从而可以看出,我国传统的生产管理模式是"以产品为中心"的组织生产,"以生产调度为中心"控制整个生产,与单一品种大批量生产方式相适应的生产管理模式。

与现代企业的生产与运作管理相比,我国企业传统的生产管理模式存在着以下一些弊端。

1. 企业生产缺乏柔性,对市场反应能力低

所谓"柔性",就是加工制造的灵活性、可变性和可调节性。现代企业的生产组织必须适应市场需求的多变性,要求在短时期内,以最少的资源消耗,从一种产品的生产转换为另一种产品的生产。但传统生产管理模式是以产品为单位,按月份编制生产计划的。投入产品与调整产品对整个计划影响较大,再加上企业生产的反馈信息比较慢,下月初才有上月末的生产统计资料,无法实现动态调整,生产严重滞后,导致生产系统速度慢。

2. 企业的"多动力源的推进方式"使库存大量增加

所谓"多动力源的推进方式",是指各个零部件生产阶段,各自都以自己的生产能力、生产速度生产,而后推到下一个阶级,由此逐级下推形成"串联",平行下推形成"并联",直到最后的总装配,构成了多级驱动的推进方式。由于生产是"多动力源"的多级驱动,加上没有严格有效的计划控制和全厂的同步化均衡生产的协调,各生产阶段的产量必然会形成"长线"和"短线"。长线零部件"宣泄不畅"进入库存,加大库存量,而短线零部件影响配套装配,形成短缺件。然后,当"长线"越长,"短线"越短时(使各种库存不但不能起到协调生产,保证生产连续性的作用,反而会适得其反),造成在制品积压,流动资金周转慢,生产周期长,给产品的质量管理、成本管理、劳动生产率,以及对市场的反应能力等方面带来极其不利的影响。

3. 单一产品的"大而全"、"小而全"生产结构

现代化大生产是充分利用发达的社会分工和协作,组成专业化和多样化相结合的整

机厂和专业化的零部件厂。然而,随着时代的变迁,科学技术的不断进步和人们生活条件的不断改善,消费者的价值观念变化很快,消费需求多样化,从而引起产品的寿命周期相应缩短,为适应市场需求环境的变化,必将使多品种、中小批量混合生产成为企业生产方式的主流。长期以来,我国"大而全"、"小而全"生产结构方式,不仅是一种排斥了规模经济效益的、效率低下的生产方式,而且也排斥多样化经营,靠增大批量降低成本生产,这样非常不利于企业分散风险,提高效益,促进企业顺利成长。

4. 企业生产计划与作业计划相脱节,计划控制力弱

传统生产管理模式在生产计划的编制过程中,是以产品为单位进行的,但又由于各生产阶段内部的"物流"和"信息流"是以零件为单位,因此作为厂一级的生产计划只能以产品为单位,按月份下达到各生产阶段,即有关车间,而不能下达到生产车间内部。生产车间内部则根据厂级生产计划,以零件为单位自行编制本车间的生产作业计划,由于各生产车间的工艺、对象和生产作业计划的特殊性和独立性,致使各生产车间产量进度不尽相同。而厂级计划是以产品为单位编制,对各车间以零件为单位的生产作业计划不能起到控制作用。

1.4.2 传统生产管理模式更新的内容

虽然面对着严峻的挑战和严酷的现实,但我国企业应该清楚地看到,这也是一次很好的契机。如果能抓住这个机遇,彻底改变传统的生产管理观念,采用先进的生产方式,构造新的适合我国国情的生产与运作管理模式,"跳跃"过"第一次生产方式革命"的阶段,直接迎接"第二次生产方式革命"的挑战,那么,我国企业必然会产生翻天覆地的变化,带动整个国民经济的腾飞。所以,更新我国传统的生产管理模式,对促进我国企业生产与运作管理以及社会经济的发展,有着十分重要的意义。

1. 在生产方式上,从粗放式生产转变为精益生产

按照精益生产的要求,企业在围绕市场需求来组织生产,其具体形式是拉动式生产。即企业的生产以市场需求为依据,准时地组织各环节的生产,一环拉动一环,消除整个生产过程中的一切松弛点,从而最大限度地提高生产过程的有效性和经济性,尽善尽美地满足用户需求。拉动式生产彻底地改变了过去那种各环节都按自己的计划组织生产,靠大量的在制品储备保任务、保均衡的做法,使社会需要的产品以最快的速度生产出来,减少储存,最终做到生产与市场需要同步。

2. 生产组织方面,"以产品为中心"组织生产转变为"以零件为中心"组织生产

所谓"以产品为中心"组织生产,是指在整个企业生产过程中,各生产阶段之间的"物流"和"信息流"都是以产品为单位流动和传递的,各生产阶段内的"物流"和"信息流"则是以零件为单位流动和传递的。尽管生产一个产品,要把一个个零件设计出来,再把一个个零件加工出来,即实际工作是以零件为单位进行的,但它并不能改变整个生产过程以产品为单位的特性。也因为各生产阶段内部的单位口径不一致,产生了传统生产管理

模式的特性。现代生产管理要求"以零件为中心"组织生产,即整个生产过程中,从工艺设计、计划编制、生产组织实施等各个环节,都以零件为单位组织安排,它不仅在生产阶段内部"物流"和"信息流"的传递是以零件为单位,而且在各阶段之间的"物流"和"信息流"也是如此。这样,可使生产计划与生产作业计划成为"一揽子"计划,它克服了"以产品为中心"方式因其单位口径不一致造成的"物流"和"信息流"的割裂和脱节,使得生产计划和生产作业计划之间的信息传递无障碍,从而使各生产阶段之间及其内部的"物流"和"信息流"都能受控于统一的控制中心,即整个生产过程受到严格、有序的控制。

3. 生产与运作管理手段,由手工管理转变为计算机管理

管理现代化的目标之一是手段的计算机化与办公自动化。目前,大多数企业处于从手工管理向计算机化管理的过渡时期,计算机还处于局部运用当中,比如人事档案、劳动工资、材料库存和成本管理等单项管理。对于市场预测、决策、生产计划、生产作业计划的编制和控制、产品设计、工艺工装和产品的生产制造等方面,仍然没有普遍采用计算机辅助设计(CAD)、计算机辅助工艺过程设计(CAPP)、计算机辅助制造(CAM)、制造资源计划(MRPⅡ)、成组技术(GT)和柔性制造技术(FMS)等计算机管理的方法。

近20年发展起来的计算机集成制造系统(CIMS)技术,使企业的经营计划、产品开发、产品设计、生产制造以及营销等一系列活动有可能构成一个完整的有机系统,从而更加灵活地适应市场环境变化的要求。计算机技术具有巨大的潜力,它的应用和普及将给企业带来巨大的效益。但是,这种技术的巨大潜力在传统的管理体制和管理模式下是无法充分发挥的,必须建立能够与之相适应的生产经营综合管理体制与模式,并进一步朝着经营与生产一体化、制造与管理一体化的高度集成方向发展。

4. 生产品种方面,由少品种、大批量转变为多品种、小批量生产

我国传统生产管理模式是"以产品为中心"组织生产,"以调度为中心"控制进度的管理方式,是与少品种大批量生产方式相适应的。但是时代发展到今天,一方面,在市场需求多样化面前,这种生产方式逐渐显露出其缺乏柔性,不能灵活适应市场需求的弱点;另一方面,飞速发展的电子技术、自动化技术和计算机技术等,使生产工艺技术以及生产方式的灵活转换成为可能。而当今的企业必须面向用户,适应市场,并依据市场和用户的需求变化进行不断地优化产品结构,最大限度地满足用户对产品品种、质量、价格与服务的需求,这也是市场经济高度发展的客观要求。可以肯定地说,多品种、小批量生产将越来越成为主流。

5. 在管理制度上,由非制度化、非程序化、非标准化转变为制度化、程序化和标准化

我国企业的基础管理工作是一个薄弱环节,非制度化、非程序化和非标准化成为我国传统生产管理模式的特征之一。它反映在管理业务、管理方法、生产操作、生产过程、报表文件、数据资料等各个方面,特别是在生产现场,生产无序,管理混乱,"跑、冒、滴、漏"以及"脏、乱、差"等现象比比皆是。生产与运作管理的制度化、程序化和标准化是科学管理的基础,现代生产与运作管理要求是科学化的管理。在管理工作中,要完全按照

各种规章制度、作业标准、条例等执行,一切都做到有据可依、有章可循、按制度办事、按作业标准操作、按程序管理。

1.4.3 现代生产与运作管理的特征

现代生产与运作管理的概念及内容与传统生产与运作管理已有很大不同。随着现代企业经营规模的不断扩大,产品的生产过程和各种服务的提供过程日趋复杂。市场环境的不断变化,生产与运作管理学本身也在不断地发生变化,特别是信息技术突飞猛进的发展和普及,更为生产与运作管理增添了新的有力手段,也使生产与运作管理学的研究进入了一个新的阶段,使其内容更加丰富,体系更加完整。企业环境变化促进了生产与运作管理的发展,为其注入了新的内容,从而形成现代生产与运作管理的一些新的特征。

1. 现代生产与运作管理的范围比传统的生产与运作管理更宽

传统的生产管理着眼于生产系统的内部,主要关注生产过程的计划、组织和控制等,因此也称之为制造管理。随着社会经济的发展和管理科学的发展,以及整个国民经济中第三产业所占的比重越来越大,生产与运作管理的范围已突破了传统的制造业的生产过程和生产系统控制,扩大到了非制造业的运作过程和运作系统的设计上,从而形成对整个企业系统的管理。

2. 生产与运作管理与经营管理联系更加紧密,并相互渗透

随着市场经济的发展,企业的生存与发展越来越需要搞好企业经营管理,特别是制定正确的经营决策是关键,而经营决策的实现是通过加强企业的生产与运作管理。这是由于产品质量、品种、成本、交货期等生产与运作管理的指标结果直接地影响到产品的市场竞争力。此外,为了更好地适应市场需求,生产战略已成为企业经营战略的重要组成部分,同时生产系统的柔性化要求经营决策的产品研究与开发、设计与调整与之同步进行,以便使生产系统运行的前提能够得到保障。由此可见,在现代生产与运作管理中,生产活动和经营活动,生产与运作管理和经营管理之间联系越来越密切,并相互渗透,朝着一体化方向发展。

3. 多品种、小批量生产以及个性化服务将成为生产与运作方式的主流

市场需求的多样化,大批量生产方式正逐渐丧失其优势,而多品种、小批量生产方式将越来越成为生产的主流。生产方式的这种转变,使生产与运作管理面临着多品种、小批量生产与降低成本之间相悖的新挑战,从而给生产与运作管理带来了从管理组织结构到管理方法上的一系列变化。

4. 计算机技术在生产与运作管理中得到广泛运用

近20年来,计算机技术已经给企业的生产经营活动,以及包括生产与运作管理在内的企业管理带来了惊人的变化,给企业带来了巨大的效益。如 CAD、CAPP、CAM、

MRPⅡ、GT、FMS和CIMS等,这些技术的潜在效力,是传统的生产管理无法比拟的。

总而言之,在技术进步日新月异、市场需求日趋多变的今天,企业的生产经营环境发生了很大的变化,相应地给企业的生产与运作管理也带来了许多新课题。这就要求我们从管理观念、组织结构、系统设计、方法手段和人员管理等多方面进行探讨和研究。

—— 小结

过去人们一直将生产与制造业直接联系,近年来,随着服务业在国民经济中的比重大大增加,生产的概念已经扩展到了服务业,由此产生了制造性生产和服务性生产两大类别。生产、营销和财务一起共同构成了企业的三大基本职能。生产运作作为企业大系统的一个子系统,它本身由硬件和软件两大类要素构成。硬件要素形成生产运作系统的主体框架,软件要素决定系统的运行机制。

—— 复习思考题

1. 何谓生产与运作管理?
2. 生产与运作管理在企业管理中的地位是什么?
3. 生产与运作管理的任务是什么?
4. 生产与运作管理的内容有哪些?
5. 生产与运作管理理论形成和发展的代表性人物有哪些?
6. 传统生产管理模式的缺点有哪些?
7. 传统生产管理模式更新的内容是什么?
8. 现代生产与运作管理的特征是什么?

—— 案例分析

借鉴丰田:德尔福汽车系统公司建立精益文化

德尔福原本是通用汽车公司旗下的企业单位,由几条从事大规模生产的作业线组成,负责通用汽车公司的零件生产,成本高且品质不佳。通用汽车公司于1995年5月让其独立出来,成立了德尔福汽车系统公司。有好一阵子,德尔福生产的零件使通用汽车公司的成本居高不下,其原因包括美国汽车工人工会(UAW)议定的合约所要求的工资高出其他零件供应商。

在德尔福公开上市后不久,该公司总裁巴登博格(J. T. Battenberg)强烈支持以精益生产的原则为基础,建立"德尔福制造方式(Delphi manufacturing system)"。约翰·舒克(John Shook)和其他几位前任丰田公司经理任丰田生产方式专家全力协助德尔福德变革工作。虽然他们花了几年的时间才得以渗透其工会文化,但情况缓慢稳定地进展,从最初个别应用精益工具到后来建立"德尔福制造方式",使德尔福德文化变革朝向精益企业。美国汽车工人工会议定工资无法降低,但却有改善生产力与品质、节省空间与减少存货的机会。

德尔福的许多成功故事之一就是其位于密歇根州亚德里安(Adrian)的工厂。这座工厂生产轻型卡车的仪表板,其竞争对手是低成本、高品质的德尔福墨西哥制造厂。在20世纪90年代的某个时期,亚德里安工厂因为获利情况不佳而被列在"改进、出售或关厂"的名单上，但是，该工厂决定要为自己的存亡奋斗，并视"德尔福制造方式"为其唯一成功之道。

2002年，该工厂每天供应通用汽车公司7座工厂的6000件汽车仪表板，不到此工厂产量的一半。亚德里安工厂进行了许多精益变革，其中最显著的变革之一是去除高架输送带系统。此工厂生产的汽车仪表板在这条半英里的高架输送带上运转，输送带上约有1t重的存货，而且由于此输送带高架在半空中，很容易被忽略，不少问题就隐藏在了那儿。在绘制完成的未来情况价值流程图上，他们决定要拆除这条高架输送带，这样可以节省4位维修人员。这些维修人员的工作只是要使这条输送带不停的运转，拆除这条高架输送带后，这4位维修人员被指派负责此工厂的预防性维修工作。他们又重新安排了仪表板的组装线，组成产品家族的作业小组，并采用看板制度来控制从制模到组装、把采购的零件运送到生产线等操作流程，同时，使用可探测错误的各种设备来减少瑕疵品，并设置安灯制度，方便操作员请求支持。此外，该工厂还运用"5S"方案来清理工作场所。这一切措施使得材料流程开始顺畅起来，成本也开始减低。

亚德里安工厂的精益变革的里程碑之一是开始实行"生产均衡化"。在过去，此工厂已大规模生产方式制造汽车仪表板，造成了大批库存及工厂的紊乱不堪。在此工厂开始实行"准时化生产"时，仍然是以批量方式生产，无法控制与应付来自顾客每天不定时的、数量与产品种类变化极大的订单。在一位先前任职于丰田公司的精益专家的协助下，亚德里安工厂开始采用生产均衡化制度来控制生产，使原本高低起伏不定的生产均衡化，只维持少量最终产品(仪表板)存货，并以简单的视觉系统

来补货。此视觉系统是以一个含有多字段的大型方块(生产均衡化方块)显示当天的生产时间表，生产时间表是根据当天各种产品的生产时间进行切换安排。每26min就会把生产均衡化方块上的一笔零件订单取下，把生产出来的仪表板装上运货车，此时，也顺带启动新订单的生产日程安排。为支持这种操作，该工厂把生产设备的调整准备时间显著缩短，最后，该工厂每天得以进行4次生产设备的更换。

比实施这些丰田生产方式的工具更重要的改变是重新安排整座工厂的企业架构，从原本的部门制转变为5条价值流程部门，每一条价值流程部门专门生产某种仪表板系列产品，主要是根据顾客与卡车类型来区分。所有负责生产仪表板的操作员(从原材料到最终产品)直属于一位价值流程生产经理。生产经理不再待在他们的办公室里，而是在他们个别负责的价值流程现场工作。原本位于此工厂周边的维修作业也被移动到价值流程的作业现场内；每条价值流程的主要支持部门被重新配置，例如，质量管理人员被配置到某条价值流程，但直属于质量管理经理。这些变革措施的结果是使原本强调个别部门产量最大化与相互归咎责任的情形，转变成强调总产量最大化与高品质的价值流程。

早在1986年，亚德里安工厂就已经采用团队解决问题的方式，但情况一团糟。团队有多位领导者，不同部门有不同考虑与不同目的，反而衍生出许多抱怨，最终几乎未能采取任何行动。当此工厂采用精益方法时，流程的改进完全依靠绘制的价值流程图作为愿景规划工具。5条价值流程部门分别使用绘制价值流程图的方法，提出90天愿景。每一条价值流程都有一支跨部门团队，此团队每周开会评估行动计划的进行情况。于是，解决问题变成一项

齐心协力的工作,着重实现共同的愿景。

思考题:

德尔福汽车系统公司从精益生产方式中得到了哪些益处?

========= 实践与训练 =========

项目:调查与访问现代企业生产管理系统

一、实训目标

1. 使学生结合实际,加深对生产管理的感性认识与理解。

2. 初步培养学生认知与自觉养成现代管理者素质的能力。

二、内容与要求

1. 由学生自愿组成小组,每组6～8人。利用课余时间,选择1～2个典型企业进行调查与访问。

2. 在调查访问之前,每组需根据课程所学知识经过讨论制定调查访问的提纲,包括调研的主要问题与具体安排,具体问题可参考下列问题:

(1)该企业生产系统的现状如何?存在哪些问题?

(2)访问1～2位基层生产管理者,向他了解其工作职能、胜任该职能所必需的管理技能以及所采用的管理方法等情况;

(3)该企业有哪些生产管理制度?

(4)该企业在生产管理中有哪些成功的经验值得借鉴?

(5)该企业中有哪些你感兴趣的管理机制?请作简要分析。

三、成果与检测

1. 每人写出一份简要的调查访问报告。

2. 调查访问结束后,组织一次课堂交流与讨论。

3. 以小组为单位,分别由组长和每个成员根据各成员在调研与讨论中的表现进行评估打分。

4. 由教师根据各成员的调研报告与在讨论中的表现分别评估打分。

5. 将上述诸项评估得分综合,作为本次实训成绩。

◄ 项 目 **2** ►

生产运作战略制定

—— 教学目标

1. 理解生产运作战略的含义和层次；
2. 理解生产运作战略的特点；
3. 了解生产运作战略的框架；
4. 熟悉生产运作战略的内容；
5. 理解生产运作战略实施与战略制定的关系。

—— 能力目标

1. 能说出生产运作战略与企业战略的关系；
2. 能进行生产运作系统的设计；
3. 能进行生产运作战略的制定与实施。

—— 案例导入

在 20 世纪 80 年代初，日本制造一辆小汽车的成本要比同期美国的成本低 2200 美元，而成本差异的原因就在于生产。日本在自动化方面没有优势，但他们的工资较低，仅此就产生了 550 美元的差距。剩下的差距是因为其不断提高的质量、较高的劳动生产率、在库存上的投资较低、具有同样产出的较小生产规模等。美国在这种竞争劣势中该如何应对呢？这就要求生产运作要在除了成本以外的其他方面形成竞争优势。当竞争环境发生变化时，就要调整运作战略，以便为公司提供一个新的竞争优势。

2.1 生产运作战略概述

2.1.1 生产运作战略的概念

1. 战略与企业战略

战略一词最早来源于希腊语"Strategos",其含义是"将军指挥军队的艺术",是一个军事术语。在我国,"战略"一词先是"战"与"略"分别使用,"战"指战斗、战争,"略"指筹略、策略、计划。《左传》和《史记》中已使用"战略"一词。"战略"一词引入企业管理中来只有几十年时间,最早出现在巴纳德(C. I. Bernad)的著作《经理的职能》中,但应用并不广泛。1965年美国经济学家安索夫(H. I. Ansoff)的著作《企业战略论》的问世,标志着"企业战略"一词开始广泛应用。

关于"战略"的含义,不同的学者从不同的角度给以不同的表述,这里介绍几种有代表性的观点:

1) 钱德勒(Alfred. D. Chandler) 其战略是决定企业的长期基本目标与目的,选择企业达到这些目标所遵循的途径,并为实现目标与途径而对企业重要资源进行分配。

2) 魁因(I. B. Quinn) 其战略是一种模式或计划,是将一个组织的重要目的、政策与活动,按照一定的顺序结合成为一个紧密的整体。

3) 明茨博格(H. Mintzberg) 其战略可以从五个不同的方面定义,即计划(plan)、计谋(ploy)、模式(pattern)、定位(position)、观念(perspective)。这五个方面的定义是从不同的角度对战略进行了阐述,有助于对战略管理及其过程的深刻理解。

综上所述,我们可以对战略作如下解释:战略是组织对其发展目标,达到目标的途径、手段等关乎全局的重大问题的筹划和谋略。

把战略的含义与不同领域相结合、运用,就形成不同领域的战略,运用于企业就形成企业战略,因此我们可以把企业战略表述为:企业为不断获得竞争优势,以实现企业的长期生存和发展而对其发展目标、达到目标的途径和手段等重大问题的总体谋划。

2. 企业战略的层次划分

一个企业的战略为了与组织层次相适应,必须划分为不同的层次,一般而言,企业战略可以划分成三个层次,如图2.1所示。

(1) 公司战略(corporate strategy)

这是企业的总体战略,它从总体上设定了企业的发展目标、实现目标的基本途径,它侧重于两个方面的问题:一是选择企业所从事的经营范围和领域;二是在各事业部之间进行资源配置。一般企业的总体战略有三种类型:增长型战略、稳定型战略、紧缩型战略。

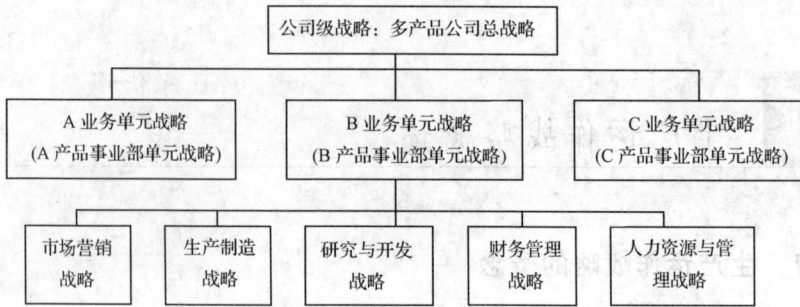

图 2.1　企业战略系统

（2）业务战略（business strategy）

业务战略即企业的竞争战略，它是企业的各个业务单位如何在公司战略的指导下，通过自身所制定的业务战略，取得超过竞争对手的竞争优势。在这一层次中，竞争优势构成要素显得尤为重要。按照哈佛商学院迈克尔·波特教授（M. E. Porter）的观点，企业的竞争战略包括：成本领先战略、差异化战略和集中化战略。

（3）职能战略（functional strategy）

它是主要职能部门以业务战略为指导，分别制定的本部门的发展目标和总体规划，其目的是公司战略和竞争战略的实现，职能战略主要包括：生产运作战略、市场战略、财务战略和人力资源战略等。

公司战略、业务战略和职能战略之间是相互作用、相互影响的，企业要获得长期发展，必须实现三个层次战略的有机结合。上一层次战略构成下一层次战略实施的战略环境，下一层次战略为上一层次战略目标的实现提供支撑。

如果企业的规模较小，只从事单一业务，此时企业的公司战略和竞争战略就处于同一层次，企业的战略结构就划分成两个层次。

3. 生产运作战略的概念

由上述可知，生产运作战略属于职能战略中的一种，是企业战略的重要组成部分。我们可以把它的概念简单表述为：企业为了实现总体战略而对生产运作系统的建立、运行，以及如何通过生产运作系统来实现组织目标所做的总体规划。它是在企业总体发展目标的指导下，具体规定企业在生产运作领域如何操作的问题，以保证生产系统的有效性，顺利地进行生产运作活动。

由于生产运作战略处于企业战略的第三层次，属于职能战略。因此，即使在同一企业总体战略下，不同部门由于所选择的业务战略不同，也必须制定与之相适应的生产运作战略。

2.1.2　生产运作战略的内容

生产运作战略主要包括三个方面的内容：生产运作的总体战略，产品或服务的设计与开发，生产运作系统的设计与维护。

1. 生产运作的总体战略

企业生产运作的总体战略包括以下几个方面内容。

(1) 产品(服务)的选择战略

企业进行生产运作,首先要确定的是企业将以何种产品(服务)来满足市场需求,实现企业发展,这就是产品(服务)选择战略所涉及的内容。企业产品(服务)选择正确与否,可以决定一个企业的兴衰存亡,必须对此予以高度重视。

企业向市场提供什么产品(服务),需要对各种设想进行充分论证,然后才能进行科学决策,此时通常要考虑以下几个因素:

1) 市场条件 主要分析拟选择产品(服务)行业所处的生命周期阶段、市场供需的总体状况及发展趋势、企业开拓市场资源及能力、企业在目标市场的地位和竞争能力预期等。

2) 企业内部的生产运作条件 主要分析企业的技术、设备水平,新产品的技术、工艺可行性,所需原材料和外购件的供应状况等。

3) 财务条件 主要分析产品开发和生产所需的投资、预期收益和风险程度等财务衡量指标,此外还要结合产品所处的生命周期来判断产品对企业的贡献前景。

4) 企业各部门工作目标上的差异性 由于企业内部各部门的职能划分不同,在共同的企业总体战略目标之下,各部门工作目标的差异性也是客观存在的,这种差异必然会对产品选择产生影响,增加工作难度。例如,生产部门追求高效、低耗地完成生产,倾向于选择生产成熟的、单一的产品;营销部门追求产品组合的宽度和深度,以适应消费者多样化的需求,倾向于新产品的不断推出;财务部门则更青睐销售利润高的产品选择。这些分歧的存在,从不同部门的角度考虑,都是为了企业的发展。这就需要企业在进行产品选择时要综合考虑、全面协调。

除以上几个方面的因素,企业在产品(服务)选择时还要兼顾社会效益、生态效益等方面的影响因素。

(2) 自制或外购战略

企业进行新产品开发,或者建立或改进生产运作系统,都要首先做出自制或外购的决策。企业自制战略有两种选择:一是完全自制,即建造完备的制造厂,购置相应的生产设备,进行组织生产所必需的人员招聘与配备,产品生产的各个环节都在本厂完成;第二种是装配阶段自制,即"外购+自制"战略,部分零部件外购,企业建造一个总装配厂,进行产品组装。企业如果选择外购战略,就需要成立一个经销公司,为消费者提供相应的服务。

一般而言,对于产品工艺复杂、零部件繁多的生产企业,那些非关键、不涉及核心技术的零部件,如果外购价格合理,市场供应稳定,企业会考虑外购或以外包的方式来实现供应。

(3) 生产与运作方式选择战略

企业在做出自制或外购的决策之后,就要从战略的高度对企业的生产方式做出选择。正确的生产与运作方式选择,可以帮助企业动态地适应快速变化的市场需求、日益激烈的市场竞争、日新月异的科技发展,使企业能适应甚至引导生产与运作方式的变革。

可供企业选择的生产与运作方式有许多种，这里仅介绍两种典型的生产方式：

1) 大批量、低成本　这种战略适用于需求量大、差异性小的产品或服务的提供，在这样一个特定的市场上，企业采用低成本和大批量生产与运作的方式，就能够获得竞争优势，特别是在居民消费水平普遍不高的经济发展阶段的国家(地区)。20世纪初的福特汽车公司首创流水线生产，现在的 Wal-Mart 公司的低成本、大规模生产方式的选择，都是这一战略执行的典型代表。

2) 多品种、小批量　对于消费者的需求多样化、个性化的产品或服务，就不宜采用大批量生产的方式，而更适合采用小批量的顾客定制方式。这种方式最早出现于20世纪80年代初，它兼有大批量生产的低成本优势和单件小批量生产适应消费者个性化需求的特点，是介于大批量生产与单件小批量生产与运作方式的一种中间状态。当前，许多著名的企业，如丰田、惠普等公司，都采用这种生产与运作方式。

除以上两种较传统的生产与运作方式外，可供企业选择的先进的生产方式如：敏捷制造、JIT、计算机集成制造等，我们将在项目15"现代生产系统与先进生产方式"中作详细介绍，此处不再赘述。

2. 产品开发与设计

企业在产品或服务选择的基础上，要对产品或服务进行设计，以确定其功能、型号和结构，进而选择制造工艺，设计工艺流程。随着现代科技的快速发展，产品生命周期总体上有缩短的趋势，R&D 的重要性日益彰显，不断推出新技术、新产品，成为保障企业生存与发展的重要条件。按照产品或服务开发与设计的发展方向，可将该战略分为四类。

(1) 技术领先者或技术追随者

企业在进行产品或服务开发与设计时可以通过自主研发来掌握新技术，以开发设计产品或服务，也可以通过学习技术领先者的技术来开发、设计产品或服务，做技术领先者或追随者是产品或服务设计时的两种不同选择。对于制造业来说做技术领先者需要不断创新和大量的研发投入，因而风险较大，但一旦成功则可获得较丰厚的回报，可以在竞争中处于领先地位；做技术追随者主要是学习新技术，仿制别人的新产品，因而相对投入少、风险小，但相比技术领先者投资回报率低，并且容易在技术上受制于人。当然，通过努力学习，对别人的技术和产品进行改进，也有可能形成竞争优势。

波特教授曾经将研究开发战略与企业竞争战略联系起来，通过研究得出结论：技术领先者和追随者，在获取成本领先优势或差别化优势方面各有特点，技术领先者是易于获得竞争优势的，但技术追随者也可获得优势，如表2.1所示。

表2.1　研究开发战略与竞争优势

竞争优势	技术领先者	技术追随者
成本领先	①优先设计出成本最低的产品或服务 ②优先获得学习曲线效益 ③创造出完成价值链活动的低成本方式	①通过学习技术领先者经验，来降低产品或服务成本和价值链活动费用 ②通过仿制来减少研究开发费用
差别化	①优先生产出能增加买方价值的独特产品 ②在其他活动中创新以增加买方价值	通过学习技术领先者的经验，使产品或交货系统更好地适应买方的需要

（2）自主开发或联合开发

自主开发就是企业根据对市场的分析和预测,依靠自己的技术力量进行新技术、新产品的研究开发,从而开发出适应消费者需求的产品。联合开发则是指企业通过与合作伙伴或其他机构联合开发新技术、新产品。自主开发对于企业规模大、R&D能力强的行业领先者很有吸引力,而联合开发则成为实力稍逊企业的理性选择,它们可以通过联合实现资源聚合,实现联合各方的共赢。此外,对于一些复杂的产品或技术,由于涉及的知识前沿,投入巨大,其周期较长,联合开发的适用性更强。

（3）外购技术或专利

如果企业没有条件进行独立研究开发、联合开发,或者研发成本、风险过大时,就会考虑外购先进的技术或专利,借助企业外部的研发力量,增强企业自身的技术实力。企业通过购买大学或研究所等的研究成果,可以节约R&D投入,降低R&D风险,同时缩短产品开发与设计的周期。但要注意的是企业在购买或引进技术或专利后,要加以消化、吸收和创新,以形成特色。

（4）基础研究或应用研究

基础研究就是对某个领域的某种现象进行研究,但不能保证新的知识一定可以得到应用。基础研究成果转化为产品的时间较长,投资比较大,而且能否转化为产品的风险很大。但是,一旦基础研究的成果可以得到应用,则会对企业的发展发挥巨大作用。应用研究则是企业根据市场需求状况选择一个潜在的应用领域,有针对性地进行的研究活动。应用研究实用性强,较容易转化为现实生产力,但应用研究一般需要基础理论的研究成果。例如,空气动力学的研究属于基础研究,而赛车车型的研究则属于应用研究,后者要以空气动力学为基础。

3. 生产运作系统的设计与维护

生产运作系统的设计与维护是企业战略管理的一项重要内容,也是企业战略实施的重要步骤。生产运作系统的设计与维护主要有四个方面的内容:选址、设施布置、工作设计、考核与报酬。

2.1.3 生产运作战略框架

生产运作战略在整个的企业战略中处于职能战略层,在企业的经营活动中处于承上启下的地位,承上是指生产运作战略是对企业总体战略、竞争战略的具体化,启下是指生产运作战略作为生产运作系统的总体战略,推动系统贯彻执行具体的实施计划。因此,生产运作战略不是一个孤立的单元,而是整个企业系统的有机组成部分,我们可以通过整个生产运作战略框架来对生产运作战略进行横向、纵向的系统分析。横向体现生产运作战略与企业其他部门的联系,纵向体现生产运作战略与顾客的联系,从产品设计、物料采购、加工制造,直到市场销售,如图2.2所示。

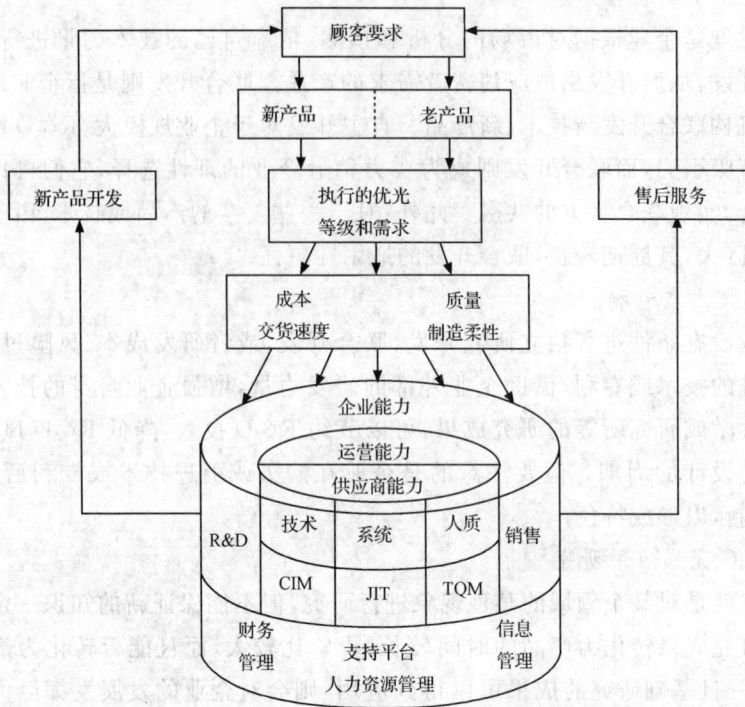

图 2.2　生产运作战略框架

　　图 2.2 体现了生产运作战略将企业资源与市场需求有机联系,通过对框架图的分析,我们可以明确这种联系是如何建立的。首先,确定顾客对新产品和现有产品的需求状况,包括对产品的质量、性能、价格和交货期等,并确定它们的优先级别。然后,要明确企业生产运作的重点,并与顾客需求的优先级别相一致。最后,生产部门动用所有的能力,努力实现生产以满足顾客需求,赢得订单。所以,生产运作战略框架图直观地体现了从发现顾客需求到满足顾客需求的生产运作流程。

　　需要解释的几点:①生产部门的全部能力包括技术、系统和人员水平,图中底部的内圈表示"生产能力桶",所标示的 CIM(计算机集成制造)、JIT(准时化生产)、TQM(全面质量管理)只是代表了应用在技术、系统和人员水平三方面所需要用到的概念和工具。②"生产能力桶"中包括了供应商,是为了表明供应商必须是在技术、系统和人力三方面都得到企业认可的协作者。如果这三方面得不到资格认证,则不会被选为供应商。③图中的外圈是"企业能力桶"。图中把产品的需求特性与"企业能力桶"联系起来,是因为顾客对产品的需求特性不仅与生产运作管理有关,也与企业 R&D、销售等其他部门有关。④底部的支持平台体现了企业财务管理、人力资源管理和信息管理等对企业生产运作的支持,正因为有了这样的支持平台,企业才能更好地满足顾客需求。

2.1.4　生产运作战略的特点

　　由于生产运作战略在整个企业战略体系中所处的地位,决定了它在企业经营中的特殊位置,形成了自身的一些基本特征。

1. 从属性

生产运作战略虽然属于战略范畴,但它是从属于企业战略的,是企业战略的一个重要组成部分,必须服从企业战略的总体要求,更多地从生产运作角度来保证企业总体战略目标的实现。

2. 支撑性

生产运作战略作为企业重要的职能战略之一,从生产运作角度来支撑企业总体战略目标的实现,为企业战略的有效实施提供基础保障。

3. 协调性

生产运作战略要和企业总体战略、竞争战略保持高度协调。生产运作战略要与企业其他职能部门的战略相协调,一方面生产运作战略不能脱离其他职能战略而自我实现,另一方面它又是其他职能战略实现的必要保证。生产运作系统内部的各要素之间也要协调一致,使生产运作系统的结构形式和运行机制相匹配。

4. 竞争性

生产运作战略制定的目的就是通过构造卓越的生产运作系统来为企业获得竞争优势做贡献。从而使企业能在激烈的市场竞争中发展壮大自己,在与竞争对手竞争市场和资源的过程中占优势。

5. 风险性

生产运作战略的制定是面向未来的活动,要对未来几年的企业外部环境及企业内部条件变化作出预测,由于未来环境及企业条件变化的不确定性,战略的制定及实施具有一定的风险性。

2.1.5 生产运作战略的竞争重点

生产运作战略强调生产运作系统是企业的竞争之本,只有具备了生产运作系统的竞争优势才能赢得产品的优势,才会有企业的优势,因此,运作战略理论是以竞争及其优势的获取为基础的。在多数行业中,影响竞争力的因素主要是 TQCF,具体解释如下。

1. 交货期(time)

交货期指比竞争对手更快捷地响应顾客的需求,体现在新产品的推出、交货期等方面。交货期是企业参与市场竞争的又一重要因素,对交货期的要求具体可表现在两个方面:快速交货和按约交货。快速交货是指向市场快速提供企业产品的能力,这对于企业争取订单意义重大;按约交货是指按照合同的约定按时交货的能力,这对于顾客满意度有重要影响。影响交货能力的因素也很多,诸如:采购与供应、企业研发柔性和设备管理等。

2. 质量（quality）

质量指产品的质量和可靠性，主要依靠顾客的满意度来体现。我们所讲的质量是指全面的质量，既包括产品本身的质量，也包括生产过程的质量。也就是说，企业一方面要以满足顾客需求为目标，建立适当的产品质量标准，设计、生产消费者所期望的质量水平的产品；另一方面生产过程质量应以产品质量零缺陷为目标，以保证产品的可靠性，提高顾客的满意度。此外，良好的物资采购与供应控制、包装运输和使用的便利性以及售后服务等对质量也有很大影响。

3. 成本（cost）

成本，包括生产成本、制造成本、流通成本和使用成本等诸项之和。降低成本对于提高企业产品的竞争能力、增强生产运作对市场的应变能力和抵御市场风险的能力具有十分重要的意义。企业降低成本、提高效益的措施很多，诸如：优化产品设计与流程设计、降低单位产品的材料及能源消耗、降低设备故障率、提高质量、缩短生产运作周期、提高产能利用率和减少库存等。

4. 制造柔性（fragility）

制造柔性是指企业面临市场机遇时在组织和生产方面体现出来的快速而又低成本地适应市场需求，反映了企业生产运作系统对外部环境做出反应的能力。随着市场需求的日益个性化、多元化趋势、多品种、小批量生产成为与此需求特征相匹配的方式，因此，增强制造柔性已成为企业形成竞争优势的重要因素。关键柔性主要包括产品产量柔性、新产品开发及投产柔性和产品组合柔性等，由此又涉及到生产运作系统的设备柔性、人员柔性和能力柔性等，甚至对供应商也会提出在这方面相应的要求。

对 TQCF 理解时我们要明确：企业要想在 TQCF 四个竞争要素方面同时优于竞争对手而形成竞争优势是不太现实的。企业必须从具体情况出发，集中企业的主要资源形成自己的竞争优势。特别是当 TQCF 发生冲突时，就产生了多目标平衡问题，需要对此进行认真分析、动态协调。

2.1.6 新时期企业生产运作战略

美国波士顿大学开展的"全球生产发展前景研究"国际合作项目的调查资料（MFS）揭示了生产运作战略在新时期发展变化的一些动向，如表 2.2 所示。

表 2.2 生产运作战略发展动向

国家（地区）划分	发展动向
工业发达的国家与地区 （竞争活跃）	①由高质量高功能变为强调交货 ②由强调系统软、硬构成要素变为强调软性要素 ③生产运作管理由强调内向变为强调外向
工业次发达国家与地区 （竞争次活跃）	①优先强调质量，其次强调交货 ②生产运作管理强调内向 ③开始注意以人为导向，关注外向与软性要素

表 2.2 涉及两类不同的国家与地区生产运作战略的发展动向:一是以欧、美、日本为代表的竞争活跃国家和地区的企业,其生产运作战略的发展体现如下趋势:①以高质量、高功能获得竞争优势的传统竞争手段正在弱化,快速交货能力成为衡量企业竞争能力大小的重要因素。②传统的依托先进的制造技术进行大规模投资是取得竞争优势保证的认识发生转变,技术的作用日益下降,开始重点强调管理的软技术(基于人力资源导向的管理),跨部门合作以及跨业务、跨部门的信息集成与信息支持。③生产运作管理的职能与范围发生了深刻的变化,开始强调顾客创造价值为导向,并将供应商与顾客纳入生产运作管理的范畴。二是以韩国、澳大利亚、中国台湾为代表的竞争次活跃的国家与地区的企业仍将质量作为企业形成竞争优势的第一要素,而交货能力作为第二要素。

2.2 生产运作战略的制定与实施

2.2.1 生产运作战略的制定程序

由于生产运作战略是职能战略之一,所以它必须在企业总体战略、竞争战略制定之后才能制定。一般而言,生产与运作战略的制定程序如下:

1) 编制战略任务说明书 说明书应包括生产运作战略的目的、意义、任务、内容、程序以及注意事项等内容,根据企业的规模不同,任务说明书的详略也不同。

2) 进行环境分析 这是企业在制定战略时必须首先要做的工作,包括外部环境和企业内部条件分析。通过外部环境的分析发现企业面临的机会与威胁,通过内部条件的分析总结出企业的优势和劣势。此外,还要对企业制定的总体战略、竞争战略进行系统分析。

3) 制定战略目标 根据企业的战略使命、企业的总体战略目标和竞争战略目标,在环境分析的基础上,进一步确定企业生产运作战略的战略目标,具体可包括产能利用目标、质量目标、产量目标和物资消耗目标等。

4) 评价战略目标 为保证生产运作战略目标的科学性,对企业确定的生产运作战略目标要进行全面的综合评价,评价可以根据企业的生产运作实际情况,运用定性、定量的方法进行分析。

5) 提出备选方案 在环境分析的基础上,根据企业生产运作战略目标拟定出备选的生产运作战略方案。备选方案的数量要考虑企业规模、实力及企业的性质,并针对不同的条件,体现方案的差异性。

6) 选择战略方案 对企业拟定的备选方案从成本、收益、风险及它们对企业长期竞争优势的影响等方面进行全面评估,综合运用定性、定量分析的方法,以形成对备选方案的综合评价,作为企业选择生产运作战略的依据。

7) 组织实施　为了更好地实施生产运作战略,应根据选定的战略方案制定具体的方案实施计划,建立协调和控制机制。另外,还需对企业员工进行深入发动,调动员工参与战略实施的积极性,确保战略目标实现。

2.2.2　生产运作战略的环境分析

制定生产运作战略同制定企业总体战略和竞争战略一样也需要进行环境分析。企业战略的环境分析主要包括企业外部环境和企业内部条件分析,企业在制定生产运作战略前,同样也要进行这两方面的分析。只不过是此时的外部环境、内部条件分析更加侧重分析与生产战略制定关系密切的因素。

1. 外部环境分析

企业外部环境可以划分为宏观外部环境和行业环境。

(1) 宏观外部环境

企业的宏观外部环境主要包括政治法律环境、经济环境、社会文化环境和科学技术环境。政治法律环境主要包括政治制度、方针政策、政治气氛、国家法律规范和企业法律意识等要素,它们会对企业的生产运作管理产生深远的影响和制约作用,企业适应所面临的政治法律环境,是企业实现生产运作战略的前提。经济环境指影响企业生存与发展的社会经济状况及国家经济政策,包括国民收入水平、消费结构、物资水平、产业政策、就业状况、财政及货币政策和通货膨胀率等要素。其中对生产运作战略影响最大的是产业政策,它对产品决策和生产组织方式的选择有直接影响。社会文化环境是指一个国家或地区的文化传统、价值观念、民族状况、宗教信仰和教育水平等相关要素构成的环境。科技环境指企业所处的社会环境中的科技要素及与该类要素直接相关的各种社会现象的集合,主要包括社会科技水平、科技力量、科技体制和科技政策等要素。

对企业宏观环境的分析方法主要是 PEST 分析法,如图 2.3 所示。

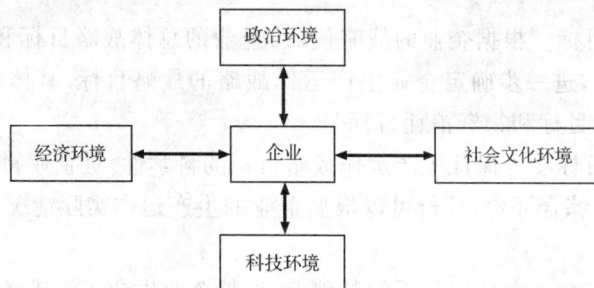

图 2.3　PEST 分析法

(2) 行业环境

所谓行业或产业,是居于微观经济细胞(企业)与宏观经济单位(国民经济)之间的一个集合概念。行业是具有某种同一属性的企业的集合,处于该集合的企业生产类似产品满足用户的同类需求。行业中同类企业的竞争能力和生产能力将直接影响到本企业生产运作战略的制定,特别是在开发新产品时,更应仔细分析行业环境。对行业环境的分析要从战略的角度分析行业的主要经济特征(市场规模、行业盈利水平、资源条件等)、行业吸引力、行业变革驱动因素、行业竞争结构、行业成功的关键因素等方面。其中行业主要经济特性、行业竞争等方面对企业生产运作战略的影响较大。关于行业竞争结构分析可以采用哈佛商学院的迈克尔·波特教授(M. E. Porter)的五力分析法来进行,如图2.4所示。

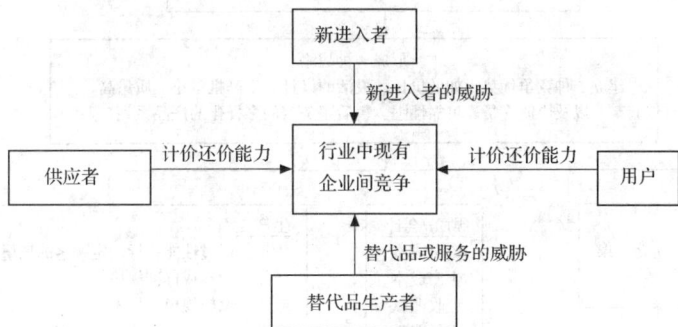

图 2.4 五力分析模型

按照波特的观点,一个行业的激烈竞争,其根源在于其内在的竞争结构。在一个行业中存在五种基本竞争力量,即新进入者的威胁、行业中现有企业间竞争、替代品或服务的威胁、供应者讨价还价的能力和用户讨价还价的能力。这五种基本竞争力量的现状、发展趋势及其综合强度,决定了行业竞争的激烈程度和行业的获利能力。在竞争激烈的行业中,一般不会出现某个企业获得非常高的收益的状况,在竞争相对缓和的行业中,会出现相当多的企业都可获得较高的收益。五种基本竞争力量的作用是不同的,问题的关键是在该行业中的企业应当找到能较好地防御这五种竞争力量的位置,甚至对这五种基本竞争力量施加影响,使它们朝着有利于本企业的方向发展。

2. 企业内部条件分析

对企业战略产生影响的企业内部条件因素很多,我们主要分析影响企业生产运作战略制定的内部条件因素,主要包括以下几点:

(1) 企业总体战略、竞争战略及其他职能战略

企业的总体战略、竞争战略确定了企业的经营目标,在此目标之下,不同的职能部门分别建立了自己的职能部门战略及要实现的目标。因此包括生产运作战略在内的各职能战略的制定,要受到企业总体目标的制约和影响。同时,由于各职能战略目标所强调的重点各不相同,往往对生产运作战略的制定产生影响,而且影响的作用和方向是不一致的。在制定生产运作战略时,要认真研究企业总体战略、竞争战略的具体要求以及其他职能战略的制定情况,权衡这些相互作用、相互制约的战略目标,使生产运作战略决策能最大限度地保障企业经营目标的实现。图2.5表示生产运作战略与企业总体战略之间的关系及其战略决策选项。

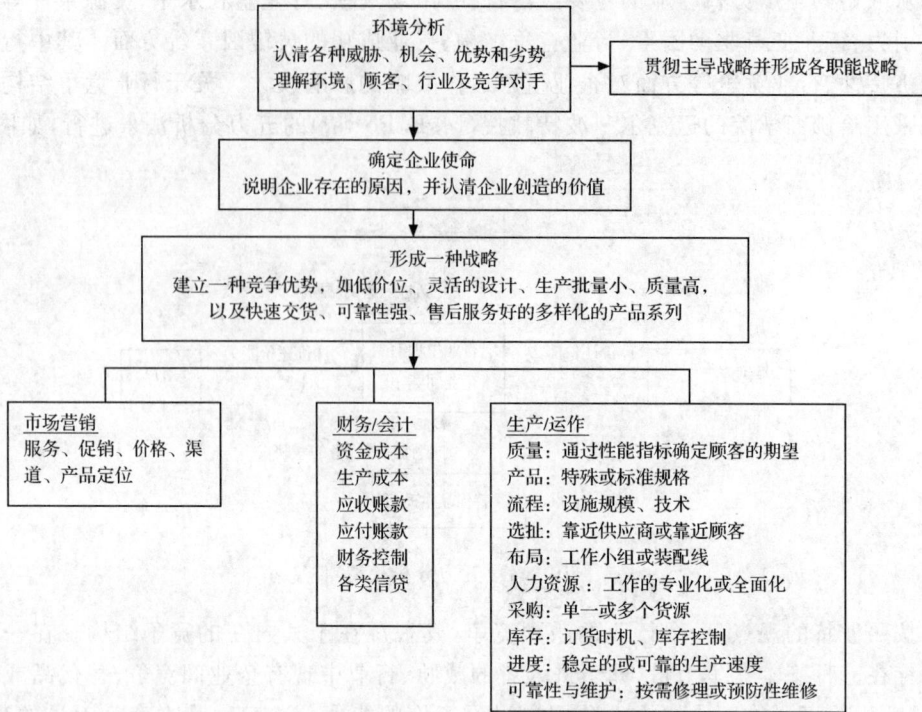

图 2.5　生产运作战略及其战略决策选项

（2）企业能力

企业能力对制定生产运作战略的影响是指企业在运作能力、技术条件以及人力资源等方面与竞争对手相比所体现的优势和劣势。对企业能力的评价比较复杂，它需要在全面评估企业内部条件的基础上对企业能力做出判断。需要评价的企业内部条件包括：对市场需求的了解和营销能力，现有产品状况，现有顾客状况，现有的分配和交付系统，现有的供应商网络及与供应商的关系，人员素质和能力，自然资源的拥有状况及获取能力，设施、设备和工艺状况，可获得的资金和财务优势等。

2.2.3　生产运作战略的实施

生产运作战略实施是生产运作战略管理的关键环节，是动员企业生产运作系统的全体员工充分利用并协调企业内外一切可利用的资源，沿着生产运作战略的方向和所选择的途径，自觉而努力地贯彻战略，以期待更好地实现企业生产运作战略目标的过程。

1. 生产运作战略实施与战略制定的关系

对企业而言，成功的生产运作战略制定并不能确保成功的战略实施，实施战略要比制定战略重要得多，而且也困难得多、复杂得多，分析战略制定与战略实施不同配合的结果，我们可以得出这样的结论：

1）当企业制定了科学合理的生产运作战略并且又能有效地实施这一战略时，企业才有可能顺利地实现战略目标,取得战略的成功。

2）企业制定的生产运作战略不够科学合理,但企业非常严格地执行这一战略,此时会出现两种情况:一种是企业在执行战略的过程中及时发现了战略的缺陷并采取补救措施弥补缺陷,一定程度上减少了战略执行造成的损失,企业也能取得一定的业绩;第二种是企业僵化地实施战略而不进行动态的调整,结果使企业失败。

3）企业制定了科学合理的生产运作战略但没有认真实施,企业陷入困境。此时,如果企业不从战略实施环节查找原因,而是对战略本身进行修订后仍按照原来的办法组织实施,往往会使企业的生产运作战略收效甚微,甚至导致企业失败。

4）企业的生产运作战略本身不科学合理,又没有很好地组织战略实施和控制,企业最终会遭受重大损失而失败。

综上所述,企业只有制定了科学合理的生产运作战略并有效地组织实施,才能取得成功。

2. 生产运作战略实施的步骤

企业制定出生产运作战略后,就进入了实施阶段。在战略实施过程中,必须使生产运作系统的内部结构及条件与战略相适应,即生产运作战略要与企业的资源分配、技术能力、工作程序和计划方案等相适应。企业生产运作战略的实施步骤如下。

（1）明确战略目标

生产运作战略是根据企业经营战略来制定的,在企业战略中已经明确生产运作的粗略的基本目标。在生产运作战略实施时,还要把该目标进一步明确,使之成为可执行的具体化的目标。生产运作战略的目标主要包括产能目标、品种目标、质量目标、产量目标、成本目标、制造柔性目标和交货期目标等。

（2）制定实施计划

为确保生产运作战略目标的实现,企业还要制定相应的实施计划。在生产运作管理中,生产计划是整个计划体系的龙头,是其他相关计划编制的依据。生产计划具体包括产能发展计划、原材料及外购件供应计划、质量计划、成本计划和系统维护计划等。

（3）确定实施方案

计划明确了生产运作的方向,但要具体实施还要确定相应的行动方案。通过所选择的实施方案进一步明确实施计划的行动,从而使计划目标落实到具体的执行过程中。

（4）编制生产预算

企业生产预算是企业在计划期内生产运作系统的财务收支预算。编制预算是为了管理和计划控制的目的,确定每一项活动方案的成本。因此,生产预算是为战略管理服务的,是企业实现生产运作战略目标的财务保证。

（5）确定工作程序

工作程序规定了完成某项工作所必须经过的阶段或步骤的活动细节,具有技术性和可操作性的特点。为了制定最佳的工作程序,可以借助于电子计算机和计划评审法（PERT）、关键路线法（CPM）、线性规划、目标规划等科学的管理方法。

自 1969 年美国哈佛商学院的威克汉姆·斯金纳教授首次提出生产运作战略的概念以来,生产运作战略开始逐渐受到企业界的重视。所谓生产运作战略是指利用生产运作资源所制定的各项生产决策和计划。生产运作战略在整个企业战略系统中处于职能级战略的地位,生产运作战略为公司战略提供竞争优势。生产运作战略有三种基本类型:基于成本的战略、基于质量的战略和基于时间的战略。生产运作战略的选择必须与公司总体战略相适应,并与营销及财务战略相联系。

━━━ 复习思考题 ━━━━━━━━━━━━━━━━━━━━━━━━━━━━━━━━━

1. 简述企业战略的层次划分。
2. 生产运作的总体战略包括哪些内容?
3. 简述产品开发与设计战略的类型。
4. 生产运作系统的设计与维护战略的主要内容是什么?
5. 生产运作战略的竞争重点是什么?
6. 如何制定企业的生产运作战略?
7. 简述生产运作战略实施与战略制定的关系。

━━━ 案例分析 ━━━━━━━━━━━━━━━━━━━━━━━━━━━━━━━━━━━

海尔集团战略选择

一、成功崛起

一片蔚蓝色的大海,一片蔚蓝色的工业园区,一群身着蔚蓝色服装的人们,这就是海尔。一个原本生产电动葫芦的集体小企业,争取到原轻工业部最后一个生产冰箱的定点资格,经过 19 年裂变,已成为在海内外享有较高美誉的大型国际化企业集团。产品从 1984 年的单一冰箱发展到拥有白色家电、黑色家电、米色家电在内的 96 大门类 15 100 多个规格的产品群,并出口到世界 160 多个国家和地区。2003 年,海尔全球营业额实现 806 亿元。2003 年,海尔蝉联中国最有价值品牌第一名。2004 年 1 月 31 日,世界五大品牌价值评估机构之一的世界品牌实验室编制的"世界最具影响力的 100 个品牌"报告揭晓,中国海尔唯一入选,排在第 95 位。

海尔首席执行官张瑞敏认为,海尔集团成功崛起的最主要原因,就是在重大战略问题上,决策没有失误。在电视机、电冰箱、洗衣机等极为抢手的第一次家电消费的狂潮中,不少企业日夜加班向市场倾销产品,而张瑞敏却领着工人砸了 76 台质量有问题的冰箱。那一刻,人们流下眼泪。几年后,冰箱行业第一块国优金牌拿到手时,人们又笑了。其产品名称从"琴岛-利勃海尔"到"利勃海尔"再到"海尔"。是一个质量日臻提高的过程,也是一个海尔人心理日益自信的过程。

在不少家电企业突然猛醒抓质量的时候,海尔则开始了悄悄的扩张。1989 年兼并了青岛电镀厂,改造成现在的微波炉厂,1991 年兼并了青岛冷柜厂、青岛空调器厂,1992 年兼并了青岛冷凝柜厂,改造成现在的冷冻设备公司,1995 年兼并了红星电器厂。这些企业共亏损2.95亿元,但海尔却通过兼并盘活了6.9亿元资产,吸纳员工上万人,使洗衣机,空调、冷柜产量急剧增加(1995年还收购了武汉希岛冷柜公司60%的股份,1997年又出资60%在广东顺德新建洗衣机厂)。同时,海尔与意大利梅洛尼公司合资生产滚筒洗衣机,与日本三菱重工合资生产柜机空调,与日本东芝合作生产微波炉,与意大利企业合作生产商用展示柜,共吸引外资3000多万美元。从"船小好掉头"到"船大顶风浪",海尔经历了一个质变的过程,而一些家电企业却无声无息地消亡了。幸存的家电企业在产品质量上基本难分高下,一些"大哥大"企业通过扩张显示出规模效益,于是,人们把降价作为竞争的取胜之道,海尔似乎置之度外,超然潇洒地去完善售前、售中、售后的"国际星级服务一条龙"。张瑞敏把服务看作是产品链条上最重要的环节。"卖信誉不是卖产品","您的满意就是我们的工作标准",为每个用户建立30秒全方位信息速查档案,实现"信用卡制度","四个不漏"等。根据最近几次全国35个大中城市109家有代表性大商场的销售统计,海尔空调和电冰箱的市场占有率遥遥领先,洗衣机和冷柜也名列前茅。这不能不归功于"真诚到永远"的优质服务。现在,一些企业为家电产品轮番降价而焦灼不安时海尔却自豪地跟跨国公司比谁的产品价格高。

在国内家电厂家惊呼跨国公司瓜分中国市场之际,海尔显得很镇静。早在我国刚刚提出"复关"申请时,张瑞敏就敏感地意识到国内市场国际化是不可避免的大趋势。经过一段"热身赛"后,海尔提出了市场国际化的"三个1/3"战略,即国内生产国内销售1/3,国内生产国外销售1/3,国外生产国外销售1/3,体现了海尔以世界市场为出发点的远见卓识。现在,海尔集团坚持

全面实施国际化战略,已建立起一个具有国际竞争力的全球设计网络、制造网络、营销与服务网络。现有设计中心18个,工业园10个,海外工厂及制造基地22个,营销网点58 800个。在国内市场,海尔冰箱、冷柜、空调、洗衣机四大主导产品的市场份额均达到30%左右;在海外市场,海尔产品已进入欧洲15家大连锁店的12家、美国前10大连锁店。在美国、欧洲初步实现了设计、生产、销售"三位一体"的本土化目标。海外工厂全线运营。

随着海尔国际化战略的推进,海尔与国际著名企业之间也从竞争向多边竞合关系发展,2002年1月8日和2月20日分别与日本三洋公司和台湾声宝集团建立竞合关系,实现优势互补、资源共享、双赢发展。

2002年3月4日,海尔在美国纽约中城百老汇购买原格林尼治银行大厦这座标志性建筑作为北美的总部,此举标志着海尔的三位一体本土化战略又上升到新的阶段,说明海尔已经在美国树立起本土化的名牌形象。2003年8月20日,海尔霓虹灯广告在日本东京银座四丁目这一黄金地段点亮,这是中国企业第一个在东京银座竖起的广告牌,也成为中国企业在海外影响力上升的标志。

海尔在海外美誉日渐扩大:据全球权威消费市场调查与分析机构EUROMONITOR最新调查结果显示,按公司销量统计,海尔集团目前在全球白色电器制造商中排名第五,按品牌销量统计,海尔跃升全球第二大白色家电品牌。2003年1月,英国《金融时报》发布了2002年全球最受尊敬企业名单,海尔雄踞中国最受尊敬企业第一名。1999年12月7日,英国《金融时报》评出"全球30位最受尊重的企业家",张瑞敏荣居第26位。2003年8月美国《财富》杂志分别选出"美国及美国以外全球25位最杰

出商界领袖"，在"美国以外全球 25 位最杰出商界领袖"中，海尔集团首席执行官张瑞敏排在第 19 位。

为应对网络经济和加入 WTO 的挑战，海尔从 1998 年开始实施以市场链为纽带的业务流程再造，以订单信息流为中心带动物流、资金流的运动，加快了与用户零距离、产品零库存和零营运成本"三个零"目标的实现。业务流程再造使海尔在整合内外部资源的基础上创造新的资源，目前，海尔物流、商流、制造系统等都已在全球范围内开始社会化运作。2002 年海尔创造新的资源，在家居、通信、软件、金融等领域大展身手。2003 年，海尔获准主持制定四项国家标准，标志着海尔已经将企业间竞争由技术水平竞争、专利竞争转向标准上的竞争。

海尔的发展主题是速度、创新、SBU，三万名海尔人正在努力成为人人自主经营的 SBU。海尔的近期目标是进入世界白色家电制造商前三强，并在此基础上向该领域的顶峰冲击。

"作为大型企业集团，海尔不是一列火车，加挂的车厢越多，车头的负担就越重。海尔是一支联合舰队，下属企业都是有广阔驰骋疆域、有很强战斗力的战舰，各自为战，但不各自为政，服从旗舰统一指挥，发挥整体优势。"这是张瑞敏的"战略图"。

"以永远的忧患意识追求永远的活力"的张瑞敏说："生活里没有直通车，我们是螺旋式上升的。战战兢兢，如履薄冰，经历了否定之否定的过程，因为市场唯一不变的法则就是永远在变。审时度势，抓住机遇，变在市场前面，就能创造市场。"

二、走出国门

1997 年 2 月 18 日，德国科隆市有一个两年一届的家电博览会，参加科隆博览会的企业基本上是世界名牌企业，展示的都是最尖端、最新潮的家电产品，代表了今后一个时期世界家电消费的潮流与趋势。换言之，科隆博览会既展示家电产品，更展示企业实力，是世界范围内家电企业之间竞争、重组的缩影……

科隆博览会的展馆是世界一流的超级展厅，整个展厅共有 21 万平方米。为参加这个博览会，有的企业要准备整整两年。四天的展出当中，有 10 多万人次观看了展览，科隆市方圆百里的大小旅店早就预定一空，西门子、惠而浦、LG、松下等世界名牌自然是历届科隆博览会的"主角"。但是，1997 年，与以往展览会最大的不同就是，中国结束了以往只看不展的局面，第一次有自己的家电产品展出，更吸引人的是，在中国家电的展位上，有 1/2 展位是海尔产品。

海尔产品自 1990 年开始，按照"先难后易"的出口战略，相继进入欧美等发达国家和地区，开始了创世界名牌的奋斗之路。但是，在如此著名的博览会上大规模、整体亮相这还是第一次。海尔冰箱、冷柜、空调器、洗衣机、微波护、热水器、展示柜等系列家电的几十个品种在展览会上当天一"露面"，其科技水平、质量水平、花色品种，包括空调变频一拖多技术，冰箱无氟节能技术，立即吸引了大批世界各地的客商。四天中，接待了 3000 多位客商，其中 320 多位客商当场签订了经销海尔牌各种家电产品的合同意向书，其中多数为第一次与海尔合作。

加拿大经销商拉美尔·泰克马勒美尔先生在展台前转了半天后，微笑着对接待人员说："我们早就打过交道"。原来，他在 4 年前曾经销过 7000 台海尔电冰箱。当时，他不同意打海尔品牌，原因很明确，怕质量不可靠影响销路，他特意留了 10 台电冰箱，作为发生质量问题后更换用。没想到，这10台冰箱一直放了3年也没派上用场。他又找到海尔公司，要求定牌生产，但海尔不同意，"海尔冰箱当初进入德国市场接受检验时，是揭去商标与德国冰箱摆在一起让经销商挑的。结果，经销商挑中的是海尔冰箱。这个事实已经生动地说明了海尔产品的质量是令人放心的。"海尔副总裁武克松坚持立场，"打海尔品牌，是我们产品出口的基本原则。"经过一段时间的市场"考验"，终于，拉美尔先生服气了，德国的《TEST》(《检测》)杂志每年组织一次对在德国市场销售的进口家电的抽检，在1993年公布的抽检结果中，海尔冰箱获得8个"＋"号，在受检冰箱中质量第一，比德国利勃海尔和日本、意大利冰箱评价还高。拉美尔承认海尔品牌是他经销过的质量最好的产品。因此，在会上，他再次找到海尔业务人员心服口服地提出不再在出口产品品牌上做文章，打海尔品牌是最有市场的。

经销商爱莫弗里先与海尔已经开始了销售合作，他把"海尔"与他经销的"卡西欧"品牌一起印在名片上，他自豪地对工作人员说，"我只经销世界名牌"。2月18日科隆博览会开幕的当天下午，爆出最大新闻——来自中国青岛的海尔集团总裁张瑞敏向来自欧洲的12位海尔产品专营商颁发了"海尔产品专营证书"，这些经销商获得了海尔空调和海尔冰箱等系列家电产品在德国、荷兰、意大利等欧洲国家的代理权，由中国企业向外国经销商颁发产品专营证书，这在中国家电企业中还是第一家。召开新闻发布会的Maman饭店外悬挂着中国国旗，20多位德国中学生打着海尔旗在门口列队迎接客人的到来，200多位欧洲客商准时出席了新闻发布会。海尔集团副总裁武克松主持新闻发布会。张瑞敏总裁、杨绵绵副总裁分别向来宾介绍了企业的发展思路和产品的技术情况。中国驻德

国大使卢秋田、商务参赞杨来春以及中国机电产品进出口商会副会长赵志明、中国家电协会秘书长刘福中、副秘书长姜风应邀出席了新闻发布会。

惠而浦、西门子、LG、三洋等世界家电名牌企业在科隆博览会上出尽风头，充分显示了他们作为世界一流企业的不凡风采，使他们的国度再次扬名。中国家电崭露头角，尽管实力、规模还不足以与之匹敌，但毕竟"China"已在国际经济舞台上亮相。德国科隆博览会给我们的启示很多，最主要的就是——

启示一：国门之内无名牌，世界市场的一体化使得名牌无国界，一个企业，一个产品，只有走向世界，与世界强手同台共舞，才能够称得上是真正的名牌。在这方面，要解决的一是认识问题，二是战略问题。海尔从1990年起就结合国际经济发展潮流，认识到了中国经济必然要与世界经济融为一体的大趋势，未雨绸缪，做了充足的准备工作，因此，才有了今天科隆博览会的成就，这绝非一日之功。在出口方面，以高屋建瓴之势提出了"先难后易"战略，先进入发达国家，再进入发展中国家。这一战略实施几年来，的确起到了不凡的效果。海尔进入国际市场正是为了改变中国货的这一形象，我们比欧洲一些知名的企业还早通过了ISO9001质量保证体系认证，产品质量已经经过5年在欧洲销售的考验下，欧洲的消费者已经在使用海尔产品过程中，对中国产品有了新认识。

启示二：民族振兴靠名牌。正如"弱国无外交"一样，一个没有国际名牌的民族是无法在国际社会、国际市场占据地位的。海尔此次科隆之行的成功是在中国改革开放、市场大有潜力深深吸引了欧洲投资者的大背景下，加上海尔企业本身高速、稳定增长的业绩而实现的。它扬了中国人的志

气,奏响了振兴民族工业的凯歌,欧洲人对 海尔人由衷敬佩,就是对中国的敬佩。

思考题:

1. 为什么说战略决策没有失误是海尔成功崛起的主要原因?

2. 现代企业在产品竞争方面有哪些特点?

3. 什么是企业战略和战略管理?它们之间有什么联系与区别?

4. 制定企业战略要考虑哪些外部因素和内部条件?

5. 海尔集团在将产品打入国际市场过程中采取了什么战略?保证这一战略获取成功的关键因素是什么?

6. 产品选择需要考虑哪些因素?

7. 在产品或服务的开发与设计方面有哪些策略?

8. 从海尔集团的成功经历中,你对中国企业的发展有哪些想法?

━ 项 目 3 ━

产品开发与工艺选择

教学目标

1. 理解新产品的概念和分类；
2. 了解企业研发的种类与开发的意义；
3. 熟悉新产品开发的方向；
4. 了解生产流程的类型；
5. 熟悉影响生产流程选择的主要因素；
6. 理解产品设计应遵循的原则。

能力目标

1. 能制定新产品的开发策略；
2. 能进行生产流程的设计与选择。

案例导入

一家国际知名的激光打印机设计制造公司因为新产品延迟上市而吃了大亏。依据这家公司的经验,激光打印机的产品生命周期约为 16 个月。有一次该公司因为研发数据管理的混乱,某一款新的激光打印机比预期时间晚了 4 个月上市,结果其整个生命周期缩短为 12 个月(因为竞争对手在预期时间内推出更新的产品),总销售收入比预期少了 33%,同时对该产品线年度收入及利润目标的达成造成了不小的影响。

3.1 新产品开发与企业R&D

3.1.1 新产品的概念与分类

1. 新产品的概念

新产品是指与老产品相比,在产品结构、性能、材质等方面(或仅一方面)具有新的改进的产品。新产品是一个相对的概念,在不同的时间、地点和条件下具有不同的含义。为了加强对新产品的管理,我国政府根据管理上的需要,对新产品的条件、范围作了相应的规定。作为新产品必须同时满足以下四个条件:①产品在结构、性能、材质和技术特征等某一方面或几方面比老产品有显著改进和提高,或有独创的;②具有先进性、实用性,能提高经济效益,有推广价值的;③在一个省、市、自治区范围内第一次试制成功的;④经过有关部门鉴定确认的产品。产品的结构、性能没有改变,而只是在花色、外观、表面装饰、包装装潢等方面有改进提高的,不能算作新产品。

新产品具有相对性、时间性和空间性等特性。相对性是相对于老产品而言的,即除了开发新产品外,还包括改进老产品;时间性是指某个新产品只存在于一个特定的时间;空间性是相对于一个地区而言的,即必须是在一个省、直辖市、自治区范围内第一次试制成功的产品,并经有关部门鉴定确认。

2. 新产品的分类

常见的新产品分类方法主要有以下几种:

1) 按新产品的新颖程度分 按新产品的新颖程度可分为全新产品、改进产品和换代新产品。全新产品是指采用科学技术的新发明所生产的,与原有产品不同的产品,一般具有新原理、新结构、新技术和新材料等特征;改进新产品是指对原有产品性能、型号和花色进行局部改进而制成的产品,包括在基型产品基础上派生出来的变型产品,改进新产品因其开发难度较小而成为企业常用的新产品开发方式;换代新产品是指产品的基本原理不变,部分地采用新技术、新结构或新材料,从而使产品的功能、性能或经济指标有显著改变的产品。

2) 按新产品的地域特征分 按新产品的地域特征可分为国际新产品、国家新产品、地区性新产品和企业新产品。国际新产品是指在世界范围内首次生产和销售的产品;国家新产品是指国外已有,但在国内是首次生产和销售的产品;地区性新产品或企业新产品是指国内已有而本地区或本企业首次生产和销售的产品。

3.1.2 新产品的开发管理

1. 新产品开发的方向

新产品的开发要从适应国民经济发展和提高人民生活水平的需要出发,在把握科学技术发展趋势的基础上,努力做到市场上需要,技术上适宜,生产上可行,经济上合理,时间上及时。企业不论采用何种方式开发新产品,都要把握住新产品开发的方向。具体说,新产品开发有如下可供选择的方向。

1) 多能化 是指提高产品的性能,增加产品的功能,由单功能发展成为多功能,达到一物多用,一机多能。

2) 高能化 是指开发性能高的,即高效率,高精度的产品。

3) 小型化 是指要开发小巧轻便的,即体积、重量比同类产品小(轻)的产品。

4) 简化 是指要开发在结构等方面简化的产品。减少产品基型、系列,对于生产产品品种过多的企业,也应通过新产品开发加以简化。

5) 多样化 是指要开发多品种、型号的产品,以满足多方面的需要。

6) 标准化 是指产品的结构、零件要实行标准化,以减少专用件的种数,加速产品的设计和发展。

7) 节能化 是指要开发节能的新产品。

8) 美化 是指产品设计要注意美化,外形要美观大方,色调要柔和,款式要新颖。

9) 环保化 是指产品符合环保的要求。

这"九化"是新产品开发的方向,企业要根据自己的条件,选择某"一化"或"几化"作为方向,制订出有阶段目标、长远要求的新产品开发规划,以指导行动。

2. 新产品的开发方式

针对不同的新产品和企业的研究和开发能力,可以选择不同的开发方式。一般有以下几种可供选择的开发方式。

1) 自行研制 这是一种独创性的研制,采用这种方式开发的产品一般是更新换代或者全新的产品,具有三种情况:①从基础理论研究到应用技术研究,再到产品开发研究,全部过程都靠自己进行;②利用社会上基础理论研究的成果,只进行应用技术研究和产品开发研究;③利用社会上应用技术的研究成果,自己只进行产品的开发研究。

2) 技术引进 它是指工业企业开发某种主要产品时,在国际市场上已有成熟的制造技术可供借鉴,为了节约时间,迅速掌握这种产品的制造技术,尽快地把产品制造出来以填补国内空白,而通过与外商进行技术合作、"三来一补"、购买专利或购买关键设备等,从国外引进制造技术,复制图纸和技术文件的一种方式。

3) 自行研制与技术引进相结合 它是指在对引进技术的充分消化和吸收的基础上,结合本企业科研,进行产品开发。其又有两种情况:①通过对引进技术的学习、消化和进一步研究,创造符合我国国情的别具一格的新产品;②直接把引进技术和我国的研究成果结合起来,创造出新的产品。

3. 新产品开发的程序

产品开发程序，是指从新产品的总体设想、调查研究、设计、工艺、试制、鉴定到正式投产销售所经历的阶段和步骤，如图 3.1 所示。

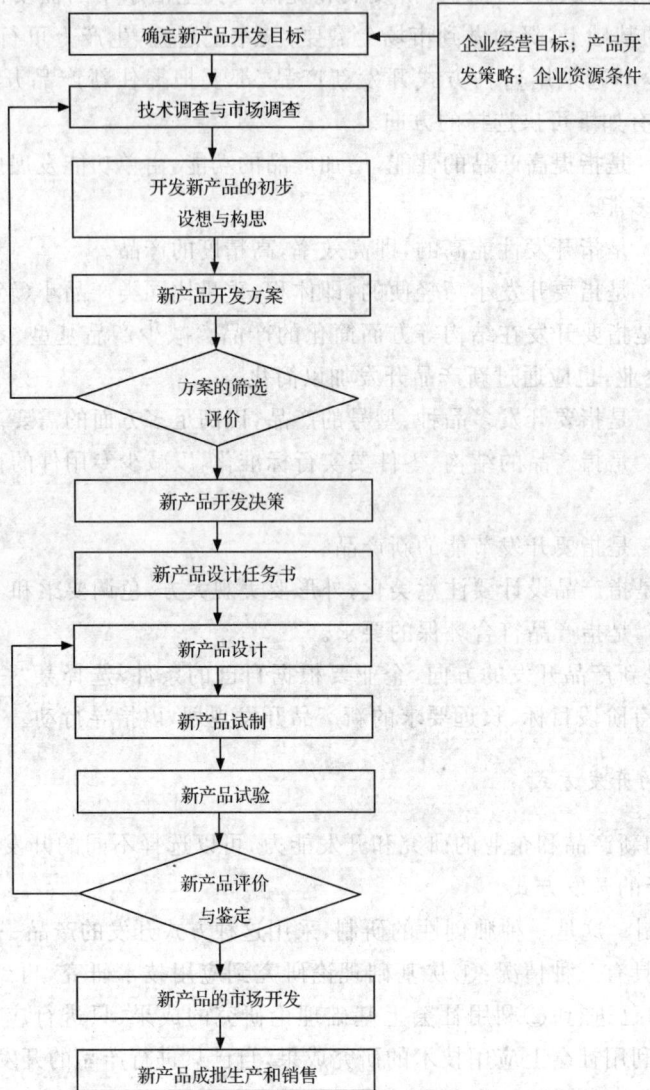

```
确定新产品开发目标  ◄──────  企业经营目标；产品开
        │                   发策略；企业资源条件
        ▼
技术调查与市场调查
        │
        ▼
开发新产品的初步
  设想与构思
        │
        ▼
新产品开发方案
        │
        ▼
   方案的筛选
     评价
        │
        ▼
新产品开发决策
        │
        ▼
新产品设计任务书
        │
        ▼
  新产品设计
        │
        ▼
  新产品试制
        │
        ▼
  新产品试验
        │
        ▼
  新产品评价
    与鉴定
        │
        ▼
新产品的市场开发
        │
        ▼
新产品成批生产和销售
```

图 3.1　新产品开发程序图

由于新产品的种类、行业差别和企业生产类型等不同，尤其是所选的新产品开发的方式不同，新产品开发程序不可能完全一样，但一般来说新产品开发可归纳为四个阶段。

（1）调查研究和前期开发阶段

这一阶段的主要任务是进行新产品开发决策，其工作内容主要有产品开发创意、调查和预测、提出方案和方案的评价选择。

1）产品开发创意　产品开发创意是企业根据市场需求和本身条件，在一定范围内首次提出发展新产品的设想或构思。创意是新产品诞生的开始,如方便面,就是源于"开水一冲可食用"的创意设想开发而来的。新产品要新,就必须要有打破常规的创意,创意的过程实质就是创造性思维的过程。企业新产品构思创意主要来自于两个方面:①企业的外部来源:政府、学校、科研部门、专利机构、竞争者和顾客;②企业的内部来源:内部的企业员工、干部、技术人员、管理人员、财务人员和推销人员等。

2)调查和预测　企业在收集了各种创意后,通过去粗取精从多个创意中选择出具有开发价值的产品。为此必须进行调查和预测,它包括以下三个方面内容:①技术调查和预测,即了解产品的技术发展状况,本企业达到的水平,国内和国际先进水平以及预测技术发展趋势;②市场调查和预测,即了解对老产品的改进意见和对新产品品种、质量、数量、价格和规格等方面的要求,进行市场预测;③行业调查和预测,了解本行业的生产现状与发展趋势和竞争对手的情况等。

3)提出方案和方案评价选择　在调查和预测的基础上,提出切实可行的方案并对方案进行评价和选择。方案评价是指对所提到的方案进行技术经济评价。对新产品是否可行,其先进性、性能用途是否为用户欢迎,新产品的价格是否合理等问题进行评价。把一些不合理的条件、未成熟的方案筛去,这一步是新产品开发成败的关键。

4)编制新产品开发技术建议书　新产品开发技术建议书的内容要比产品开发方案具体,它应包括新开发产品的结构、特征和技术规格、产品的性能、用途和使用范围、与国内外同类产品的分析比较、开发这一产品的理由和根据等。这是决策性的文件。

(2)新产品设计、评价、鉴定和试制阶段

新产品设计分为初步设计、技术设计和工作图设计三个阶段。新产品设计出来后,在正式生产前进行试验性生产,目的是避免将存在缺陷的设计和工艺投入正式生产而造成人、财、物的浪费,保证新产品开发尽快获得成功。新产品试制一般分为样品试制和小批试制。通过各种试验,不断进行改进直到鉴定。这是从技术、经济和生产准备等方面对新产品做出全面评价,并确定是否进行下一阶段开发工作。产品鉴定能及时发现问题,采取措施解决问题,以避免造成损失。

(3)新产品的市场开发阶段

产品的市场开发既是新产品开发进程的终点,又是下一代新产品再开发的起点。通过市场开发,可确切地了解开发的产品是否适应需要以及适应程度,分析新产品市场需求情况及开发产品有关的市场情况,为开发决策提供依据。新产品的市场开发工作主要有:市场分析、样品试用、市场试销和产品投放市场。

(4)正式生产和销售阶段

经过小批试产试销后,确认有市场,就可进行正式生产和销售了,在正式投入销售前要做以下几项工作:①必备的生产条件(技术、工艺和设备等);②切实可靠的原材料、动力和外协配套的供应;③销售渠道和市场。

4. 新产品开发的组织计划管理

强有力的组织领导是新产品开发的保证。产品设计的组织形式有以下几种。

1)单线式　它是按产品成立设计组,在一名主任设计师领导下负责全部设计工作,并参与试制、试验活动。

2) 复线式　这种组织形式是把新产品设计分成两类:一类是独立开发性,一类是一般性,分别组织设计组进行设计。

3) 矩阵式　这种组织形式是既按产品设置综合设计组,又按不同专业设有很多专业设计组,每个专业设计组都要承担不同产品的相同或相似的设计任务。

4) 项目中心式　这种组织形式是按新产品开发项目将车间(分厂)里的设计、工艺和试验等有关人员都集中起来,与企业产品设计人员一起组成开发中心。

一个企业采取哪种产品设计组织形式,要依开发的新产品多少、复杂程度以及设计人员的素质等而定。新产品开发涉及很多部门,是一个复杂的延续过程,有的产品开发过程要延续多年。因此,企业需要制订新产品开发计划,用计划把开发活动从空间和时间上协调起来,以取得预期成效。

新产品开发计划工作主要包括以下各项内容:

1) 搜集资料　包括:国家有关技术政策和法令等;计划期内市场对新产品的需求情况、销售价格和功能要求等方面的预测分析资料;企业内部人力、物力、财力和技术状况分析资料;材料、设备和协作配套件等的供应前景分析资料;国内外同行业技术、产品发展动向等的分析资料等。

2) 制订目标　制订新产品开发的计划目标,企业预定计划期内新产品开发应当达到的目标,它包括:①产品目标,即在计划期内要研制成功多少,试制多少,预研多少,以及这些产品要达到的技术水平等;②销售目标,即在计划期内要有多少种新产品投入市场,要达到多大销售量;③利润目标,即在计划期内要从新产品开发中获得多少收益等。

3) 提出措施　实现计划目标需要增加多少设计、生产和销售人员;需要增添多少设备、仪器和其他物质条件;需要多少资金等,以及解决它们的途径和办法。

4) 开发方式　在计划中要规定出新产品开发方法,即在开发方式上是采取技术引进、引进和自行研制相结合,还是独立研制;在组织形式方面是与外单位联合开发,还是本企业独立开发;在开发手段上,所需仪器设备是自制,还是外购等。

5) 安排进度　按产品安排各开发阶段的日程进度,以及围绕着新产品开发进度对其他工作的进度要求。

6) 明确责任　每个待开发的产品,在产品开发中将进行的每项独立工作,每项重要措施,都要确定出负责单位和个人。

3.1.3　新产品开发策略

新产品开发策略就是把有限的资源有效地运用到最适宜的产品上去,以求得最佳经济效益。

开发产品要消耗和占用企业资源。产品生产出来后投放市场,各种资源可以用于不同的产品,各种产品亦可投入不同的目标市场。把资源、产品和市场组合起来,就形成一系列产品发展策略,企业管理部门的任务,是从多种产品发展策略中做出最佳决策。

1. 产品线策略

一个企业生产具有相同的使用性能但规格不同的一组产品,构成一条产品线。一条产品线包含的同类产品数目称为产品线的深度,一个企业拥有产品线的数目称为产品线的宽度。产品线的深度与宽度构成企业产品的组合。产品组合又称为产品线的组合,从纵向分为产品线的宽度;从横向分为产品的深度,如图 3.2 所示。

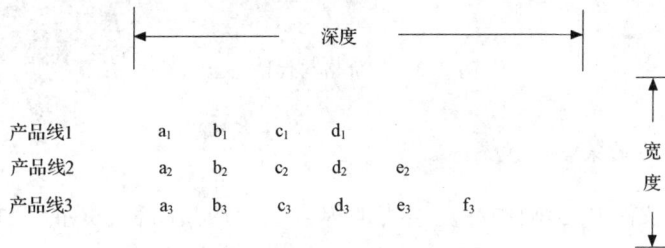

图 3.2　产品的深度和宽度

由于科学技术的进步和商品生产的高度发展,以及社会需求的多样化,企业需科学地分析影响产品结构的因素,采取相应的策略,影响企业组成何种产品结构的因素有:①社会需要及企业经营环境的相对稳定;②竞争对手及企业实力的对比;③资源条件、资金筹集及盈利大小的分析。

产品线策略分为产品线宽度策略和产品线深度策略。

1) 产品线宽度策略　分为产品线扩充策略和产品线简化策略。产品线的扩充策略是指增加产品线;产品线简化策略是减少产品的种类,而放弃一些疲软的产品。

2) 产品线深度策略　分为向上延伸、向下延伸和上下延伸三种策略。向上延伸策略是指原来生产的是中、低档产品,现在发展成也生产高档产品;向下延伸策略是原来生产高档产品,现在发展成也生产中、低档产品;上下延伸策略,是指原来生产中档产品,现在发展成也生产高档和低档产品。

2. 新产品的价格策略

(1) 质量定价组合策略

质量定价组合策略即综合考虑产品质量与价格的关系,分别制订不同的价格策略,如表 3.1 所示。

表 3.1　质量定价组合策略表

策略　　价格 质量	高	中	低
高	优质优价	渗　透	倾　销
中	高价投放	常　规	进　占
低	侥　幸	试　探	常　规

（2）价格促销组合策略

产品在导入期，可以采用以下不同的价格与促销组合策略，如图 3.3 所示。

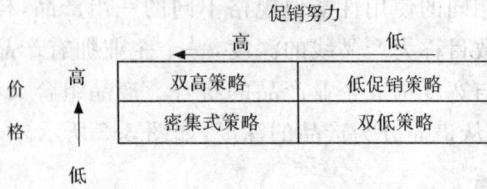

促销努力

	高	低
	双高策略	低促销策略
	密集式策略	双低策略

价格 高 ↑ 低

图 3.3 价格与促销组合

3. 提高竞争力的策略

在市场经济条件下，影响产品竞争力的因素包括产品品种、质量、交货期、价格和服务等。这些因素构成一个统一的有机整体，并表现为动态平衡。

为了提高新产品的竞争能力，企业可采用以下策略：

1）抢先策略 指企业开发新产品，要在其他企业还未开发成功，或还未投入市场前抢先开发、抢先投入市场，使企业的某些产品处于领先地位。

2）紧跟策略 指企业发现市场上竞争力量强的产品，或者发现刚露脸的畅销产品，就不失时机地进行仿制，并迅速地将仿制的新产品投放市场。

3）最低成本策略 指企业大力降低新产品成本，使新产品的价格具有竞争力。

4）周到服务策略 指加强新产品的售前和售后服务，提高产品的竞争力。

3.2 R&D与产品开发组织

3.2.1 企业 R&D

1. 企业 R&D 的分类

研究与开发（research and development，R&D）包括基础研究、应用研究和技术开发研究。基础研究进行的是探索新的规律、创建基础性知识的工作；应用研究是将基础理论研究中的新知识、新理论应用于具体领域；技术开发研究是将应用研究的成果经设计、试验而发展为新产品、新系统和新工程的科研活动。为了更好地理解这三类不同工作，我们将这三者的目的、性质、内容及其他计划与管理上的不同特点比较如下，见表 3.2。

表 3.2　三种类型研究的比较

	基础研究	应用研究	技术开发研究
目的	寻求真理,扩展知识	探讨新知识应用可能性	将研究成果应用于实践
性质	探求发现新事物、新规律	发明新事物	完成新产品、新工艺,使之实用化、商品化
内容	发现新事物、新现象	探求基础研究应用的可能性	运用基础研究、应用研究成果从事产品设计、产品试制、工艺改进
成果	论文	论文或专利	专利设计书、图纸、样品
成功率	成功率低	成功率较高	成功率高
经费	较少	费用较大,控制松	费用大,控制严
人员	理论水平高、基础雄厚的科学家	创造能力强、应用能力强的发明家	知识和经验丰富、动手能力强的技术专家
管理原则	尊重科学家意见,支持个人成果,采用同行评议	尊重集体意见,支持研究组织在适当时候作出评价	尊重和支持团体合作
计划	自由度大,没有严格的指标和期限	弹性,有战略方向,期限较长	硬性,有明确目标,较短期限

2. 企业 R&D 的意义

进入 21 世纪,科学技术的发展突飞猛进,市场需求的变化日新月异,消费需求的多样化和个性化特征越来越明显。R&D 能力决定了企业的兴衰成败,R&D 的效率影响了企业抢占市场的能力,R&D 的质量决定了企业产品质量,R&D 的成果影响产品成本。为了在激烈的市场竞争中生存和发展,企业必须有足够的能力不断推出新产品、开发新技术,以满足不断变化的消费需求,可见,R&D 在企业经营中具有十分重要的意义。

3.2.2　产品开发过程

产品开发过程包括产品构思、产品设计和工艺设计等一系列活动。产品设计过程包括新产品的需求分析、产品构思、可行性论证、结构设计(包括总体设计、技术设计和详细设计等)以及工艺设计过程。工艺设计是指按产品设计要求,安排或规划从原材料加工成产品所需要的一系列加工过程、工时消耗、设备和工艺装备需求等的说明。

3.2.3　企业 R&D 技术系统

企业 R&D 技术系统由两部分组成:一部分是工程技术,一部分是管理技术。工程技术从事由产品构思到产品实施过程中的工程制造技术活动,是企业中技术构成的主要内容;管理技术从事由产品构思到产品实施过程中的生产指挥活动,是企业中组织构成的主要内容。企业 R&D 系统的结构可以用图 3.4 所示的"Y"模型来描述。

产品设计过程主要体现在"Y"模型中工程技术的前段,即产品形成的信息流程之中,最终提供给制造分系统的是产品方案。

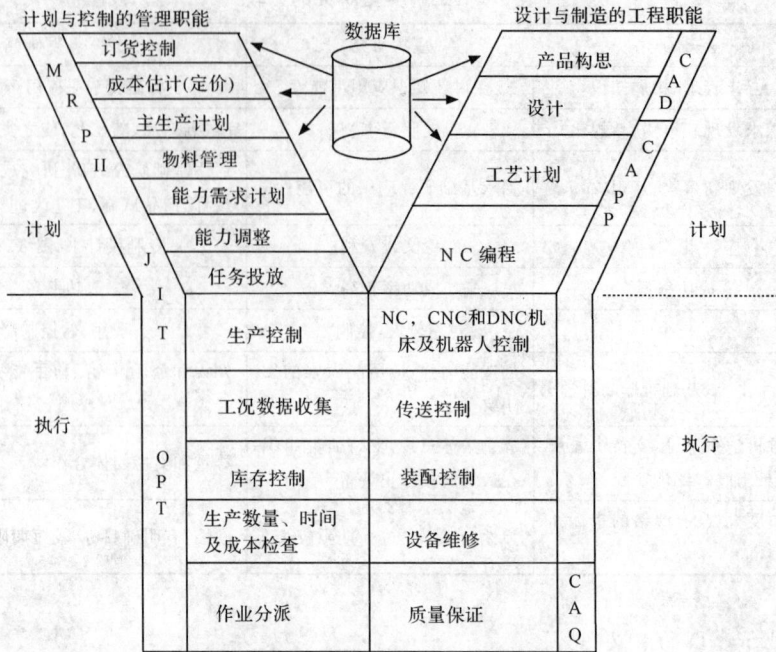

图 3.4　企业 R&D 系统结构模型

由企业系统结构及 R&D 的特征可以看出,企业技术活动主要属于 R&D 中的技术开发范畴。在企业整个系统中,承担技术开发任务的子系统称为技术系统,是企业系统中的一个重要组成部分。

技术系统的任务是在企业内部储备技术创新的潜力,并不失时机地将这种潜力转化为有竞争力的新产品。因此,有时也称为新产品开发或产品创新活动。

技术系统与制造系统、经营系统和组织系统共同构成了企业系统。技术系统与其他系统存在着如下关系:

1) 制造分系统是技术系统的基础和依据,是技术分系统运转时必须考虑的资源约束,技术分系统的活动确定了制造分系统的行为。

2) 经营分系统反映市场的需求导向,为技术分系统确定了工作的目标和任务,技术分系统中的 R&D 的研究就依赖于经营分系统中的市场预测,新产品开发直接影响着企业的经营发展策略。

3) 组织分系统贯穿于各分系统之中,是技术分系统有效运转的保障,也是企业系统中软柔性的关键所在。

企业技术活动,在产品的整个生命周期过程中起着关键作用。一方面,要通过产品设计和工艺设计来满足产品的功能,对外满足顾客需求;另一方面,产品设计和工艺设计直接决定着产品质量、成本等因素,同时也影响物资供应、生产组织调整等一系列生产技术准备活动,以及产品投产后的生产活动。

3.2.4 产品设计过程

产品设计过程指包括从明确设计任务开始,到确定产品的具体结构为止的一系列活动。无论是新产品开发、老产品改进,还是外来产品的仿制、顾客产品定制,产品设计始终是企业生产活动中的重要环节。设计阶段决定了产品的性能、质量和成本。因此,产品的设计阶段决定了产品的前途和命运,一旦设计出了错误或设计不合理,将导致产品的先天不足,工艺和生产上的一切努力都将无济于事。为了保证设计质量,缩短设计周期,减低设计费用,产品设计必须遵循科学的设计程序。产品设计一般分为总体设计、技术设计和工作图设计三个阶段。

1. 总体设计

通过市场需求分析,确定产品的性能、设计原则和技术参数,概略计算产品的技术经济指标和进行产品设计方案的经济效果分析。

2. 技术设计

将技术设计任务书中确定的基本结构和主要参数具体化,根据技术任务书所规定的原则,进一步确定产品结构和技术经济指标,以总图、系统图、明细表和说明书等形式表现出来。

3. 工作图设计

根据技术设计阶段确定的结构布置和主要尺寸,进一步作结构的细节设计,逐步修改和完善,绘制全套工作图样,编制必要的技术文件,为产品制造和装配提供确定的依据。

产品设计是一个递阶、渐进的过程。产品设计是从产品要实现的总体功能出发,系统构思产品方案,然后逐步细化,划分成不同的子系统、组件、部件和零件,最后确定设计参数。

3.2.5 产品设计原则和经济效益评价

对产品设计方案的评价、选择,必须从技术方面和经济方面来衡量,即产品在功能和质量上应具备有效的技术,在制造成本和使用费用上应具有经济性。能满足预定的技术要求和达到期望的经济要求的产品设计就是具有技术经济效益的满意设计。

为了满足同一使用目的与要求,可设计出多种产品;为实现同一功能,可设计出多种结构。由此可以获得在技术上等效、在经济上不等价的各种方案。因此,要通过对设计方案的技术经济效益分析,进行最佳方案的评价和选择。

1. 产品设计和选择的原则

选择一个真正能为企业带来效益的产品并不容易,关键看产品设计人员是否真正具备市场经济的头脑。一方面,新技术的不断出现对新产品的形成有重要影响,而另一方面,则主要看企业是否真正把用户放在第一位。产品设计和选择应该遵循以下几条原则：

    1）必须贯彻国家的技术经济政策。

    2）设计用户需要的产品（或服务）。

    3）设计出制造性强的产品。

    4）设计绿色产品。

    2. 技术经济效益分析的指标体系

产品设计的效果可以用数量指标和质量指标来衡量。产品设计的数量指标主要是指产品的上市时间、生产效率、材料利用率和能源消耗等指标；产品设计的质量指标，主要是指产品满足社会需要的程度、对劳动条件和环保的影响、安全指标等。

3.3 生产流程设计与选择

3.3.1 生产流程的类型

生产流程一般有三种基本类型：按产品进行的生产流程、按加工路线进行的生产流程和按项目组织的生产流程。

    1. 按产品进行的生产流程

按产品进行的生产流程就是以产品或提供的服务为对象，按照生产产品或提供服务的生产要求，组织相应的生产设备或设施，形成流水般的连续生产，有时又称为流水线生产。例如，汽车装配线、电视机装配线等就是典型的流水式生产。连续型企业的生产一般都是按产品组织的生产流程。由于是以产品为对象组织的生产流程，又叫对象专业化形式。这种形式适用于大批量生产。

    2. 按加工路线进行的生产流程

对于多品种生产或服务情况，每一种产品的工艺路线都可能不同，因而不能像流水作业那样以产品为对象组织生产流程，只能以所要完成的加工工艺内容为依据来构成生产流程，而不管是何种产品或服务对象。设备与人力按工艺内容组织成一个生产单位，每一个生产单位只能完成相同或相似工艺内容的加工任务。不同的产品有不同的加工路线，它们流经的生产单位取决于产品本身的工艺过程，又叫工艺专业化形式。这种形式适用于多品种小批量或单件生产。

    3. 按项目组织的生产流程

对有些任务，如拍一部电影、组织一场音乐会、生产一件产品和盖一座大楼等，每一项任务都没有重复,所有的工序或作业环节都按一定秩序依次进行,有些工序可以并行作业,有些工序又必须顺序作业。三种生产流程的特征比较列于表3.3中。

表3.3　不同生产流程特征比较

特征标记	对象专业化	工艺专业化	项目型
产品			
订货类型	批量较大	成批生产	单件、单项定制
产品流程	流水型	跳跃型	无
产品变化程度	低	高	很高
市场类型	大批量	顾客化生产	单一化生产
产量	高	中等	单件生产
劳动者			
技能要求	低	高	高
任务类型	重复性	没有固定形式	没有固定形式
工资	低	高	高
资本			
投资	高	中等	低
库存	低	高	中等
设备	专用设备	通用设备	通用设备
目标			
柔性	低	中等	高
成本	低	中等	高
质量	均匀一致	变化更多	变化更多
按期交货程度	高	中等	低
计划与控制			
生产控制	容易	困难	困难
质量控制	容易	困难	困难
库存控制	容易	困难	困难

3.3.2　生产流程设计的基本内容

生产流程设计所需要的信息包括产品信息、运作系统信息和运作战略,在设计过程中应考虑选择生产流程、垂直一体化研究、生产流程研究、设备研究和设施布局研究等方面的基本问题,慎重思考,合理选择,根据企业现状、产品要求合理配置企业资源,高效、优质和低耗地进行生产,有效满足市场需求。

生产流程设计的结果体现为如何进行产品生产的详细文件,对生产运作资源的配置、生产运作过程及方法措施提出明确要求。生产运作流程设计的内容见表3.4所示。

3.3.3　影响生产流程设计的主要因素

影响生产流程设计的因素很多,其中最主要的是产品(服务)的构成特征,因为生产系统就是为生产产品或提供服务而存在的,离开了用户对产品的需求,生产系统也就失去了存在的意义。

表 3.4 生产流程设计的内容

输入	生产流程设计	输出
① 产品/服务信息 　产品/服务要求,价格/数量,竞争环境,用户要求,所期望的产品特点 ② 生产系统信息 　资源供给,生产经济分析,制造技术,优势与劣势 ③ 生产战略 　战略定位,竞争武器,工厂设置 　资源配置	① 选择生产流程 　与生产战略相适应 ② 自制、外购研究 　自制、外购决策,供应商的信誉和能力,配套采购决策 ③ 生产流程研究 　主要技术路线,标准化和系列化设计,产品设计的可加工性 ④ 设备研究 　自动化水平,机器之间的连接方式,设备选择,工艺装备 ⑤ 布局研究 　厂址选择与厂房设计,设备与设施布置	① 生产技术流程 　工艺设计方案,工艺流程之间的联系 ② 布置方案 　厂房设计方案,设备、设施布置方案,设备选购方案 ③ 人力资源 　技术水平要求,人员数量,培训计划,管理制度

1. 产品/服务需求的性质

生产系统要有足够的能力满足用户需求。首先要了解产品/服务要求的特点,从需求的数量、品种和季节波动性等方面考虑对生产系统能力的影响,从而决定选择哪种类型的生产流程。有的生产流程具有生产批量大、成本低的特点,而有的生产流程具有适应品种变化快的特点,因此,生产流程设计首先要考虑产品/服务特征。

2. 自制-外购决策

从产品成本、质量生产周期、生产能力和生产技术等几方面综合来看,企业通常要考虑构成产品所有零件的自制-外购问题。本企业的生产流程主要受自制件的影响,不仅企业的投资额高,而且生产准备周期长。企业自己加工的零件种类越多,批量越大,对生产系统的能力和规模要求越高。因此,现代企业为了提高生产系统的响应能力,只抓住关键零件的生产和整机产品的装配,而将大部分零件的生产扩散出去,充分利用其他企业的力量。这样一来既可以降低本企业的生产投资,又可缩短产品设计、开发与生产周期。所以说,自制、外购决策影响着企业的生产流程设计。

3. 生产柔性

生产柔性是指生产系统对用户需求变化的响应速度,是对生产系统适应市场变化能力的一种度量,通常从品种柔性和生产柔性两个方面来衡量。所谓品种柔性,是指生产系统从生产一种产品快速地转换为生产另一种产品的能力。在多品种、中小批量生产的情况下,品种柔性具有十分重要的实际意义。为了提高生产系统的品种柔性,生产设备应该具有较大的适应产品品种变化的加工范围。产量柔性是指生产系统快速增加或减少所生产产品产量的能力。在产品需求数量波动较大,或者产品不能依靠库存调节供需矛盾时,产量柔性具有特别重要的意义。在这种情况下,生产流程的设计必须具有快速且低成本地增加或减少产量的能力。

4. 产品/服务质量水平

产品质量是市场竞争的武器,生产流程设计与产品产量水平有着密切关系。生产流程中的每一个加工环节的设计都受到质量水平的约束,不同的质量水平决定了采用什么样的生产设备。

5. 接触顾客的程度

绝大多数的服务业企业和某些制造业企业,顾客是生产流程的一个组成部分,因此,顾客对生产的参与程度也影响着生产流程设计。例如,理发店、卫生所和裁缝店的运作过程,顾客是生产流程的一部分,企业提供的服务就发生在顾客身上。在这种情况下,顾客就成了生产流程设计的中心,营业场所和设备布置都要把方便顾客放在第一位。而另外一些服务业企业,如银行、快餐店等,顾客参与程度很低,企业的服务是标准化的,生产流程的设计则应追求标准、简洁和高效。

3.3.4 生产流程的选择

按不同生产流程构造的生产单位形式有不同的特点,企业应根据具体情况选择最为恰当的一种。在选择生产单位形式时,影响最大的是品种数的多少和每种产品产量的大小。图3.5给出了不同品种、产量水平下生产单位形式的选择方案。一般而言,随着图中的A区域到D区域的变化,单位产品成本和产品品种柔性都是不断增加的。在A区域,对应的是单一品种的大量生产,在这种极端的情况下,采用高效自动化专用设备组成的流水线是最佳方案,它的生产效率最高、成本最低,但柔性最差。随着品种的增加及产量的下降(B区域),采用对象专业化形式的成批生产比较适宜,品种可以在有限的范围内变化,系统有一定的柔性,而操作上的难度较大。另一个极端是D区域,它对应的是单件生产情况,采用工艺专业化形式较为合适。C区域表示多品种中小批量生产,采用成组生产单元和工艺专业化混合形式较好。

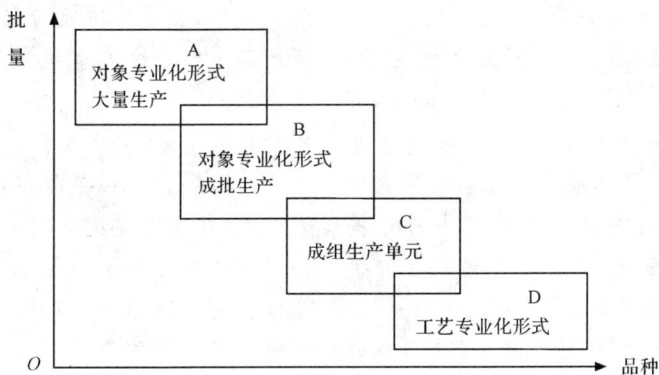

图 3.5　品种-产量变化与生产单位形式的关系

研发是实现企业技术进步的重要手段,通过研发,企业可采用先进的科学技术,提高生产力水平以及企业组织和管理现代化水平,从而增强企业的竞争优势,使企业获得长期、稳定、持续的发展。本项目介绍了企业研发的种类及研发的途径,新产品开发与流程选择,生产技术准备工作,企业生产技术准备的计划体系及新产品开发策略等。

—— 复习思考题 ——

1. 简述新产品的概念和分类。
2. 试述新产品开发的方向。
3. 试述企业研究与开发的意义。
4. 企业为什么要开发新产品?
5. 影响生产流程选择的主要因素有哪些?
6. 生产流程的类型有哪几种?其各自的特征与适用条件是什么?
7. 生产流程设计的基本内容有哪些?
8. 简述产品设计应遵循的原则。

—— 案例分析 ——

影像柯达

1877 年,一位银行职员外出旅行,他带着使用湿板的照相器材,装满了一马车,他为此很生气,开始积极研究把湿板变为干板,之后他制造出了小型照相机,与胶卷一起出售,同时开始冲洗显像服务。这位使照相机风行世界的发明家,就是美国柯达公司的创始人乔治·伊斯特曼。

从柯达创立至今,一个世纪过去了。在照相技术上,这家公司一直走在前面,即使就第二次世界大战之后的摄影历史来看,柯达在彩色、黑白胶卷方面,都是遥遥领先。还有,从人类首次成功登上月球的阿波罗计划开始,有关美国开发太空的记录,没有柯达产品是无法想像的。

从创立那一天起,柯达便坚持"创造好产品"这一方针。即使如此,它也并非一帆风顺。20 世纪 80 年代初期,由于美元强势,导致柯达在海外盈余大幅度削减,而且让竞争者有机可乘,以削价渗透进入市场。

胶卷的第二名牌——富士便一度瓜分了由柯达独占的美国市场的十分之一。

柯达将以往的功能式组织重新组为 24 个事业单位,每一个事业单位都独立核算,成立了 10 个投资单位从事新产品的开发工作。

如今,公司的决策开始下放给较低层,新产品上市的速度也快多了。其中的一个投资事业——尖端科技,便开发出柯达的新产品锂电池,并成长为 3 亿至 5 亿美元的市场。这项新产品在两年内便上了商品陈列架,以往通常要花 5 至 7 年的时间。

柯达的方针使自己渡过难关,保持在竞争中的不败地位。1987 年,名列美国 50 家最大工业公司第 25 位,营业额 133 亿美元,利润 11.78 亿美元。同年,名列美国 50 家最大出口公司的第 25 位,出口额 22.55 亿美元。为了适应开发创新的需要,1985 年,柯达把组织形态改为营业线结构,以适应国际市场各种不同的需求,以及全球各地互异的生产方式。柯达的每一条营业线,都是一个独立的组织。负责某项产品的研究开发、生产、行销等业务。另外,营业线也必须为自己的决策以及成败负责。

营业线的建立,使该公司向质量管理国际化迈进一大步,而营业线的实质意义是赋予各个营业线经理决策权,以快速反应市场变化。

对营业线而言,是把符合市场需求的产品,自研究开发到推出的时间减半。如底片冲洗部改良一项产品,既提高这项产品的服务品质,又使照相馆冲洗底片的时间减半。如果是在旧有的组织下,至少需要7年才能完成,然而在营业线组织结构下,只花了两年的时间,便把改良后的产品推出上市。

1988年汉城奥运会筹备委员会在1986年才决定由柯达负责奥运会影像记录设备。柯达公司的电子摄影部,迅速展开桌上型彩色录像带印刷机的开发工作,并于18个月后推出上市,比汉城奥运会揭幕的时间早了约6个月。

消费产品部意识到市场需求的变化,于是着手开发两款35mm的单镜头相机,并于2年后推出上市,正好赶上对低成本的35mm单镜头相机的热潮。

电影与视觉效果产品部于1987年推出的两款35mm电影胶片,获得美国电影艺术与科学学院的技术成就奖。这是上述两院成立60年来,首次在一年内颁发两项技术成就奖给同一家公司。

几年前,当瑞·迪穆林就任柯达公司专业摄影部经理时,他决定直接收集市场对柯达产品的反应,于是亲自拜访客户,在陪同一位新闻摄影记者进行采访工作时,他注意到摄影记者无法一手拿相机,一手打开柯达胶卷盒。

迪穆林回到公司,立刻决定开发一种单手易开的胶卷盒,这项开发工作不仅要投下大笔资金,重新铸模和更换生产设备,同时也不可能在短期内回收,然而柯达还是展开研究开发工作。结果开发出来的成果,深受新闻摄影从业人员的喜爱。

1987年10月,柯达各部门的研究开发负责人成立专家小组,试图通过协调,寻求一项产品开发最有效、最快速的办法。

小组成员首先比较柯达与其他公司产品开发有何不同;其次再检讨柯达最近3项新产品的开发过程,以确认柯达产品开发的优劣点;然后专案小组开始扩大规模,行销与生产部门一起加入研讨。

柯达加速开发新产品的成功做法是:

1) 根据市场需求,将产品功能明确化。将无形的市场信息,归结出产品可具备的功能,是一件困难的工作,但却也是增加企业竞争力的关键所在。不过,收集方法必须正确,否则,不但会导致开发出来的产品无人问津,更浪费公司宝贵的资源。柯达为了确保市场信息的正确,特别订立了一套作业流程,包括收集市场信息、消化信息,直到用以开发产品。

2) 将产品开发过程明确化。专题小组制订一套产品开发作业系统,不但详细列出各项开发步骤,同时详列检查步骤,以确保开发工作顺利进行。这套产品开发作业系统,适用于柯达每条营业线、部门,而这套系统被定名为"制造能力确保系统。"

3) 以专题管理的方式,成立专题小组,来从事各项产品的开发工作。柯达认为任何一项产品的开发,都必须先成立专题小组。而专题小组的成员则包括研究开发、生产、行销等部门的有关人员。不过,小组的成员与组长,将随着产品开发工作的进行而有所改变。

4) 鼓励在各部门间流通。柯达特别成

立一个委员会,以加薪与奖金的方式鼓励在公司内部转换工作,以确保各部门的活力,并充分运用人力资源。

5) 充分利用时间。柯达在刚开始成立营业线时,授权各营业线自行购买所需设备,结果设备重复的情况层出不穷。现在柯达要求各营业线共同使用部分设备,而营业线应确保自己使用设备的时间与其他营业线不产生冲突,这样就必须事先规划整个工作流程并利用等待设备的空闲时间训练职工,或从事新产品测试工作。

6) 建立小量生产的生产线。柯达的开发工作接近尾声时,事先小量生产,以测试市场反应,作为改良的依据。尽管建立小量生产的生产线,必须花下大笔投资,不过却可以免除暂停一条生产线的浪费。

这几条措施使柯达的新产品开发速度加快,从而占据了有利竞争位置。

思考题:

1. 讨论新产品开发在企业战略中的重要地位。
2. 联系实际谈谈企业如何加速新产品的开发。

▶ 项 目 **4** ◀

生产运作系统的布局

── 教学目标 ────────────

1. 理解设施选址的重要性；
2. 了解设施选址的影响因素；
3. 熟悉设施选址的原则；
4. 熟悉设施选址的方法；
5. 熟悉定置管理的一般措施；
6. 理解设施布置类型选择的影响因素；
7. 熟悉设施布置的形式。

── 能力目标 ────────────

1. 能进行设施的选址；
2. 能进行设施的布置。

── 案例导入 ────────────

2008 年 9 月 24 日，成都市大邑县县长袁旭，县委常委、组织部长王贵清，以及大邑县招商局和工业区管理委员会相关领导一行到广东嘉宝莉化工有限公司参观考察，这是嘉宝莉拟在成都市大邑县建厂以来，大邑方面第二次到嘉宝莉参观考察。嘉宝莉集团总裁仇启明、总经理曹树潮及四川嘉宝莉公司总经理王树坤热情接待了袁县长一行，并陪同他们参观了嘉宝莉办公大楼、研发中心及生产厂区等地，仇总向客人们介绍了嘉宝莉的生产规模、发展历史、研发实力及未来发展规划等相关情况。

袁县长对嘉宝莉公司整洁美观的厂区环境、现代化的生产研发设备以及嘉宝莉近年来的飞速发展给予了充分肯定。参观完毕，双方就嘉宝莉在大邑建厂的发展前景和具体事宜进行探讨，并就未来成都工厂的运营问题进行了详细磋商。交谈中，仇总还对成都大邑工业区的发展提出了自己独到的想法与建议，受到袁县长的肯定。

随着嘉宝莉近年来的健康快速发展，单一工厂生产已经不能满足企业发展需要，同时，为了减少流通环节，快速响应市场需求，更好地服务消费者，降低企业运输成本，在外地建厂已成为嘉宝莉未来发展的重中之重。早在年初，嘉宝莉就选址上海建设上海嘉宝莉厂。汶川地震后，嘉宝莉迅速反应，决定先行一步在四川建厂，为灾区的恢复重建提供优质的产品与高效快捷的服务,为灾区人民的家园重建助上一臂之力。

目前,嘉宝莉已在距离汶川 120 多公里的大邑县圈地 78 亩,准备建设年产能约 5 万吨的成都嘉宝莉工厂。该工程计划在 2008 年 11 月开工建设,预计 2009 年 6 月即可建成投产。此次大邑县行政官员到嘉宝莉参观考察,无疑将加快嘉宝莉成都工厂的建设速度。

4.1 设施选址

设施是指生产运作过程得以进行的硬件手段,通常是由工厂、办公楼、车间、设备和仓库等物质实体所构成。

设施选址是指如何运用科学的方法决定设施的地理位置,使之与企业的整体生产运作系统有机结合,以便有效、经济地达到企业的经营目的。设施选址包括两个层次的问题:①选位,即选择什么地区(区域)设置设施,沿海还是内地,南方还是北方等,在当前全球经济一体化的大趋势之下,或许还要考虑是国内还是国外;②定址,地区选定以后,具体选择在该地区的什么位置设置设施,也就是说,在已选定的地区内选定一片土地作为设施的具体位置。设施选址还包括这样两类问题:一是选择一个单一的设施位置;二是在现有的设施网络中布新点。

4.1.1 设施选址的重要性

无论是生产有形产品的企业,还是提供服务的企业,工厂建在什么地区、什么地点,不仅影响建厂投资和建厂速度,而且还影响工厂的生产布置和投产后的生产经营成本。

1) 就物质因素而论,设施选址决定着企业生产过程的结构状况,从而影响新厂的建设速度和投资规模。例如,建厂地区的公共设施和生产协作条件,决定着新厂是否要自备动力、热力等各种辅助生产设施,供应来源的可靠性和便利性,决定着新厂仓库面积的大小以及运输工具的类型和规模等。

2) 就投资成本和运行成本而言,设施选址是否合理,能否靠近客户和原材料产地,劳动力资源是否丰富,地价高低,以及生产协作条件等,均直接影响新厂的投资效益和运营效益。

3) 从行为角度看,不同地区文化习俗的差异,要采取相应的管理方式,否则会产生消极性的因素,影响企业的生产经营效果。

必须指出,要找到一个满足各方面要求的设施选址是十分困难的,因此,必须权衡利弊,选出在总体上经济效益最佳的方案。

对一个企业来说,设施选址是建立和管理企业的第一步,也是扩大事业的第一步。在进行设施选址时,必须充分考虑到多方面的影响因素,慎重决策。除了新建企业的设施选址问题以外,随着经济的发展,城市规模的扩大,以及地区之间的发展差异,很多企业还面临着迁址的问题。可见,设施选址是很多企业都面临的问题,也是现代企业生产运作管理中的一个重要问题。

对于一个特定的企业,其最优选址取决于该企业的类型。工业选址决策主要是为了追求成本最小化;而零售业或专业服务性组织机构一般都追求收益最大化;至于仓库选址,可能要综合考虑成本及运输速度的问题。总之,设施选址的战略目标是给企业带来最大化的收益。

4.1.2 影响设施选址的因素

1. 生产运作全球化对设施选址的影响

生产运作全球化和竞争全球化互为因果,使得当今世界范围内的竞争愈演愈烈。在这种情况下,企业要保持竞争能力,至少有以下三种方法:①采取合理化措施,调整产品结构,提高生产效益,降低劳动成本;②更新产品,占领新生市场;③调整生产基地,把生产基地搬到销售机会好或生产成本低的国家和地区。其中,第三种方法就是设施选址的问题。对于当今的企业来说,跨地区、跨国家进行生产协作、全球范围内寻找市场已经是不得不为之的事情。因此,企业应该根据促使生产运作全球化的要求,具体分析本企业的产品特点、资源需求和市场,慎重考虑和选择生产基地,慎重进行设施选址决策。此外,对于许多老企业来说,还面临着如何调整生产结构的问题,这其中也涉及设施选址的决策。

2. 设施选址影响因素的权衡

在进行设施选址时,企业有很多要考虑的影响因素。在考虑这些因素时,需要注意的是:

1) 必须仔细权衡所列出的这些因素,决定哪些是与设施选址紧密相关的,哪些虽然与企业经营或经营成果有关,但是与设施位置的关系并不大,以便在决策时分清主次,抓住关键。否则,有时候所列出的影响因素太多,在具体决策时容易主次不分,做不出最佳的决策。

2) 在不同情况下,同一影响因素会有不同的影响作用,因此,决不可生搬硬套任何原则条文,也不可完全模仿照搬已有的经验。最后,还应该注意的一点是,对于制造业和非制造业的企业来说,要考虑的影响因素以及同一因素的重要程度可能有很大不同。

调查表明,劳动力条件、与市场的接近程度、生活质量、与供应商和资源的接近程度、与其他企业设施的相对位置等,是进行设施选址时必须考虑的因素。

制造业企业在进行设施选址时,更多地考虑地区因素,而对于服务业来说,由于服务项目难以运输到远处,对于那些需要与顾客直接接触的服务业企业,提高服务质量有赖于对最终市场的接近与分散程度,设施必须靠近顾客群。例如,一个洗衣店或一个超级市场,影响其经营收入的因素有多种,但其设施位置有举足轻重的作用,如设施周围的人群密度、收入水平和交通条件等,将在很大程度上决定企业的经营收入。对于一个仓储或配送中心来说,与制造业的工厂选址一样,运输费用是要考虑的一个因素,但快速接近市场可能更重要,可以缩短交货时间。此外,对制造企业的选址来说,与竞争对手的相对位置有时并不重要,而在服务业,可能是一个非常重要的因素。服务业企业在进行设施选址时,不仅必须考虑竞争者的现有位置,还需估计他们对新设施的反映。在有些情况下,在竞争者附近设址有更多的好处,可能会有一种"聚焦效应",即受聚焦于某地的几个公司的吸引下而来的顾客总数,大于这几个公司分散在不同地方情况下的顾客总数。

4.1.3　选址原则

在选址问题上,应将定性与定量方法相结合,但定性分析是定量分析的前提。在定性分析时,具体的选址原则如下所述。

1. 费用原则

企业首先是经济实体,经济利益对于企业无论何时何地都是重要的。建设初期的固定费用,投入运行后的变动费用,产品出售以后的年收入,都与选址有关。

2. 集聚人才原则

人才是企业最宝贵的资源,企业地址选得合适有利于吸引人才。反之,因企业搬迁造成员工生活不便,导致员工流失的事实常有发生。

3. 接近用户原则

对于服务业,几乎无一例外都需要遵循这条原则,如银行储蓄所、邮电局、电影院、医院、学校和零售业的所有商店等。许多制造企业也把工厂建到消费市场附近,以降低运费和损耗。

4. 长远发展原则

企业选址是一项带有战略性的经营管理活动,要有长远发展意识。选址工作要考虑到企业生产力的合理布局和市场的开拓,要有利于获得新技术。在当前世界经济越来越趋于一体化的时代背景下,还要考虑如何有利于参与国际间的竞争。

4.1.4　单一设施选址的一般步骤

单一设施选址是指独立地选择一个新的设施地点,其生产与运作不受企业现有设施网络的影响。在有些情况下,所要选择位置的新设施是现有设施网络中的一部分。如某餐饮公司要新开一个餐馆,但餐馆是与现有的其他餐馆独立运营的,这种情况也可看作单一设施选址。

单一设施选址问题常出现于以下几种情况。

1) 新成立企业或新增加独立经营单位　在这种情况下,设施选址基本不受企业现有经营因素的影响,在进行选址时要考虑的主要因素与一般企业设施选址考虑的因素相同。

2) 企业扩大原有设施　这种情况下可首先考虑两种选择:原地扩建及另选新址。原地扩建的益处是便于集中管理,避免生产运作的分离,充分利用规模效益,但也可能带来一些不利之处,如失去原有的生产运作方式的特色,物流变得复杂,生产控制也变得复杂。在某些情况下,还有可能失去原来的最佳经济规模。另选新址的主要益处是,企业可以不依赖于唯一的设施厂地,便于引进、实施新技术,可使生产组织方式特色鲜明,还可在更大范围内选择高质量的劳动力等。只有在后一种选择下,才会有真正选址的问题。

3) 企业迁址 这种情况不多,通常只有小企业才有可能考虑这种方式。一个从白手起家的小企业,随着事业的发展,可能会感到原有的空间太小,而考虑重新选择一处更大的设施空间,这种情况下的新选位置不会离原有位置太远,以便仍能利用现有的人力资源。但在某些特殊情况下,也会遇到一些大企业迁址的问题。

单一设施选址通常包括以下主要步骤。

1) 明确目标 即首先要明确,在一个新地点设置一个新设施是符合企业发展目标和生产运作战略的,能为企业带来收益。只有在此前提下,才能开始进行选址工作。目标一旦明确,就应该指定相应的负责人或工作团队,并开始进行工作。

2) 收集有关数据,分析各种影响因素,对各种因素进行主次排列,权衡取舍,拟定出初步的候选方案 这一步要收集的资料数据应包括多个方面,如政府部门有关规定,地区规划信息,工商管理部门有关规定,土地、电力和水资源等有关情况,以及与企业经营相关的该地区物料资源、劳动力资源和交通运输条件等信息。在有些情况下,还需征询一些专家的意见。在收集数据的基础上,列出很多要考虑的因素,但对所有列出的影响因素,必须注意加以分析,分清主次,并进行必要的权衡取舍。在必要的情况下,对多种因素的权衡取舍也需要征询多方面的意见,如运用德尔菲法等。经过这样的分析后,将目标相对集中,拟出初步的候选方案。候选方案的个数根据问题的难易程度或可选择范围的不同而不同,例如,从 3 个到 5 个,或者更多。

3) 对初步拟定的候选方案进行详细的分析 所采用的分析方法取决于各种要考虑的因素是定性的还是定量的。例如,运输成本、建筑成本、劳动力成本和水等因素等,可以明确用数字度量,因此可通过计算进行分析比较。也可以把这些因素都用金额来表示,综合成一个财务因素,用现金流等方法来分析。另外一类因素,如生活环境、当地的文化氛围和扩展余地等,难以用明确的数值来表示,则需要进行定性分析,或采用分级加权法,人为地加以量化,进行分析与比较。也有一些方法,可同时考虑定性与定量因素,如选址度量法。

最后,在对每一个候选方案都进行上述的详细分析之后,将会得出各个方案的优劣程度的结论,或找到一个明显优于其他方案的方案。这样就可选定最终方案,并准备详细的论证材料,以提交企业最高决策层批准。

4.1.5 设施选址的方法

1. 负荷距离法

单一设施选址中要用到多种分析方法:定性与定量分析方法,以及将定量与定性分析相结合的选址度量法等方法。负荷距离法就是一种单一设施选址的定量方法。

负荷距离法的目标是在若干个候选方案中,选定一个目标方案,它可以使总负荷(货物、人或其他)移动的距离最小。当与市场的接近程度等因素至关重要时,使用这一方法可从众多候选方案中快速筛选出最有吸引力的方案。这一方法也可在设施布置中使用。

2. 因素评分法

因素评分法在常用的选址方法中也许是使用得最广泛的一种,因为它以简单易懂的模式将各种不同因素综合起来。因素评分法的具体步骤如下:

1) 决定一组相关的选址决策因素。

2) 对每一因素赋予一个权重以反映这个因素在所有权重中的重要性。每一因素的分值根据权重来确定,而权重则要根据成本的标准差来确定,而不是根据成本值来确定。

3) 对所有因素的打分设定一个共同的取值范围,一般是 1~10,或 1~100。

4) 对每一个备选地址的所有因素,按设定范围打分。

5) 用各个因素的得分与相应的权重相乘,并把所有因素的加权值相加,得到每一个备择地址的最终得分。

6) 选择具有最高总得分的地址作为最佳的选址。

运用这种因素评分法应注意:在运用因素评分法计算过程中可以感觉到,由于确定权数和等级得分完全靠人的主观判断,只要判断有误差就会影响评分数值,最后影响决策的可能性。目前关于确定权数的方法很多,比较客观准确的方法是层次分析法,该方法操作并不复杂,有较为严密的科学依据。我们推荐在做多方案多因素评价时尽可能采用层次分析法。

3. 盈亏分析法

盈亏分析法是厂房选址的一种基本方法,亦称生产成本比较分析法。这种方法基于以下假设:可供选择的各个方案均能满足厂址选择的基本要求,但各方案的投资额不同,投产以后原材料、燃料和动力等变动成本不同。这时,可利用损益平衡分析法的原理,以投产后生产成本的高低作为比较的标准。

4. 重心法

重心法是一种布置单个设施的方法,这种方法要考虑现有设施之间的距离和要运输的货物量。在最简单的情况下,这种方法假设运入和运出成本是相等的,它并未考虑在不满载的情况下增加的特殊运输费用。首先要在坐标系中标出各个地点的位置,目的在于确定各点的相对距离。坐标系可以随便建立。在选址中,经常采用经度和纬度建立坐标。其次,根据各点在坐标系中的横纵坐标值求出成本运输最低的位置坐标 x 和 y,重心法使用的公式是

$$C_x = \frac{\sum D_{ix} V_i}{\sum V_i}$$

$$C_y = \frac{\sum D_{iy} V_i}{\sum V_i}$$

式中,C_x——重心的 x 坐标;

C_y——重心的 y 坐标;

D_{ix}—— 第 i 个地点的 x 坐标;

D_{iy}—— 第 i 个地点的 y 坐标;

V_i—— 运到第 i 个地点或从第 i 个地点运出的货物量。

最后,选择求出的重心点坐标值对应的地点作为我们要布置设施的地点。

4.2 设施布置

设施布置是指在一个给定的设施范围内,对多个经济活动单元进行位置安排。所谓经济活动单元,是指需要占据空间的任何实体,也包括人,例如机器、工作台、通道、桌子、储藏室和工具架等。所谓给定的设施范围,可以是一个工厂、一个车间、一座百货大楼、一个写字楼或一个餐馆等。

设施布置的目的是要将企业内的各种物质设施进行合理安排,使他们组合成一定的空间形式,从而有效地为企业的生产运作服务,获得更好的经济效果。设施布置是在设施位置选定之后进行,它要确定组成企业的各个部分的平面或立体位置,并相应地确定物料流程、运输方式和运输路线等。具体地说,设施布置要考虑以下 4 个问题:

1) 应包括哪些经济活动单元 这个问题取决于企业的产品、工艺设计要求、企业规模、企业的生产专业化水平与协作化水平等多种因素。反过来说,经济活动单元的构成又在很大程度上影响生产率。例如,有些情况下一个厂集中有一个工具库就可以,但另一些情况下,也许每个车间或每个工段都应有一个工具库。

2) 每个单元需要多大空间 空间太小,可能会影响到生产率,影响到工作人员的活动,有时甚至会容易引起人身事故;空间太大,是一种浪费,同样会影响生产率,并且使工作人员之间相互隔离,产生不必要的疏远感。

3) 每个单元空间的形状如何 每个单元的空间大小、形状如何以及应包含哪些单元,这几个问题实际上相互关联。例如,一个加工单元,应包含几台机器,这几台机器应如何排列,因而占用多大空间,需要综合考虑。如空间已限定,只能在限定的空间内考虑是一字排开,还是三角形排列等;若根据加工工艺的需要,必须是一字排开或三角形排列,则必须在此条件下考虑需多大空间以及所需空间的形状。在办公室设计中,办公桌的排列也是类似的问题。

4) 每个单元在设施范围内的位置 这个问题应包括两个含义:单元的绝对位置与相对位置。有时,几个单元的绝对位置变了,但相对位置没变。相对位置的重要意义在于它关系到物料搬运路线是否合理,是否节省运费与时间,以及通信是否便利的便利。此外,如内部相对位置影响不大时,还应考虑与外部的联系,例如,将有出入口的单元设置于靠近路旁。

4.2.1 企业经济活动单元构成的影响因素

影响企业经济活动单元构成的主要因素如下。

1. 企业的产品

企业的目标最终是要通过它提供的产品或服务来实现的,因此企业的产品或服务从根本上决定着企业经济活动单元的构成。对于制造企业来说,首先,企业的产品品种将决定企业所要配置的主要生产单元,如汽车制造厂需有冲压车间,而仪表制造公司则不需要;其次,由于产品的结构工艺特点决定着产品粗加工和原材料的种类,决定着产品的劳动量构成,因此也就影响着生产单元的构成;再次,产品的生产规模也会影响到生产单元的构成,如某产品的产量较大且加工劳动量也较大、具有一定规模时,就要考虑设置该种产品的专门生产车间或分厂,反之则没有必要。对于服务业企业来说也同样如此,所提供服务内容不同、服务规模不同,经济活动单元的构成自然不同。

2. 企业规模

企业经济活动单元的构成与企业规模的关系是十分密切的。这是因为企业所需经济活动单元的数目、大小是由企业规模所决定的。企业规模越大,所需要的单元数目也越多。

3. 企业的生产专业化与协作化水平

这主要是从两个方面影响企业的经济活动单元构成:一是采用不同专业化形式(指产品对象专业化或工艺对象专业化)的企业,对工艺阶段是否配备完整的要求不同,从而带来了经济活动单元构成上的不同;二是企业的协作化水平越高,即通过协作取得的零部件、工具和能源等越多,则企业的主要生产单元就越少。例如,很多标准件都可容易地通过外协而得到,没必要全部自己建立这样的生产单元。在今天,企业正在向两个不同的趋势发展,一是生产的集中化和专业化,即生产要素越来越多地向大型专业化企业集中;二是生产的分散化,即生产要素向与大企业协作配套的小型企业扩散,以大企业为核心构成一个企业群体,以固定的协作关系从事某些专门零部件的生产或完成某些工艺过程。这两种发展趋势给企业的设施布置带来了一些新要求。

4. 企业的技术水平

其中主要是装备的技术水平,它直接影响着企业经济活动单元的构成。采用数控设备、加工中心等高技术设备拥有率较高的企业,其生产单位的组成则较简单;反之,则较复杂。

4.2.2 设施布置类型选择的影响因素

在设施布置中,到底选用哪一种布置类型(工艺专业化布置、对象专业化布置、混合布置和固定布置),除了生产组织方式战略以及产品加工特性以外,还应该考虑其他一些因素。也就是说,一个好的设施布置方案,应该能够使设备、人员的效益和效率尽可能好。为此,还应该考虑以下一些因素。

1. 所需投资

设施布置将在很大程度上决定所要占用的空间、所需设备以及库存水平,从而决定投资规模。如果产品的产量不大,设施布置人员可能愿意采用工艺专业化布置,这样可节省空间,提高设备的利用率,但可能会带来较高的库存水平,因此,这里有一个平衡的问题。如果是对现有的设施布置进行改造,更要考虑所需投资与可能获得的效益相比是否合算。

2. 物料搬运

在考虑各个经济活动单元之间的相对位置时,物流的合理性是一个主要考虑因素,即应该使搬运量较大的物流的距离尽可能短,使相互之间搬运量较大的单元尽量靠近,以便使搬运费用尽可能小,搬运时间尽可能短。一般情况下,在一个企业中,从原材料投入直至产品产出的整个生产周期中,物料只有15%左右的时间是处在加工工位上,其余都处于搬运过程中或库存中,搬运成本可达总生产成本的25%～50%。由此可见,物料搬运是生产运作管理中相当重要的一个问题。而一个好的设施布置,可使搬运成本大为减少。

3. 柔性

设施布置的柔性一方面是指对生产的变化有一定的适应性,即使变化发生后也仍然能达到令人满意的效果;另一方面是指能够容易地改变设施布置,以适应变化了的情况。因此,在一开始设计布置方案时,就需要对未来进行充分预测;再一方面是,从一开始就应该考虑到以后的可改造性。

4. 其他

其他还需要着重考虑的因素有:劳动生产率,为此在进行设施布置时要注意不同单元操作的难易程度悬殊不宜过大;设备维修,注意不要使空间太狭小,这样会导致设备之间的相对位置不好;工作环境,如温度、噪音水平和安全性等,均受设施布置的影响;人的情绪,要考虑到是否可使工作人员相互之间能有所交流,是否给予不同单元的人员相同的责任与机会,使他们感到公平等。

4.2.3 设施布置形式

1. 工艺导向布局

工艺导向布局,也称车间或功能布置,是指一种将相似的设备或功能放在一起的生产布局方式。例如,将所有的车床放在一处,将冲压机床放在另一处。被加工的零件,根据预先设定好的流程顺序从一个地方转移到另一个地方,每项操作都由适宜的机器来完成。医院是采用工艺导向布局的典型。

在工艺导向布置的计划中,最为常见的做法是合理安排部门或工作中心的位置,以

减少材料的处理成本。换句话说,零件和人员流动较多的部门应该相邻。这种方法的材料处理成本取决于:

1）两个部门（i 或 j）在某一时间内人员或物品的流动量。

2）与部门间距离有关的成本。成本可以表达为部门之间距离的一个函数。这个目标函数可以表达成以下形式,即

$$最小成本 = \sum_{i=1}^{x} \sum_{j=1}^{x} X_{ij} C_{ij}$$

式中,n——工作中心或部门的总数量;

i, j——各个部门;

X_{ij}——从部门 i 到部门 j 物品流动的数量;

C_{ij}——单位物品在部门 i 和部门 j 之间流动的成本。

工艺导向布局尽量减少与距离相关的成本。C_{ij} 这个因子综合考虑了距离和其他成本,于是可以假定不仅移动难度相等,而且装卸成本也是恒定的。虽然它们并非总是恒定不变的,但为了简单起见,可以将这些数据（成本、难度和装卸费用等）概括为一个变量。

工艺导向布局适合于处理小批量、顾客化程度高的生产与服务,其优点是:设备和人员安排具有灵活性;缺点是:设备使用的通用性要求较高的劳动力熟练程度和创新,在制品较多。

2. 产品导向布局

产品导向布局,也称装配线布局,是指一种根据产品制造的步骤来安排设备或工作过程的布局方式。鞋、化工设备和汽车清洗剂的生产都是按产品导向原则设计的。

产品导向布局是对生产大批量、相似程度高和少变化的产品进行组织规划。一个典型的实例是:飞机制造公司巨大的产品的最后组装线采用的就是产品导向布局。产品导向布局的两种类型是生产线和装配线。

生产线是在一系列机器上制造零件,诸如汽车轮胎或冰箱的金属部件。装配线是在一系列工作台上将制造出的零件组合在一起。两种类型都是重复过程,而且二者都必须"平衡"。即在生产线上的一台机器所作的工作必须与另一台机器所作的工作相平衡,就像装配线上的一个雇员在一个工作站上所做的工作必须和另一雇员在另一工作站上做的工作相配合一样。

生产线趋向于机器步调,并要求通过机器和工程上的改变来达到平衡。装配线则相反,生产的步调由分配给个人或工作站的任务来确定。所以,装配线上可以将一个人的工作转移给另一个人来达到平衡。在这种情况下,每个人或工作站要求的时间是一样的。

产品导向布局的中心问题是平衡生产线上每个工作站的产出,使它趋于相等,从而获得所需的产出。管理者的目标就是在生产线上保持一种平滑、连续流动的生产状态,并减少每个工作站的闲暇时间,一条平衡性好的装配线具有的优点是人员和设备利用率高,雇员之间工作流量相等。一些企业要求同一条装配线的工作流量应该大致相等,这

就涉及到装配线平衡的问题了。

工艺导向布局与产品导向布局之间的区别就是工作流程的路线不同。工艺导向布局中的物流路线是高度变化的,因为用于既定任务的物流在其生产周期中要多次送往同一加工车间。产品导向布局中,设备或车间服务于专门的产品线,采用相同的设备能避免物料迂回,实现物料的直线运动。只有当给定产品或零件的批量远大于所生产的产品或零件种类时,采用产品导向布局原则才有意义。

产品导向布局适合于大批量的、高标准化的产品的生产,其优点是:单位产品的可变成本低,物料处理成本低,存货少,对劳动力标准要求低;缺点是:投资巨大,不具产品弹性,一处停产影响整条生产线。

3. 混合类型布局

混合类型布局是指将两种布局方式结合起来的布局方式。混合布置是一种常用的设施布置方法。比如,一些工厂总体上是按产品导向布局(包括加工、部装和总装三阶段),在加工阶段采用工艺导向布局,在部装和总装阶段采用产品导向布局。这种布置方法的主要目的是:在产品产量不足以大到使用生产线的情况下,也尽量根据产品的一定批量、工艺相似性来使产品生产有一定顺序,物流流向有一定秩序,以达到减少中间在制品库存、缩短生产周期的目的。混合布置的方法又包括:一人多机、成组技术等具体应用方法。

(1) 一人多机

一人多机(one worker, multiple machine, 简称 OWMM)是一种常用的混合布置方式。这种方法的基本原理是:如果生产量不足以使 1 个人看管一台机器就足够忙的话,可以设置一人可看管的小生产线,既可使操作人员保持满工作量,又可在这种小生产线内使物流流向有一定秩序。这个所谓的小生产线,即指由 1 个人同时看管的几台机器,如图 4.1 所示(图中,M1、M2 等分别表示不同的机器设备)。

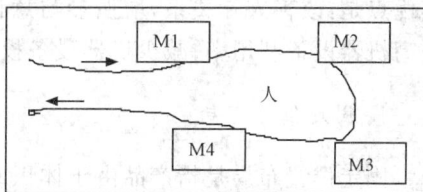

图 4.1 一人多机布置示意图

在一人多机系统中,因为有机器自动加工时间,员工只在需要看管的时候(装、卸、换刀和控制等)采取照管,因此又可能在 M1 自动加工时,去看管 M2,依此类推。通过使用不同的装夹具或不同的加工方法,具有相似性的不同产品可以在同一 OWMM 中生产。这种方法可以减少在制品库存以及提高劳动生产率,其原因是工件不需要在每一机器旁积累到一定数量后再搬运至下一机器。通过一些小的技术革新,例如,在机器上装一些自动换刀、自动装卸、自动启动和自动停止的小装置,可以增加 OWMM 中的机器数量,以进一步降低成本。

图 4.1 所示的 OWMM 系统呈现一种 U 形布置,其最大特点是物料入口和加工完毕的产品的出口在同一地点。这是最常用的一种 OWMM 布置,其中,加工的产品并不一定必须通过所有的机器,可以是 M1→M2→M3→M4,也可以是 M2→M3→M4 等。进一步,通过联合 U 形布置,可以获得更大的灵活性,这在日本丰田汽车公司的生产实践中已

被充分证实。

（2）成组技术布局

成组技术布局是将不同的机器分成单元来生产具有相似形状和工艺要求的产品，成组技术布局现在被广泛应用于金属加工、计算机芯片制造和装配作业。成组原则应用的目的是要在生产车间中获得产品原则布置的好处，这些好处包括：

1）改善人际关系　员工组成团队来完成整个任务。

2）提高操作技能　在一个生产周期内，员工只能加工有限数量的不同零件，重复程度高，有利于员工快速学习和熟练掌握生产技能。

3）减少在制品和物料搬运　一个生产单元完成几个生产步骤，可以减少零件在车间之间的移动。

4）缩短生产准备时间　加工种类的减少意味着模具的减少，因而可提高模具的更换速度。

工艺导向布局转换为成组技术布局可通过以下三个步骤来实现：

1）将零件分类　该步骤需要建立并维护计算机化的零件分类与编码系统。尽管许多公司都已开发了简便程序来对零件进行分组，但这项支出仍然很大。

2）识别零件组的物流类型　以此作为工艺布置和再布置的基础。

3）将机器和工艺分组，组成工作单元　在分组过程中经常会发现，有一些零件由于与其他零件联系不明显而不能分组，还有专用设备由于在各加工单元中的普遍使用而不能具体分到任一单元中去。这些无法分组的零件和设备都放到"公用单元"中。

成组技术布局则是将不同的机器分成单元来生产具有相似形状和工艺要求的产品。其优点是：改善人际关系，增强参与意识；减少在制品和物料搬运及生产过程中的存货；提高机器设备利用率；减少机器设备投资与缩短生产准备时间等。

4. 固定位置布局

固定位置布局是指产品由于体积或重量庞大停留在一个地方，从而需要生产设备移到要加工的产品处，而不是将产品移到设备处的布局方式。造船厂、建筑工地和电影外景制片场往往采用这种布局方式。

在一个固定位置的布局中，生产项目保持在一个地方，工作人员和设备都到这个地点工作。但由于：

1）在建设过程中的不同阶段需要不同的材料，所以随着项目的进行，不同材料的安排变得关键。

2）材料所需的空间是不断变化的，例如，随着工程进展，建造一艘船的外壳所使用的钢板量是不断改变的。

上述两个原因使得固定位置的布局技术发展很慢，不同的企业处理固定位置布局时采用不同的方法。建筑企业通常有一个"行业会议"来对不同时期的空间进行安排，但这种结局方法并不是最优的，因为讨论更倾向于政策性的利益分配而非分析性的效率安排。而造船厂在靠近船的地方有称为"平台"的装载区域，物料装卸由事先计划好的部门完成。

4.2.4 设施布置方法

1. 物料流向图法

按照原材料、在制品以及其他物资在生产过程中的总流动方向来布置工厂的各车间、仓库和其他设施,并绘制物料流向图。图4.2为某机加工企业按物料流向的设施布置图。

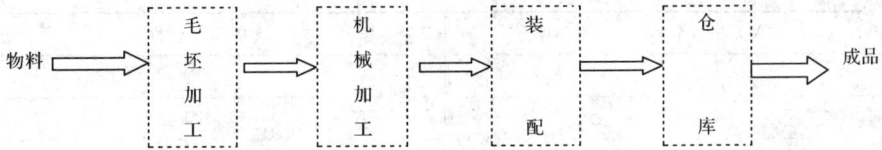

图4.2 某机加工企业设施布置示意图

2. 物料运量比较法

该方法是按照生产过程中物料流向及生产单位之间运输量布置设施的相对位置,其步骤如下:

1) 根据原材料、制品在生产过程中的流向初步布置各个生产单位的相对位置,绘出初步物流图,如图4.3所示。

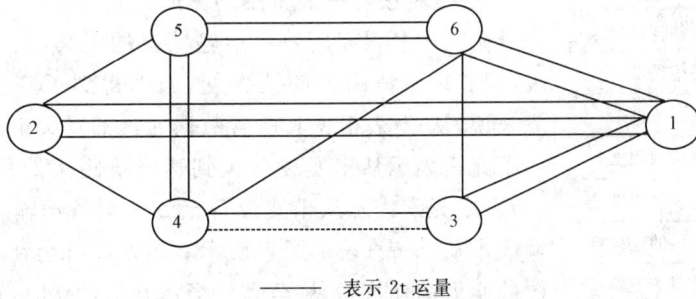

—— 表示2t运量

图4.3 运量相关线图

2) 统计各个单位间的物料流量,制定物料运量表,见表4.1。

表4.1 物料运量表

从—车间 \ 至—车间	01	02	03	04	05	06	总计
01		4	2			4	10
02	2			2	2		6
03	2			4		2	8
04					2	2	4
05				2		2	4
06				2			2
总 计	4	4	2	8	6	10	34

3）按运量大小进行布置，将彼此之间运量大的单位安排在相邻位置，并考虑其他因素进行改进和调整。

3. 相对关系布置法

根据工厂各组成部分之间的关系的密切程度加以布置，得出较优方案。工厂各组成部分之间的密切程度一般可分为六个等级，见表4.2。

表 4.2　关系密切程度分类及代号

代 号	关系密切程度	评分	代 号	关系密切程度	评分
A	绝对必要	5	O	普通的	2
E	特别重要	4	U	不重要	1
I	重要	3	X	不予考虑	0

形成其密切程度的原因，可能是单一的，也可能是综合的，一般可根据表4.3原因确定组成部分的关系密切程度。

应用相对关系布置时，首先根据工厂各组成部分相互作用关系表，然后，依据此表定出各组成部分的位置为止。

表 4.3　关系密切程度的原因

代 号	关系密切程度原因
1	使用共同的记录
2	共用人员
3	共用地方
4	人员接触程度
5	文件接触程度
6	工作流程的连续性
7	做类似的工作
8	使用共同的设备
9	可能的不良秩序

4. 从-至表法

从-至表法是一种常用的车间设备布置方法。从-至表是记录车间内各设备间物料运输情况的工具，是一种矩阵式图表，因其表达清晰且阅读方便，因而得到了广泛的应用。一般来说，从-至表根据其所含数据元素的意义不同，分为三类：表中元素表示从出发设备至到达设备距离的称为距离从-至表；表中元素表示从出发设备至到达设备运输成本的叫做运输成本从-至表；表中元素表示从出发设备至到达设备运输次数的叫做运输次数从-至表。当达到最优化时，这三种表所代表的优化方案分别可以实现运输距离最小化、运输成本最小化和运输次数最小化。

4.3 非制造业的设施布置

4.3.1　办公室布置

办公室布置的内容主要是确定人员座位的位置和办公室物质条件的合理配置。布置时一般要了解办公室工作性质与内容，办公室内部组织与人员分工，办公室与其他单位的联系;还可绘制业务流程图,作为布置的依据;还要了解办公室定员编制,以及根据工作需要应配备的家具、通信工具和主要办公用品等。在充分掌握情况的基础上,按办公室的位置和面积进行合理布置,并绘制平面图,经讨论、比较和修改后,即可正式按图进行布置。

1. 办公室布置主要考虑因素

在进行办公室布置时,通常考虑的因素有很多,但有两个主要的因素是必须加以重点考虑的:信息传递与交流的迅速、方便,人员的劳动生产率。

(1) 信息传递与交流的迅速、方便

信息的传递与交流既包括各种书面文件、电子信息的传递,也包括人与人之间的信息传递和交流。对于需要跨越多个部门才能完成的工作,部门之间的相对地理位置也是一个重要问题。在这里,应用工作设计和工作方法研究中的"工作流程"的概念来考虑办公室布置是很有帮助的。而工作设计和工作方法研究中的各种图表分析技术也同样可以应用于办公室布置。

(2) 人员的劳动生产率

办公室布置中要考虑的另一个主要因素是办公室人员的劳动生产率。当办公室人员主要是由高智力、高工资的专业技术人员所构成时,劳动生产率的提高就具有更重要的意义。而办公室布置,会在很大程度上影响办公室人员的劳动生产率。但也必须根据工作性质的不同、工作目标的不同来考虑什么样的布置更有利于生产率的提高。例如,在银行营业部、贸易公司和快餐公司的办公总部等情况下,开放式的大办公室布置使人们感到交流方便,促进了工作效率的提高;而在一个出版社,这种开放式的办公室布置可能会使编辑们感到无端的干扰,无法专心致志地工作。

2. 办公室布置的主要模式

办公室布置根据行业的不同、工作任务的不同有多种,归纳起来,大致可以分为以下几个模式:

一种是传统的封闭式办公室,办公楼被分割成多个小房间,伴之以一堵堵墙、一个个门和长长的走廊。显然,这种布置可以保持工作人员足够的独立性,但却不利于人与人之间的信息交流和传递,使人与人之间产生疏远感,也不利于上下级之间的沟通,而且,几乎没有调整和改变布局的余地。

另一种模式是近20多年来发展起来的开放式办公室布置。在一间很大的办公室内,可同时容纳一个或几个部门的十几人、几十人甚至上百人共同工作。这种布置方式不仅方便了同事之间的交流,也方便了部门领导与一般职员的交流,在某种程度上消除了等级的隔阂。但这种方式的弊端是,有时会相互干扰,也会带来职员之间的闲聊等。

在开放式办公室布置的基础上,进一步发展起来的一种布置是带有半截屏风的组合办公模块。这种布置既利用了开放式办公室布置的优点,又在某种传递上避免了开放式布置情况下的相互干扰、闲聊等弊病,而且,这种模块使布置有很大的柔性,可随时根据情况的变化重新调整和布置。采用这种形式的办公室布置,建筑费用比传统的封闭式办公建筑节省,改变布置的费用也低得多。

实际上,在很多组织中,封闭式布置和开放式布置都是结合使用的。20 世纪 80 年代,在西方发达国家又出现了一种称之为"活动中心"的新型办公室布置。在每一个活动中心,有会议室、讨论间、电视电话、接待处、打字复印和资料室等进行一项完整工作所需的各种设备。楼内有若干个这样的活动中心,每一项相对独立的工作集中在这样一个活动中心进行,工作人员根据工作任务的不同在不同的活动中心之间移动。但每人仍保留有一个小小的传统式个人办公室。显而易见,这是一种比较特殊的布置形式,较适合于项目型的工作。

20 世纪 90 年代以来,随着信息技术的迅猛发展,一种更加新型的办公形式——"远程"办公也正在从根本上冲击着传统的办公室布置方式。所谓"远程"办公,是指利用信息网络技术,将处于不同地点的人们联系在一起,共同完成工作,例如,人们可以坐在家里办公,也可以在出差地的另一个城市或飞机、火车上办公等等。可以想像,当信息技术进一步普及,其使用成本进一步降低以后,办公室的工作方式和对办公室的需求,以至办公室布置等,均会发生很大的变化。

3. 办公室布置的基本方法

办公室布置中,有一些布置原则与生产制造系统是相同的,例如,按照工作流程和能力平衡的要求划分工作中心和个人工作站,使办公室布置保持一定的柔性,以便于未来的调整与发展等。但是,办公室与生产制造系统相比,也有许多根本不同的特点。

1) 生产制造系统加工处理的对象主要是有形的物品,因此,物料搬运是设施布置的一个主要考虑因素。而办公室工作的处理对象主要是信息以及组织内外的来访者,因此,信息的传递和交流方便与否,来访者办事是否方便、快捷,是主要的考虑因素。

2) 在生产制造系统中,尤其是自动化生产系统中,产出速度往往取决于设备的速度,或者说与设备速度有相当大的关系。而在办公室,工作效率的高低往往取决于人的工作速度,而办公室布置,又会对人的工作速度产生极大影响。

3) 在生产制造系统中,产品的加工特性往往在很大程度上决定设施布置的基本类型,生产运作管理人员一般只在基本类型选择的基础上进行设施布置。而在办公室布置中,同一类工作任务可选用的办公室布置有多种,包括房间的分割方式、每人工作空间的分割方式、办公家具的选择和布置方式等。

4) 在办公室的情况下,组织结构、各个部门的配置方式、部门之间的相互联系和相对位置的要求对办公室布置有更重要的影响作用,在办公室布置中要予以更多的考虑。

根据一些企业的经验,搞好办公室布置,要注意以下一些问题:

1) 力求使办公室有一个安静的工作环境 各种嘈杂声音会使人感到不愉快,分散注意力,容易造成工作上的错误,所以,办公室应布置在比较安静、适中的位置。如果修建办公大楼,则大部分办公室可以集中在一起,这样既便于工作上相互联系,又可以求得比较安静的工作环境。如果没有办公大楼,则办公室就可能比较分散,这样好处是接近生产现场,便于为生产服务,但可能不够安静,必须采取具体措施,如隔音装置等,以排除各种杂音。为保持办公室内安静,应将电话和其他发声设备安装在最少干扰他人工作的位置;客人来访最好设有单独会客室,如不具备此条件,也应将会客处布置在办公室的入口附近。

2) 办公室应有良好的采光、照明条件 室内光线过强或过弱,都会增加人的疲劳,降低工作效率。一般来说,自然光优于人造光,间接光优于直光,匀散光优于聚焦光。自然光有益于人的身心健康,但早晚、阴雨可能光线不足,因此需要有其他的人造光补充。布置办公室内座位时,应尽量使自然光来自办公桌的左上方或斜后上方。

3) 最有效地利用办公室面积,合理布置工作人员的座位 安排座位时要考虑业务工作的流程和同一业务小组工作需要,尽可能采取对称布置,避免不必要的文书移动。

4) 办公室布置应力求整齐、清洁 室内用品应摆放整齐,使用方便,文件箱、文件柜的大小、高度最好一致,并尽量靠墙放置或背对背放置。常用的文件箱相应布置在使用者附近。办公用品和其他室内装饰物要经济实用,不要不切实际的一味追求豪华。

4.3.2　仓库布置

仓储业是在非制造业中占比重很大的一个行业,通过合理的仓库布置来缩短存取货物的时间、降低仓储管理成本具有重要的意义。从某种意义上来说,仓库类似于制造业的工厂,因为物品也需要在不同地点(单元)之间移动。因此,仓库布置也可以有很多不同的方案,一般的仓库布置问题的目的都是寻找一种布置方案,使得总搬运量最小。这个目标函数与很多制造业企业设施布置的目标函数是一致的,因此,可以借助于类似负荷距离法等方法。实际上,这种仓库布置的情况比制造业工厂中的经济活动单元的布置更简单,因为全部搬运都发生在出入口和货区之间,而不存在各个货区之间的搬运。

这种仓库布置进一步可分为两种情况:

1) 各种物品所需货区面积相同 在这种情况下,只需把搬运次数最多的物品货区布置在靠近出入口之处,既可得到最小总负荷数。

2) 各种物品所需货区面积不同 需要首先计算某物品的搬运次数与所需货区数量之比,取该比值最大者靠近出入口,依次往下排列。

上面是以总负荷数最小为目标的一种简单易行的仓库货区的布置方法。在实际中,根据情况的不同,仓库布置可以有多种方案,多种考虑目标,例如,不同物品的需求经常是季节性的,在元旦、春节期间应把电视、音响放在靠近进入口处。又如,空间利用的不同方法也会带来不同的仓库布置要求,在同一面积内,高架立体仓库可存储的物品要多得多。由于搬运设备、存储记录方式等的不同,也会带来布置方法上的不同。再如,新技术的引入会带来考虑更多有效方案的可能性:当计算机仓库信息管理系统可使得搬运人员迅速知道每一物品的准确仓储位置,并为搬运人员设计一套汇集不同物品与同一货车上的最佳搬运行走路线;自动分拣运输线可使仓储人员分区工作,而不必跑遍整个仓库,等等。总而言之,根据不同的目标,所使用技术不同以及仓储设施本身的特点,仓库的布置方法有多种。

4.3.3　服务企业平面布置

服务业企业的布置形式也可以分为工艺专业化和产品专业化两种形式,不过以前者居多。由于服务业的生产过程和消费过程合为一体,消费者会对整个服务过程提出质量要求,因此服务业还十分强调环境的布置,如家具的式样、颜色、室内的灯光、墙壁的色彩和图案等。

如零售服务业布置的目的就是要使店铺的每平方米的净收益达到最大。在实际应用中,这个目标经常被转化为这样的标准:如"最小搬运费用"或"产品摆放最多",同时应该考虑到还有其他许多的人性化的因素。一般而言,服务场所有三个组成部分:环境条件,空间布置及其功能性,徽牌、标志和装饰品。

1. 环境条件

环境条件是指背景特征,如噪音、音乐、照明和温度等,这些都会影响雇员的具体表现和士气,同时也影响了顾客对服务的满意程度、顾客的逗留时间以及顾客的消费。虽然其中的许多特征主要是受建筑设计(照明布置、吸音板和排风扇的布置等)的影响,但建筑内的布置也对其有影响。比如,食品柜台附近的地方常可以闻到食物的气味,剧院外走廊里的灯光必须是暗淡的,靠近舞台处会比较嘈杂,而入口处的位置往往通风良好。

2. 空间布置及其功能性

在空间布置及其功能性中有两个方面非常重要:设计出顾客的行走路径以及将商品分组。行走路径的设计目的就是要给顾客提供一条路径使他们能够尽可能多的看到商品,并沿着这个路径按需要程度安排各项服务。

通道也非常重要,除了要确定通道的数目之外,还要决定通道的宽度。通道的宽度也会影响服务流的方向,如有些商店是这样设计的,一旦你走进商店的通道,就不能把购物小车掉转方向。

布置一些可以吸引顾客注意力的标记也可以使顾客沿着经营者所设想的路线走动。当顾客沿着主要通道行进时,为了扩大他们的视野,沿主通道分布的分支通道可以按照一定的角度布置。

此外,将顾客们认为相关的物品放在一起,而不是按照商品的物理特性或货架大小与服务条件来摆放商品,这是目前很流行的做法,多用在百货商店的精品服务柜台、专卖店和超市的美食柜台等。

对于流通规划和商品分组,值得注意以下几方面:

1) 人们在购物中倾向于以一种环型的方式购物。将利润高的物品沿墙壁摆放可以提高他们的购买可能性。

2) 超市中,摆放在通道尽头的减价商品总是要比存放在通道里面的相同物品卖得快。

3) 信用卡付账区和其他非卖区需要顾客排队等候服务,这些区域应当布置在上层或"死角"等不影响销售的地方。

4) 在百货商店中,离入口最近和临近前窗展台处的位置最有销售潜力。

3. 徽牌、标志和装饰品

徽牌、标志和装饰品是服务场所中有重要社会意义的标志物,这些物品与周围环境常常体现了建筑物的风格,比如,麦当劳的标志能够使人从很远的地方就可以找到它。

—— 小结

本项目介绍了生产与服务设施选址在企业运作中的重要性和难度,研究了影响选址的因素和选址的一般步骤,并介绍选址的评价方法。在选址问题解决后,接着研究企业内部的设施布置问题,主要内容有设施布置的概念及影响布置的因素,讨论了在组织生产单位决策中的两个原则——工艺专业化原则和对象专业化原则,分析了这两个原则的特点及应用场合。为了帮助管理人员优化布置方案,还介绍了几种典型的布置形式,具体讨论有关车间与库房布置的常用方法、车间布置的定量分析,如从-至表法、相对关系布置法等。另外,对服务业的设施布置、办公室布置、零售业企业的布置等进行了研究。

—— 复习思考题

1. 解释下列概念:设施、设施选址、设施布置。
2. 试述设施选址应考虑的因素。
3. 设施选址原则是什么?
4. 试比较办公室布置与生产制造系统布置的特点。
5. 试分析比较工艺导向、对象导向布局的优缺点。

══ 案例分析

Des Moines 国民银行

Des Moines 国民银行(Des Moines National Bank,DNB)最近在繁华的商业区建成一幢新楼。银行迁入新址,需要重新安排各部门的位置,以获得最优的工作效率和效果。DNB 的主要作业部门之一是支票处理部门。这一部门是个人和商业支票的清算机构。这些支票既来自于与 DNB 有支票处理合同的小型金融机构,也来自于楼下的出纳员。根据支票底部的磁条,这些支票可按其提取处来分类。审核员保证收入和支出保持平衡,记账员进行记录完成交易。最后,这些支票束成捆,从分配部门运送过来。这个部门的人员也负责处理政府支票和通过该系统退回的支票,因为这些支票需要不同的处理作业,所以将它们放在商业银行同一层楼上的不同部门里。

电梯只能从一层上到二层,于是支票处理部门便安排在 DNB 新楼的第二层。第二层楼如图4.4所示,分为 8 个面积相等的房间(它们之间虽没有墙隔开,但我们仍称之为房间),每间房为 75 平方英尺(1 英尺=3.048×10⁻¹ 米。)见方。幸运的是位于这层楼上的 8 个部门的每一个都需要约 5 000 平方英尺的空间,所以银行管理者没有必要担忧,这些空间可用于存储或日后的扩展。

"物料"的流动,如要处理的支票,计算机输出核对和记账的结果,都在位于房间之间的过道上进行,如图4.4所示。支票由电梯运送上来并进行分配,所以应该将分配部门安排在靠近电梯的房间里,除此之外没有其他对部门位置的限制。

分析的第一步是要确定部门间的物流量,以几周流量的平均值来作为部门间流量的平均值。虽然一周的不同日子里处理

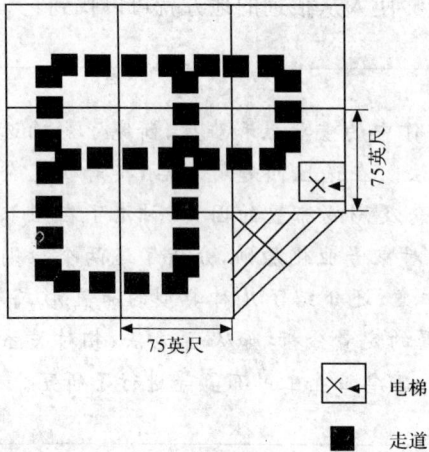

图 4.4 DNB 大楼第二层的计划

| | | 电梯 |
| | | 走道 |

的支票量不同,但平均值较好地体现出各部门间的物流量。通过对物流量数据的研究,会揭示出几个未被考虑到的重要关系。例如,虽然在商业支票分类部门和政府支票部门间没有物料流动,但它们使用相同类型的设备。这种设备有较大的噪声,需要隔音墙来控制噪声,所以将设备安排在一起降低建筑成本是很有必要的。同时,还是由于这种噪声,应将好些需要集中注意工作的部门,如核对部门和办公室,远离产生噪声的地方。根据以上类型的注意事项,我们将每对部门的接近关系列成如表 4.4 所示的等级。

表 4.4 中,

A——非常必要临近;

E——临近特别重要;

I——临近重要;

O——一般临近;

U——临近不重要;

X——不能临近;

表 4.4 的左上角部分是部门间每天的平均物流量,左下角是接近关系程度,例如,支票分类部门和核对部门每天的物流量是 50,接近关系程度为"X"。

表 4.4 部门间的物流量和紧密关系

部门	1	2	3	4	5	6	7	8
1. 支票分类	—	50	0	250	0	0	0	0
2. 支票核对	X	—	50	0	0	0	0	0
3. 支票记账	X	A	—	0	0	0	0	10
4. 支票分配	U	U	U	—	40	60	0	0
5. 政府支票	A	U	U	E	—	0	0	0
6. 退回的支票	U	U	U	E	U	—	12	0
7. 记账调整	X	A	A	U	U	E	—	10
8. 办公室	X	I	I	U	O	O	I	—

思考题:

1. 作出规划,使总物流量达到最小。
2. 根据接近关系程度表确定的相互关系来作出一个布局。
3. 作出一项既考虑物流量,又考虑接近关系的布局。
4. 评价所作出的各项布局。
5. 当对支票处理部门进行布局时,还有其他应该考虑的因素吗?

═══ 实践与训练 ═══

项目:调查与访问——生产运作系统的布局

一、实训目标

1. 理解生产运作系统布局的影响因素。

2. 能根据企业生产流程对车间与库房进行合理布置。

二、内容与要求

1. 由学生自愿组成小组，每组 6～8 人。利用课余时间，实地调查一家企业的厂房布局和设备布置情况。

2. 在调查的基础上，能根据设施布置的定量分析法，对企业生产运作系统的布局进行优化。

三、成果与检测

1. 每人写出一份简要的调查报告。

2. 根据调查所取得的资料，运用相关设施布置的方法，提出生产运作系统布局的优化方案。

3. 以小组为单位，分别由组长和每个成员根据各成员在调研与讨论中的表现进行评估打分。

4. 由教师根据各成员的调研报告与在讨论中的表现分别评估打分。

5. 将上述诸项评估得分综合，作为本次实训成绩。

项 目 5

生产过程组织

1. 理解生产过程的概念；
2. 了解企业生产过程的组成；
3. 了解生产类型的概念；
4. 理解生产类型的划分方法；
5. 理解生产过程组织形式的概念及特点；
6. 熟悉合理组织生产过程的基本要求。

—— 能力目标 ——

1. 能区分不同的生产类型；
2. 会辨别不同的生产组织形式；
3. 能进行单一品种流水线组织设计；
4. 能进行多品种流水线组织设计。

—— 案例导入 ——

　　沃尔沃汽车公司生产的富豪汽车在世界汽车之林堪称世人瞩目之星,而它的乌地瓦拉厂,则更是顶尖中的顶尖,深受世界汽车工业界的瞩目。该厂最不寻常的地方在于它与福特的装配流水线的观念完全背道而驰。该厂所生产的每部汽车,从头到尾都是在单一工作站,由一个8～10人组成的小组来完成,完全取代了原来在传统的装配线旁反复做着一两种装配动作的工作方式。

　　沃尔沃汽车公司之所以采取这种工作方式,是因为这可使工人在工作时兴趣盎然,同时使管理方式和工作环境更人性化。在乌地瓦拉厂的每个工作站中都有一套特殊设备,可以将车体放在一个可回转的圆轴上,使汽车的底部也可以倾斜到工作者的面前,以利于装配工作的进行。在配备了这种装置以后,一个汽车底盘随着燃料系统、电线系统等各种配件,一齐来到小组成员面前,等待装配。而化油器等系统,会在其前置作业完成后及时赶到,因此,汽车所有的装配都在这一工作站完成,工作人员可以亲眼见到一部完整的汽车在他们手中完成。

　　每个8～10人的小组一旦成立,就成为一个自主式的管理单位,对其所生产的汽车负完全责任,所有组员对汽车各部分的装配工作都十分熟悉,有些组员甚至可以单独装配整部汽车。此外,每个组员轮流担任小组的领导者,直接向工厂经理报告。在这样的自主管理模式及责任制度下,创造出了一组人员彼此间很强的凝聚力和休戚与共的团结感。

为使员工具备多方面的能力,沃尔沃汽车公司专门设计了一个称为"全力以赴"的培训计划,使每个小组成员不但成为具备装配整部汽车生产技术的作业人员,还知道如何进行计划制订、质量控制、库存管理等工作。公司认为,使员工从工作中得到更大参与感、喜悦感,是公司经营成功必不可少的因素。

5.1 生产过程及其组成

5.1.1 生产过程的概念

企业的生产过程是社会财富的生产过程,也是工业企业最基本的活动过程。从总体来看,其包括劳动过程和自然过程。

劳动过程是人们为社会所需要的产品而进行的有目的的活动。劳动过程是生产过程的主体,是劳动力、劳动对象和劳动工具(手段)结合的过程;也就是劳动者利用劳动手段作用于劳动对象,同时又是创造具有新价值和使用价值的物质财富的过程。自然过程是指劳动对象借助自然界的力量产生某种性质变化的过程。

生产过程有广义和狭义之分:广义生产过程是指从生产准备开始到产品制造出来为止的全部过程;狭义生产过程是指从原材料投入开始到产品制造出来为止的全部过程。

5.1.2 生产过程的组成

1. 基本生产过程

基本生产过程是指对构成产品实体的劳动对象直接进行工业加工的过程,如机械制造企业的铸造、机械加工和装配等,基本生产过程是企业的主要生产活动。

2. 辅助生产过程

辅助生产过程是指为保证基本生产过程的正常进行而从事的各种辅助生产活动的过程,如为基本生产提供动力、工具和维修工作等。

3. 生产技术准备过程

生产技术准备过程是企业正式生产前所进行的一系列生产技术上的准备工作过程,包括产品设计、工艺设计等。

4. 生产服务过程

生产服务过程是指为保证生产活动顺利进行而提供的各种服务性工作,如供应工作、运输工作和技术检验工作等。

企业的基本生产过程和辅助生产过程是企业主要生产过程,由若干相互联系的工艺阶段组成,而每个工艺阶段又是由若干个工序组成。工艺阶段是按照使用的生产手段的不同和工艺加工性质的差异而划分的局部生产过程。工序是指一个工人或一组工人在同一工作地上对同一劳动对象进行连续加工的生产环节。

5.1.3 合理组织生产过程的要求

1) 生产过程的连续性 指产品在生产过程的各个阶段、各个工序,在时间上紧密衔接、连续进行,不发生或很少发生中断现象。

2) 生产过程的比例性(协调性) 指生产过程各个工艺阶段、各工序之间,在生产能力上和产品劳动量上保持必要的比例关系。

3) 生产过程的节奏性(均衡性) 指生产过程的各工艺阶段、各个工序在相同的时间间隔内,产品产量大致相等或均匀递增,使每个工作地的负荷保持均匀,避免前紧后松现象,保证生产正常进行。

4) 生产过程的适应性 指生产过程的组织形式要灵活,能及时地满足市场变化要求。

5) 生产过程的平行性 指平行交叉作业。

6) 生产过程的准时性 指生产过程各工艺阶段和工序按时生产。

5.1.4 生产类型与生产过程形式

1. 生产类型的概念

企业生产类型是影响生产过程组织的主要因素,也是设计企业生产系统首先应确定的重要问题。企业的产品结构、生产方法、设备条件、生产规模和专业化程度等方面都有各自的特点,这些特点都直接影响企业的生产过程组织。因此,有必要将各种不同的生产过程划分为不同生产类型,以便有针对性地选择合适的生产组织形式。企业生产类型是按照工业企业生产过程的专业化程度所作的分类或者说生产类型是生产过程的类型。

影响生产类型的因素较多,为了便于研究需按一定的标志,将企业划分为不同的生产类型,并根据各生产类型的特点来确定相应的生产组织形式和计划管理方法。

2. 生产类型的种类及其特点

(1) 按工作地专业化程度划分

按工作地专业化程度划分,生产类型可分为大量生产、成批生产和单件生产。三种类型技术经济分析(即特点)如表 5.1 所示。

表 5.1　三种类型技术经济分析

生产类型	单件生产	成批生产	大量生产
产品品种	多、不稳	较多、较稳定	少、稳定
产量	单件或少量	较多	大
工作地专业化程度	基本不重复	定期轮番	重复生产
机械设备	万能设备	部分专用设备	多数专用设备
工艺装备	通用	部分专用设备	专用设备
劳动分工	粗	一定分工	分工细
工人技术水平	多面手	专业操作较多	专业操作
效率	低	中	高
生产周期	长	中	短
成本	高	中	低
适应性	强	较差	差
更换品种	易	一般	难

（2）按生产力法划分

1）合成型　将不同的原材料（零件）合成或装配成一种产品。

2）分解型　将原材料加工后生产多种产品，即化工性质的产品。

3）提取型　通过从地下或海洋中提取产品。

4）调制型　通过改变加工对象的形状或性能而制成的产品。

上述四种方式划分并不是绝对的，一个企业可以并存上述中几种生产类型。

（3）按接受生产任务的方式划分

1）订货生产方式　它是根据用户提出具体订货要求后，才开始组织设计、制造、出厂等工作。

2）备货生产方式　它是在对市场需求量进行预测的基础上，有计划地进行生产，产品有库存。

（4）按生产的连续程度划分

1）连续生产方式　它是长时间连续不断地生产一种或很少几种产品，生产的产品、工艺流程和使用的生产设备都是固定的、标准的，工序之间没有在制品储存。

2）间断生产方式　它是指输入生产过程的各种要素是间断性地投入，生产设备和运输装置必须适合多种产品加工的需要，工序之间要求有一定的在制品储存。

3. 生产类型的划分方法

（1）工序数目法

工序数目法是按工作地所担负的工序数目来确定生产类型，具体划分可参考表5.2。

（2）大量系数法

大量系数法是指每个零件的每道工序所需单件加工时间与该零件的平均生产节拍之比：

$$K = T/R$$

表 5.2　工序数目参考值

生产类型	工作地所担负工序数目
大量生产	1～2
大批生产	2～10
中批生产	10～20
小批生产	20～40
单件生产	40 以上

式中,K——工序大量系数;

  T——工序单件工时(min/件);

  R——零件平均节拍(min/件)。

$$R = F/N, \quad K = \frac{T \times N}{F}$$

表 5.3 大量系数参考值

工作地生产类型	大量系数
大量生产	>0.5
大批生产	0.5~1
中批生产	0.1~0.05
小批生产	0.05~0.025
单件生产	<0.025

式中,F——年度有效工作时间(min);

  N——年度零件生产数量(件)。

用大量系数确定生产类型参考数据如表 5.3 所示。

通过分析我们可知,工序大量系数和工序承担的工序数目是倒数关系。

（3）产量法

产量法是根据产量的不同来判定企业类型的方法,在机械制造业普遍采用。如表 5.4 是机械制造企业按零件大小和产量来区分生产类型。

表 5.4 按零件大小和产量划分生产类型

企业生产类型	年产量/件		
	重型产品(>15 000kg)	中型产品(>2000kg)	轻型产品(>100kg)
单件生产	5	10	100
小批生产	5~100	10~20	100~500
中批生产	100~300	200~500	500~5000
大批生产	300~1000	500~5000	5000~50 000
大量生产	>1000	>5000	>50 000

4. 生产单位专业化形式

生产单位专业化形式决定着企业内部的生产分工和协作关系和工艺进程的流向以及原材料、在制品在厂内的运输路线等。生产单位的专业化有两种基本形式。

（1）对象专业化形式

对象专业化形式是按照不同的产品来划分生产单位,每个车间完成其所担负的对象的全部工艺过程。在对象专业化车间中,集中了不同类型的机器设备,不同工种的人员,对同类的加工对象进行不同的工艺加工,如图 5.1 所示。

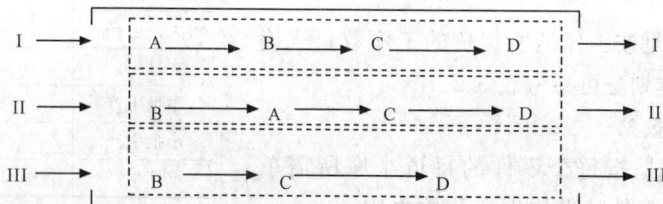

设产品工艺路线为　Ⅰ 产品:A→B→C→D;Ⅱ 产品:B→A→C→D;Ⅲ 产品:B→C→D

图 5.1 对象专业化示意图

对象专业化形式优点：①专业化程度高,劳动生产率高；②运输路线短,节约费用；③缩短生产周期,节约资金,加速资金周转；④减少车间之间的联系,便于管理。

对象专业化形式缺点：①适应性差；②不利于充分利用设备和工人的工作时间；③不利于协作和工艺、设备管理。

（2）工艺专业化形式

工艺专业化形式是按照生产过程各个工艺阶段的工艺特点建立车间的。在工艺专业化的车间中,集中了同类型设备和同工种的工人,对厂内生产的不同零件进行相同工艺方法的加工,如图5.2所示。

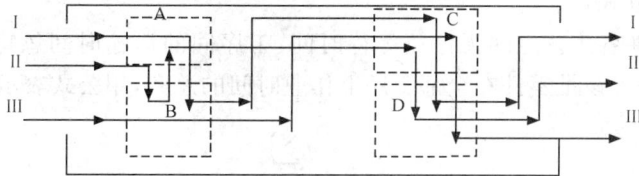

设产品工艺路线为 Ⅰ产品：A ─→B ─→C ─→D；Ⅱ产品：B ─→A ─→C ─→D；Ⅲ产品：B ─→C ─→D

图 5.2 工艺专业化示意图

工艺专业化形式优点：①生产单位适应性强；②充分利用设备和工人的工时；③工艺管理方便；④便于车间内协作和管理。

工艺专业化形式缺点：①在制品运输路线长；②产品生产周期长,流动资金占用多,资金周转速度慢；③车间之间联系复杂,不便于管理。

在企业的实际工作中,上述两种专业化形式,往往是结合起来应用的,即兼有两种专业化形式的优点,而避免其缺点,叫做混合形式。例如在制造企业中,既有按对象专业化建立的车间(如流水线加工、装配等),也有按工艺专业化建立的车间(如热处理车间等)。也有一个车间内部,有些工段或班组可能按对象专业化建立的,而另一些工段或班组按工艺专业化建立的。总之,一个生产车间(单位)采用何种专业化形式,要因地制宜,灵活运用。

5.2 生产过程时间组织

合理地组织生产过程,不仅要对企业内部各生产单位和部门在空间上进行科学的组织,而且要使劳动对象在车间之间、工段(小组)之间、工作地之间的运动在时间上互相配合和衔接,最大限度地提高生产过程的连续性和节奏性,提高设备的利用率,缩短生产周期,加速资金周转,降低成本,提高企业劳动生产率。

对于简单的生产过程,由于生产对象按工艺顺序通过各道工序,所以为了缩短生产过程的时间,需要正确确定零件在工序间的移动方式。

零件的移动方式同一次生产的零件数量有关。当一次生产的零件只有一个时,零件只能顺次地经过各工序,而不能同时在不同的工序上进行零件加工。当生产零件为多个时,即按一定批量进行加工时,零件在工序间就有不同的移动方式。随着移动方式的不同批量零件的生产周期是不同的。

在加工装配的成批生产类型企业里,由于零件多种多样,工艺方法、工艺路线和技术装备千差万别,因而,零件在各道工序间的移动方式主要有三种:顺序移动方式、平行移动方式和平行顺序移动方式。

5.2.1 顺序移动方式

顺序移动方式是指每批零件只有在前道工序全部加工完之后,才整批地转送到下道工序进行加工的方式。

设一批零件在各工艺之间无停放等待时间,工序间的运输时间忽略不计,则该批零件的生产周期,等于该批零件在全部工序上作业时间的总和,用公式表示如下:

$$T_{顺} = n \sum_{i=1}^{m} t_i$$

式中,m—— 序数;

t_i—— 第 i 道工序上的单件工时;

N—— 零件批量;

$T_{顺}$—— 顺序移动方式下一批零件的生产周期。

【例 5.1】 某企业生产产品的批量 $n = 4$ 件,经过 4 道工序加工,其单件工时为 $t_1 = 10 \mathrm{min}$,$t_2 = 5 \mathrm{min}$,$t_3 = 20 \mathrm{min}$,$t_4 = 10 \mathrm{min}$,试求该批产品的生产周期。

解 该批产品按顺序移动方式组织生产如图 5.3 所示,生产周期

$$T_{顺} = n \sum_{i=1}^{m} t_i = 4 \times (10 + 5 + 20 + 10) = 180 (\mathrm{min})$$

5.2.2 平行移动方式

平行移动方式是指每个零件在前道工序加工完后,立即转移到下道工序进行加工的方式,用公式表示如下

$$T_{平} = \sum_{i=1}^{m} t_i + (n-1) t_e$$

式中,t_e——最长工序单件时间。

如图 5.3 所示,例 5.1 中,$t_e = 20 \mathrm{min}$,则

$$T_{平} = \sum_{i=1}^{m} t_i + (n-1) t_e = (10 + 5 + 20 + 10) + 3 \times 20 = 105 (\mathrm{min})$$

5.2.3 平顺移动方式

平顺移动方式是指既考虑平行性,又考虑顺序性,既保持工期短,又保持加工连续,即是前两种方式的结合,用公式表示为

$$T_{平顺} = n \sum_{i=1}^{m} t_i - (n-1) - \sum t_s$$

式中,$\sum t_s$—— 所有较小工序时间之和(相邻两者比较)。

移动方式	工序号	工序时间	时　　　间　　（每格表示10min）																	
			10	20	30	40	50	60	70	80	90	100	110	120	130	140	150	160	170	180	190	200

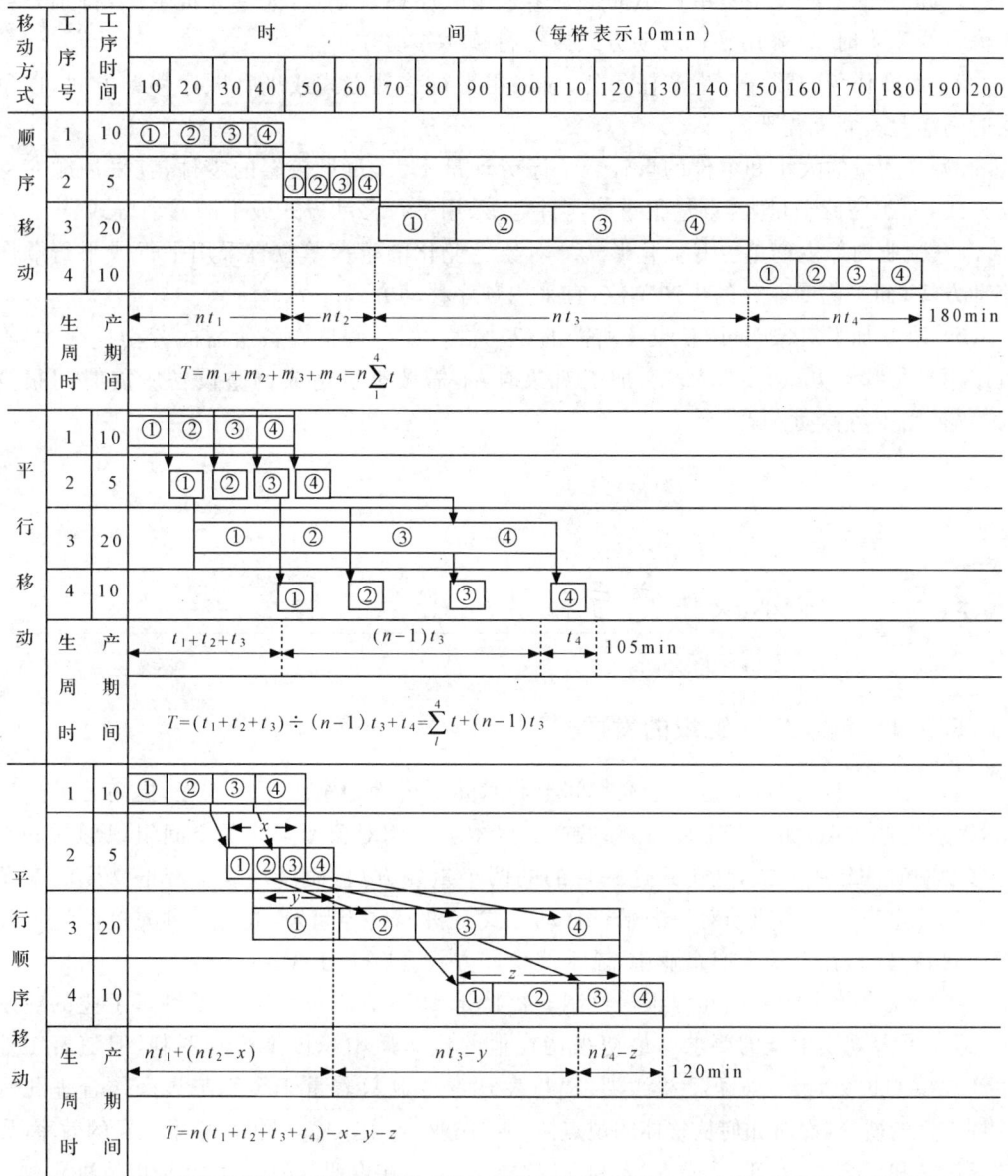

图中：①②③④是工件号；n 是批量；t_1 是第一道工序单件加工时间，t_2 为第二道工序单件加工时间，余类推；x,y,z 是各工序之间交叉作业时间。

图 5.3　三种移动方式图

例 5.1 中，

$$T_{平顺} = 4 \times (10+5+20+10) - (4-1)(5+5+10) = 120(\text{min})$$

总之，一批零件的移动方式中，平行移动时间最短，顺序移动最长，平行顺序介于两者之间，具体应用时要根据具体条件考虑下列因素：

1）企业的生产类型　单件小批企业多采用顺序移动方式，大量大批生产，特别是组织流水线生产时，宜采用平行移动方式或平行顺序移动方式。

2）生产任务的缓急　生产任务急，应采用平行移动方式或平行顺序移动方式，以争取时间满足交货期需要。

3）劳动量的大小和零件的重轻　工序劳动量不大，重量较轻的零件，宜采用顺序移动方式，如工序劳动量大，重量很重的零件，宜采用平行移动方式或平顺移动方式。

4）企业内部生产单位专业化形式　对象专业化的生产单位宜采用平行或平行顺序移动方式；而工艺专业化的生产单位，宜采用顺序移动方式。

5）改变加工对象时，调整设备所需的劳动量　如果调整设备所需的劳动量很大，不宜采用平行移动方式。如果改变加工对象时，不需调整设备或调整设备所需时间很少时，宜采用平行移动方式。

5.3 流水线生产与自动线组织

5.3.1　流水生产组织的发展过程

研究生产过程的目的是为了在空间上和时间上合理地组织生产过程，提高劳动生产率，缩短生产周期，加速资金周转，降低产品成本。采用对象专业化的空间组织形式和平行移动的时间组织方式，是达到这一目的的两个重要方法，而流水线生产把高度的对象专业化的生产组织和劳动对象的平行移动方式有机地结合起来，成为一种先进的生产组织形式，特别是在大量生产企业中，流水线生产方式占有十分重要地位。

现代流水线生产方式起源于福特制。福特于1914～1920年创立了汽车工业的流水线，适应了大规模生产的要求。最初福特在他的汽车厂中积极推行泰罗制，但随着工业生产规模的扩大，市场竞争日益激烈，福特发现泰罗制只着重于个别工人操作合理化和计件工资的研究，而对如何从整体的观点协调各作业、各个工序，以提高整个工厂的效率，则缺乏注意和研究，达不到"低成本、高利润"的要求，从而在泰罗制的基础上，予以改进。

福特制的主要内容是：

1）在科学组织生产的前提下谋求高效率和低成本，因而实施产品的标准化、零件的标准化、设备的专业化和工场专业化。

为了追求最低成本，福特认为首先要将生产集中于最佳的产品型号，提出所谓的"单产品原则"。福特汽车公司曾在很长时间内集中生产T型汽车，为大量生产创造了重要前提。

2）创造了流水线作业的生产方法，建立了传送带式的流水线。

由于传送带的广泛应用，使得原材料均可在使用机械装置搬运移动中，加工成为各种零件，而部件装配和汽车总装配，可以采用移动装配法完成。

流水线开始出现时，采取了单一的流水线形式，以后又出现了多对象的可变流水线和成组流水线。

5.3.2　流水线生产的特征、形式和组织生产条件

1. 流水生产线的特征

流水线生产是指劳动对象按一定的工艺路线和统一的生产速度,连续不断地通过各工作地,顺次地进行加工并生产产品(零件)的一种生产组织形式。其特征如下:

1)工作地专业化程度高,即专业性。

2)生产具有明显的节奏性,按节拍进行生产,即节奏性。

3)劳动对象流水般地在工序间移动,生产过程具有高度的连续性,即连续性。

4)各工序工作地(设备)数量与各工件单件加工时间的比值相一致,即一致性。

5)工艺过程是封闭的,即封闭性。

6)工作地按工艺顺序排列成链索形式,劳动对象在工序间单向移动,即顺序性。

2. 流水生产的形式

1)按生产对象是否移动,分为固定流水线和移动流水线。

2)按生产品种数量的多少,分为单一品种流水线和多品种流水线。

3)按生产的连续性,分为连续性和间断性流水线。

4)按实现节奏的方式,分为强制节拍和自由节拍流水线。

5)按对象的轮换方式,分为不变流水线、可变流水线和混合流水线。

6)按机械化程度,分为自动、机械化和手工流水线。

3. 组织流水生产的条件

1)产品结构和工艺要相对稳定。

2)产量要足够大。

3)工艺能同期化。

4)生产面积容纳得下。

5.3.3　单一品种流水线的设计

1. 流水生产的组织设计和技术设计

流水线设计包括组织设计和技术设计两个方面。前者是指工艺规程的制定、专业设备的设计、设备改装设计、专用工具夹的设计和运输传送装置的设计等。这是流水线的"硬件"设计。后者是指流水线节拍的确定、设备需要量和负荷系数计算、工艺同期化工作、人员配备、生产对象传送方式的设计、流水线平面布置、流水线工作制度和标准计划图表制定等,可以说是"软件"设计。

(1)确定流水线的节拍

节拍是指流水线生产上连续生产两个相同制品的间隔时间。

$$R = \frac{F_e}{Q}$$

式中，F_e——计划期内有效时间总和；

Q——计划期的产品产量(包括计划产量和预计废品量)。

【例 5.2】 某企业生产计划中齿轮的日生产量为 40 件,每日工作 8h,时间利用系数为 0.96,废品率为 2%,试求该齿轮的平均节拍。

解 $F_e = F_0 \times K = 8 \times 60 \times 0.96 = 460.8 \text{(min)}$

$Q_日 = 40/0.98 = 40.8 \text{(件)}$

$R = F_e/Q_日 = 460.8/40.8 = 11.3 \text{(min/件)}$，取 11(min/件)

(2) 进行工序同期化,计算工作地(设备)需要量和负荷

流水线节拍确定后,要根据节拍来调节工艺过程,使各道工序的时间与流水线的节拍相等或成倍数关系,这个工作称为工序同期化。工序同期化措施主要有:

1) 提高设备的生产效率。

2) 改进工艺装备。

3) 改进工作地布置与操作方法,减少辅助作业时间。

4) 提高工人技术的熟练程度和工作效率。

5) 详细地进行工序的合并与分解,见表 5.5。

表 5.5 装配工序周期化计算表

原工序号	1		2	3		4	5	6	7	
工序时间/min	7		3.4	5.8		7.2	2	3.7	5.9	
工步号	1	2	3	4	5	6	7	8	9	10	11	12
工步时间/min	2.1	3.2	1.7	3.4	1.9	3.9	4	3.2	2	3.7	2.3	3.6
工作地数/个	2			1	1		2	1	1	1	
同期化程度	0.67			0.65	1.1		0.69	0.38	0.71	1.13	
流水线节拍	5.2min/件										
新工序号	1		2		3			4		5		
新工序时间/min	5.3		5.1		9.8			5.2		9.6		
工作地数/个	1		1		2			1		2		
同期化程度	1.02		0.98		0.94			1		0.92		
新合并的工步	1、2		3、4		5、6、7			8、9		10、11、12		

注:同期化程度:T_i/R。

工序同期化后,可根据新确定的工序时间来计算各道工序的设备需要量

$$S_i = T_i/R$$

式中,S_i——第 i 道工序计算所需工作地数。

一般来说,计算的设备数都不是整数,所取的设备数只能是整台数,这样设备负荷系数 K_i 为

$$K_i = S_i/S_{ei}$$

式中,K_i——设备负荷系数;

S_{ei}——为第 i 道工序所需的实际工作地数。

流水线设备总负荷系数

$$K_i = \frac{\sum_{i=1}^{m} S_i}{\sum_{i=1}^{m} S_{ei}}$$

设备负荷系数决定了流水生产线的连续程度;K_i 在 0.75～0.85 之间宜组织间断流水线; K_i 在 0.85～1.05 之间宜组织连续流水线。

（3）计算工人需要量,合理配备人员

1）以手工劳动和使用手工工具为主的流水线的人员需要量

$$P_i = S_{ei} \times G \times W_i$$

$$P = \sum_{i=1}^{m} P_i$$

式中,S_{ei}——设备数;

G——日工作班;

W_i——第 i 道工序同时工作人数。

2）以设备加工为主的流水线的人员需要量:

$$P = (1+b) \sum_{i=1}^{m} \frac{S_i G}{f_i}$$

式中,f_i——第 i 道工序每个工人的设备看管定额;

b——考虑缺勤等因素的后备工人百分比。

【例 5.3】 已知某以手工为主的流水线日产量为 160 件,工作班次实行两班制,工序单件工时如表 5.6 所示。试计算节拍、各工序设备负荷系数及工人数。假设每台设备由一人看管。

表 5.6 设备负荷系数表

工序号	1	2	3	4	5	6
时间定额/min/件	12	4	5	8	6	3
设备数/台	(2)	(1)	(1)	(2)	(1)	(1)
负荷系数	(1.00)	(0.67)	(0.83)	(0.67)	(1)	(0.5)

解 $R = F_e/Q = 2 \times 8 \times 60/160 = 6(\text{min/ 件})$

$S_i = T_i/R$

S_{ei} 为 S_i 整数值,结果如表 5.6 所示。

$K_i = S_i/S_{ei}$ 结果如表 5.6 所示。

$P = \sum_{i=1}^{m} P_i(2 \times 2 \times 1 + 1 \times 2 \times 1 + 1 \times 2 \times 1 + 2 \times 2 \times 1 + 1 \times 2 \times 1 + 1 \times 2 \times 1) = 16(\text{人})$

（4）流水生产线节拍的性质和运输工具的选择

流水生产采用什么样的节拍,主要根据工序同期化的程度和加工对象的重量体积、精度和工艺性等特征,当工序同期化程度高、工艺性好以及制品的重量、精度和其他技术条件要求严格地按节拍出制品时,应采用强制节拍,否则就采用自由节拍。

在强制节拍流水生产线上,为保证严格的出产速度,一般采用机械化的传送带作为运输工具。在自由节拍流水生产线上,由于工序同期化水平和连续性较低,一般采用连续式运输带、滚道或其他运输工具。

在采用机械化传送带时,需要计算传送带的速度和长度。

传送带的速度可由下式求得

$$V = L/R \quad (\text{m/min})$$

式中,V——传送带的速度;

$\quad L$——产品间隔长度;

$\quad R$——节拍。

传送带的长度可由下式求得

$$L = L_i + L_g$$

式中,L_i——第 i 道工序工作地间隔长度;

$\quad m$——工序数目;

$\quad L_g$——技术长度。

(5) 流水线的平面布置

流水线的平面布置应当有利于工人操作方便,以及制品运动路线最短、流水线上互相衔接流畅和充分利用生产面积。而这些要求同流水线的形状、工作地的排列方式等有密切的关系。

流水线的形状一般有直线形、直角形、U 形、山字形、环形、S 形等。如图 5.4(a～f)所示,每种形状的流水线在工作地(设备)的布置上,又有单列流水线与双列流水线。

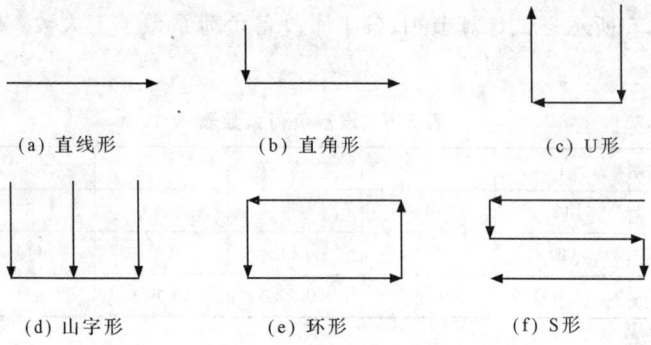

(a) 直线形　　　　　　(b) 直角形　　　　　　(c) U 形

(d) 山字形　　　　　　(e) 环形　　　　　　(f) S 形

图 5.4　流水线的形状

5.3.4　多品种流水线的设计

多品种流水线是在一条流水线上生产两种或两种以上产品。它有两种形式:可变流水线和混合流水线。前者在整个计划期内(如一季,一月,一天),按一定的重复期(间隔期),成批轮流生产多种产品,但在计划期的各段时间内,流水线上只生产一种产品,这种产品按规定的批量完成以后,才转而生产另一种产品。混合流水线是将流水线上生产的多种产品,按一定的数量和顺序编成组,同组的各种产品在一定时间内混合地同时进行生产。

多品种流水线组织设计比较复杂,但其设计过程和单一品种流水线的相似,主要也是确定节拍,下面将节拍的确定说明如下。

1. 多品种可变流水线节拍计算

多品种可变流水线节拍计算有两种方法:

1）代表产品法　从流水线上生产的产品中,选择一种产量大、劳动量大、工艺过程较复杂的产品作为代表产品,将其他产品按劳动量比例关系换算成代表产品的产量,以此表示流水线总的生产能力,再计算代表产品的节拍和其他各种产品的节拍。

2）劳动量比重法　按制品在流水线上加工总劳动量中所占比重分配流水线有效工作时间,然后计算制品节拍的方法。下面举例说明。

【例 5.4】 某可变流水线上 A、B、C 三种产品,其计划月产量分别为 2000 件、1875 件、1857 件,每种产品在流水线上各工序单件作业时间之和分别为 40min、32min、28min,流水线上按两班制工作,每月有效工作时间为 24000min,现以 A 产品为代表产品,试确定其节拍。

解　(1)用代表产品法计算节拍

计划期代表产品 A 的产量＝$2000＋1875×32/40＋1857×28/40＝4800$(件)

代表产品 A 的节拍＝$24000/4800＝5$(min/件)

产品 B 的节拍＝$5×32/40＝4$(min/件)

产品 C 的节拍＝$5×28/40＝3.5$(min/件)

(2)用劳动量比重法计算节拍

将计划期的有效工作时间按各种产品的劳动量比例进行分配,然后,根据各产品分得的有效工时和产量计算生产节拍。

$$A\text{ 产品劳动量占总劳动量}＝\frac{2000×40}{2000×40＋1875×32＋1857×28}×100\%＝41.67\%$$

$$B\text{ 产品劳动量占总劳动量}＝\frac{1875×32}{2000×40＋1875×32＋1857×28}×100\%＝31.25\%$$

$$C\text{ 产品劳动量占总劳动量}＝\frac{1857×28}{2000×40＋1875×32＋1857×28}×100\%＝27.08\%$$

所以

A 产品的节拍＝$24000×41.67\%/2000＝5$(min/件)

B 产品的节拍＝$24000×31.25\%/1875＝4$(min/件)

C 产品的节拍＝$24000×27.08\%/1857＝3.5$(min/件)

以上两种方法实质上是一样的,可互相转换。

2. 混合流水线节拍确定

在混合流水线上,产品的品种虽不同,但它们在结构上必须是相似的,工艺、尺寸也要很相近。要使流水线的计划生产能力满足计划期生产的全部产品品种和产量的需要,

根据产品的投入方式,混合流水线的节拍又有固定与可变之分。固定节拍可按下列公式计算

$$R = \frac{T}{\sum_{i=1}^{n} N_i}$$

式中,T—— 计划期作业时间;

N_i—— 计划期各种产品产量;

n—— 品种数。

【例 5.5】 某混合流水线生产 A、B、C 三种产品,计划产量分别为 3000 件、2000 件、1000 件,计划期预定的作业时间为 12000min,计算其平均节拍。

解 平均节拍为

$$R = 12000/(3000+2000+1000) = 2(\text{min}/\text{件})。$$

5.3.5 自动线生产组织

1. 自动线的特征

自动线是将按工艺顺序排列的若干台自动设备,用一套自动控制装配和自动传送装置联系起来的自动作业线。它是一种高度连续、完全自动化的流水线,是流水线的高级形式。

自动线与一般流水线不同之处在于:一般流水线上虽然也可采用部分自动设备,但其基本工序的生产离不开工人的操作和服务性工作;而自动线上的基本工序及上料、检验和运输等工作是自动完成的。自动线具有以下一些特征:

1) 较一般流水线效率更高。

2) 生产过程具有高度的连续性和节奏性。

3) 有利于稳定产品质量。

4) 能从事人体所不能胜任的特殊工作。

5) 有利于降低产品制造成本。

6) 生产过程是完全自动进行的。

2. 组织自动线的条件

自动线虽具有以上优越性,但也存在一些缺点,如生产的灵活性较差,一次投资大,经营风险大等。因此,在采取自动线时,应考虑适用条件。在符合一般流水生产线的条件外,还要考虑以下几方面条件:

1) 在加工对象方面,要求有很高的标准化、通用化水平,零件的结构便于自动装夹运输和加工。

2) 在工艺方面,必须采用先进的工艺方法和设备,采用的工艺规程应尽量减少装夹次数。

3) 在劳动组织方面,对自动线上的劳动力进行必要的挑选和培训,使其具备正确调整、诊断设备故障的能力。

4）在生产管理、原材料供应、设备维修、环境卫生和工具更换方面，提出了更严格的要求。

3. 自动线的形式

自动线的形式有：
1）按零件是否通过机床上的装夹器具，可分为通过式自动线和非通过式自动线。
2）按零件运输方式，可分为直接运输自动线、间接运输自动线、悬挂运输自动线和工件升起运输自动线。
3）按加工设备的连接方式，可分为刚性连接自动线和柔性连接自动线。
4）按设备排列方式，可分为顺序排列的自动线、平行排列的自动线和顺序平行混合排列的自动线。
5）按布局形式，可分为直线式自动线、折线和封闭式自动线。

4. 自动线的发展趋势

自动线的发展趋势向着柔性化、扩大工艺范围、进一步提高加工精度和自动化程度和自动线与计算机融为一体等的方向发展。其发展趋势表现在以下几方面：
1）通过提高柔性化程度，以适应多品种生产的要求。
2）扩大工艺范围，以实现全部加工工序的自动化。
3）进一步提高加工精度，以更稳定地保证产品质量。
4）通过提高自动化程度，着重解决装卸、检测、控制和装配的自动化。
5）自动线与计算机紧密结合，进一步优化了自动控制系统，使企业成为一个整体自动化的企业。

5.4 成组技术

成组技术（group technology）也叫群组技术，20 世纪 50 年代初起源于前苏联。它是一种先进的生产与管理技术，随着成组技术的广泛应用和不断完善，不仅对采用成组工艺和成组工艺装备、提高零件批量生产具有重大意义，而且对改进产品设计，使产品系列化、零部件标准化和通用化有着积极的推动作用。当今，成组技术与数控技术相结合，已成为制造技术向柔性自动化、全能制造系统等先进生产技术发展的手段。

5.4.1 成组技术的概念和内容

1. 成组技术的概念

成组技术是组织多品种、小批量生产的一种科学管理方法。它把企业生产的各种产品和零件，按结构、工艺上的相似性原则进行分类编组，并以"组"为对象组织和管理生产。所以说成组技术是一种基于相似性原理的合理组织生产技术准备和产品生产过程方法。

2. 成组技术的内容

从被加工零件的工艺工序的相似性出发,考虑零件的结构、形状、尺寸、精度、光洁度和毛坯种类等不同特点,成组技术的内容为:

1) 依照一定的分类系统进行零件的编码和划分零件组。

2) 根据零件组的划分情况,建立成组生产单元或成组流水线。

3) 按照零件的分类编码进行产品设计和零件选用。

5.4.2 成组技术的优点

为了提高多品种中小批生产的技术经济效果,推行成组技术是一种有效措施,其优点如下几方面:

1) 简化了生产技术准备工作。

2) 增加了生产同类型零件的批量,有利于采用先进的加工方法,从而提高生产效率。

3) 缩短了生产周期。

4) 有利于提高产品质量,降低产品成本。

5) 简化了生产管理工作。

5.4.3 零件分类编码

分类是依据零部件的相似性。相似性存在于各个方面,例如,在结构方面,具有形状、尺寸和精度等相似特征;在材料方面,具有材料的种类、毛坯形式和热处理等相似特征;在工艺方面,具有加工方法、工序顺序和设备与夹具等相似特征。识别零件的相似性,是一项工作量很大且复杂的工作,为此出现了零件分类编码系统。零件分类编码系统是数字、字母或符号对零部件的特征进行描述和标识,形成一套特定的规则,按规则对零部件进行编码。

零部件的分类方法有很多:

1) 目测和经验法 目测法是一种直观地划分零件的方法,也是最简单的分类方法。这种方法是凭经验和目测,把形状、尺寸和工艺方法等相似的零件归为一类进行加工。

2) 分析法 分析法是分析工厂全部零部件的工艺过程卡片,按所用机床的类似性,把工序相同的零部件归成零部件组。

以上两种方法不用编号来分类。

3) 编号分类法 编号分类法是一个新的发展方向,基本原理是"以数代形,按数归组"。各种零部件的形状、尺寸等特征用对应的数字(编号)表示。零部件特征便能转换成数字信息,然后根据编号相同或相近的零部件分类。这也就为利用计算机创造了条件。

目前世界上已有几十种零件分类系统,按分类所依据的主要特征来看,主要有三大系统:

1）按零部件结构分类，主要有布里奇分类系统。

2）按零部件工艺分类，主要有米特洛方诺夫分类系统。

3）按零部件结构和工艺分类，主要有奥匹兹分类系统。

前两种分类系统各有利弊，第三类则结合前两类的优点，第三类分类方法以德国的奥匹兹分类系统为代表，该分类系统是德国阿享大学奥匹兹在德国机床协会的协助下，针对整个机械行业而设计的，为世界各国所采用。

在奥匹兹分类系统中，每个零部件用九位数表示，前五位称为形状编号，后四位称为辅助编号。五位形状编号分别代表零部件的类别、主要形状、回转加工、平面加工和辅助孔。辅助编号分别表示尺寸、材料、毛坯和精度。在每个位数上都分成 $0\sim9$ 个数，分别表示其再分的特征，如图 5.5 所示。

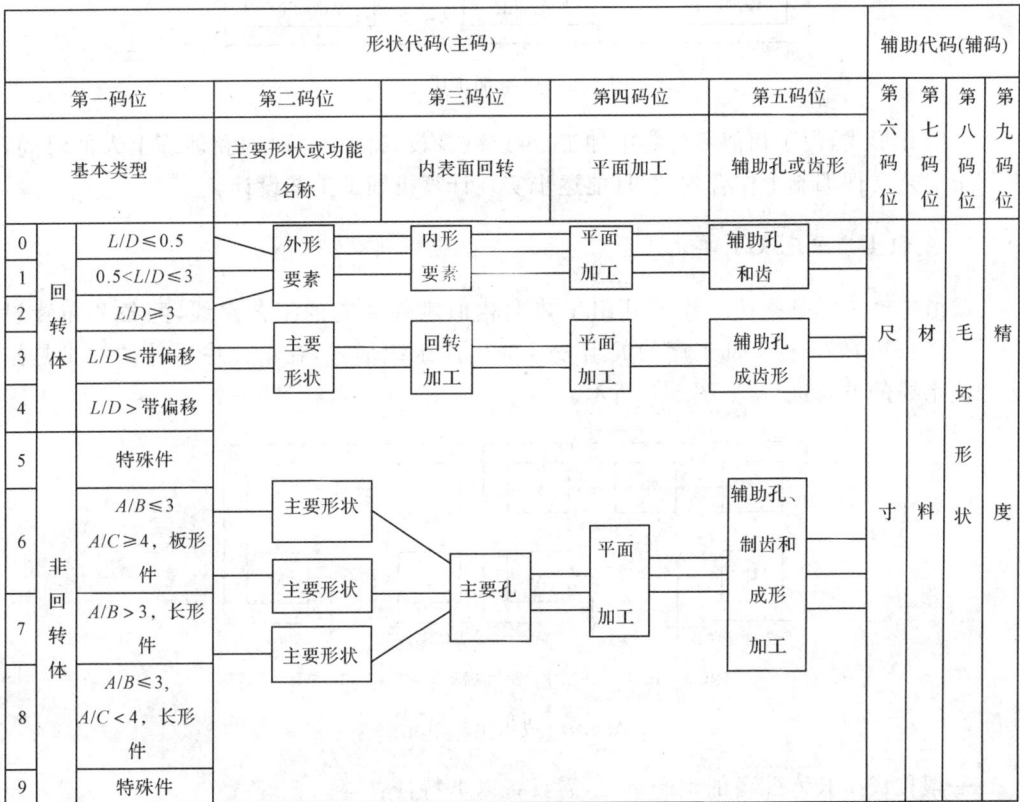

形状代码(主码)					辅助代码(辅码)			
第一码位	第二码位	第三码位	第四码位	第五码位	第六码位	第七码位	第八码位	第九码位
基本类型	主要形状或功能名称	内表面回转	平面加工	辅助孔或齿形				
0 回转体 $L/D\leqslant0.5$	外形要素	内形要素	平面加工	辅助孔和齿	尺寸	材料	毛坯形状	精度
1 $0.5<L/D\leqslant3$								
2 $L/D\geqslant3$								
3 $L/D\leqslant$带偏移	主要形状	回转加工	平面加工	辅助孔成齿形				
4 $L/D>$带偏移								
5 非回转体 特殊件								
6 $A/B\leqslant3$ $A/C\geqslant4$，板形件	主要形状	主要孔	平面加工	辅助孔、制齿和成形加工				
7 $A/B>3$，长形件	主要形状							
	主要形状							
8 $A/B\leqslant3$，$A/C<4$，长形件								
9 特殊件								

图 5.5　奥匹兹分类编码系统结构示意图

5.4.4　成组技术的生产组织形式

1. 成组加工中心（GT-center）

成组加工中心是把一些结构相似的零件，在某种设备上进行加工的一种比较初级的成组技术的生产组织形式，如图 5.6 所示。

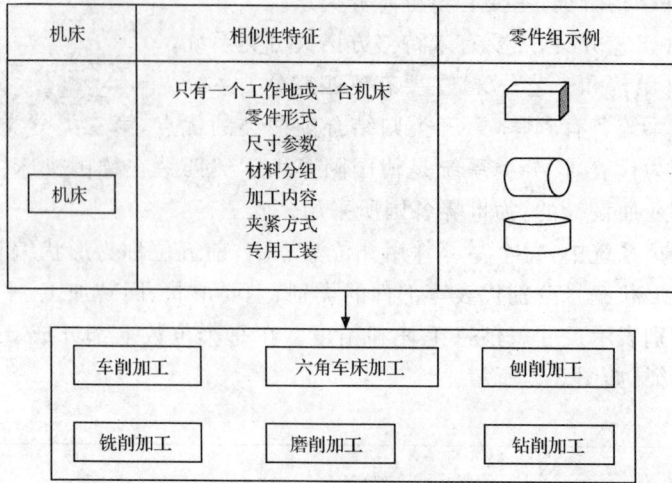

机床	相似性特征	零件组示例
机床	只有一个工作地或一台机床 零件形式 尺寸参数 材料分组 加工内容 夹紧方式 专用工装	

车削加工	六角车床加工	刨削加工
铣削加工	磨削加工	钻削加工

图 5.6　成组加工中心

采用此形式,由于相似零件集中加工,可以减少设备的调整时间和训练工人的时间,有利于工艺文件编制工作合理化,且能逐步实现计算机辅助工艺设计。

2. 成组生产单元(GT 单元)

成组生产单元是指按一组或几组工艺上相似零件共同的工艺路线,配备和布置设备,它是完成相似零件全部工序的成组技术的生产组织形式,在单元中零件的加工是按类似流水线的方式进行,如图 5.7 所示。

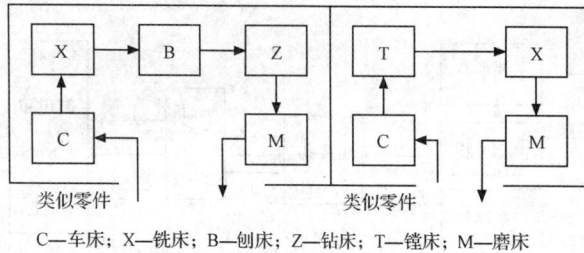

C—车床；X—铣床；B—刨床；Z—钻床；T—镗床；M—磨床

图 5.7　成组生产单元

一般按成组技术配备的生产单元,需具备以下特征:

1)生产单元中工人数约为 10～15 人。

2)工人数比机床数应尽可能少,每个工人应学会尽可能多的技能,甚至熟悉单元中全部工作。

3)单元在管理工作上有一定的独立性。

4)单元应集中在一块生产面积内,单元内基本上保证工序的流水性,生产过程尽可能不被跨组加工工序所打断。

5)要保证有稳定和均衡的生产任务,单元的产品品种和规模要与工艺能力和生产能力相适应。

6）工夹具应尽可能在本单元内。

7）单元输出的是最终加工好的零件或成品。

3. 成组流水线（GT流水线）

这类零件的工艺共性程度高。它是根据零件组的工艺流程来配备设备,工序间的运输采用滚道或小车。因此,它具有大批流水线所固有的特点。其主要区别是所流动的不是固定的一种零件,而是一组相似零件,如图5.8所示。

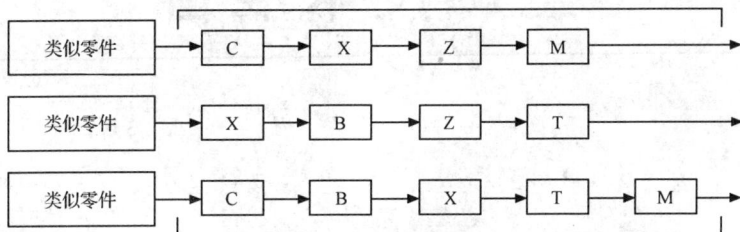

图5.8　成组流水线

—— 小结 ——

本项目介绍了生产过程组织的基本理论,包括生产运作的过程及其组成,生产类型的概念,生产类型的划分方法,生产过程的组织形式及特点,生产单位的工艺专业化原则和形式,对象专业化原则和形式,提出了合理组织生产过程的基本要求,讨论了流水线的组织设计及成组技术等。

—— 复习思考题 ——

1. 什么是生产过程? 其组成部分是什么?

2. 解释下列概念:工艺专业化、对象专业化、生产类型、流水线生产。

3. 合理组织企业生产过程的要求是什么?

4. 怎样区分生产类型? 不同生产类型对企业的生产管理工作有何影响?

5. 试分析比较工艺、对象专业化的优缺点。

6. 产品移动方式有哪几种? 其特点有哪些?

7. 组织流水生产应具备哪些条件?

8. 流水线的种类有哪些?

9. 如何组织单一品种流水线?

10. 成组技术基本原理是什么?

11. 自动线的形式有哪些? 组织自动线的条件有哪些?

► 项 目 **6** ◄

生产技术准备

―― **教学目标** ――

1. 熟悉生产技术准备的任务与内容；
2. 了解工艺准备的内容；
3. 理解工艺过程卡、工序卡、工艺卡的含义；
4. 熟悉工艺文件的准备；
5. 了解生产技术准备计划的种类。

―― **能力目标** ――

1. 能制定工艺方案；
2. 能对不同工艺方案进行经济评价；
3. 会编制生产技术准备计划；
4. 会确定生产技术准备计划工作的劳动量与周期。

―― **案例导入** ――

　　20 世纪 50 年代末，露丝·汉德勒(Ruth Handler)看到女儿玩纸娃娃，并把纸娃娃想像成各种大人的角色，而当时的纸娃娃都是婴儿娃娃。露丝灵感突发：应该设计一种可以激发小女孩编织梦想的娃娃，这样露丝发明了以其女儿的名字"芭比"命名的少男少女时尚偶像娃娃。从此，一代巨星芭比诞生了。在此以前，各种各样的玩具娃娃价格不等、大小不一、国籍不同、设计各异、服饰各异，连眼睛和头发颜色都不同，但没有人想到设计外形不是婴儿的娃娃。为什么？"娃娃就是婴儿"这种概念使得新娃娃的问世都来自对婴儿的某项特征的改变。

　　由此看来，一个不是来自玩具娃娃行业的人想到"芭比"这个点子就不足为奇了。那些行业中人可能就看不到设计长着大人模样的玩具娃娃的可能性。

　　芭比，这个全球最畅销的娃娃，已经成为成千上万女孩生活中的一部分，她那永恒的魅力赢得了无数忠诚的芭比迷们不变的收藏欲。从歌手雪儿的造型到服装设计大师主题系列，迷人的芭比收藏系列品种超过了 600 种。

6.1 生产技术准备的任务和内容

6.1.1 生产技术准备的任务

生产技术准备工作是指企业开发新产品，改进老产品，采用新技术和改进生产组织方法时所进行的一系列生产技术上的准备工作。它是提高生产技术、生产效率，充分挖掘潜力，提高产品质量和工作质量，节约开支，降低成本，争取较好经济效益的重要管理环节。

工业企业生产技术准备的任务主要有：

1) 以最快的速度、最低的费用开发适销对路的产品。

2) 做好企业产品、技术和生产方式新旧交替的准备工作，实现有条不紊的转变。

3) 保证产品设计、制造和使用的经济性。

4) 提高企业的生产技术水平和经济效益。

6.1.2 生产技术准备的内容

为了完成生产技术准备的任务，需要进行大量复杂细致的工作，具体工作内容取决于生产技术准备的对象。开发新产品、改造老产品、采用新技术及改变生产组织方法所需要进行的生产技术准备工作的具体内容有很大差别，以新产品开发为例，生产技术准备可以划分为三个阶段。

1. 开发研究阶段

这个阶段也叫做机能研究阶段。在开发新产品时，如本企业已经有类似产品的制造经验或成熟的应用技术，可以直接进入设计试制阶段。如采用了新原理、新结构，就需要进行研究和实验，解决新产品研制中的理论问题和技术问题，为新产品的正式设计提供科学的依据。

2. 设计试制阶段

设计试制阶段的任务，主要是开发研究基础上，设计试制出样机（或样品），进行各种试验，根据试验结果再改进设计，直至符合原定的技术与经济目标为止。

3. 生产准备阶段

生产准备阶段的工作主要是完成从样机（或样品）试制向正式生产的过渡。包括对样机（或样品）设计的工艺性分析，编制工艺规程和工艺方案，制定检验规范和工时定额，材料消耗定额等工艺文件，并按照工艺规程进行工艺装备设计和创造，做好批量生产所需要的原材料、外购配套件和外协件等的准备,保证供应。

4. 生产技术准备的组织与计划

生产组织准备包括选择新产品的生产方式,制定期量标准,改进作业计划体制和调整车间设备布置等。生产技术准备计划,包括编制综合生产技术准备计划、科室生产技术准备计划和分产品生产技术准备计划,并确定各种准备工作劳动量、各阶段工作周期。

6.2 工艺准备

6.2.1 工艺准备的内容

工艺准备的任务是设计出能保证优质、高产和低消耗地制造出产品的工艺过程,制定出试制和正式生产的全部工艺文件,设计制造和调整好各种工艺装备。

在生产技术准备工作中,工艺准备工作占很大的比重,但不同产品结构和生产类型企业,这个比重也有所不同,以机械产品为例,单件小批生产其工艺准备工作量占全部生产技术准备工作量的比重为 20% ~ 25%;成批生产为 50% ~ 55%;大量生产为 60%~65%。

工艺准备的内容主要有:产品图纸的工艺性分析和审查,制定工艺方案,编制工艺规程,工艺准备的设计和制造。

6.2.2 产品图纸的工艺分析和审查

产品图纸是指导产品加工和装备的依据。对产品设计进行工艺性分析和审查,指的是从工艺角度检查产品结构的合理性、可加工性,以便使所设计的产品符合本企业的制造条件,并力求达到最好的经济效益。因此,在设计过程中,要考虑生产过程中的工艺性。工艺分析和审查的目的是为了提高产品结构的工艺性,其主要内容有:

1) 图纸标示的精度、光洁度及技术要求的经济合理性。

2) 产品结构的标准化、规格化程度。

3) 选用材料的加工性和经济性。

4) 工艺基准面的选择。

5) 产品是否便于制造和装配。

6) 现有设备和生产条件可否利用。

6.2.3 工艺方案的制定和经济评价

工艺方案是工艺准备的指导文件,其目的是在保证符合设计质量和达到最佳经济效益的前提下,解决如何进行制造和确定工艺装备工作量的问题。它的基本内容有:新产品试制中的技术关键及其解决方法,主要零件的加工方法,工艺路线的安排,编制工艺规程,以及工艺装备系数的确定。

1. 工艺方案的制定

工艺方案的制定一般由参加审查新产品设计任务书的主管工艺员负责。工艺方案的选择必须在保证产品质量的前提下,考虑到生产类型、产品设计性质(是创制还是仿制,是系列基型还是变型,是专用还是通用),以及年产量和批量等因素。工艺方案的主要内容有:

1) 规定设计产品试制及过渡到批量生产或大量生产的质量标准。
2) 规定工艺规程的编制原则及形式:
① 制定关键性工艺的解决方案;
② 规定工艺装备的设计原则和工艺装备系数;
③ 确定生产组织形式和工艺路线;
④ 分析工艺方案的经济效益;
⑤ 工艺准备工作量的计算;
⑥ 规定工艺工作计划。

2. 工艺方案的经济评价

一种工艺方法只能适用于一定的生产类型、年产量和批量。生产某一产品往往有几种不同的工艺方案,对这些方案需要进行经济分析,选出最优方案。如高效率的工艺装备,一般通用化程度低,调整时间长、价格贵,只有对大批大量生产的零件才适用。可以运用盈亏平衡方法进行工艺成本的分析比较。

如图 6.1 所示,F_1、F_2 分别为 Ⅰ、Ⅱ 两方案的固定成本;V_1、V_2 为两方案的单位变动成本;S_1、S_2 为两方案的工艺成本。

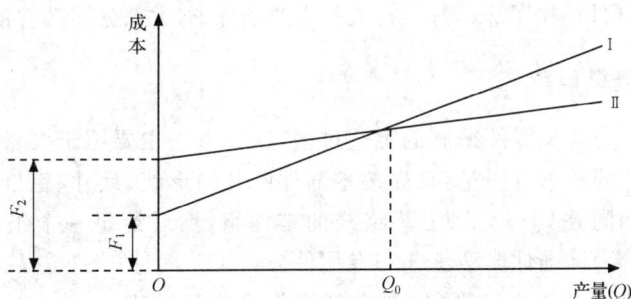

图 6.1 两方案成本与产量的关系

$S_1 = Q_0 \times V_1 + F_1$,$S_2 = V_2 \times Q_0 + F_2$,盈亏平衡点时 $S_1 = S_2$,则
$$Q_0 \times V_1 + F_1 = V_2 \times Q_0 + F_2$$

$Q_0 = (F_2 - F_1)/(V_1 - V_2)$,由此可知

当 $Q < Q_0$ 时,则采用第二方案;

当 $Q > Q_0$ 时,则采用第一方案。

6.2.4 工艺文件的准备

工艺文件是指导产品加工和工人操作的技术文件,不同企业其种类不尽相同。如机器制造业,包括:工艺规程、检验规程、主要材料一览表、外购外协一览表、劳动定额表及消耗定额表等。

1. 工艺规程的编制

工艺规程是一个总称,它是反映工艺过程的文件,其主要形式有工艺卡、工艺路线卡和工序卡等。

工艺路线卡(工艺过程卡)是按产品的每个零部件编制的,具体规定这一零件在整个加工过程中所要经过的路线,列出这种零件经过的车间、小组、各道工序的名称,使用的设备和工艺、装备等。它是编制其他的工艺规程、进行车间分工以及生产调度的重要依据。

工艺卡是按零部件的每一个工艺阶段编制的。它规定着加工对象在制造过程中,一个工艺阶段内所要经过的各道工序,以及各道工序所有的设备、工艺装备、切削用量、工时定额和所用材料的材质规格等。工艺卡主要用于指导车间的生产活动。

工序卡(或称操作卡),是按零部件的每道工序编制的。它是规定着每道工序的操作方法和要求,对工人的操作进行具体指导,以保证加工的产品达到预定要求。工序卡适用于大量生产的全部零件和成批生产的重要零件。在单件小批生产中,一些特别重要的工序也需要编制工序卡片。

工艺规程的形式和内容与生产类型有关,但不是所有企业及各种生产类型都需详编以上形式的工艺文件。工艺规程的主要内容是:产品及其各部分的制造方法和顺序、设备的选择、切削规范的选择、工艺装备的确定、劳动量及工作物等级的确定、设备调整方法和产品装配与零件加工的技术条件等。在单件小批量生产条件下,工艺规程较粗略,一般只编制工艺过程卡,个别关键零部件编制工艺卡片。在成批生产条件下,一般零部件编制工艺卡片,关键零部件编制工序卡片。在大量生产条件下,大部分零部件都编制工序卡片。

2. 工艺规程典型化

典型工艺就是为同类零件编制的工艺过程,这种方法主要用于大量大批生产的零部件。编制典型工艺的基本方法是:首先按零部件的几何形状、尺寸、精度和材料等因素将零件划分为外形相同并具有类似工艺路线的零件组,然后给每一个组编制一个典型工艺。典型工艺可分为标准件典型工艺和专用件典型工艺两种。

编制标准的典型工艺比较简单,通常把零件系列尺寸大小分成工序相同的若干区段,然后为每一区段编制一个典型工艺规程。

通用件和专用件的典型工艺一般用典型工序法编制,就是从各组零件选出能代表本组大部分零件的代表零件(或设计一个包括本组零件特点的假想零件),编制具有先进工艺水平的典型工序卡,并按规定的工艺卡编号制度统一编号。编制工艺规程时只要按零件的所属组型,选出所需要工序卡片,作必要的补充和修改即可。

成组工艺与典型工艺不同,不受零件几何形状的约束,只要求工序内容相似,即所谓结构工艺相似。借助于采用可快速调整的成组工装可以在同一台(或一组)设备上加工的零件集合,编制统一的成组工序和成组工艺过程。所以成组工艺主要用于中、小批量生产。

成组技术对工艺规程典型化作用的一个重要方面,就是把产品零部件分类编号和分组。分类的依据是零部件的相似性。相似性存在于各个方面,识别零部件的相似性,是一项工作量很大而且复杂的工作,具体见成组技术。

6.2.5 工艺装备的设计和制造

工艺装备简称工装,是加工产品所必需的劳动工具。如机械企业的刀具、模具和工装夹具等。工艺装备对保证产品质量、提高劳动生产率、改善劳动条件及贯彻工艺规程都有重要作用。工艺装备是制造产品所用的各种刀具、量具、模具、夹具和辅助工具的总称。使用工艺装备的程度,对保证产品质量、提高劳动生产率和改善劳动条件具有重要作用。

工艺装备按其使用范围,可分为标准、通用和专用三种类型。标准工装和通用工装可应用于范围广泛的产品零部件的加工制造。它们一般由专业厂家制造;生产企业根据需要进行购买与配置。专用工装则都是根据具体产品的专门需要,由生产企业自行设计制造。

工艺装备的设计制造的工作量很大。在成批和大量大批生产条件下,往往占工艺装备总工作量的 50%~80%;而且花费的成本也很高,在机器制造业中,工艺装备的费用平均占产品成本的 10%~15%。因此,在设计和制造专用工装时,应处理好保证质量、提高生产效率和降低产品成本三者之间的关系。为解决这个问题,通常是通过工艺装备系数来控制工艺装备的合理数量。

所谓工艺装备系数,就是专用工装种数与专用零件种数的比值。它代表了工艺装备水平的高低。工艺装备系数过大,将使工艺装备准备工作量过大,准备周期延长,成本增高;如果太小,则不能满足生产的需要,无法保证加工质量和提高生产效率。因此需合理确定工艺装备。一般地,产品越精密、越复杂、产量越大,则工艺装备系数也越大;反之,可以小些。

工艺装备系数=专用工艺装备种数/专用零件种数

工艺部门人员要根据生产类型、产品复杂程度等因素来确定工艺装备系数的数值。以机械工业企业的机床制造业为例;其工装系数参考值见表 6.1。

表 6.1 工装系数参考值

专用工装名称	专用工装系数					
	单件生产	小批生产	中批生产	大量大批生产		
	年产量/台 1~10	年产量/台 11~150	年产量/台 151~400	年产量/台 401~1200	年产量/台 1201~3600	年产量/台 3600 以上
夹具	0.08	0.20~0.30	0.40~0.80	1.00~1.40	1.30~2.00	1.60~2.20
刀具	0.04~0.08	0.15~0.25	0.25	0.30~0.50	0.50~0.60	≥0.9
量具	0.08~0.20	0.20~0.35	0.40	0.40~0.80	1.00~1.20	≥1.5
辅助工具	0.02	0.05~0.10	0.15	0.20~0.40	0.50~0.60	≥0.80
模具	—	—	0.10	0.20	0.30~0.40	≥0.5
总工装系数	0.20~0.38	0.60~1.0	1.30~1.70	2.10~3.30	3.60~4.90	≥5.3

6.3 生产技术准备计划

6.3.1 生产技术准备计划的种类

生产技术准备计划主要包括:年度生产准备综合计划、科室生产技术准备工作计划与分产品生产技术准备计划。

年度生产技术准备计划包括企业在计划年度内发展新产品、改进老产品的全部生产技术准备工作的综合性概略计划。它规定了工业企业在计划年度内发展新产品,改进老产品生产准备的阶段与工作量、有关部门的分工关系与大致的工作进度。这一计划的目的主要是全面安排新产品试制与老产品改进的技术准备工作,规定有关科室、车间的工作任务,平衡各技术准备部门的能力负荷,防止忙闲不均和彼此脱节。这一计划一般只列入按产品分的主要准备工作项目,执行单位及概略的工作进度,如表 6.2 所示。

表 6.2 企业年度生产准备综合计划

产品名称	准备工作项目	执行部门	进度/月份											
			1	2	3	4	5	6	7	8	9	10	11	12
甲产品	产品设计	设计科	▬	▬	▬									
	样品试制工艺准备	工艺科等		▬	▬	▬								
	样品试制	试制车间				▬	▬							
	小批试制工艺准备	工艺科							▬	▬	▬			
	制造工艺装备	工具车间								▬	▬			
	小批试制	加工装配车间								▬	▬	▬	▬	
	小批鉴定	鉴定委员会												▬
	成批生产准备													▬
乙产品	—													

科室生产技术准备工作计划是在上述计划的基础上由各有关科室的准备计划员编制的。它规定着各科室担负的全部生产技术准备工作项目、执行人员以及工作进度等。通过这一计划可以把各项准备工作落实到人,使参与准备的人员心中有数,发挥积极性、主动性,更好地完成任务。

分产品的生产技术准备计划是在企业生产技术准备综合计划基础上编制的。它的内容比综合计划较为细致具体,是按年分月、分旬编制的。它具体规定着每种产品的全部技术准备工作项目、工作量和执行单位和工作进度等。

6.3.2 生产技术准备计划的编制、执行与检查

1. 生产技术准备工作计划的编制

企业的生产技术准备计划要根据以下资料：企业发展新品种的长期计划，年度生产计划，新产品试制计划和改进老产品的计划，有订购合同等等。这一计划的准备工作项目及进度都比较粗，是概略性的，在此基础上进一步编制分产品的生产技术准备计划。这两种计划都由生产技术准备工作计划室（组）编制，发给各有关科室作为编制科室生产技术准备工作计划的依据。如各科室根据工作量计算，发现能力负荷上有矛盾经采取措施仍难以解决时，也可对前两种计划提出修改意见，因此，生产技术准备计划采用"两下一上"的工作程序，由生产技术准备计划室（组）先拟定计划草案，发给各有关科室车间，讨论，提出修改意见，再由生产技术准备计划室（组）汇总，整理，提交厂部召开的生产技术准备计划会议落实。于计划年前一季度下达，严肃执行。

在编制安排生产技术准备这一环节，除了某些必须在设计方案前准备的科研工作外，设计方案不落实的，就不能往下安排。

生产技术准备计划的编制方法最常用的是线条图（甘特图）来编制。其步骤是：

1）将全部准备工作分解为各个阶段和各项活动，并计算出各阶段各项活动的周期。

2）在保证交货期的前提下，按反工艺顺序安排画出工作日历图表。

在编制生产技术准备计划时应注意的问题有：

1）要切实安排工艺装备额制造，要注意工装设计计划按复杂的等级保证必需的制造周期；

2）按质量等级规划，结合轮番生产的产品，分期分批进行整顿，安排上下场的技术准备工作，分别按不同情况采取不同的措施。

2. 生产技术准备计划的执行和检查

生产技术准备计划编制完成后，即成为全厂生产计划的组成部分，必须组织有关科室和车间，通力合作，认真地贯彻实施。

厂部和各级部门要随时检查计划执行情况，发现问题及时调整，才能保证按计划完成各项工作。检查的方式可采取日常报表、书面汇报及会议检查等形式。

对于多专业多工种的任务项目，它们的实施最好采取项目组的形式。即将有关开发项目的各种专业人员组织在一个工作组内，由他们独立地进行工作，承担技术和经济责任。这样既易于保证开发的质量，有能加快开发进度。这是目前组织技术工作的最有效的组织形式之一。

对生产技术准备计划执行情况的检查，应由生产技术准备计划室（组）及有关科室的准备计划员负责。检查可采取多种形式：一是建立书面汇报制度，通过书面汇报来检查生产技术准备计划的执行情况；二是深入现场检查生产技术准备计划的执行情况；三是通过生产技术准备工作会议来检查。

6.3.3　生产技术准备计划工作劳动量与周期的确定

在生产技术准备计划的编制工作中,要解决的问题之一,就是对各项准备工作量、劳动量与各阶段准备周期的确定。这些准备工作的数量和劳动定额不易确定,而且往往是要等前一阶段准备工作基本完成后,才能较准确地确定下一阶段准备工作量。

1. 生产准备工作劳动量的确定

确定生产准备工作劳动量的常用方法有系数换算法和按复杂程度计算法两种。

（1）系数换算法

这种方法是先为同类产品定出一个基准产品,再将新产品按主要规格（重量、尺寸和功率等）与该基准产品相比较,根据该基准产品过去试制的劳动量资料,通过换算系数来计算新产品准备工作的劳动量定额。换算系数可以根据某项规格来规定,也可以根据若干项规格来规定。也就是要按各个规格定出比重,再计算出平均换算系数。

按产品结构特点,换算系数可以根据劳动量和某一参数值的相关关系来确定,例如

$$\alpha = \frac{t_0 - t_1}{x_0 - x_1} \times \frac{x_n}{x_0}$$

式中,α——换算系数;

t_0——基准产品的准备工作劳动量;

t_1——非基准产品中某一些产品的准备工作劳动量;

x_0——基准产品某项参数值;

x_1——老产品某项参数值;

x_n——新产品某项参数的数值。

还可以根据劳动量和几个参数值的相关关系来制定。此时要计算每一个参数换算系数（称为局部换算系数）,再按每一个参数对平均系数的影响程度（参数比重）算出平均换算法,

$$\alpha = \sum_{i=1}^{n} \beta_i \cdot \alpha_i$$

式中,β_i——某项参数对平均系数的影响程度（每项参数的比重）;$0 < \beta_i < 1$;

α_i——局部换算系数;

n——参数的种数。

由于新产品的新颖程度或复杂程度以及借用原结构的程度不同于基准产品,因此,换算系数还须加以修正。平均换算经修正后,乘以基准产品的准备劳动量,即可求得新产品技术准备的劳动量定额。基准产品如果没有劳动量定额,则可以采用过去的报表实际数作为依据。新产品各项准备工作劳动量 t_n 为

$$t_n = \alpha \cdot t_0$$

式中,t_n——新产品各项准备工作劳动量。

换算系数法的应用有一定局限性,主要适用于系列产品的生产技术准备工作。

（2）按复杂程度类别计算法

这种方法是首先按各专用零件的结构复杂程度和工艺复杂程度分类,然后为每类不

同复杂程度的零件或工艺装备规定设计、工艺编制,工艺装备设计与制造等各项准备工作的劳动量定额(以统计资料为依据)分别将各个复杂程度组别的准备对象数乘以该组劳动量定额,就可以求得各复杂程度组的劳动量,这些组的劳动量之和就是这一准备阶段的计划劳动量。

2. 生产技术准备周期的确定

在已确定各准备阶段或各项准备工作劳动量的基础上,可以计算准备工作周期。准备工作周期就是指从开始进行这项准备工作到结束为止的全部延续时间,它的计算公式如下

$$某项准备工作的周期 = \frac{该准备项目的劳动量(h)}{同时参加该项准备工作的人数 \times 每天工作时数 \times 定额完成系数} + 附加时间$$

上述的附加时间是指技术文件的会签和审批时间,以及由于其他原因的影响而使工作停顿的时间等。

—— 小结 ————

生产技术准备工作是指企业开发新产品,改进老产品,采用新技术和改进生产组织方法时所进行的一系列生产技术上的准备工作。它是提高生产技术、生产效率,充分挖掘潜力,提高产品质量和工作质量,节约开支,降低成本,争取较好经济效益的重要管理环节。本项目主要介绍了生产技术准备的任务与内容,工艺方案的制定和经济评价方法以及生产技术准备计划的编制、执行与检查等内容。

—— 复习思考题 ————

1. 生产技术准备的任务与内容是什么?
2. 什么是工艺过程卡、工序卡、工艺卡?
3. 何谓工艺规程典型化?
4. 工艺方案主要解决些什么问题?
5. 对不同工艺方案进行经济分析,可采用哪些方法?
6. 生产技术准备计划的种类有哪几种?
7. 编制生产技术准备计划时,应注意哪些问题?

► 项 目 **7** ◄

劳动组织设计

—— 教学目标 ——

1. 理解劳动组织的内容与作用；
2. 理解工作轮班的必要性和可行性；
3. 理解分工与协作的关系；
4. 了解定员的依据和方式；
5. 了解工作轮班的形式；
6. 熟悉工作地组织的要求和内容。

—— 能力目标 ——

1. 能进行工作设计；
2. 能进行工作测量；
3. 会制定劳动定额；
4. 会进行劳动定员。

—— 案例导入 ——

19 世纪以来,意大利米兰化工集团公司一直采取的是三班制的工作制度,可三班制带来的工作效率和企业效益并没有像预计的那样令人兴奋,尤其是夜班生产效率低下,同时每年的员工例行身体检查时发现长期夜班的员工心脏损伤远比正常上班的人大,企业不得不每年为夜班的人员提供更全面的医疗保健,并且逐步采用了每隔两天倒班一次的制度。但是倒班让员工重新产生了不适应,对此集团做了大量的研究工作。

米兰大学的研究小组发现,闹钟和灯光会使人脑产生错觉,认为是白天,应当工作。但心脏等器官要适应不同的节律,无法对午夜工作产生良好反应。

美国心脏协会发表的研究报告指出,神经活动能加速心脏的跳动。夜班工作人员的神经活动不像早上、下午工作的人那么活跃。

负责这项研究工作的菲朗博士说:"神经活动的这个规律阻碍人体生物钟随着工作时间的变化而变动,因此,人们就无法像我们所想像的那样轻而易举地适应轮班工作,这也就是为什么轮班工作的人冒更大风险的原因。"

菲朗博士说:"轮班工作的人每星期都要改变工作时间,因此,他们无法完全适应不同的工作时间表。这也许是他们常常功能失调的原因。"

研究小组对 22 名男性炼钢工人的神经活动进行了测试。他们通常轮三个班——夜班从晚上 10∶00 到早上 6∶00,午班从下午 2∶00 开始,早班从早上 6∶00 开始。

他们在工人经过两天对新工作时间的适应后,24h 不间断地为他们做心电图。研究小组的研究表明,交感自主神经系统和交感神经系统通过释放荷尔蒙为人体白天承受压力作准备。除此之外,他们还对工人的尿样和血样进行研究,以找出影响心脏和其他器官的化学变化。他们发现,控制心脏活动的神经和化学信息似乎总是保持一种规律的24h 变化,而不跟随白天睡觉、晚上工作的规律变化。

7.1 劳动组织

劳动组织就是科学地组织劳动者之间的分工与协作,把劳动工具、劳动对象有机地结合起来,使所有人员协调地进行工作,充分发挥劳动者的技能和积极性,不断提高劳动生产率。

7.1.1 劳动组织的主要内容

企业劳动组织的内容概括起来有以下六个方面的相关内容:
1) 搞好劳动分工协作和员工配备。
2) 确定先进合理的人员构成。
3) 完善和改进劳动组织形式。
4) 组织多设备管理。
5) 合理安排工作时间和工作轮班。
6) 组织好工作地。

企业进行生产劳动组织管理时,主要就是围绕着上面所述的六个方面的内容开展相应工作的。

7.1.2 劳动组织的任务

企业的劳动组织工作的主要任务主要包括如下三个方面:
1) 在合理分工与协作的基础上,正确地配备员工,充分发挥每个劳动者的专长和积极性,从而不断提高劳动生产率。
2) 正确处理劳动力与劳动工具、劳动对象之间的关系,保证劳动者有良好的工作环境和工作条件。
3) 根据生产发展的需要,不断调整劳动组织,采用合理的劳动组织形式,保证不断提高劳动生产率。

7.1.3 劳动分工与协作

1. 劳动分工的原则和形式

劳动分工一般表现为工作简化,合理分工的原则。劳动分工应有利于劳动者较快地掌握业务和技术,提高劳动训练程度;有利于员工培训;有利于缩短产品生产周期;有利于降低产品生产制造成本。

合理的劳动分工对企业生产的发展和经济效益的提高有着积极的作用,但劳动分工过细也会带来一些弊病。如劳动者工作易单调乏味,影响劳动者工作情绪;分工过细也给劳动调配带来困难,易造成劳动负荷不均等问题。

企业常见的劳动分工的主要形式有:

1)按职能分工 一般分工为工人、学徒、工程技术人员、管理人员、服务人员及其他人员。

2)按专业和工种分工 这是在职能分工下的一种分工,如工程技术人员和管理人员可以分为设计人员、工艺人员、计划人员、财会人员和统计人员等;如机械制造生产工人可划分为铸工、锻工,焊工、钳工、装配工、车工、刨工、磨工和铣工等。

3)按技术分工 这是在每一专业和工种内部按业务能力和技术水平高低进行的分工。如技术人员分为助理技术员、技术员、助理工程师、工程师和高级工程师,工人分为若干等级。

4)按基本工作和辅助工作分工 基本工作一般指直接实现工艺过程的工作。辅助工作一般是不直接实现工艺过程的工作,只为基本工作服务的工作。

2. 劳动协作及其组织形式

劳动协作是指把生产工作的各组成部分紧密地联系起来,形成整体活动。协作以分工为前提,分工以协作为条件。

企业中的劳动协作有空间协作和时间协作两个方面。空间协作形式有车间之间、车间内部、生产小组之间、工作地之间及工作组内部的协作;在时间上的劳动协作主要是指工作轮班。

(1)工作地组织

工作地是工人进行生产活动的场所,工作地组织是空间协作的主要工作内容。工作地组织工作就是要在一个工作地上,把劳动者、劳动工具和劳动对象科学地组织,正确处理它们之间的相互关系,使机、物之间进行合理的布局与安排,以促进劳动率的提高,合理组织工作地的要求是:

1)便于工人进行操作,减轻劳动强度,节省工时,提高劳动效率,保证劳动质量。

2)充分利用工作地的装备,节约生产面积和各种材料的消耗。

3)有良好的工作环境和劳动条件,保证工人的安全和健康。

工作地组织的内容包括:合理地装备和布置工作地;保持工作地的正常秩序和良好的工作环境,正确地组织工作地的供应、服务工作。

（2）工作轮班组织

工作轮班组织是劳动协作的时间联系形式。企业各生产单位，根据工艺性质不同，生产任务多少，采用不同的轮班制度。

单班制是指每天只组织一个班生产，工人都在统一时间上下班。但有些生产单位由于工作班内工作量不均衡，开始工作只需少数人作生产准备，然后全组才能全面展开，工作结束又只需少数人作结尾工作。在这种情况下，为了充分利用工时，提高全班产量，可以组织一部分人提前上下班，一部分人稍后上下班，使工时得到充分利用。

多班制是指每天组织两班或两班以上轮换生产。由于某些工艺特点，生产过程必须连续的不断进行，要组织三班或四班交叉制。工艺过程可以间歇地进行，按生产任务要求也可以组织两班制或三班制生产。

7.2 工作研究

7.2.1 工作研究简述

工作研究是指运用系统分析的方法把工作中不合理、不经济和混乱的因素排除掉，寻求更好、更经济和更容易的工作方法，以提高系统的生产率。其基本目标是避免浪费，包括时间、人力、物料和资金等多种形式的浪费。

提高生产率或效率的途径有多种，例如通过购买先进设备、提高劳动强度来实现。工作研究则遵循以内涵方式提高效率的原则，在既定的工作条件下，不依靠增加投资和增加员工劳动强度，只通过重新组合生产要素、优化作业过程、改进操作方法和整顿现场秩序等方法，消除各种浪费，节约时间和资源，从而提高产出效率、增加效益和提高生产率。同时，由于作业规范化，工作标准化，还可使产品质量稳定和提高，人员士气上升。因此，工作研究是企业提高生产率与经济效益的一个有效方法。

从某种意义上来说，人类在发展过程中一直都在自觉或不自觉地进行工作研究，并对工作研究的更高级形式即工具的改进和发明以及工作过程管理进行研究，因而人类的生产能力和生产率不断提高。另一方面，每一个人在其一生中也都在尽力从各方面进行工作研究，例如怎样更快、更好地割草，怎样更有效地学习等。

工作研究所包括的方法技术主要有两大类：方法研究与时间研究。方法研究主要是通过对现行工作方法的过程和动作进行分析，从中发现不合理的动作或过程并加以改善。时间研究的主要内容是进行工作测定和设定工作标准。工作研究中的方法研究和时间研究是相互关联的，方法研究是时间研究的基础、制定工作标准的前提，而工作测定结果又是选择和比较工作方法的依据。

7.2.2 工作研究的内容与任务

1. 工作研究的内容

工作研究的内容,主要包括以下四个方面:

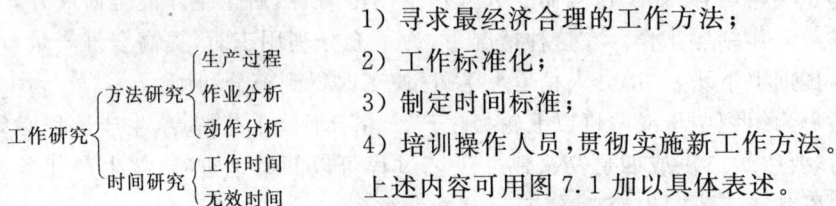

工作研究
{
方法研究
{
生产过程
作业分析
动作分析
}
时间研究
{
工作时间
无效时间
}
}

图 7.1 工作研究基本内容

1) 寻求最经济合理的工作方法;

2) 工作标准化;

3) 制定时间标准;

4) 培训操作人员,贯彻实施新工作方法。

上述内容可用图 7.1 加以具体表述。

工作研究是科学管理的一项重要基本内容,也是一个分析解决问题的基本出发点。方法研究的目标是寻求最经济有效的工作方法,方法研究是时间研究的基础,是对现行作业系统进行记录和分析、寻求最合理、最经济、最有效的工作程序和操作方法的一种管理技术;时间研究则是选择和比较工作方法合理与优劣程度的依据,也是制定标准作业和标准时间的前提。二者相互联系,不可分割。一方面,确定了先进合理的工作方法后,才能建立起劳动定额;另一方面,有了先进的劳动定额,才能更好地培训员工掌握该种新的工作方法。

2. 方法研究和时间研究的关系

工作研究是由方法研究和时间研究两部分构成,两大部分的关系既有区别又有联系,具体如下:

(1) 方法研究和时间研究的联系

两者的联系主要体现在以下几个方面:

1) 方法研究是时间研究的基础　时间研究是在一定的方法研究基础上进行的。

2) 时间研究对方法研究有促进作用　通过时间研究可以选择和比较哪种工作方法最佳。

3) 方法研究和时间研究都涉及到一个共同的目标　就是科学地确定最经济合理有效的工作方法,提高生产效率和经济效益。

(2) 方法研究和时间研究的区别

两者的区别主要体现在以下三方面:

1) 两者研究对象不同　方法研究是对生产流程和工序操作进行研究;时间研究是对某种既定操作方法的消耗时间进行研究。

2) 两者研究的理论依据不同　方法研究所依据的理论是生产流程分析理论,动作分析理论等;时间研究所依据的是工作抽样,工时消耗分类及测时理论。

3) 两者研究所要达到的具体目的不同　方法研究是希望达到设备布局更合理,工作环境更加优良、减少无效劳动和降低员工疲劳强度等;时间研究是寻求标准、确定合理的工时成本、合理使用劳动力并促进劳动生产率提高。

3. 工作研究的任务

工作研究的任务具体体现在以下几个方面：

1）最佳利用有限资源，提高生产效率和经济效益。

2）保证良好的工作环境。

3）公正地评价工作人员的工作并分配报酬。

4）提高企业管理水平。

7.2.3 工作研究的步骤

工作研究的系统方法主要包括以下几个步骤：

1. 选择研究对象

生产管理人员每天遇到的问题多种多样，同时工作研究的范围也是极为广泛的，这就有一个如何选择合适的工作研究对象的问题。一般来说，工作研究的对象主要集中在系统的关键环节、薄弱环节，或带有普遍性的问题方面，或从实施角度容易开展、见效的方面。因此，应该选择明显效率不高、成本耗费较大和急需改善的工作作为研究对象。研究对象可以是一个生产运作系统全部，或者是某一局部，如生产线中的某一工序、某些工作岗位，甚至某些操作人员的具体动作，时间标准等。

2. 确定研究目标

尽管工作研究的目标是提高劳动生产率或效率，但确定了研究对象之后还需规定具体的研究目标。这些目标包括：①减少作业所需时间；②节约生产中的物料消耗；③提高产品质量的稳定性；④增强员工的工作安全性，改善工作环境与条件；⑤改善员工的操作，减少劳动疲劳；⑥提高员工对工作的兴趣和积极性等。

3. 记录现行方法

将现在采用的工作方法或工作过程如实、详细地记录下来，可借助于各类专用表格技术来记录，动作与时间研究还可借助于录像带或电影胶片来记录。尽管方法各异，但都是工作研究的基础，而且记录的详尽、正确程度直接影响着下一步对原始记录资料所作分析的结果。现在有不少规范性很强的专用图表工具，它们能够帮助工作研究人员准确、迅速和方便地记录要研究的事实，为分析这些事实提供标准的表达形式和语言基础。

4. 分析

详细分析现行工作方法中的每一个步骤和每一动作是否必要，顺序是否合理，哪些可以去掉，哪些需要改变。这里，可以运用表7.1所示的"5W1H"分析方法从六个方面反复提出问题。

表 7.1　5W1H 分析法

提问 5W1H	第一次提问 现状	第二次提问 为什么	第三次提问 能否改善	结论 新方案
Why	干的必要性	理由是否充分	有无新的理由	新的理由
What	干什么	为何要干它	能否干别的	应该干什么
Where	在什么地方干	为何在此干	能否在别处干	应该在哪里干
When	什么时间干	为何在此时干	能否在别的时间干	应该在什么时间干
Who	谁来干	为何由他干	能否由别人干	应该由谁来干
How	怎样干	为何这样干	能否用别的方法干	应该如何干

5. 设计和使用新方法

这是工作研究的核心部分,包括建立、使用和评价新方法三项主要任务。建立新的改进方法可以在现有工作方法基础上,通过"取消-合并-重排-简化"四项技术形成对现有方法的改进,这四项技术俗称工作研究的 ECRS(或四巧)技术,其具体内容如表 7.2 所示。

表 7.2　ECRS(四种技巧)技术的内容

四种技巧	内　容
Elimination(取消)	对任何工作首先要问:为什么要干? 能否不干? 包括:取消所有的多余工作、步骤和动作;减少工作中的不规则性;取消工作中一切急工和闲置时间
Combination(合并)	如果工作不能取消,则考虑是否应与其他工作合并。对于多个方向突变的动作合并,形成一个方向的连续动作;实现工具的合并、控制的合并和动作的合并
Rearrangement(重排)	对于工作顺序进行重新排列
Simplification(简化)	指工作内容、步骤方面的简化

经过 ECRS 处理后的工作方法可能会有很多,于是就有从中选择更加合理方案的任务。评价新方法的优劣主要从经济价值、安全程度和管理方便程度几方面来考虑。

6. 方法实施

工作研究成果的实施可能比对工作的研究本身要难得多,尤其是这种变化在一开始还不被人了解,而且改变了人们多年的老习惯时,工作研究新方案的推广会更加困难。因此,实施过程要认真做好宣传、试点工作,做好各类人员的培训工作,切勿急于求成。

7.3　工作设计

7.3.1　工作设计简述

在生产制造系统的组织工作中,岗位工作设计的问题涉及到每个员工或工作小组应该完成的工作。因此,这项工作是非常棘手的。首先,在一个员工或一组员工的需要与目标之间以及转换过程的各种要求之间常常存在着固有的冲突;其次,人的性格各异,在完成工作任务时所表现的态度、生理反应和效率也各具特点;再次,劳动力和工作本身的特点始终在变化之中,因而,传统的员工行为的模式和工作研究的各种标准方法的校验随时都会出现问题。岗位工作设计研究实际上继承了亚当·斯密的劳动专业化观点,并进而发展到建立岗位工作设计、个人和集体的职务工作定额,以及工作测量的方法等。而且,近年来还出现了对职务进行人际关系和行为科学的研究。研究表明,人有多种需要和复杂的情感,他们的个人目标并不总是同用传统的合理化方法所取得的岗位设计相一致。也就是说,必须把员工作为一个人去了解。

1. 岗位工作设计的概念

岗位工作设计是在一个组织机构里,确定一个人或一群人工作活动的一种功能。在生产经营中,它是紧随着在计划工作和产品设计、工艺设计和装备的设计之后进行的。它说明每个岗位、每个职务的工作内容,决定在企业内部工作如何分配。它的目的是,通过研究工作分配,使工作分配能满足组织和技术的要求,满足进行工作的要求。在设计过程中,把创造性和信守基本目标两者有机地结合起来,对于管理者来说,是十分重要的。

2. 影响岗位工作设计的因素

岗位工作设计是一项极其复杂的工作,有许多因素对确定最终岗位工作结构有影响。这些因素基本上可以归纳为"5W1H"[谁(Who),什么(What),何地(Where),何时(When),为什么(Why),怎样(How)],如图 7.2 所示。

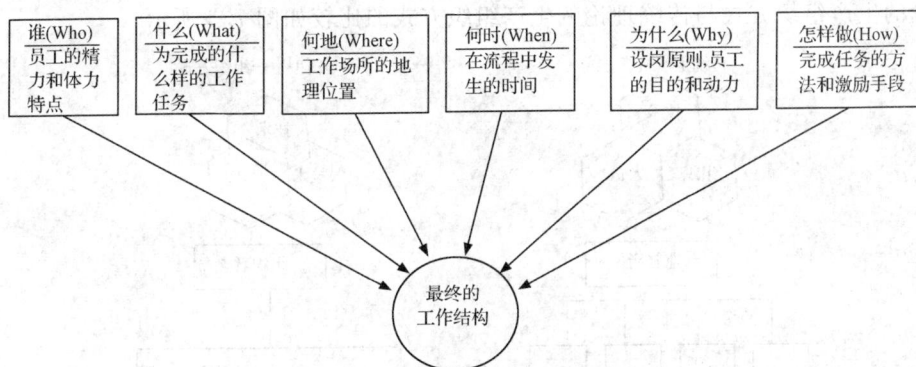

图 7.2 影响岗位工作设计的因素

3. 岗位工作设计的重要性

科学合理地进行岗位设计工作,是保证企业进行正常生产的条件,也是现代工业生产的客观要求。首先,科学合理的岗位工作设计,对促进劳动力的发展有着重要的作用。它可以对某项生产任务进行合理的分工和配备相应的员工,充分发挥每个劳动者的技能和专长,使之形成一支强大的集体力量,完成个人或少数人所难以完成的工作。它对于提高企业的劳动生产率,加快企业的生产发展是非常重要的。

其次,科学合理的岗位工作设计也是节约使用劳动力,挖掘企业内部潜力的一个重要措施。它可以使分工更加合理,协作更加密切,工作轮班的排定、工作地点的布置更加科学,因而可以更充分的利用工时,避免用工浪费,为企业节约使用劳动力提供条件。

7.3.2 工作设计的社会技术理论

工作设计中的社会技术理论认为在工作设计中应该把技术因素与人的行为、心理因素结合起来考虑。任何一个生产运作系统都包括两个子系统:技术子系统和社会子系统。如果只强调其中的一个而忽略另一个,就有可能导致整个系统的效率低下,因此,应该把生产运作组织看作一个社会技术系统,其中包括人和设备、物料等,既然人也是投入要素,这个系统就应具有社会性。人与这些物性因素结合得好坏不仅决定着系统的经济效益的高低,还决定着人对工作的满意程度;而后者,对于现代人来说是一个很重要的问题。因此,在工作设计中,着眼点与其说放在个人工作方式的完成方式上,不如说应该放在整个工作系统的工作方式上。也就是说,工作小组的工作方式应该比个人的工作方式更重要。

如果把生产运作组织方式、新技术的选择应用和工作设计联系起来考虑的话,还应该看到,随着新技术革命和信息时代的到来,以柔性自动化为主的生产模式正在成为主流。但是,这种模式如果没有在工作设计中的思想和方法上的深刻变革,是不可能取得成功的。为此,需要把技术引进和工作设计作为一个总体系统来研究,将技术、生产组织和人的工作方式三者相结合,强调在工作设计中注重促进人的个性的发展,注重激发人的积极性和劳动效率。这种理论实际上奠定了现在所流行的"团队工作"方式的基础,这种理论的生产组织方式与传统理论的生产组织方式的比较如图 7.3 所示。

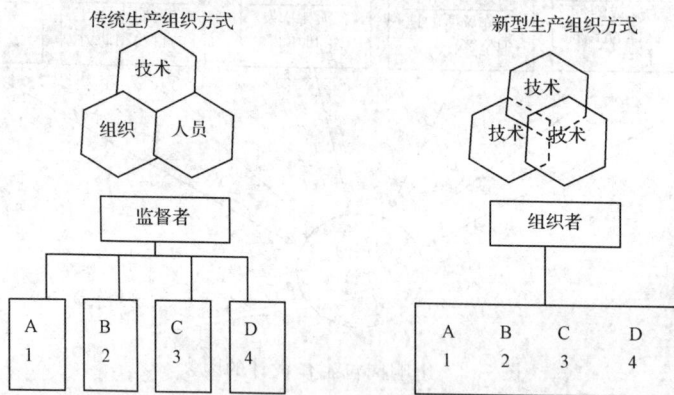

图 7.3 新旧生产组织方式的比较

7.3.3 工作设计的行为理论

行为理论主要内容是研究人的工作动机,人的工作动机有多种:经济需求、社会需求以及特殊的个人需要等。

为了解决专业化程度高重复性很强的工作使人产生单调、厌倦和淡漠等，从而影响到工作结果，需要在工作设计中考虑一些方法来解决这些问题：①工作扩大化；②工作职务轮换；③工作丰富化。

7.3.4　团队工作方式

团队工作方式(teamwork)是指与以往每个人只负责一项完整工作的一部分(如，一道工序，一项业务的某一程序等)不同，由数人组成一个小组，共同负责完成这项工作，如表7.3所示。

表7.3　泰勒式工作方式与团队工作方式的对比

泰勒工作方式	团队工作方式
最大分工和简单工作	工作人员高素质、多技能
最少的职能工作内容	较多的智能工作内容
众多的从属关系	管理层次少，基层自主性强

在小组内，每个成员的工作任务、工作方法以及产出速度等都可以自行决定。在有些情况下，小组成员的收入与小组的产出还挂钩，这样一种方式就称为团队工作方式，其基本思想是使全员参与，从而调动每个人的积极性和创造性，使工作效果尽可能好。这里工作效果指效率、质量和成本等的综合结果。

团队工作方式与传统的泰勒式工作方式的主要区别如表7.3所示。这种方式可以追溯到20世纪20年代。在现代管理学中，是指20世纪80年代后半期才开始大量研究、应用的一种人力资源管理方法。这种方法实际上是一种工作方法，即如何进行工作，因此，在工作设计中有更直接的应用意义。

团队工作方式也可以采取不同的形式，以下是三种常见的方式：

(1) 解决问题式团队

这种团队实际上是一种非正式组织，它通常包括7～10名自愿成员，他们可以来自一个部门内的不同班组。成员每周有一次或几次碰头，每次几小时，研究和解决工作中遇到的一些问题。例如，质量问题、生产率提高问题、操作方法问题和设备工具的小改造问题等，然后提出具体的建议，提交给管理决策部门。这种团队的最大特点是：他们只提出建议和方案，但并没有权力决定是否实施。这种团队在20世纪70年代首先被日本企业广泛采用，并获得了极大的成功，日本的QC小组就是这种团队的最典型例子。这种方法对于提高日本企业的产品质量、改善生产系统和提高生产率起了极大的作用，同时，对于提高工作人员的积极性、改善员工之间、员工与经营者之间的关系也起了很大的作用。这种思想和方法首先被日本企业带到了他们在美国的合资企业中，在当地的美国工人中运用，同样取得了成功，因此其他美国企业也开始效仿，进而又扩展到其他的国家和企业中，并且在管理理论中也开始对这种方式加以研究和总结。

(2) 特定目标式团队

这种团队是为了解决某个具体的问题，达到一个具体目标而建立的，例如，一个新产品开发，一项新技术的引进和评价，劳资关系问题等。在这种团队中，既有普通员工，又有与问题相关的经营管理人员。团队中的经营管理人员拥有决策权，又可以直接向最高决策层报告。因此，他们的工作结果、建议或方案可以得到实施。或者他们本身就是在实施一个方案，即进行一项实际的工作，这种团队不是一个常设组织，也不是为了进行日常工作，而通常只是为了一项一次性的工作，因此，实际上类似于一个项目组（项目管理中常用的组织形式）。这种团队的特点是，容易使一般员工与经营管理层沟通，使一般员工的意见直接反映到决策中。

（3）自我管理式团队

这种方式是最具完整意义的团队工作方式。上述第 1 种方式是一种非正式组织，其目标只是在原程序中改善任务，而不是建立新程序，也无权决策和实施方案；第 2 种方式主要是为了完成一些一次性的工作，类似于项目组织。而在自我管理团队中，由数人（几人至十几人）组成一个小组，共同完成一项相对完整的工作，小组成员自己决定任务分配方式和任务轮换，自己承担管理责任，诸如制定工作进度计划（人员安排、轮休等）、采购计划、甚至临时工雇用计划，决定工作方法等。在这种团队中，包括两个重要的新概念：

1）员工授权　即把决策的权力和责任一层层下放，直至每一个普通员工。如上所述，以往任务分配方式、工作进度计划和人员雇用计划等是由不同层次、不同部门的管理人员来决定的，现在则将这些权利交给每一个团队成员，与此同时，相应的责任也由他们承担。

2）组织重构　这种组织重构实际上是权力交给每一个员工的必然结果。采取这种工作方式之后，原先的班组长、工段长和部门负责人等中间管理层几乎就没有必要存在了，他们的角色由团队成员自行担当，因此整个企业组织的层次变少，变得"扁平"。

这种团队工作方式是近几年才开始出现并被采用的。这种方式在美国企业中取得了很大成功，在制造业和非制造业都有很多成功事例。

7.4 工作测量

工作测量是对实际完成的工作所需时间的测量。工作测量是工作研究的一项主要内容。进行工作测量的目的包括：运用工作测量的方法，对实际作业时间进行统计，找出一般规律，建立工作标准；将实际工作情况与标准作业时间进行对比，寻找改善的方向；测定员工的空闲时间、等待物料时间等非创造附加价值的时间占整个工作时间的百分比，以决定对策等。作业测定的方法有多种，如标准要素法、PTS 法和样本法等，可以用于不同目的。

7.4.1　时间研究

时间研究是对操作者工作进行直接、连续地观测，对观测期间工作时间和工作数量（产量）进行详细记录，同时，把操作者完成工作的实际状况与标准概念相比，做出对工作

(速度)评定系数的估定,利用这些数据计算出作业标准时间。

1. 生产时间消耗的结构

产品在加工过程中的作业总时间包括:产品的基本工作时间、设计缺陷的工时消耗、工艺过程缺陷的工时消耗、管理不善而产生的无效时间和员工因素引起的无效时间,如图 7.4 所示。

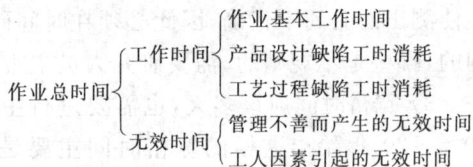

(1)产品的基本工作时间

产品的基本工作时间也称定额时间,指在产品设计正确、工艺完善的条件下,制造产品或者进行作业所用的时间。基本工作时间由作业时间和放宽时间构成

作业总时间
- 工作时间
  - 作业基本工作时间
  - 产品设计缺陷工时消耗
  - 工艺过程缺陷工时消耗
- 无效时间
  - 管理不善而产生的无效时间
  - 工人因素引起的无效时间

图 7.4 产品生产时间构成

$$工作时间＝作业时间＋放宽时间$$

所谓放宽时间是指劳动者在工作过程中,因工作需要、休息或者生理需要,需要作业时间给予补偿的时间。

放宽时间由三部分组成:布置工作地时间、休息与生理时间和准备与结束时间。

(2)无效时间

无效时间是由于管理不善或者员工控制范围内的原因,而造成的人力、设备的窝工闲置的时间。生产过程中由于无效劳动所带来的浪费归纳为:①生产过剩的浪费;②停工待料的浪费;③搬运的浪费;④加工的浪费;⑤动作的浪费;⑥制造过程中造成的废品浪费。

2. 时间研究的程序

时间研究这种方法的主要用途是建立工作的时间标准,即上述的工作标准。一项工作(通常是一人完成的)可以分解成多个工作单元(或动作单元)。在时间研究中,研究人员用秒表观察和测量一个训练有素的人员,在正常发挥的条件下各个工作单元所花费的时间,这通常需要对一个动作观察多次,然后取其平均值。从观察、测量所得到的数据中,可以计算为了达到所需要的时间精度,样本数需要有多大。如果观察数目还不够,则需进一步补充观察和测量。最后,再考虑到正常发挥的程度和允许变动的幅度,以决定标准时间。时间研究程序如下:①确定研究的目标;②选择操作者;③进行方法改进,使方法标准化;④收集记录与作业和操作有关的资料;⑤将工作划分为工作要素;⑥确定观测次数;⑦观测并记录各工作要素的操作时间;⑧对操作者速度评定;⑨计算正常时间;⑩决定宽裕时间;⑪确定标准时间。

3. 时间研究中的主观判断和评价

对于一个研究人员来说,几方面的原因要求他必须在时间研究中进行主观判断和评价。

1) 在定义所要研究的工作单元时必须十分谨慎　一个工作单元的动作时间不能太短,应该有明确的开始和结束标志。此外,有一些动作,发生频率低,但却是规则的,这些动作也必须计算在内。

2) 在某些工作单元的测量中可能会测到一些偶然性的、不规则的动作　他们实际上不反映真正的操作要求,例如,失手掉工具、机器失灵等,这些动作和所花费的时间有可能使测出的时间不正确,因此必须在时间研究中排除这样的动作时间。但哪些动作是规则的,哪些是不规则的,需要研究人员主观判断。

3) 宽裕时间应该多大,也需要进行主观判断　通常宽裕时间的范围是正常时间的10%～20%,给出这样的宽裕时间主要是考虑到人员的疲劳、动作迟缓等不易测量的因素。

4) 需要通过主观判断决定的一个最大问题是绩效评价因子的确定　在时间研究中,通常只是选择几名人员来进行观察和测量,他们的工作速度不一定正好代表大多数人的正常工作速度。这时,研究人员必须判断,通过对他们的观测所获得的数据是否代表正常速度;如果不是,应在多大程度上予以纠正(即因子数值的确定)。因为如果被观察者的平均速度高于正常水平,那么根据他们的工作速度制定出来的时间标准对于其他大多数人来说就是不公平的,实际上也是无法达到的。反过来,如果他们的速度低于正常水平,那么根据这样的结果制定出来的工作标准对于企业也是不公平的,企业会遭受一定的损失。尤其是在工作标准与工作报酬挂钩的情况下,工作标准过高或过低不是使员工,就是使企业遭到损失。常常有这种可能性,即员工一旦看到他们被观察,就会有意放慢工作速度,因此,研究人员在研究过程中,还需判断有无这样的情况发生。如果有,则需进一步判断其程度,并将其反映在绩效评价因子中。

7.4.2　工作测量方法

工作测量有三种常用方法:秒表测时法、标准时间法和工作抽样法。

1. 秒表测时法

秒表测时法,是以秒表为重要工具,对特定的作业按照要素出现的顺序分成较细的要素作业,测定记录其时间值,据以进行分析研究的一种方法。

(1) 时间观测的方法

1) 连续法　它是从第一操作单元(要素作业)开始,立即启动秒表,在整个观测过程中一直不停表归零。时间从头至尾是连续的。各操作单元结束时,迅速读出时刻,做好记录,此时即为下一操作单元开始的时刻。这样记录的时间是累计值。每一单元经历的时间,用相邻两单元结束时间相减即可得之。

连续法的优点是,将整个操作过程都作了详细记录,没有遗漏,增加了资料的真实性,有助于分析和采用。缺点是观测记录难度较大,观测尚需进行一定的训练。

2) 归零法　这是对每个操作单元单独进行处理。动作开始时启动秒表,一个单元结束时按表使表针停止,进行记录,然后使表针归零,进行下一步观测。此法所记录的时间为各单元的经过时间,尤其是短操作单元,误差更大;迟延及异常动作等容易漏掉,降低了资料的真实性。

（2）时间观测的步骤

1）确定观测对象。

2）划分作业操作单元　操作单元，主要指操作内过程，就是一个操作单元。操作单元还可细分为"伸手"、"抓取"、"移物"、"放手"等动作单元。

3）确定观测次数　时间观测是一个"抽样"的过程，观测次数足够多，才能获得较理想的结果。但观测次数多，又会增加观测工作量和费用成本。通常以改进操作方法为目的的观测，其次数不宜太多，一般的作业 5～10 次，非常短的重复作业 10～15 次即可。但如果是为了制定标准时间，其观测次数应比前者多，一般在 15 次以上。

4）观测记录　将划分的操作单元（即要素作业）记入准备好的时间观测表；观测者在表上记录各操作单元结束时读取的停表时间；通过计算，记录操作单元的经过时间；一个观测周期完毕，接着第二个观测周期开始，直到最后一个周期的最后一个单元终止，记下表的读数后，停表归零。

5）消除异常值　所谓异常值，是指观测某一操作单元，由于例外的因素影响而使其读数超出正常范围，或是太大或是太小。

6）计算观测时间平均值　观测的时间平均值，可以作为改进作业的依据，也是制订标准时间，即劳动定额的基础资料。

2. 标准时间

（1）标准时间的含义

标准时间是指采用一定的方法和设备，在一定的作业条件下，由适应作业的熟练操作者，完成质量合格的单位产品所需要的时间。标准时间的确定以科学的时间分析为基础，把作业评定作为控制其合理性的手段，把作业条件，宽裕状态作为影响标准时间的重要因素。

标准时间常用的表达式如下

$$标准时间＝正常时间＋宽裕时间$$

$$正常时间＝观测时间×评定系数$$

用宽裕率表示的标准时间公式为

当　宽裕率＝宽裕时间/正常时间×100% 时，则

$$标准时间＝正常时间×（1＋宽裕率）$$

当　宽裕率＝宽裕时间/标准时间×100% 时，则

$$标准时间＝正常时间×1/（1－宽裕率）$$

（2）作业评定

操作者完成特定作业的速度往往是随时变化的。因此，用秒表测时法对作业进行时间测定后，还要对作业速度进行评价。经过适当处理，把具体的时间观测按普通作业者速度进行作业的时间值（即正常时间），就可以作为合理的标准时间的基础。

所谓标准作业速度，是指中等水平的熟练程度，具有适应性且工作热情的作业者，按标准作业方法，以一定的努力程度进行作业的速度。所以，观测者要经过训练，掌握了企

业标准作业速度之后才能进行速度评定。

作业评定的方法有多种,其标准化较易掌握。它是通过对影响作业的熟练程度,努力程度、工作环境和稳定性四个方面因素进行评定,每个评定因素又分为劣、可、普通、良、优、最优六个等级,每个等级由低到高确定相应的标准化系数,根据评定结果将观测时间值进行调整。

此外,还有速度评定法,是观测者对所感受的作业速度直接进行评定的一种方法,设标准速度为100%,如评定系统为110%,则表示比标准慢10%。此法较为简单,但以主观评定为主。因此,对观测人员必须进行训练,使其详尽了解有关操作,并掌握有关正常速度的正确标准。

(3) 宽裕时间

标准时间的制定,除评定正常时间外,还应考虑宽裕时间和宽裕率。宽裕时间是在生产操作中非主体作业所消耗的附加时间,以及补偿某些因素影响生产的时间,而不是指浪费的时间。因此,宽裕时间不能任意削减;但由于管理不善,宽裕时间常会增加,所以也应加强管理。

研究制定宽裕时间是通过宽裕率标准,研究宽裕率的方法主要有连续时间观测法和工作抽样法。宽裕时间有:作业宽裕时间、车间管理宽裕时间、生理宽裕时间和疲劳宽裕时间。

3. 工作抽样

工作抽样又叫瞬间观测法,它是利用统计抽样理论调查作业者各类活动时间占总时间比率的一种方法。它也能用于调查机器设备的运转率。

工作抽样的步骤:

1) 确定调查目的。

2) 确定调查项目。

3) 确定观测方法。

4) 确定观测天数和一天观测次数　观测时间长短由必要观测次数所决定。一名观测者一次巡回次数以20～40次为限。一般规定每天观测次数相同。

5) 确定观测时刻　观测时刻选择应尽可能保持随机性。观测时刻可分为不等间隔和等间隔两种。不等间隔观测时刻是由随机方法确定的。等间隔观测时刻,仅开始时刻是随机确定的,周期性作业最好采用不等间隔观测。

6) 计算观测次数　观测次数愈多,则愈可得到精确的结果,但观测增多,使调查费用增长。一般工作抽样观测中取可靠度为95%,则观测次数计算公式为

$$N = \frac{4 \times (1 - P)}{S^2 \times P}$$

式中,N—— 观测次数;

P—— 观测事项发生率;

S—— 相对误差。

7) 观测记录的整理和计算　每天对观测记录的数据要加以整理,计算出当日的发生率,计算累计观测次数和累计发生率。

$$观测事项发生率(P) = \frac{X}{N} \times 100\%$$

式中,X—— 该事项发生次数;

　　N—— 观测总数。

8)去舍异常值。

9)检验准确度

$$S = 2\sqrt{\frac{(1-P)}{P \times N}}$$

式中,S——检验精确度。

如果观测结果的 S 值小于规定的相对误差,则说明能满足准确度的要求;否则应补充观测次数。

10)观测结果分析　汇总结果,加以分析。根据需要提出改进方案或制定标准。

4. 既定时间标准设定(PTS)法

既定时间标准设定(predetermined time standards,PTS)法是作业测定中常用的一种方法。这种方法比标准要素法更进了一步,它是将构成工作单元的动作分解成若干个基本动作,对这些基本动作进行详细观测,然后做成基本动作的标准时间表。当要确定实际工作时间时,只要把工作任务分解成这些基本动作,从基本动作的标准时间表上查出各基本动作的标准时间,将其加合就可以得到工作的正常时间,然后再加上宽放时间,将其加合,就可以得到工作的正常时间,然后再加上宽放时间,就可以得到标准工作时间。

(1)PTS 法概述

PTS 法有好几种,根据基本动作的分类与使用时间单位的不同而不同。使用最广泛的一种是 MTM 法(methods of time measurement)。在 MTM 法中,也有若干种基本动作标准数据,这里介绍其中最精确的一种:MTM-1。在这种方法中,将基本动作分为表 7.4 所示的 8 种。

表 7.4　MTM-1 的基本动作分类

伸手(reach)	移动(move)
施压(apply pressure)	抓取(grasp)
放置(定位、对准)(position)	解开(disengage)
放手(release)	转动(turn)

这些基本动作的标准时间是用微动作研究方法,对一个样本人员在各种工作中的动作加以详细观测,并考虑到不同工作的变异系数而做成的。表 7.5 是美国 MTM 标准研究协会制作的其中一个动作"移动"的标准时间。

表 7.5　美国 MTM 标准研究协会制作的一个动作"移动"的标准时间

移动距离/英寸	时间（TMU）			重量允许值			不同移动情况
	A	B	C	重量/kg	移动因子	静态常数（TMU）	
0	2.0	2.0	2.0	2.5	1.00	0	
1	2.5	2.9	3.4				
2	3.6	4.6	5.2	7.5	1.06	2.2	
3	4.9	5.7	6.7				
4	6.1	6.9	8.0	12.5	1.11	3.9	A 移动物体至另一只手
5	7.3	8.0	9.2				
6	8.1	8.9	10.3	17.5	1.17	5.6	
7	8.9	9.7	11.1				
8	9.7	10.6	11.8	22.5	1.22	7.4	
9	10.5	11.5	12.7				
10	11.3	12.2	13.5	27.5	1.28	9.1	
12	12.9	13.4	15.2				B 移动物体至另一大致位置
14	14.4	14.6	16.9	32.5	1.33	10.8	
16	16.0	15.8	18.7				
18	17.5	17.0	20.4	37.5	1.39	12.5	
20	19.2	18.2	22.1				
22	20.8	19.4	23.8	42.5	1.44	14.3	
24	22.4	20.6	25.5				C 移动物体至另一精确位置
26	24.0	21.8	27.3	47.5	1.50	16.0	
28	25.5	23.1	29.0				
30	27.1	24.3	30.7				

这里所用的时间测量单位（time measurement unit，简称 TMU）是 TMU，1TMU 等于 0.0007min。这个表中的标准时间考虑了移动重量、移动距离以及移动情况三种因素，每个因素不同，所需的标准时间也不同。例如，有这样一个动作，需要用双手将一个 18 lb（1 lb=0.454kg）的物体移动 20in（1in=2.54cm），移到一个确切的位置上，在该动作发生前两手无动作。为了得到这个动作的标准时间，首先应该根据对移动情况的描述确定该动作属哪种情况。从表中的三种情况描述中可知，属 C，然后，根据移动距离为 20in，20in 的行和 C 列的交叉处，找到该动作所需时间为 22.1TMU。现在，还需要进一步考虑，并根据重量对刚才所查出的时间做一些调整。因为该动作中是用两手移动 18 lb 的物体，每只手为 9 lb，在表中的重量允许值中，处于 7.5 与 12.5 之间，因此，动态因子为 1.11，静态常数（TMU）为 3.9。这样该动作的标准时间可按下式计算：

TMU 表格值×动态因子+静态常数=22.1×1.11+3.9≈28TMU

每一种基本动作都有这样的类似表格。这些标准数据，是经严格测定、反复试验后确定的，其科学性、严密性都很高，而且有专门的组织制定这样的数据，表 7.5 的数据就是美国 MTM 标准研究协会制作的。

（2）使用 PTS 法制定工作标准的步骤

1）将工作或工作单元分解成基本动作。

2）决定调节因素，以便选择合适的表格值，调节因素包括：重量、距离、物体尺寸以及动作的难度等。

3）合计动作的标准时间,得出工作的正常时间。

4）在正常时间上加上宽放时间,得出标准工作时间。

（3）PTS法的优劣分析

从上述对PTS的特点描述中也可以看出一些PTS法的优越性。PTS法的优点还有:①它可以用来为新设生产线的新工作设定工作标准,而这种新工作是无法使用时间研究方法的;②不用经过时间研究就可以对不同的新方法进行比较;③用这种方法设定的时间标准的一致性很高,因为这种方法大大减少了时间研究中常见的读数错误等引起不正确结果的可能性;④这种方法不需要容易带有主观偏见的绩效评价。

这种方法的主要局限性是:

1）必须分解成基本动作　这使得这种方法对于许多进行多品种小批量生产、以工艺对象专业化为生产组织方式的企业来说是不实用的。在这样的企业中,工作种类繁多,而重复性较低。

2）PTS法的标准数据也许不能反映某些具有特殊特点的企业的情况。对于一个企业是正常的事情,在另一个企业也许是不正常的。作为样本被观测的员工也许不能反映某些特殊企业中员工的一般状况。

3）需要考虑调节的因素很多,几乎到了无法制作表7.5这样的表格的地步。例如,在某些情况下,移动物体所需的时间也许与物体的形状有关,但是表7.5并没有考虑这个因素。

4）这种方法是建立在这样一种假设的基础上的,即整个工作时间可用基本动作时间的加和得到,但这种方法忽略了这种可能性,即实际工作时间也许与各个动作的顺序有关。

5）由于这种方法表面上看起来使用方便,因此容易不分场合的错误使用。事实上,分解基本动作和确定调节因素是需要一定技能的,也需要一定经验,并不是人人都会用。

7.5 劳动定额

7.5.1 劳动定额的概念和基本形式

劳动定额是指在一定的生产技术和组织条件下,为生产一定数量的产品或完成一定量的工作所规定的劳动消耗量的标准。

劳动定额的基本表现形式有两种:①时间定额,生产单位产品消耗的时间;②产量定额,单位时间内应当完成的合格产品的数量。两者互为倒数关系。另外,还有一种看管定额,这是一个人或一组员工同时看管几台机器设备。工业企业采用什么形式的劳动定额,要根据生产类型和生产组织的需要而定。产量定额主要适用于产品品种少的大量生产类型企业。

劳动定额是组织现代工业生产的客观要求。在现代工业企业里,工人一般只从事某一工序的工作,企业内部的这种分工是以协作为条件的,怎样使这种分工在空间和时间上紧密地协调起来,这就必须以工序为对象,规定在一定的时间内应该提供一定数量的产品,或者规定生产一定产品所消耗的时间。否则,生产的节奏性就会遭到破坏,造成生产过程的混乱。

7.5.2 劳动定额的作用

劳动定额是企业管理的一项重要基础性工作。在企业的各种技术经济定额中,劳动定额占有重要地位。正确地制定和贯彻劳动定额,对于组织和推动企业生产的发展,具有多方面的重要作用。

1. 劳动定额是企业编制计划的基础,是科学组织生产的依据

企业计划的许多指标,都同劳动定额有着密切的联系。例如,制定生产计划时,必须应用工(台)时定额,以便把生产任务和设备生产能力,各工种劳动力加以平衡;在制定劳动计划时,要首先确定各类人员的定员、定额;在生产作业计划中,劳动定额是安排工人、班组以及车间生产进度,组织各生产环节之间的衔接平衡,制定期量标准的极为重要的依据;在生产调度和检查计划执行情况过程中,同样离不开劳动定额;在科学的组织生产中,劳动定额是组织各种相互联系的工作在时间配合上和空间衔接上的工具。只有依据先进合理的劳动定额,企业才能合理地配备劳动力,保持生产均衡地、协调地进行。

2. 劳动定额是挖掘生产潜力,提高劳动生产率的重要手段

劳动定额是在总结先进技术操作经验基础上制定的,同时,它又是大多数员工经过努力可以达到的,因此,通过劳动定额,既便于推广生产经验,促进技术革新和巩固革新成果,又利于把一般的和后进的员工团结在先进员工的周围,相互帮助,提高技能水平。先进合理的劳动定额,可以调动广大员工的积极性和首创精神,可以鼓励广大员工学先进、赶先进、超先进,充分挖掘自身潜力,不断地提高自己的文化、技术水平和熟练程度,促进车间、企业生产水平的普遍提高,不断提高劳动生产率。

3. 劳动定额是企业经济核算的主要基础资料

企业的经济核算,一方面要求生产更多更好的产品,满足消费者的需要;另一方面还要尽量节约生产中的活劳动和物化劳动的消耗,严格核算生产的消耗与成果,不断提高劳动生产率,降低成本,为企业提供更多的积累。定额是制定计划成本的依据,是控制成本的标准。没有先进合理的劳动定额,就无从核算和比较。所以劳动定额是企业实行经济核算,降低成本,增加积累的主要手段之一。

4. 劳动定额是衡量员工贡献大小,合理进行分配的重要依据

企业必须把员工的劳动态度、技术变化和贡献大小作为评定工资和奖励的依据,做到多劳多得、少劳少得、不劳不得。劳动定额是计算员工劳动量的标准,无论是实行计时奖励或计件工资制度,劳动定额都是考核员工技术高低、贡献大小和评定劳动态度的重要标准之一。没有劳动定额,就难以衡量劳动绩效,合理地进行分配。

综上所述,劳动定额是企业生产运作管理中一项极为重要的基础工作,它对于正确地组织企业的生产和分配,都是很重要的。

7.5.3 劳动工时消耗分类和时间定额的构成

1. 工时消耗分类

工时消耗是指员工在一个班内全部劳动时间的具体消耗的时间。

1) 定额时间 指员工为完成某项生产任务所必须消耗的时间。

2) 非定额时间 指不是为了完成生产任务所消耗的时间。

如图 7.5 所示为工时消耗分类。

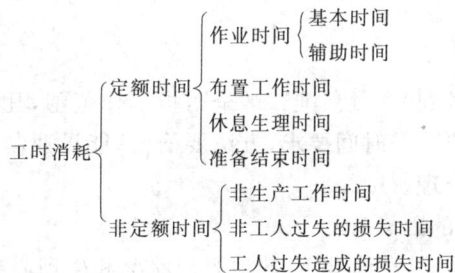

图 7.5 工时消耗结构

2. 工序结构分析

工序是组成生产过程的基本单位,因而也就成为制定劳动定额的基本对象。制定劳动定额,首先要确定制定劳动定额的对象,因此就需要研究工序结构。工序结构分析的目的,是为了科学地确定工序的作业时间消耗。

工序结构分析就是把工序细分化,分为若干个细小的要素。划分工序要素有两情况:一是按机动系统划分,把工序分为工步、走刀。工步就是在加工的表面不变,使用的工具不变,切削用量不变的条件下所完成的那一部分工序。在上述三个条件中改变任何一个条件,便成为一个新的工步。走刀就是从加工对象的表面切削一层金属。一个工步可以是一次走刀也可以是多次走刀。二是按手动系统划分,工序分为操作、动作。操作就是为了实现一定目的而进行的活动。比如,在车床上加工一个零件就是一道工序,可以分为八个操作,即把零件安装在卡盘上、开车、进刀、车削、退刀、停车、量尺寸和卸下零件等。操作可以细分为动作。动作是员工接触物件,使物件发生移动的举动。例如,安装零件的操作可以分为拿起零件、把零件移到卡盘上、使卡盘卡正零件和拧紧等几个动作。动作是员工活动的最简单的因素,也是度量的最小单位。为了使动作合理化,以减少不必要的动作,节省工时消耗,所以在制定工时定额前,要进行动作研究,实行动作标准化。

工序结构分析可粗可细,根据制定定额的需要而定。生产比较稳定的企业,可以分析到动作,不过在一般情况下,分到操作或操作组。操作组就是相联系的几个操作的组合。比如,车床加工零件的八项操作,可以合并为五项操作,即装活、进刀、车削、退刀和卸活。

3. 劳动定额时间的构成

劳动定额的时间构成同企业生产类型有着密切的关系。

大量生产类型：

$$劳动定额时间＝作业时间＋布置时间＋休息生理时间$$

成批生产类型：

$$劳动定额时间＝作业时间＋布置时间＋休息生理时间＋准备结束时间/每批产品数量$$

单件生产类型：

$$劳动定额时间＝作业时间＋布置时间＋休息和生理时间＋准备结束时间$$

7.5.4 劳动定额的制定

1. 制定劳动定额的要求

制定劳动定额，要求做到"全、快、准"。"全"，指工作范围，凡是需要和可能制定定额的工作都必须有定额。"快"，是时间要求，方法要简便，能迅速制定，及时满足生产需要。"准"，指数量上准确先进合理。

制定劳动定额需考虑的因素有：

1）熟练程度、工龄、性别、身体素质、政治思想状况和生理心理状况等。

2）机器设备、生产装置和工、模和夹具状况等。

3）原料、燃料、协作件的质量及供应情况。

4）劳动强度大小及劳动环境的好坏。

5）工艺规程完备的程度、生产组织和劳动组织是否合理。

2. 确定劳动定额合理水平

要做好劳动定额工作，关键在于正确地确定定额水平。定额水平如果是落后的，员工不费力气就可以达到，就起不到促进生产发展的积极作用；相反，如果不考虑实际情况，把定额水平定得过高，员工虽经努力，但仍然不能实现，这样就会挫伤员工的积极性。因此，定额管理的各个环节，实质上都是围绕定额水平这个中心开展活动的。

定额水平是企业在一定时期内，在一定的物质条件下，管理水平、生产技术水平、劳动生产率水平和员工觉悟水平的综合反映。坚持定额先进，就是要在确定定额水平时反映新的生产技术条件，考虑到改进设备、改造操作方法、推广先进经验等因素和提高生产效率的可能性，考虑到人们在劳动中的积极性和创造性。

任何先进合理的定额都是劳动者创造的，并且要依靠劳动者来贯彻执行。因而先进合理的定额水平，是在正常生产条件下，大多数员工经过努力可以达到和超过，少数员工可以接近的水平。这种水平的劳动定额，才能对广大员工具有普遍的促进作用。

3. 劳动定额的制定方法

制定劳动定额的方法大致有六种，即经验估工法、统计分析法、技术测定法、比较类推法、现场观测法、模特排时法。下面介绍前三种方法。

（1）经验估工法

经验估工法是由制定者依据产品设计图纸的工艺要求，再考虑到现场应用的设备工装、原材料及其他生产条件，结合实际经验来制定。

此法简便易行，工作量小，能满足制定定额工作的快和全的要求。但受估人员的实践经验与工作水平及责任心的限制，定额的准确性差。多用于多品种、少批量、定额基础差的场合。

为进一步提高估工定额的准确性在时间估计上可采取三点估计法。

所谓三点估计法，就是在工时估计上采取最乐观工时，最保守工时和最可能工时三种估计时间的方法，其计算公式为

$$M = \frac{a + 4m + b}{6}$$

式中，M——完成某工作的加权平均工时；

a——完成某工作的乐观工时；

b——完成某工作的保守工时；

m——完成某工作的可能工时。

上式的标准偏差为

$$\sigma = \frac{b - a}{6}$$

式中，σ——估计值的标准偏差。

由概率统计理论可知：用概率估工法估算工时，是建立在平均工时和标准概率系数之上的。其计算公式为

$$P = M + \lambda \cdot \sigma$$

式中，P——估算的工时；

λ——概率系数，可由正态分布表通过 $P(\lambda)$ 求出。

用三点估计法确定的工场工时具有随机性，适用于不可控因素较多，无先例可循情况。在试制新产品或单件小批生产条件下是很适用的。

【例 7.1】 某工程项目中，完成某作业的三种估计时间为：$a = 10\text{min}, b = 20\text{min}, m = 16\text{min}$。若希望有 91.9% 的可能性完成定额，定额水平应为多少？ 若该项目作业在 17min 内完成，完成的定额的可能性为多大？

解 第一步：求平均工时 M

$$M = (a + 4m + b)/6 = (10 + 16 \times 4 + 20)/6 = 15.7(\text{min})$$

第二步：求标准偏差 σ

$$\sigma = (b - a)/6 = (20 - 10)/6 = 1.7(\text{min})$$

第三步：选择概率系数 λ

由完成定额概率 91.9%，可查正态分布表：得 $\lambda = 1.4$

$$P = M + \lambda \cdot \sigma = 15.7 + 1.4 \times 1.7 = 18.8(\text{min})$$

第四步：计算估计工时

当 $P = 17\text{min}$，由 $T = M + \lambda \cdot \sigma$

得 $\quad \lambda = \dfrac{(T-M)}{\sigma} = (17-15.7)/1.7 = 0.765$

查正态分布表得 $\quad P(0.765) = 0.778 = 77.8\%$

也就是,若工时定额为 17min 时,完成定额的可能性为 77.8%。

（2）统计分析法

统计分析法是把企业最近一段时间内生产该产品所耗工时的原始记录,通过一定的统计分析整理,计算出先进的消耗水平,以此为依据制订劳动定额。此法的具体做法是:首先以统计资料为依据,求出实际的平均数,然后在计算平均数的基础上求出平均先进数,最后再结合可能发生的变化来确定定额。

此法简便易行,工作量小。以大量统计资料为依据,比经验估工更能反映实际情况,说服力强,能满足制定劳动定额快和全的要求。但此法可能把各种不合理的因素也统统包括在内,在科学合理上,准确度上比较差。此法适用于生产条件比较正常,产品比较固定的大量或成批生产,原始记录和统计工作比较健全的企业。

（3）技术测定法

技术测定是在技术分析、组织条件、工艺规程、总结先进经验和尽可能充分挖掘生产潜力的基础上,设计合理的生产条件和工艺操作方法,对组成定额的各部分时间,通过分析计算和观察来制订定额的方法。技术测定法分为分析研究法和分析计算法。

1）分析研究法　分析研究法是用测时和工作日写实等方法,来确定工时定额各部分的时间。现代的分析研究法还应用人体和数学工作进行分析研究,使之更合理,更科学化。"动作与时间研究"为确定先进合理的劳动定额提供了科学的依据。此法工作量大,适用于大量大批生产或小批量单件生产中的某些典型工件或工序。

2）分析计算法　分析计算法是根据事先制定的现有工时定额标准资料来计算制定定额的方法。此法适用于品种多、零件多、工序多的情况。

技术测定法是定额制订方法中最有依据的方法,可使劳动定额更先进合理。其缺点是制定方法复杂、工作量大,难以做到迅速及时。

以上三种制订定额的方法,各有优缺点和适用范围。企业在制定定额中究竟采用哪种方法都具体情况具体分析,在企业的实际工作中这几种方法往往是结合起来运用。

7.5.5　劳动定额的贯彻和分析

劳动定额制订以后,必须组织定额的贯彻执行。贯彻执行劳动定额要加强员工的管理沟通工作,要依靠企业员工,发挥技术骨干和班组定额人员在定额管理工作中的模范带头作用;要把专业管理和群众管理密切结合起来;加强定额考核分析工作,随时掌握员工实现定额情况和存在的问题,及时研究解决;要切实贯彻执行各种重要的技术组织实施,及时地鉴定、总结和推广群众性的合理化建议和技术革新成果;还要把发动群众开展劳动竞赛密切结合起来;企业管理人员深入现场调查研究,帮助员工完成定额,保证定额的全面贯彻执行。

为了保证劳动定额的贯彻执行和给制定、修改定额提供可靠的资料依据,企业必须加强对定额完成情况的统计、检查和分析工作。

1）要健全工时消耗的原始记录　分析工时原始记录的准确性。

2）分析研究工时的利用情况　企业工时利用情况,主要通过员工出勤率及工时利用率两个指标来反映。工时利用的变化,影响着劳动生产率的高低。分析工时利用的目的,主要是找出工时浪费的原因,采取措施加以克服,以增加生产时间,缩短停工时间,增加有效工时,减少无效工时。

3）分析工时定额的完成情况　从分析完成定额的情况着手总结先进经验,找出影响定额贯彻的各种因素,以促进劳动生产率的提高,并进一步掌握工时消耗变动的规律,为制定和修改定额提供依据。

7.5.6　劳动定额的维护

劳动定额是企业的一项工作标准,具有严肃性,一旦制定就必须认真贯彻执行,这样才能发挥它的积极作用。在使用中也需要根据实际情况作修正工作。做好日常的定额执行情况的统计、检查和分析工作对于劳动定额的维护是很重要的。

首先要加强班组的实际工时消耗的原始记录,原始记录反映员工的生产成绩、工时利用和定额任务完成情况,是定额统计工作的基础。然后要做好定额的统计分析工作,主要内容有实做工时的统计、完成定额情况的统计和工时利用的统计。根据统计资料就可以分析定额的执行情况,主要分析劳动定额与实做工时之间的差距,员工能够达到定额水平的人数比例,影响工时利用的各种因素等。这样,一方面可以及时采取措施,提高工时利用率;另一方面为修改定额积累资料和提供依据。

劳动定额修改有定期和不定期修改两种。定期修改是根据企业生产的正常发展,预先规定修改期限。生产条件比较稳定,原定额比较准确的企业,修改期可定得长些,如一年修改一次。反之,可定得短些,如半年一次。定期修改工作是全面的审查和修改,而不定期修改属于临时修改,当局部的生产条件发生很大变化,如产品设计和工艺的变更,原材料和毛坯件的变更,生产组织方式的变动,都应该及时修正定额。

在劳动定额的维护管理中,要把握住劳动定额的两个特性,即稳定性和变动性。稳定性是相对的,一个先进合理的定额,在一段时期内与生产发展水平是相适应的,在这时期内企业的定额水平保持稳定不变是必要的。变动性是绝对的,企业的生产技术水平不可能总是停留在一个水平上,而是处在不停的发展过程之中,当生产技术组织水平发展到一个新的高度,定额需要作相应的修改。变动往往是一个渐变的过程,由局部的量变逐步发展为全体的质变,因此,定额的变动不能频繁。即使是一年一次的定期修改,主要工作在于全面审查,而不能是大面积的修改,除非全企业的生产条件发生了全面的大规模的变化。局部的修改应该是经常性的,不合理的定额必须随时修改。从劳动定额的作用来看,它事关生产计划编制、成本核算、员工劳动工作量的考核和员工报酬分配。所以修改工作要制度化,要有一定的审批手续,一般修改要得到厂长(经理)的批准,修改后要由厂长(经理)认定。

7.6 劳动定员

劳动定员工作就是根据企业的产品方向、生产规模和先进合理的劳动定额，按照生产和工作的需要，本着精简机构，节省人员，提高效率的原则，确定企业各类人员的数量，并随着生产的发展和管理水平的提高，进行相应的调整。

7.6.1 定员工作的作用和任务

定员工作也是企业的一项基础管理工作。其主要作用是用组织措施保证企业合理地配备人员，以达到节约人力、避免浪费和提高劳动生产率的目的。具体表现在：它是企业编制劳动计划的依据；是调配劳动力、检查劳动力使用情况的依据；是改善劳动组织，遵守劳动纪律的必要保证。

企业定员的范围应该包括所有部门和岗位，即包括从事生产、技术、管理和服务工作的全部人员。但不包括，与生产经营和员工生活无关的其他人员，或临时性生产和工作所需的人员，不能独立定岗的学徒工不列入定员范围。

定员工作包括确定企业总人数、各部门的人数、各岗位的人数、掌握各种技能的人员的人数，以及他们之间的比例关系。企业员工一般分为两类：一类是从事生产和技术工作的人员，他们是直接生产人员；另一类是从事管理和服务工作的人员，为非直接生产人员。企业为了维持正常的生产经营活动，需要各类人才从事各项专门的活动，在客观上各类人员之间存在一定的比例关系，其中主要是基本生产工人和辅助生产工人的比例，直接生产人员和非直接生产人员的比例。传统的观点认为非直接生产人员比例不能太大，我国曾经为国有企业规定了17％的非直接生产人员的比例，但很少有企业能够达到。主要原因是管理不善，造成一线紧，二线松，三线肿的不合理现象。

各种比例与企业生产特点有关，很难为企业确定这种比例关系，这完全取决于实际的需要。随着科技的发展，生产自动化水平的提高，辅助生产工人的比例和非直接生产人员的比例呈不断上升趋势。

总之，要从实际出发，服从企业生产经营活动的客观需要，既要做到合理分工发挥员工专长，又要避免因分工过细而造成人力资源利用不足。在机构设置方面，要求机构精简，管理层次少，做到人有其事，事有其责，杜绝互相推诿，提高办事效率。

7.6.2 劳动定员的要求

企业的定员，是指根据企业既定的产品方向和生产规模，在一定时期内和一定的技术、组织条件下，规定企业应配备的各类人员的数量标准。合理定员能为企业编制劳动计划、调配劳动力提供可靠的依据；能促进企业改进工作，克服人浮于事、工作散漫和纪律松懈的现象，以提高效率。定员具体有以下两点要求。

1. 定员要按照先进合理的原则

定员既要考虑到现实的技术组织条件，又要充分挖掘劳动潜力，尽量应用先进工艺技术，改善劳动组织和生产组织形式；既保证满足生产的需要，又避免人员的窝工浪费，尽量精简机构，减少不必要的人员，用提高生产效率和工作效率的办法来完成更多的任务。

2. 定员要能够正确处理各类人员之间的比例关系

要合理安排直接生产人员和非直接生产人员的比例关系，提高直接生产人员的比重，降低非直接生产人员比重；要正确处理基本人员和辅助人员的比例关系，做到合理安排，配备适当，根据企业发展的需要和实际可能，正确规定人员比例；此外，随着科学技术的发展和企业经营管理要求的日益提高，企业中工程技术人员和管理人员的比重要逐步提高。

7.6.3 劳动定员方法

定员工作要求做到先进合理，要符合高效率、满负荷和充分利用工时的原则。如果是一个新建企业，在一开始就要做好这项工作。在现代社会中，哪怕辞退一名、多余的员工也不是一件不得人心的事情，还会影响员工的情绪，这样会使企业陷入两难境地。所以选择科学的定员方法是很重要的。

定员计算的基本原理是按生产工作量确定人数，劳动定额作为计算工作量的标准，在定员计算中起着重要作用。因此，只要有劳动定额的岗位都应该考虑使用劳动定额资料来定编。下面介绍的几种方法都是以劳动定额为基础的。

由于企业内部各类人员的工作性质不同，影响定员的因素不同，定员的方法也不同。

1. 按劳动效率定员

按劳动效率定员即根据生产任务和工人的劳动效率和出勤率定员人数，即

$$定员人数 = \frac{生产任务总量}{工人劳动效率 \times 出勤率}$$

其中，工人的劳动效率为有效工作时间与定额完成率之积（本方法适合有劳动定额的人员）。

2. 按设备定员

$$定员人数 = \frac{设备台数 \times 设备开动班次}{工人所管理的设备定额 \times 出勤率}$$

该方法主要运用于机械操作为主的工种，特别是采用多机床管理的劳动组织中。

3. 按岗位定员

根据工作岗位的数量、岗位的工作量、操作人员的劳动效率、劳动班次和出勤率等因素计算定员人数。按岗定员的方法与生产量无直接关系，与生产类型有关，它适合大型

联动装置的企业。如发电厂、炼油厂和炼钢厂等。也适合于无法计算劳动定额的工种和人员。例如,辅助工、机修工和后勤服务人员等。用这种方法定员很难找到计算公式,工作抽样是比较适合的一种方法。通过对操作人员实际的工作情况抽样,分析工作量是否饱满,如果工作量不足,可减少人员或增加看管岗位。

4. 按比例定员

就是按企业员工总人数或某一类人员的总人数的某个比例计算出其他人员的定员人数。企业中的卫生保健人员、炊事人员等某些辅助人员可以采用此法定员,使用的比例数是个经验数据,可以用工作抽样方法分析比例数的准确性。

5. 按组织机构定员

即根据组织机构、职务岗位的工作种类和工作量来确定人数。这种方法定性成分很大,又主要适用于管理人员和工程技术人员的定员。这些人员的工作内容广泛,工作量不容易计算,工作效率又与每人的能力、工作态度和劳动热情有关,具体操作时有一定的难度。工作抽样也适用于处理这个问题。

上述各种定员的方法,在一个企业中往往同时结合起来应用。定员的步骤一般是:先定额,后定员;先基本车间,后辅助车间;先工人,后干部。

企业的编制定员是企业人员数量及其构成的基本标准,是个相对稳定的劳动人事资料,企业不可能经常进行定编工作,有个较长的稳定期。但是,企业的生产量在不同季节、不同月份往往变动很大,为了保证任务和人力相匹配,在每个计划期(年计划和月计划)都需要做人员需求计划,以指导劳动力的余缺调整和补充。这里指的主要是基本生产人员,如果生产任务减少,基本生产人员就应该等比例减少,减下来的人员可以临时安排一些其他工作,甚至可以参与产品推销,这比窝工要好得多。

7.6.4 多机床看管

多机床看管就是一名工人同时照看几台设备。在纺织行业,这种生产组织方式早就得到广泛应用,在其他行业,特别是机械行业习惯上还是采取一机一人的组织方式。随着生产技术的不断提高,设备的自动化程度越来越高,需要工人操作的作业内容日趋简单,所需操作时间日益减少,一人操作一台机器的话,会有很多空闲时间,造成劳动力的大量浪费。实行多机床看管可以充分利用工人的工作时间,有利于节约劳动力,有利于降低生产成本。

多机床看管的基本原理是,工人利用某台机器的机动时间去完成其他机器上的手动作业。只要在一个操作周期内,机动时间大于手动时间,就有可能实现多机床看管。机器的机动时间越长,人工操作的时间越短,从理论上讲工人能够照看的机器就越多。反之则越少,甚至不能实行多机床看管。

最简单的多机床看管形式是看管同一种机器,加工同一种零件,这时每台机器加工零件所需要的机动时间相等,手动作业时间也相等,如图7.6所示。

手动操作需要5min,然后机器加工10min,在机加工期间,同一位工人连续操作机床

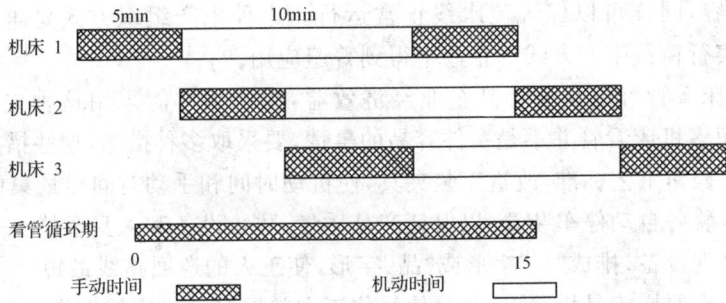

图 7.6 同种设备加工同样零件的定员图解

2 和机床 3,当机床 3 的操作结束时,机床 1 正好加工完毕,工人回到机床 1 开始下一个看管循环期。图中举例的机动时间正好是手动时间的倍数,在这种情况下,工人的作业负荷达到百分之百。

最一般的情况是看管的不是同种机床,加工的也不是同一种零件,这时各种加工的时间不相等,如图 7.7 所示。

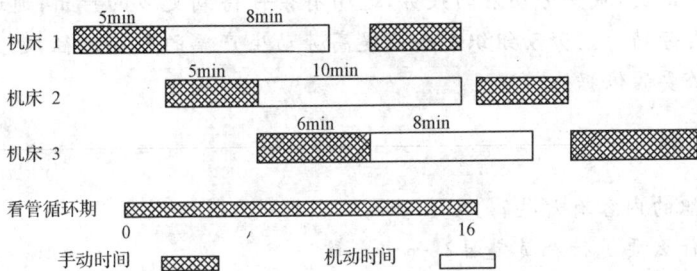

图 7.7 不同设备加工不同零件时的情况

在这种情况下,看管的数量无法用公式计算,而要绘制多机床看管指示图表来确定。利用指示图表还可以进一步分析工人和机器的负荷量。通常是计算他们的负荷系数。

看管循环期是指工人对看管的多台机器按顺序操作一遍直到下一轮开始的时间。看管循环期由多台机器中最大工序时间决定。工人负荷系数小于等于 1,等于 1 时工人满负荷,没有一点点空闲时间。本例子就属于这种情况,看管循环期等于三台机床的手动时间总和,为 17 分钟。工人无空闲时间,但设备有空余时间。也可计算设备的负荷系数,它是评价多机床看管的设备利用程度的指标,本例中工人负荷很大,设备必须要有自动停车装置,即加工完毕后会自动停车。

多机床看管有两种基本的形式:一是一名工人独立看管多台机器;二是几名工人看管一群机器,平均每人看管两台以上。前者在按工艺原则组织的生产系统中比较多见,设备都是同种类型,如车床组、铣床组和磨床组等,加工的零件可以相同,也可以不同。后者多见于按对象(产品)原则组织的生产系统中,所谓一群机器,实质是一条机械加工生产线或流水线。在流水生产线上组织多机床看管,对于提高流水线的灵活性有重要意义。当生产任务发生变动时,需要改变操作人员人数,如果是一人一机的组织方式,是无法改变人员数量的,而采取多机床看管组织方式是可以改变人数的。人数改变后只要重新安排作业内容,同样可以保证流水线正常运行。这种生产组织方式是丰田公司首创的,现在已在实行精益生产方式的企业中得到普遍应用。

实行多机床看管可以显著提高企业经济效益,应该尽可能采用这种先进的组织方式。当然,组织多机床看管并不是一件容易的事情,要采取多种措施,这些措施诸如:

1）要修订操作工艺标准,改进工装夹具,使机动时间和手动时间尽量集中。

2）给机器装备自动停车装置,以保证产品质量,防止设备和人身事故。

3）重新排列设备,排成"U"字形或"品"字形,使工人的巡回路线最短。

4）另一项重要措施是培养多能工,使每位工人掌握多种机床的操作技能。

小结

劳动组织的主要任务包括组织好劳动分工与协作的关系,确定先进合理的岗位定员,合理安排工作时间和工作轮班,充分利用工时,合理组织工作地,做好供应和服务工作,保证文明生产,并且尽最大可能为劳动者提供舒适的工作环境。通过分工与协作,企业可以在不增加员工的前提下更好地发挥每个劳动者的专长和技能,扬长避短;从改善工作环境的角度出发,减少劳动者的疲劳,进而有条件得到更多的产出;通过合理的定员工作可充分利用劳动力。劳动组织是企业提高劳动生产率的重要途径,也为人力资源管理提供了某些必要的依据。

复习思考题

1. 劳动组织的内容有哪些?

2. 企业为什么要进行人员定编?如何定员?

3. 多班制有哪些形式?如何进行轮班的组织工作?

4. 解释工作研究、劳动定额。

5. 试述工时消耗分类、工时定额的构成。

6. 试述制定劳动定额的要求,有哪些方法。

7. 多机床看管的作用是什么?

案例分析

裁员问题的冲突

刘明是某机械设备有限公司的总经理,其所在公司上半年出现亏损,年底又要还清一大笔银行贷款,在实行了两个月的节约计划失败后,刘明向各部门经理和各厂长发出了紧急备忘录。备忘录要求各部门各工厂严格控制经费支出,裁减百分之十的员工,裁员名单在一周内交总经理;并且规定全公司下半年一律不招新员工,现有员工暂停加薪。公司阀门厂的厂长王超

看到备忘录后,急忙找到总经理询问:"这份备忘录不适用于我们厂吧?"总经理回答:"你们也包括在内。如果我把你们厂排除在外,那么别的单位也都想作为特殊情况处理,正像上两个月发生的一样,公司的计划如何实现?我这次要采取强制性行动,以确保缩减开支计划的成功。"王超辩解道:"可是我们厂完成的销售额超过预期的百分之五,利润也达到指标。我们的合

同订货量很大，需要增加销售人员和扩大生产能力，只有这样才能进一步为公司增加收入。为了公司的利益，我们厂应免于裁员。哪个单位亏损，就让哪个单位裁员，这才公平。"刘明则说："我知道你过去的成绩不错。但是，你要知道每一位厂长或经理都会对我讲同样的话，作同样的保证。现在，每个单位必须为公司的目标贡献一份力量，不管有多大的痛苦！况且，虽然阀门厂效益较好，但你要认识到，这是和公司其他单位提供资源及密切的协作分不开的。""无论你怎么讲，你的裁员指标会毁了阀门厂，所以我不想解雇任何人。你要裁人就从我开始吧！"王超说完，气冲冲地走了。刘明心想："这正是我要做的。"但是，当他开始考虑如何向董事会解释这一做法的理由时，他又开始有点为此感到犯难了。

思考题：

假如你是该公司的一名常务董事，你对上述冲突过程有相当清楚的了解，你不想让王厂长因此离开公司，但又要推动公司裁员计划的落实。试问在这样的情况下，你如何分析和处理王厂长与刘总经理的冲突？

═══ **实践与训练** ═══

项目：工作设计与制定劳动定额

一、实训目标

1. 培养制定劳动定额的能力。
2. 培养工作设计的能力。

二、内容与要求

1. 实地调查 1～2 家企业的产量定额或工时定额情况。
2. 实地调查 1～2 家企业专业分工情况及岗位设置情况。

三、成果与检测

1. 根据调查所获得的数据编制劳动定额。
2. 描述每个岗位和职务的工作内容，以及为完成这些工作内容相适应的组织形式。
3. 由教师与学生共同对所制定的劳动定额及工作设计进行评价，确定成绩。

► 项 目 **8** ◄

生产计划制定

—— 教学目标 ——————

1. 理解生产计划和生产能力的含义；
2. 了解生产计划指标体系；
3. 熟悉制定计划的一般步骤；
4. 了解生产计划的层次及内容；
5. 理解滚动式计划方法的优缺点；
6. 理解各种职能计划之间的联系。

—— 能力目标 ——————

1. 能确定生产能力；
2. 会制定备货型生产企业的年度生产计划；
3. 会制定订货型生产企业的年度生产计划。

—— 案例导入 ——————

作为坐落在美国马萨诸塞州乌尔姆市的宝丽来胶卷厂的生产主管，珍尼特·克拉默每年都要绞尽脑汁地想出最有效的办法来满足胶卷的预测销量。珍尼特的胶卷厂是宝丽来设在美国的唯一一家胶卷厂。从历史统计数据上看，宝丽来胶卷每年的销量都会出现季节性波动，一般在圣诞节的前一个月销量达到顶峰，这是由于各家胶卷零售店会纷纷储备一定胶卷以供节日期间销售。此外，在春末夏初也会出现一个销售小高峰，顾客们纷纷热购胶卷，主要用于毕业典礼、婚礼、夏日度假等场景的摄影留念。

宝丽来胶卷厂生产 4 种不同类型的胶卷，是为宝丽来相机配套生产的。胶卷的生产流程实际上是资金密集型，即固定成本很高而可变成本较低，因此，乌尔姆市的宝丽来胶卷厂大约雇佣了 470 名正式员工，每天安排 3 个班次，每天工作 24h，每周工作 5d。此外，其中一部分员工的工作需要达到相当的技能水平才能胜任，因此，旁人难以替代。

尽管面对诸多的约束，珍尼特仍有几种可供选择的计划方案。第 1 种方案是对星期六加班的员工支付 50％ 的额外加班费用，加班的胶卷的库存约占每年总成本的 20％～25％，直到销售高峰期来临。第 2 种方案是为了降低库存成本，在销售高峰来临的前一个月要求员工在星期六和星期天都要加班，而且在星期天加班的员工将得到双倍的工资,但是管理层担忧的是员工因此造成的过度疲劳会给产品质量和产出率带来一定的负面影响,甚至会影响员工士气。

珍尼特面临的综合生产计划的决策问题也是其他运营主管需要面临的典型问题之一。通常只要企业的产品需求是呈周期性波动的,那么就很难找出一个正确的方案,因此,管理层只能在权衡包括质量、产出率、成本和员工士气在内的各种因素之后,作出折中方案。

请思考: 你会做出什么折中方案?

8.1 计划管理

8.1.1 计划管理简述

计划管理是指按照计划来管理企业的生产经营活动。计划管理包括计划的编制、计划的执行、计划的检查和计划的改进四个阶段。计划管理包括企业生产经营活动的各个方面,如生产、技术、劳动力、供应、销售、设备、财务和成本等。计划管理不仅仅是计划部门的工作,所有其他部门和车间都要通过以上四个阶段来实行计划管理。

生产计划工作,是指生产计划的具体编制工作,它将通过一系列综合平衡工作,完成生产计划的确定。我们设计生产计划系统,就是要通过不断提高生产计划工作水平,为工业企业生产系统的运行提供一个优化的生产计划。所谓优化的生产计划,必须具备以下三个特征:

1) 有利于充分利用销售机会,满足市场需求。

2) 有利于充分利用盈利机会,并实现生产成本最低化。

3) 有利于充分利用生产资源,最大限度地减少生产资源的浪费和限制。

8.1.2 企业计划的层次与职能计划之间的关系

1. 计划的层次

企业里有各种各样的计划,这些计划是分层次的,一般可以分成战略层计划、战术层计划与作业层。战略层计划涉及产品发展方向、生产发展规模、技术发展水平、新生产设备的建造等。战术层计划是确定在现有资源条件下所从事的生产经营活动应该达到的目标,如产量、品种和利润等。作业层计划是确定日常的生产经营活动的安排,三个层次的计划有不同的特点,如表 8.1 所示。由表中可以看出,从战略层到作业层,计划期越来越短,计划的时间单位越来越细,覆盖的空间范围越来越小,计划内容越来越详细,计划中的不确定性越来越小。

表 8.1　不同层次计划的特点

项目	战略层计划	战术层计划	作业层计划
计划期	长(≥5年)	中(一年)	短(月、旬、周)
计划的时间单位	粗(年)	中(月、季)	细(工作日、班次、小时、分)
空间范围	企业、公司	工厂	车间、工段、班组
详细程度	高度综合	综合	详细
不确定性	高	中	低
管理层次	企业高层领导	中层,部门领导	低层,车间领导
特点	涉及资源获取	资源利用	日常活动处理

2. 企业各种计划之间的关系

企业战略层计划主要是企业长远发展规划。长远发展规划是一种十分重要的计划,它关系到企业的兴衰。"人无远虑,必有近忧",古人已懂得长远考虑与日常工作的关系。作为企业的高层领导,必须站得高,才能看得远,只看到眼前事务的领导者,称不上领导。战略计划指导全局,战略计划下面主要是经营计划,生产计划等,再往下是各种职能计划。本书主要讨论的是生产计划。生产计划是实现企业经营目标的最重要的计划,是编制生产作业计划,指挥企业生产活动的龙头、是编制物资供应计划、劳动工资计划和技术组织措施计划的重要依据。各种职能计划又是编制成本计划和财务计划的依据。成本计划和财务计划是编制经营计划的重要依据。

8.1.3　生产计划的内容与主要指标

企业为了生产出符合市场需要或顾客要求的产品,通过生产计划确定什么时候生产、在哪个车间生产以及如何生产。企业的生产计划是根据销售计划制定的,它又是企业制定物资供应计划、设备管理计划和生产作业计划的主要依据。

生产计划工作的主要内容包括:调查和预测社会对产品的需求、核定企业的生产能力、确定目标、制定策略、选择计划方法、正确制定生产计划、库存计划、生产进度计划和计划工作程序以及计划的实施与控制工作。生产计划的主要指标有:产品品种指标、产品质量指标、产品产量、产值指标和出产期。

1) 品种指标　指工业企业在品种方面满足社会需要的程度,亦反映企业专业化协作水平、技术水平和管理水平。

2) 质量指标　产品质量指标通常指企业在计划期内,各种产品应达到的质量标准。

3) 产量指标　产品产量指标通常指企业在计划期内应当生产的合格产品的实物数量。产量指标反映企业在一定时期内向社会提供的使用价值的数量,以及企业生产发展水平。

4) 产值指标　产值指标就是用货币表示的产量指标。产值指标可分为:总产值,商品产值,工业增加值等三种形式。

5) 出产期　是为了保证按期交货而确定的产品出产期限。

上述各项计划指标的关系十分密切。既定的产品品种、质量和产量指标,是计算以货币表现的各项产值指标的基础,而各项产值指标又是企业生产成果的综合反映。企业在编制生产计划时,应当首先安排落实产品的品种、质量与产量指标,然后据以计算产值指标。

8.1.4 生产计划的编制步骤

编制生产计划的主要步骤,大致可以归纳如下。

1. 调查研究,收集资料

制定生产计划之前,要对企业经营环境进行调查研究,充分收集各方面的信息资料,其主要内容包括:国内外市场信息资料、预测、上期产品销售量、上期合同执行情况及成品库存量、上期计划的完成情况、企业的生产能力、原材料及能源供应情况、品种定额资料、成本与售价。

2. 确定生产计划指标,进行综合平衡

确定生产计划指标是制定生产计划的中心内容。其中包括:产值指标的选优和确定、产品出产进度的合理安排、各个产品的合理搭配生产、将企业的生产指标分解为各个分厂、车间的生产指标等工作。这些工作相互联系,实际上是同时进行的。

综合平衡是制定生产计划的重要工作环节,其内容包括两个方面,一是以利润计划指标平衡;二是以生产计划指标为中心,生产计划与生产能力及其他投入资源的平衡。

3. 安排产品出产进度

生产计划指标确定后,需进一步将全年的总产量指标按品种、规格和数量安排到各季、月中去,制定出产品出产进度计划,以便合理分配并指导企业的生产活动。

产品出产进度应做到:保证交货时期的需要,均衡出产,合理配置和充分利用企业资源。

8.1.5 滚动式计划的编制方法

滚动式计划是一种编制计划的新方法。这种方法可以用于编制企业各种计划。按编制滚动计划的方法,整个计划期被分为几个时间段,其中第一个时间段的计划为执行计划,后几个时间段的计划为预计计划。执行计划较具体,要求按计划实施。预计计划比较粗略。每经过一个时间段,根据执行计划的实施情况以及企业内、外条件的变化,对原来的预计计划作出调整与修改,原预计计划中的第一个时间段的计划变成了执行计划。比如,2005 年编制 5 年计划,计划期从 2006 年至 2010 年,共 5 年。若将 5 年分成 5个时间段,则 2006 年的计划为执行计划,其余 4 年的计划均为预计计划。当 2006 年的计划实施之后,又根据当时的条件编制 2007～2011 年的 5 年计划,其中 2007 年的计划为执行计划,2008～2012 年的计划为预计计划。以此类推。修订计划的间隔时间称为滚动期,它通常等于执行计划的计划期。如图 8.1 所示。

滚动式计划方法有以下优点:①使计划的严肃性和应变性都得到保证。因执行计划

执行计划				
2006	2007	2008	2009	2010

滚动期				
	2007	2008	2009	2010	2011

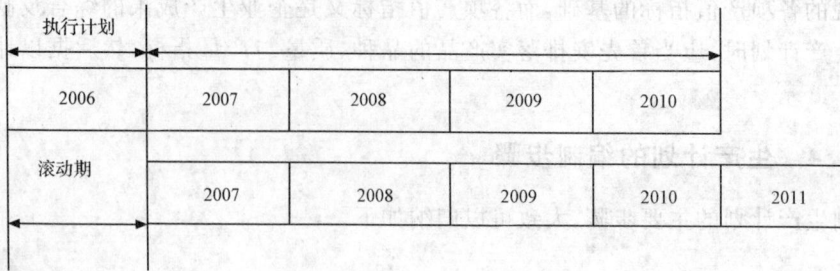

图 8.1 编制滚动计划示例

与编制计划的时间接近,内、外条件不会发生很大变化,可以基本保证完成,体现了计划的严肃性;预计计划允许修改,体现了应变性。如果不是采用滚动式计划方法,第一期实施的结果出现偏差,以后各期计划如不作出调整,就会流于形式。②提高了计划的连续性。逐年滚动,自然形成新的 5 年计划。

8.1.6 生产能力的核定

1. 生产能力的概念与分类

生产能力说明的是将人和设备结合起来的预期结果,通常是以单位时间的产量来表示。产出量的大小与企业的技术组织条件有关,并受到企业投入资源的数量制约。

因此,生产能力是指一定时间内直接参与企业生产进程的固定资产,在一定的组织技术条件下,所能生产一定种类的产品或加工处理一定原材料数量的最大能力。企业生产能力一般分为三种:

1) 设计能力　指设计任务书和技术文件中所规定的生产能力。

2) 查定能力　指没有设计能力,或虽有设计能力,但由于企业产品方案和技术组织条件发生重大变化,原设计能力已不能正确反映企业生产能力水平时,重新调查核定的生产能力。

3) 计划能力　指企业在计划期内能够达到的能力,是编制生产计划的依据。

2. 影响生产能力的因素

企业生产能力的大小取决于许多因素。但起决定作用的主要有以下三个因素:

1) 固定资产的数量　指企业在计划期内拥有的全部能够用于生产的设备数量。

2) 固定资产工作时间　指按企业现行工作制度计算的设备全部有效工作时间。

3) 固定资产工作效率　指单位设备的产量定额或是单位产品的台时定额。

3. 生产能力的核定

企业生产能力水平,是由生产中的固定资产的数量、固定资产的工作时间和固定资产的生产效率三个因素决定的。企业生产能力的核定,应从基层开始。一般说来,可以分为两个阶段:首先查定班组,工段、车间各生产环节的生产能力;然后,再综合平衡各个生产环节的生产能力的基础,核定企业的生产能力。

（1）设备组生产能力的计算

$$M = F_e \cdot S \cdot P \quad 或 \quad M = \frac{F_e \times S}{t}$$

式中，M—— 设备组的生产能力；

F_e—— 单位设备有效工作时间；

S—— 设备数量；

P—— 产量定额；

t—— 时间定额。

（2）作业场地生产能力的计算

$$M = \frac{F \times A}{a \times t}$$

式中，A—— 生产面积；

a—— 单位产品生产面积。

（3）联动机生产能力计算

采用连续开动的联动机生产时

$$M = \frac{G \times K \times F_e}{T}$$

式中，G—— 原料重量；

K—— 单位原料的产量系数；

T—— 原料加工周期的连续时间。

（4）流水线生产能力计算

$$M = F_e / R$$

式中，R——节拍。

4. 多品种生产条件下生产能力计算方法

对于单一品种产品生产的生产能力可以直接按设备组生产能力的计算公式计算，当设备组（或工作地）生产多种品种时，由于产品品种结构的差异，不能简单地把不同品种产品的产量相加，而必须考虑品种之间的换算。在多品种情况下，企业生产能力的计算方法主要有代表产品和假定产品等。

（1）以代表产品计算生产能力

以代表产品计算生产能力，首先是选定代表产品。代表产品是反映企业专业方向、产量较大、占用劳动较多、产品结构和工艺上具有代表性的产品，下面举例说明代表产品法。

【例 8.1】 某机加工企业生产 A、B、C、D 四种产品，各种产品在车床组的台时定额分别为 40 台时，60 台时，80 台时，160 台时，车床组共有车床 12 台，两班制生产，每班工作 8 小时，年节假日为 59 天，设备停修率为 10%。试求车床组的生产能力？

解 以 C 产品为代表产品，则车床组的生产能力为

$$M = \frac{F_e \times S}{t} = \frac{(365 - 59) \times 8 \times 2 \times (1 - 10\%) \times 12}{80} \approx 660(台)$$

计算设备组的生产能力之后,为了使生产任务进行平衡,还需要将各种产品的计划产量折合为代表产品的产量,将其总和与生产能力进行比较。具体产品折合为代表产品产量,其换算表如表 8.2 所示。

设备负荷系数:$\eta = 600/660 = 0.909$。

因为 $\eta < 1$,所以车床组能力大于计划产量。

表 8.2　代表产品法生产能力计算表

产品名称	计划产量/台	单位产品台时定额/台时	代表台时定额/台时	换算系数	折合产量/台
A	100	40		0.5	50
B	200	60		0.75	150
C	300	80	80	1	300
D	50	160		2	100
合计					600

(2) 以假定产品计算生产能力

在企业产品品种比较复杂,各种产品在结构、工艺和劳动量差别较大,不易确定代表产品时,可采用以假定产品计算生产能力。计算步骤如下:

1) 确定产品的定额

假定产品台时定额 = ∑(具体产品台时定额×该产品产量占总产量的百分比)

2) 计算设备组生产假定产品的生产能力

以假定产品为单位的生产能力 = (设备台数×单位设备有效工作时间)/假定产品的台时定额

3) 根据设备组假定产品的生产能力,计算出设备组各种计划产品的生产能力

计划产品的生产能力 = 假定产品的生产能力×该产品占总产量的百分比

【例 8.2】　某机加工企业生产 A、B、C、D 四种产品,各产品在车床组的台时定额及计划产量如表 8.3 所示。设备组共有车床 16 台,每台车床的有效工作时间为 4400 小时,试用假定产品计算车床组的生产能力。

解　详细计算及结果见表 8.3。

表 8.3　车床组生产能力计算表

产品名称	计划产量/件	各种产品占总产量的比重/%	在车床上的台时定额/h	假定产品的台时定额/h	生产假定产品的能力/台	折合成具体产品的生产能力/台
(1)	(2)	(3)	(4)	(5)=(3)×(4)	(6)	(7)=(6)×(5)
A	750	25	20	5		880
B	600	20	25	5	$\dfrac{4400 \times 16}{20}$	704
C	1200	40	10	4		1408
D	450	15	40	6		528
合计	3000	100		20	3520	3520

8.2 备货型企业年度生产计划的制定

备货型生产企业编制年度生产计划的核心内容是确定品种和产量,因为有了品种和产量就可以编制年度生产计划。备货型生产无交货期设置问题,顾客可直接从成品库提货。大批和中批生产一般是备货型生产。

8.2.1 品种的确定

对于大量大批生产,品种数很少,而且既然是大量大批生产,所生产的产品品种一定是市场需求量很大的产品。因此,没有品种选择问题。

对于多品种批量生产,则有品种选择问题。确定生产什么品种是十分重要的决策。

确定品种可以采取象限法和收入利润顺序法。象限法是美国波士顿顾问中心提出的方法,该法是按"市场引力"和"企业实力"两大类因素对产品进行评价,确定对不同产品所应采取的策略,然后从整个企业考虑,确定最佳产品组合方案。

收入利润顺序法是将生产的多种产品按销售收入和利润排序,表8.4所示的8种产品的收入和利润顺序,如图8.2所示。

表 8.4 销售收入和利润次序表

产品代号	A	B	C	D	E	F	G	H
销售收入	1	2	3	4	5	6	7	8
利 润	2	3	1	6	5	8	7	4

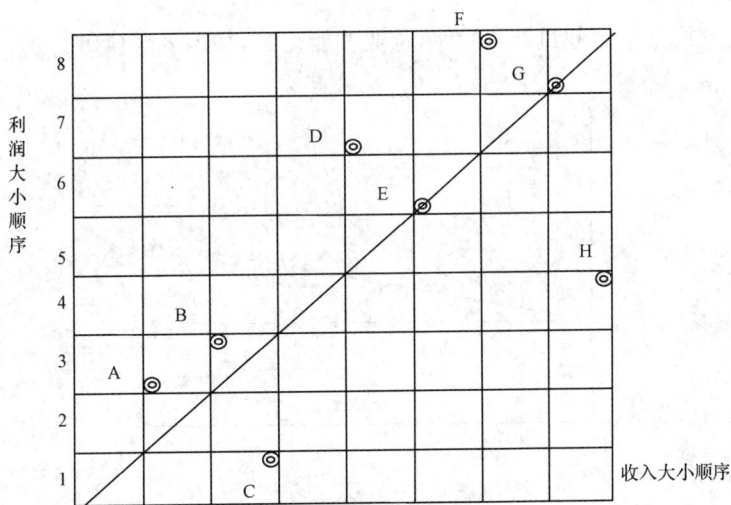

图 8.2 收入-利润次序图

由图 8.2 可以看出,一部分产品在对角线上方,还有一部分产品在对角线下方。销售收入高,利润也大的产品,即处于图 8.2 左下角的产品,应该生产;相反,对于销售收入低,利润也小的产品(甚至是亏损产品),即处于图 8.2 右上角的产品,需要进一步分析。其中很重要的因素是产品生命周期。如果是新产品,处于导入期,因顾客不了解,销售额低;同时,由于设计和工艺未定型,生产效率低,成本高,利润少,甚至亏损,就应该继续生产,并做广告宣传,改进设计和工艺,努力降低成本。如果是老产品,处于衰退期,则需提高产品质量。

一般来说,销售收入高的产品,利润也高,即产品应在对角线上。对于处于对角线上方的产品,如 D 和 F,说明其利润比正常的少,是销价低,还是成本高,需要考虑。反之,处于对角线下方的产品,如 C 和 H,利润比正常的高,可能由于成本低所致,可以考虑增加销售量,以增加销售收入。

8.2.2　确定生产产量的方法

1. 盈亏平衡分析法

盈亏平衡分析法,就是当产量增加到一定界限时,产品所支付的固定费用和变动费用才能为销售收入所抵偿;产品产量小于界限,企业就要亏损;大于这个界限,企业才盈利。这个界限点称之为盈亏平衡点。

盈亏平衡点计算公式为

盈亏平衡点的产量＝固定费用/(单位产品销售价格－单位产品变动费用)

下面举例来说明盈亏平衡分析法。

【例 8.3】　某企业计划明年生产某产品,销售单价为 1.25 元/件,单位产品的变动费用为 0.92 元。预计明年该批产品总的固定费用为 10 000 元,试确定该批产品的产量。

解　临界产量＝固定费用/(单位产品销售价格－单位产品变动费用)＝10 000/(1.25－0.92)≈30 300(件)

即明年计划产量应当超过 30 300 件,企业才能盈利,如图 8.3 所示。

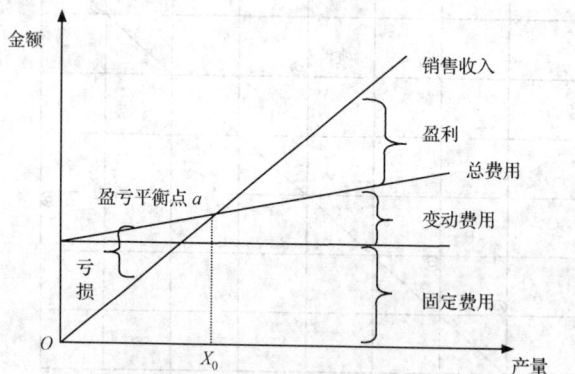

图 8.3　盈亏平衡图

2. 线性规划法

在确定产量与利润的关系时,有时还要牵涉到人力、设备、材料供应,资金时间等条件的制约,需要综合考虑。这时还可以运用线性规划来选择最优产量方案。下面举例介绍线性规划法。

【例 8.4】 企业同时生产 A 和 B 产品,设备生产能力的有效台时为每月 2000 台时,电力消耗每月不超过 3000 度,每百件产品台时消耗和电力消耗定额如表 8.5 所示。

设 A 产品每 100 件的利润为 50 元,B 产品每 100 件利润为 80 元,试求 A、B 各生产多少,则企业获利最大。

表 8.5 设备能力和电力消耗

产品 约束条件	A	B
设备能力/台时	6	3
电力消耗/千瓦时	4	6

解 (1)建立线性规划模型

设 A 产品月计划生产 x_1(百件),B 产品月计划生产 x_2(百件)最大利润为 P_{max},建立模型为

目标函数：$P_{max} = 50x_1 + 80x_2$

约束条件：1) $6x_1 + 3x_2 \leqslant 2000$ （设备能力限制）

2) $4x_1 + 6x_2 \leqslant 3000$ （电力限制）

3) $x_1, x_2 \geqslant 0$ （产量非负）

(2)图解上述方程

如图 8.4 所示,由于产量不能是负数,所以,图解范围应当在第一象限,图中直线 AB 满足：$6x_1 + 3x_2 \leqslant 2000$,直线 CD 满足：$4x_1 + 6x_2 \leqslant 3000$,两直线相交于 P 点,P 点坐标为 $x_1 = 125, x_2 = 416.7$。

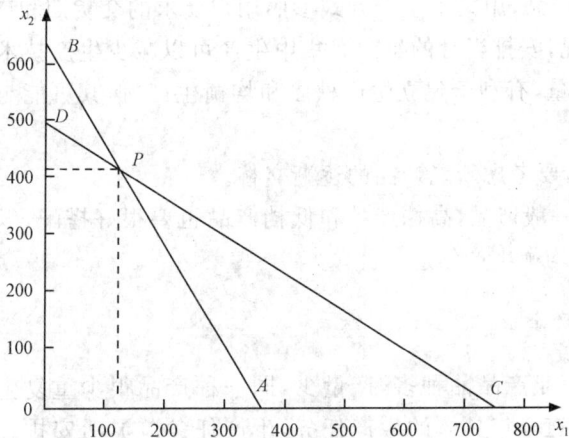

图 8.4 设备能力限制和电力限制图

因此,可以得出：A 产品每月生产 $125 \times 100 = 125\ 000$(件),B 产品每月生产 $416.67 \times 100 = 41\ 667$(件)。每月最大利润额 $P_{max} = 125 \times 50 + 416.67 \times 80 = 39\ 583.6$(元)。

上面介绍的是图解法的一个例子。这里要说明一点,我们给的这个例子是比较简单的,它只有两个变量 x_1、x_2,所以从图形上看是一个平面图形,可以用图解法来解决。如

果变量较多,有三个或更多,那就较复杂,用图解法就不适合。在这种情况下,解线性规划的一般方法就要用单纯型法。单纯型法,如果比较简单,可以用手算;如果变量较多就相当复杂,可以用计算机辅助计算。

8.2.3 产品出产计划的编制方法

产品出产计划的编制方法,取决于企业的生产类型和产品的生产技术特点。

1. 大量大批生产企业

大量大批生产企业安排出产进度的主要内容是确定计划年度内各季、月的产量。

1) 各期产量年均分配法　各期产量年均分配法也叫均匀分配法,即将全年计划产量平均分配到各季、月。这种方法适用于社会对该产品需要比较稳定的情况。

2) 各期产量均匀增长分配法　各期产量均匀增长分配法即将全年计划产量均匀地安排到各季、月。这种方法适用于社会对该产品需要不断增加的情况。

3) 各期产量抛物线型增长分配法　各期产量抛物线型增长分配法即将全年计划产量按照开始增长较快,以后增长较慢的要求安排各月任务,使产量增长的曲线呈抛物线形状。这种方法适用于新产品的开发,且对该产品的需求不断增加的情况。

2. 成批生产企业

成批生产的产品,由于各批的数量大小不一,企业在计划内生产的产品种类必然比较多。因此,安排产品出产进度更为复杂。通常方法是:

1) 将产量较大的产品,用“细水长流”的方式大致均匀地分配到各季、月生产。

2) 产量较少的产品,用集中生产方式参照用户要求的交货期和产品结构工艺的相似程度及设备负荷情况,安排当月的生产。集中生产可以减少生产技术准备和生产作业准备的工作量,扩大批量,有利于建立生产秩序和均衡生产,但其可能与用户要求的交货期不完全一致。

3) 安排老产品,要考虑新老产品的逐渐交替。

4) 精密产品和一般产品,高档产品和低档产品也要很好搭配,以充分利用企业各种设备和生产能力,为均衡生产创造条件。

3. 单件小批生产企业

这类企业的特点是产品品种多,产量少,同一种产品很少重复生产。在编制年度生产计划时,不可能知道全年具体的生产任务,生产任务应灵活安排。单件小批生产任务时紧时松,设备负荷忙闲不均,安排生产进度的出发点,只能是尽量提高企业生产活动的经济效益。为此安排进度时应注意到:

1) 优先安排延期罚款多的订单。

2) 优先安排国家重点项目的订货。

3) 优先安排生产周期长,工序多的订货。

4) 优先安排原材料价值和产值高的订货。

5）优先安排交货期紧的订货。

8.3 订货型企业年度生产计划的制定

单件小批生产是典型的订货型生产,其特点是按用户订单的要求,生产规格、质量、价格和交货期不同的专用产品。

单件小批生产方式与大量大批生产方式都是典型的生产方式。大量大批生产以其低成本、高效率与高质量取得的优势,使得一般中等批量生产难以与之竞争。但是,单件小批生产却以其产品的创新性与独特性,在市场中牢牢地站稳脚跟。其原因主要有三个:

1）大量大批生产中使用的各种机械设备是专用设备,专用设备是以单件小批生产方式制造的。

2）随着技术的飞速进步和竞争的日益加剧,产品生命周期越来越短,大量研制新产品成了企业赢得竞争优势的关键。新产品即使是要进行大量大批生产,但在研究与试制阶段,其结构、性能和规格还要作各种改进。

3）单件小批生产制造的产品大多为生产资料,如大型船舶、电站锅炉、化工炼油设备和汽车厂的流水线生产设备等,它们是为新的生产活动提供手段。

对于单件小批生产,由于订单到达具有随机性,产品往往又是一次性需求,无法事先对计划期内的生产任务作总体安排,也就不能应用线性规划进行品种和产量组合上的优化。但是,单件小批生产仍需要编制生产计划大纲。生产计划大纲可以对计划年度内企业的生产经营活动和接受订货决策进行指导。一般来讲,编制大纲时,已有部分确定的订货,企业还可根据历年的情况和市场行情,预测计划年度的任务,然后根据资源的限制进行优化。单件小批生产企业的生产计划大纲只能是指导性的,产品出产计划是按订单作出的。因此,对单件小批生产企业,接受订货决策十分重要。

8.3.1 接受订货决策

当用户订单到达时,企业要作出接不接,接什么,接多少和何时交货的决策。在作出这项决策时不仅要考虑企业所能生产的产品品种,现已接受任务的工作量,生产能力与原材料、燃料和动力供应状况,交货期要求等,而且要考虑价格是否能接受。因此,这是一项十分复杂的决策。其决策过程可用图8.5描述。

用户订货一般包括要订货的产品型号、规格、技术要求、数量、交货时间 D_c 和价格 P_c。在顾客心里可能还有一个最后可以接受的价格 P_{cmax} 和最迟的交货时间 D_{cmax},超过此限,顾客将另寻生产厂家。

对于生产企业来说,它会根据顾客所订的产品和对产品性能的特殊要求以及市场行情,运用它的报价系统给出一个正常价格 P 和最低可接受的价格 P_{min},也会根据现有任

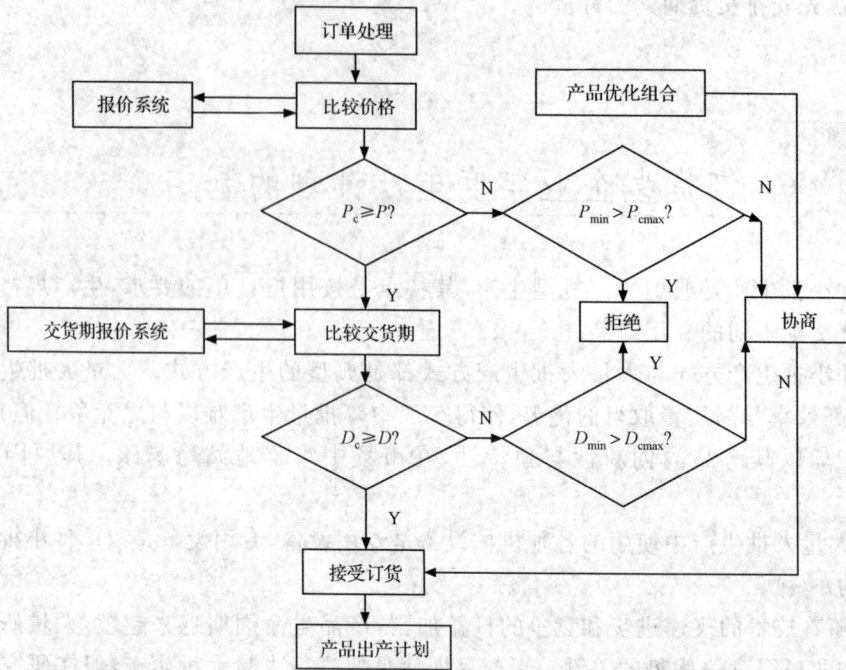

图 8.5　订货决策过程

务情况、生产能力和生产技术准备周期、产品制造周期等,通过交货期设置系统设置一个正常条件下的交货期和赶工情况下最早的交货期 $D_{\min}$。在品种、数量等其他条件都满足的情况下,显然,当 $P_c \geqslant P$ 和 $D_c \geqslant D$ 时,订货一定会接受,接受的订货将列入产品生产计划。当 $P_{\min} > P_{c\max}$ 或者 $D_{\min} > D_{c\max}$,订货一定会被拒绝。若不是这两种情况,就会出现很复杂的局面,需经双方协商解决,其结果是可能接受,也可能拒绝。较紧的交货期和较高的价格,或者较松的交货期和较低的价格,都可能成交。符合企业产品优化组合的订单可能在较低价格下成交。不符合企业产品优化组合的订单可能在较高价格下成交。

　　从接受订货决策过程可以看出,品种、数量、价格与交货期的确定对订货型企业十分重要。

8.3.2　订货型企业产品品种

　　对于订单的处理,除了前面讲的即时选择的方法之外,有时还可将一段时间内接到的订单累积起来再作处理,这样做的好处是,可以对订单进行优选。

　　对于小批生产也可用线性规划方法确定生产的品种与数量。对于单件生产,无所谓产量问题,可采用 0—1 型整数规划来确定要接受的品种。

8.3.3 价格与交货期的确定

1. 价格的确定

确定价格可采用成本导向法和市场导向法。成本导向法是以产品成本作为定价的基本依据,加上适当的利润及应纳税金,得出产品价格的一种定价方法。这是从生产厂家的角度出发的定价法,其优点是可以保证所发生的成本得到补偿。但是,这种方法忽视了市场竞争与供求关系的影响,在供求基本平衡的条件下比较适用。

市场导向法是按市场行情定价,然后再推算成本应控制的范围。按市场行情,主要是看具有同样或类似功能产品的价格分布情况,然后再根据本企业产品的特点,确定顾客可以接受的价格。按此价格来控制成本,使成本不超过某一限度,并尽可能的小。

对于单件小批生产的机械产品,一般采用成本导向定价法。由于单件小批生产的产品的独特性,它们在市场上的可比性不是很强。因此,只要考虑少数几家竞争对手的类似产品的价格就可以了。而且,大量统计资料表明,机械产品原材料占成本比重的60%～70%,按成本定价是比较科学的。

由于很多产品都是第一次生产,而且在用户订货阶段,只知产品的性能、重量上的指标,并无设计图纸和工艺,按原材料和人工的消耗来计算成本是不可能的。因此,往往采取类比的方法来定价。即按过去已生产的类似产品的价格,找出同一大类产品价格与性能参数、重量之间的相关关系,来确定将接受订货的产品价格。

2. 交货期的确定

出产期与交货期的确定对单件小批生产十分重要。产品出产后,经过发运,才能交到顾客手中,交货迅速而准时可以争取顾客。正确设置交货期是保证按期交货的前提条件。交货期设置过松,对顾客没有吸引力,还会增加成品库存;交货期设置过紧,超过了企业的生产能力,造成误期交货,会给企业带来经济损失和信誉损失。

—— **小结**

生产计划工作,是指生产计划的具体编制工作,它将通过一系列综合平衡工作,完成生产计划的确定。我们设计生产计划系统,就是要通过不断提高生产计划工作水平,为工业企业生产系统的运行提供一个优化的生产计划。本项目介绍了生产计划和生产能力的含义,生产计划指标体系,制定计划的一般步骤,生产计划的层次及内容,备货型和订货型企业年度生产计划的制定。

—— **复习思考题**

1. 什么是计划管理?企业计划的层次如何划分?各种职能计划之间有什么联系?
2. 叙述生产计划的层次及内容和生产计划的主要指标及含义。
3. 何谓滚动式计划方法?它有什么优点?
4. 运用线性规划模型确定产量计划要注意哪些约束条件?

5. 在编制生产计划时,如何进行产品出产进度安排和产品品种搭配?

6. 备货型生产企业和订货型生产企业如何确定产品品种与数量?

案例分析

淮海电器有限责任公司生产方案的选择

淮海电器有限责任公司于 2004 年 11 月底召开了 2005 年生产方案讨论会,其主要产品 X 电子产品近几年的有关生产经营历史资料统计如下:

年 份	2001 年	2002 年	2003 年	2004 年
产品价格/(元/件)	100	85	85	80
销售量 Q/万件	10	13.4	15.5	16.6
市场占有率/%	28	33	35	36.7
变动费用 V/万元	500	626.5	724.7	780.2
固定费用 F/万元	200	210	230	250
税前利润 Z/万元	300	302.6	362.4	297.8

由于原材料价格上涨,预计该产品 2005 年单位产品变动费用将在 2004 年的基础上增加 15%,而价格仍维持在 2004 年的水平。在讨论 2005 年的计划时,确定 2005 年目标利润(税前利润)不得低于 280 万元。为此,公司总经理布置要求企业各部门根据本公司情况献策,研究可行方案。经过认真讨论,各部门提出了若干方案,其中生产部门提出,目前生产能力已经饱和,最多只能生产出 17 万件,而且生产线上有几台设备老化,经常因故停机,现在既影响生产效率,也影响产品合格率,增加了产品成本,所以他们认为需要更新和增加几台设备,约需 30 万元,资金来源由银行贷款,并可同意税前还款。投资部分从当年起,

分三年在税前等额还款,年利率 6%。如果这样,按市场需要生产,可使销售收入增加到 1500 万元以上。虽然使固定费用增加以 253 万元,但可因此大大降低废品率和提高劳动生产率,这两项的综合效果,至少可使单位产品变动成本费用降低 6%,确保目标利润的实现。

技术部门也提出了一项方案,他们认为生产部门的方案有其正确的一面,但目前废品率高和劳动生产率低的原因,既有设备因素,又有企业管理因素。据统计,现产品废品率为 11%,若从工艺和质量管理方面采取措施,废品率可降低 3%,经测算,原材料涨价的情况下,至少可使每件产品变动费用降低 1 元以上。同时,他们根据市场占有率情况计算,从市场总销售情况看,该产品已进入成熟期,市场竞争激烈,他们认为应及时投入新产品,作为增加利润的重要途径之一,他们已经设计成功 X—6 型新产品,经 2004 年上半年度销售价格为 100 元,(单位产品的变动成本为 56.5 元/件)深受用户欢迎。据预测,2005 年订货至少可达 4.5 万件。而且可以原有生产线上进行生产,技术部门认为,按他们的方案完全可以实现目标利润 280 万元。

思考题:

1. 试预测公司 2005 年的销售量。

2. 试对该产品生产计划指标情况进行分析和决策。

项目：制定生产计划

一、实训目标

1. 培养制定生产计划的能力。

2. 培养生产计划的调整能力。

二、内容与要求

1. 组建模拟公司，并对产品的市场需求进行预测。

2. 运用滚动计划法进行生产计划的制定。

3. 根据销售的变动情况，对生产计划进行调整。

三、成果与检测

1. 每人编制生产计划表。

2. 由教师与学生共同对各公司的计划编制进行评价，确定成绩。

━ 项 目 9 ━

生产作业计划编制

── 教学目标 ────

1. 理解生产作业计划的概念；
2. 理解编制生产作业计划的要求；
3. 熟悉企业期量标准的内容；
4. 确定各车间生产任务的方法；
5. 熟悉生产作业计划编制原则；
6. 理解作业排序的规则；
7. 了解不同生产类型生产控制的特点。

── 能力目标 ────

1. 能制定期量标准；
2. 会确定批量和生产周期；
3. 能编制车间生产作业计划；
4. 能进行生产作业控制；
5. 能进行生产作业排序。

── 案例导入 ────

上海某中型模具加工厂，产品种类很多，没有产量很大的品种，一个产品从不连续生产，很多产品都是很长时间才生产一次，因此企业没有一个常用的生产流程，必须随时根据生产请求制定一个作业计划。他们长期以来的计划方式是计划部门下达一个新的生产任务，各个部门分别制定自己的作业计划。问题是不同的部门之间的连接很不顺畅，一个部门在制定工作计划的时候根本不知道其他部门是如何计划的，常常是 A 部门这样的方式很顺，但是导致 B 部门必须加班加点，B 部门的计划顺了，C 部门又要等待。于是生产调度不断根据各部门提出的意见来回进行调整，整体计划也就不断改变，这种方式表面上满足了各部门的要求，同时加入了人工优化的效果，但是实际上计划工作效率很低，计划执行效果也不佳，部门间矛盾不断。不合理的加班加点，停工等待成为困扰企业的严重问题。

请思考：生产作业计划的编制好坏对企业生产有什么样的影响？

9.1 生产作业计划概述

9.1.1 生产作业计划概念及内容

企业的生产计划确定以后，为了便于组织执行，还要进一步编制生产作业计划。生产作业计划是生产计划的具体执行性计划，它是把企业的全年生产任务具体地分配到各车间、工段、班组以及每个工人，规定他们每月、旬、周、日以至轮班和小时内的具体生产任务，从而保证按品种、质量、数量、期限和成本完成企业的生产任务。生产作业计划与生产计划比较具有以下特点：

1）计划期短　生产计划的计划期常常表现为季、月，而生产作业计划详细规定月、旬、日和小时的工作任务。

2）计划内容具体　生产计划是全厂的计划，而生产作业计划则把生产任务落实到车间、工段、班组和工人。

3）计划单位小　生产计划一般只规定完整产品的生产进度，而生产作业计划则详细规定各零部件，甚至工序的进度安排。

编制生产作业计划的主要依据是：年、季度生产计划和各项订货合同；前期生产作业计划的预计完成情况；前期在制品周转结存预计；产品劳动定额及其完成情况，现有生产能力及其利用情况；原材料、外购件、工具的库存及供应情况；设计及工艺文件，其他的有关技术资料；产品的期量标准及其完成情况。

企业生产作业计划，一般应包括以下内容：

1）制定期量指标。

2）编制全厂和车间的生产作业计划。

3）进行设备和生产面积的负荷核算和平衡。

4）编制生产作业准备计划。

5）作业排序。

6）生产作业控制。

9.1.2 编制生产作业计划的要求

企业类型和规模不同，生产作业计划的编制可能不会完全相同。但一般来说，应满足下列基本要求：

1）全面性　即生产作业计划应把生产计划所规定的品种、产量、质量和交货期全面安排和落实。

2）协调性　即使生产过程各阶段、各环节在品种、数量、进度和投入产出等方面都协调配合，紧密衔接。

3）可行性　即充分考虑企业现有条件和资源，能够保证生产作业计划的执行。

4）经济性　指生产作业计划要有利于提高生产效率和经济效益。

5）适应性　指生产作业计划适应企业内、外条件和环境的变化，能及时根据生产条件和外部环境调整、补充和修正。

9.2 期量标准

期量标准，又称作业计划标准，是指为制造对象在生产期限和生产数量方面所规定的标准数据，它是编制生产作业计划的重要依据。先进合理的期量标准是编制生产作业计划的重要依据，是保证生产的配套性、连续性和充分利用设备能力的重要条件。制定合理的期量标准，对于准确确定产品的投入和产出时间，做好生产过程各环节的衔接，缩短产品生产周期，节约企业在制品占用，都有重要的作用。

期量标准就是经过科学分析和计算，对加工对象在生产过程中的运动所规定的一组时间和数量标准。期量标准是有关生产期限和生产数量的标准，因而企业的生产类型和生产组织形式不同时，采用的期量标准也就不同，具体而言：

1）大量流水线生产的期量标准有节拍、流水线工作指示图表和在制品定额等。

2）成批生产的期量标准有批量、生产间隔期、生产周期、生产提前期和在制品定额等。

3）单件生产的期量标准有生产周期、生产提前期等。

期量标准随产品品种、生产类型和生产组织形式而有所差别，但制定期量标准时都应遵循科学性、合理性和先进性的原则。

9.2.1 大量流水线生产和企业期量标准

1. 节拍

节拍是组织大量流水生产的依据，是大量流水生产期量标准中最基本的期量标准，其实质是反映流水线的生产速度。它是根据计划期内的计划产量和计划期内的有效工作时间确定的。在精益生产方式中，节拍是个可变量，它需要根据月计划产量作调整，这时会涉及到生产组织方面的调整和作业标准的改变。

$$R = F_e/Q_i$$

式中，R——流水线节拍；

F_e——第 i 工序看管周期时间长度；

Q_i——第 i 工序看管周期产量。

2. 流水线标准工作指示图表

在大量流水生产中每个工作地都按一定的节拍反复地完成规定的工序。为确保流水线按规定的节拍工作,必须对每个工作地详细规定它的工作制度,编制作业指示图表,协调整个流水线的生产。正确制定流水作业指示图表对提高生产效率、设备利用率和减少在制品起着重要作用。它还是简化生产作业计划提高生产作业计划质量的有效工具。

流水线作业指示图表是根据流水线的节拍和工序时间定额来制定的。流水线作业指示图表的编制随流水线的工序同期化程度不同而不同。连续流水线的工序同期化程度很高,各个工序的节拍基本等于流水线的节拍,因此工作地的负荷率高。这时就不存在工人利用个别设备不工作的时间去兼顾其他设备的问题。因此连续流水线的作业指示图表比较简单,只要规定每条流水线在轮班内的工作中断次数、中断时刻和中断时间即可。如表 9.1 是连续流水线作业指示图表的一个例子。

表 9.1　连续流水线作业指示图表

流水线特点	小时								一班总计		
	1	2	3	4	5	6	7	8	间断次数	间断时间	工作时间
装配简单产品		■				■			2	20	460
装配复杂产品		■							2	30	450
机加工(使用耐用期长的工具)		■		■		■	■		4	40	440
机加工(使用耐用期短的工具)	■	■	■		■	■	■		6	60	420
热处理	■	■	■		■		■		6	60	420

（第5-8列之间有"中间休息"）

间断流水线由于各工序的生产率不一致,因此编制间断流水线作业指示图表比较复杂,其步骤一般包括:确定看管期、确定看管期各工作地产量及负荷、计算看管期内各工作地工作时间长度、确定工作起止时间、确定每个工作地的人员数量及劳动组织形式等。间断流水线由于各工序的工序节拍与流水线的节拍不同步,各道工序的生产效率不协调,生产中就会出现停工停料或等停加工的现象。这应事先规定能平衡工序间生产率的时间,通常称为间断流水线的看管期。如表 9.2 所示。

间断流水线的标准指示图中所规定的内容如下。

（1）每个工作地在看管期内的工作延续时间

当只有一个工作地工序,它的工作延续时间 T_s 等于流水线看管期产量 P_L 与单件工

时 t_0 乘积 $T_s = P_L \cdot t_0$，而看管期产量 $P_L = T_L / R$。本例中 $P_L = 120/6 = 20$（件）。当有多个工作地（S_0）且各工作地的工作时间相等时，它的工作延续时间 $T_s = P_L / S_0 \cdot t$，图 9.2 中，工序 1 有 01,02 两个工作地，$T_s = 20/2 \times 12 = 120$（min）。当有多个工作地且各个工作地时间不等时，可尽可能使负荷集中在一个工作地上，而将剩余的负荷分配给另外工作地。

表 9.2　间断流水线工作与中断时间交替程序图

流水线产品名称				班次	日产量/件	节拍/min	运输批量/件	节奏/min	看管周期/h	看管周期产量/件
××零件				2	300	2	1	2	2	60

工序号	工时定额/min	工作地号	工人号	劳动组织	每一个看管期(2h)标准工作进度 10 20 30 40 50 60 70 80 90 100 110 120	看管期产量
1	4	01	01	多机床看管		30
		02	01			30
2	2	03	02			60
3	3	04	03	兼管06工作地		40
		05	04			20
4	1	06	04			60
5	2.5	07	05	兼管09工作地		48
		08	06			12
6	1.5	09	06			60
7	2.8	10	07			60

（2）规定各工作地在看管期内的工作起止时间以及工人任务的分配

对于工作延续时间不足看管期长度的工作地，要根据有否可能使工人兼做其他工序，充分发挥工人在工时利用上的潜力的原则，安排工人的工作起止时间。

3. 在制品占用量定额

在制品占用定额是指在一定的时间、地点和生产技术组织条件下为保证生产的连续进行而制定的必要的在制品数量标准。在制品是指从原材料投入到产品入库为止，处于生产过程中尚未完工的所有零件、组件、部件和产品的总称。在制品占用量按存放地点分为：流水线（车间）内在制品占用量和流水线（车间）间在制品占用量；按性质和用途分为：工艺占用量、运输占用量、周转占用量和保险占用量。在制品构成如图 9.1 所示：

大量流水线可分为工艺占用量、运输占用量、流动占用量和保险占用量。

（1）工艺占用量（Z_1）

工艺占用量是指正在流水线各道工序每个工作地上加工、装配或检验的在制品数量。

$$Z_1 = \sum_{i=1}^{m} S_i g_i$$

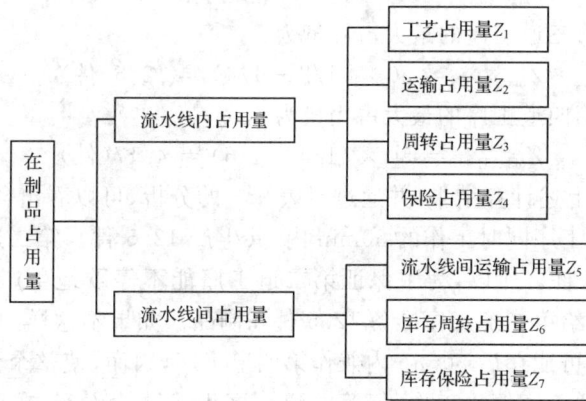

图 9.1 在制品分类结构图

式中，S_i——第 i 道工序的工作地数；

    m——流水线的工序数目；

    g_i——第 i 道工序上工作地同时加工的零件数。

（2）运输占用量（Z_2）

运输占用量是指处于运输过程中或放置在运输装置上的在制品占用量。它取决于运输方式、运输批量、运输间隔期、零件体积及存放地的情况等因素。

当采用连续输送装置运送时

$$Z_2 = \frac{L}{l} \times n_i$$

式中，L——运输装置的长度（m）；

    l——相邻两个运输装置的距离（m）；

    n_i——运输批量。

（3）工序间流动占用量（Z_3）

由于平衡前后相邻工序生产率周而复始积存的在制品占用量，叫工序间流动占用量。工序间流动占用量可用分析计算法和图表法结合起来加以确定。

1）分析计算法

$$Z_{\max} = \left(\frac{t_s \times s_i}{t_i} - \frac{t_s \times s_j}{t_j} \right)$$

式中，t_s——两相邻工序同时工作时间；

    i——前工序；

    j——后工序；

    s_i、s_j——第 i、j 工序的工作地数；

    t_i、t_j——第 i、j 工序单位工时。

t_3 为正值，表明最大占用量是在同时工作结束时形成的；如为负值，表明最大占用量是在同时工作前形成的。

例如，从表 9.3 中数值，可求

$$Z_{\max(1-2)} = 50 \times (2/8 - 1/2) = -12.5(\text{件})$$

第二道工序与第三道工序的最大占用量为

$$Z_{\max(2-3)} = 50 \times (1/2 - 1/4) = 12.5(\text{件})$$

第三道工序与第四道工序的最大占用量为

$$Z_{\max(3-4)} = 50 \times (1/4 - 1/6) = 4.17(\text{件})$$

2）图解法　从上述计算结果,并通过对表 9.3 的分析,可以看出:第一道工序有两个工作地;在与第二道工序同时工作的 50min 内,共生产 12.5 件。第二道工序有一个工作地,50min 内生产 25 件。所以,为了保证第二道工序能不停歇地生产,在同时工作开始前,第一道工序就应给第二道工序准备 12.5 件在制品。如果不这样,03 号工人在第二道工序时作时停,就不可能在后 50min 内兼作第四道工序,因而,使整个流水线要另外增加一名工人。当第二道工序停止工作,但第一道工序仍然继续生产,在后 50min 内为第二道工序准备了 12.5 件的在制品的占用量如此周而复始,在第一道工序和第二道工序之间,在制品从最大占用量逐渐减少到零,然后再由零逐渐增加到最大占用量。如表 9.3 所示。

表 9.3　间断流水线工序间流动占用量变化示意图

流水线名称				工作班次	平均节拍 /min	运输批量 /件	运输节拍 /min	每班看管次数	看管周期 /min	
螺钉流水线				2	4	1	4	4	100	

工序号	看管期任务	时间定额 /min	工作地号	工作地负荷	工人号	工人去处	时间/min 0	50	100	最大占用量	看管期末流动占用量
1	25	8	1 2	100 100	1 2						
2	25	2	3	50	3	6				12.5	12.5
3	25	4	4	100						12.5	0
4	25	6	5 6	100 50	5 6					4.17	0

（4）保险占用量（Z_4）

1）为整个流水线设置的保险占用量,其常集中在流水线的末端用来弥补出现废品和出现生产故障,造成零件供应中断而设置的在制品。

2）为工作地设置专用保险占用量,日常集中于关键的工作地旁边。

$$Z_4 = 消除故障时间/工序单件工时$$

以上可知

$$Z_{\text{in}} = Z_1 + Z_2 + Z_3 + Z_4$$

式中,Z_{in}——车间内部占用量。

（5）库存流动占用量（Z_5）

它是使车间或流水线之间协调工作而占用的零部件或毛坯数量。它是由于前后两车间或流水线之间生产效率不等以及工作制度（班次或起止时间）不同而形成的在制品的占用量。

$$Z_5 = Z_{in}(P_L - P_h)$$

式中，Z_{in}——生产效率较低的车间或流水线的班产量；

P_L——生产效率较低车间或流水线的班次；

P_h——生产效率较高的车间或流水线的班次。

（6）车间之间库存保险占用量（Z_6）

其与 Z_4 同。

（7）车间之间库存保险占用量（Z_7）

它是由于供应车间（或流水线）交付延期或出现大量废品，为保证需用车间正常生产而设置的在制品的占用量。

$$Z_7 = T_{in}/R$$

式中，T_{in}——供应车间（或流水线）的恢复间隔期；

R——供应车间（或流水线）的生产节拍。

由以上可知：

$$Z_{st} = Z_5 + Z_6 + Z_7$$

在确定在制品的占用量时，应该注意以下几个问题：

1）对不同车间（或流水线）应明确哪种占用量在生产中起主导作用。例如：毛坯车间的在制品占用量有工艺、流动和保险占用量三种，其中流动占用量是主要的；机加工车间有工艺、运输、流动和保险四种，其中工艺占用量是主要的。

2）占用量定额是按一种零件分别计算的，计算时应考虑生产过程的衔接，结合标准作业计划加以确定。然后按存放地点汇总成分零件的占用量定额表。

3）占用量定额表由生产科编制，财务科估价和核算占用的流动资金。

4）占用量定额制定后，必须按车间、班组和仓库细分，并把它交给员工讨论核实，使人人关心，共同管好在制品。

5）占用量定额一经批准，就成为全厂计划工作中的一种非常重要的期量标准，对稳定生产作业计划秩序和协调生产活动有着极重要的作用，应严肃对待，并要注意定额水平的变动情况，定期调整。

9.2.2　成批生产企业的期量标准

成批生产在组织和计划方面的主要特点是：企业按一定时间间隔依次成批生产多种产品。因此，成批生产作业计划要解决的主要问题，就是妥善安排生产的轮番。保证有节奏地均衡生产。

1. 批量和生产间隔期

批量是同时投入生产并消耗一次准备结束时间，所制造的同种零件或产品的数量。生产间隔期是指相邻两批相同产品（零件）投入或产出的时间间隔，生产间隔期是批量的时间表示

$$批量＝生产间隔期×平均日产量$$

确定批量和生产间隔期的方法有以下两种。

（1）以量定期法

以量定期法是根据提高经济技术效果的要求，确定一个最初的批量，然后相应地计算出生产间隔期。

1）最小批量法 最小批量法是从设备利用和劳动生产率这两个的最佳选择出发考虑的，即

$$\delta \geqslant \frac{t_{ad}}{Q_{min} \times t}$$

所以

$$Q_{min} \geqslant \frac{t_{ad}}{\delta \times t}$$

式中，δ——设备调整时间损失系数；

t_{ad}——设备调整时间；

Q_{min}——最小批量；

t——单件工序时间。

设备调整系数时间损失系数如表9.4所示。

表9.4 设备调整损失系数 δ

零件名称	生产类型		
	大批	中批	小批
小件	0.03	0.04	0.05
中件	0.04	0.05	0.08
大件	0.05	0.08	0.12

2）经济批量法 经济批量法主要考虑两个因素：设备调整费用和库存保管费，上述最小批量法，规定批量的下限，即仅考虑设备的充分利用和较高的生产效率，而忽视了因批量过大造成的在制品资金占用及在制品存储保管费用，如图9.2所示。

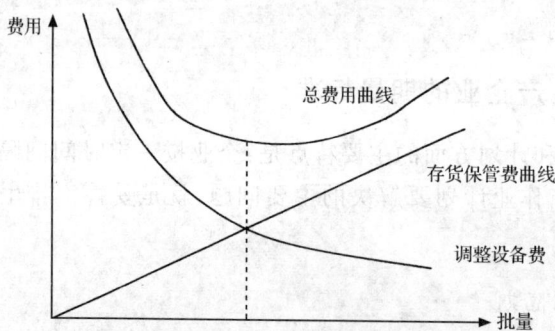

图9.2 设备调整费、存货保管费和批量关系图

$$总费用 = \frac{Q}{2} \times C \times i + A \times \frac{N}{Q}$$

微分得

$$f'(Q) = \frac{C}{2} \times i - \frac{A \times N}{Q^2}$$

$$Q = \sqrt{\frac{2NA}{C \cdot i}}$$

式中，$Q/2$——库存在制品平均存量；

A——设备一次调整费；

C——单位产品成本；

N——年产量；

i——单位产品库存费用率。

按上述方法计算的批量，都只是最初批量，还需要根据生产中的其他条件和因素加以修正：①批量大小应使一批在制品各主要工序的加工不少于装修轮班，或在数量上与日产量成倍比关系，这是从便于在工间休息空隙做好轮换零件的准备工作，调整工作。②应考虑批量大小与工具的使用寿命相适应。③批量大小应与夹具工作数相适应。④应考虑大件小批量、小件大批量。⑤一般毛坯批量应大于零件加工批量，零件加工批量应大于装配批量，它们最好是成整倍数。⑥批量大小应和零件占用面积和设备容积相适应。

（2）以期定量法

以期定量法是先确定生产间隔期，然后使批量与之适应。其与经济批量法不同。经济批量法着重考虑经济因素，而以期定量法则是为了便于生产管理，表 9.5 为生产间隔期与批量关系。

表 9.5　标准生产间隔期表

生产间隔期	批类	批量	投入批次
1 天	日批	装配平均日产量	每日一次
10 天	旬批	装配旬平均产量	每月三次
半月	半月批	装配半月平均产量	每月两次
1 个月	月批	装配月产量	每月一次
1 季度	季批	装配季产量	每季一次
半年	半年批	装配半年产量	每年两次
1 年	年批	装配年产量	每年一次

生产间隔期批量的种类不宜过多，一般以六种以内为宜。超过了可以按照装配需要的顺序，零件结构的工艺特征，外形尺寸和重量大小，工时长短划分为若干组，然后从中选择一个典型零件制订批量和生产间隔期，同一组的零件就可仿此制订批量。

2. 生产周期

生产周期是从原材料投入生产开始，到制成成品出产时为止的整个生产过程所需的日历时间。

成批生产中的生产周期是按零件工序、零件加工过程和产品进行计算的,其中,零件工序生产周期是计算产品生产周期的基础。

(1) 零件工序生产周期

零件工序生产周期是一批零件在渠道工序上的制造时间。

$$T_{op} = \frac{Q}{SF_e K_t} + T_{se}$$

式中,T_{op}——一批零件的工序生产周期;

$\quad F_e$——有效工作时间总额;

$\quad K_t$——工时定额完成系数;

$\quad S$——同时完成该工序的工作地数;

$\quad Q$——零件批量;

$\quad T_{se}$——准备结束时间。

(2) 零件加工过程的生产周期

在成批生产中,零件是成批加工的,因此,零件加工过程的生产周期在很大程度上取决于零件工序间的移动方式。通常先按顺序移动方式计算一批零件的生产周期,然后用一个平行系数加以修正。

1) 顺序移动方式

$$T_{顺} = \sum_{i=1}^{m} T_{opi} + (m-1) \times t_d$$

式中,$T_{顺}$——一批零件顺序移动方式计算的加工过程生产周期(分或小时);

$\quad T_{opi}$——该批零件在第 i 道工序加工的工序同期(分或小时);

$\quad m$——工序数目;

$\quad t_d$——零件批在工序间转移的平均间隔时间(分或小时)。

2) 平行移动方式　考虑平行移动(或部分平行移动)后的零件加工过程的生产周期:

$$T_{平} = K_p \times T_{op}$$

式中,K_p——平行系数。

(3) 产品生产周期

在零件加工生产周期确定后,并按此计算毛坯制造,产品装配及其他工艺阶段的生产周期。在此基础上根据装备系统图及工艺阶段的生产同期的平衡衔接关系,编制出生产周期图表,确定产品的生产周期。

3. 生产提前期

生产提前期是产品(毛坯、零件)在各工艺阶段出产(或投入)的日期比成品出产的日期应提前的时间。产品装配出产期是计算提前期的起点,生产周期和生产间隔期是计算提前期的基础。提前期分投入提前期和产出提前期。

(1) 投入提前期

投入提前期是指各车间投入的日期比成品出产日期应提前的时间。

某车间投入提前期＝该车间出产提前期＋该车间生产周期

（2）出产提前期

出产提前期是指各车间出产的日期比成品出产日期应提前的时间。

某车间出产提前期＝后车间投入提前期＋保险期

其计算可按工艺过程及顺序连锁进行。上述两公式，是指前后车间批量相等的情况下，提前期的计算方法，实际上，计算生产提前期主要是根据生产周期，以此为基础，生产周期加上保险期。如前后车间批量不等该怎么计算呢？这时不仅要考虑生产周期和保险期，而且还要考虑生产间隔期。

如前后车间批量不等，上述计算则应予以调整。

首先看投入提前期的计算。它的公式不变，因为车间之间的批量不等，不会影响到投入提前期的计算。原因是投入提前期算的是本车间的出产提前期加上本车间的生产周期，算的都是车间内部的，而一般来说，车间之间的批量可以不等，而车间内部投入和出产批量相等。所以如果车间之间的批量不等，不会影响到车间的投入提前期的计算。

其次看出产提前期。因为出产提前期要以后一车间的投入提前期为基础，加上一个保险期。后一车间的批量与本车间的批量不等。计算时，还要加上一个车间的生产间隔期和后车间的生产间隔期之差。即前后车间的生产间隔期之差。由于前后车间的批量不等，所以前后车间的生产间隔期也不等。生产间隔期和批量成正比例。

【例 9.1】 毛坯车间的批量是 500 件，机加工车间的批量是 250 件。每月任务是 500件，保险期为 2 天，假设一个月 24 个工作日，计算投入出产提前期。

解 由已知条件知，毛坯车间是一个月一批，机加工则是一个月两批，机加工一批工作日是 12 天，因此

毛坯投入提前期＝24＋毛坯车间出产提前期

毛坯出产提前期＝机加工车间投入提前期＋保险期＋两车间生产间隔之差

机加工投入提前期＝机加工出产提前期＋机加工出产日期＝0＋12＝12（天）

所以

毛坯出产提前期＝12＋2＋（24－12）＝26（天）

毛坯投入提前期＝24＋26＝50（天）

为什么要加上前后车间间隔期之差呢？

原因就在于前面生产一批要供后面两批使用，前面毛坯是 500 件，后面需要两批加工，先用一半，隔一段时间再用一半，所以等待的时间要长一些。

4. 在制品占用量

成批生产中的在制品，分为车间内部在制品和库存在制品两部分，后者又可分为流动在制品和保险在制品。由于成批生产中在制品占用量是变动的，因此，占用量指月末的在制品数量。

（1）车间内部在制品占用量

车间在制品占用量是由于成批投入但尚未完工出产而形成的，它们整批地停留在车间内，所以应计算其批数和总量。成批生产车间内部的各种在制品是在不断变化的，因

此,需分类计算,车间内部在制品储备量只是指月末在制品数量。

$$Z_{in} = T_c \cdot n_d$$

式中,T_c——一批零件生产周期(天);

n_d——平均每日零件需要量,$n_d = Q/T_{im}$;

Q——零件批量(天);

T_{im}——生产间隔期(日)。

所以

$$Z_{in} = Q \cdot T_c / T_{im}$$

从上述可看出,车间内部在制品占用量与生产周期同生产间隔之比有关系;这种关系可分为三种情况,如表9.6所示。

表 9.6 成批生产时在制品占用的各种情况

T 与 R 关系	生产周期 T/天	生产间隔期 R/天	T/R	进度			在制品平均占用	在制品期末占用量
				上旬	中旬	下旬		
T＝R	10	10	1				一批	一批
T＞R	20	10	2				二批	二批
T＞R	25	10	2.5				三批半	三批
T＜R	5	10	0.5				半批	一批

1) 生产周期小于生产间隔期 此时在制品占用量不超过一批零件的数量,仅仅出现在该零件投入期与产出期之间,其他时间没有在制品。

2) 生产周期等于生产间隔期 此时期末在制品占用量经常为一批。

3) 生产周期大于生产间隔期 此时在制品占用量经常为好几批。其批数决定于生产周期与生产间隔之比。

(2) 车间之间库存在制品

车间之间库存在制品,它是由于前后车间的批量间隔期不同而形成的。

$$Z_{st} = n_d \cdot D_{st}$$
$$D_{st} = (T_{in1} - T_{in2})$$
$$n_d = N_2 / D$$

故

$$Z_{st} = \frac{N_2}{D} \times (T_{in1} - T_{in2})$$

式中,Z_{st}——平均库存流动占用量(件);

n_d——每日平均需求量(件/天);

D_{st}——库存天数(天);

N_2——后车间领用批量;

D——两次领用间隔天数;

T_{in1}——前车间的出产间隔期;

T_{in2}——后车间的投入间隔期。

以上是计算平均库存流动占用量,还必须计算期末库存流动占用量。确定期末库存流动占用量。

1) 前车间成批出产交库,后车间成批领用　当交库数量与领用数量相等,交库间隔日数与领用间隔日数相等时,期末流动量为零(当后车间已领用而下一批尚未交库时),或者为一批(当已交库而后车间尚未领走时)。

2) 前车间成批交库,后车间分批领用　这种情况下期末流动量很不固定,它取决于交库日期、交库批量和领用批量。

3) 前车间成批交库,后车间连续领用　这种情况和第二种情况基本相似,所不同的是连续领用,库存占用量渐次减少,到下一次前车间交库前,库存占用量为零。

4) 车间之间的库存占用量　是为了防止意外原因使前后车间生产脱节而设置的。

$$Z_{is} = D_{is} \cdot n_d$$

式中,Z_{is}——车间之间库存保险占用量(件);

　　　D_{is}——保险天数(天)。

9.2.3　单件小批生产期量标准的制订

单件小批量生产的特点是产品品种多、每种产品的生产数量很少,一般是根据用户要求按订货组织生产的。因此单件小批生产作业计划所要解决的主要问题是控制好产品的生产流程,按订货要求的交货期交货。其期量标准有生产周期、生产提前期等。

9.3　生产作业计划的编制

生产作业计划的编制就是把生产计划中所规定的有关任务,按照月、旬、周、日轮班以至小时,具体地、合理地分配到车间、工段、小组以至工作地和员工个人,从而保证整个企业生产计划规定的生产任务能够按品种、质量、产量和期限完成。

编制生产作业计划,除了明确一些总的问题(如要求分工、资料、程序等)外,主要是编制分车间的作业计划,而着重解决各车间之间的生产在时间上下的衔接问题,以及编制车间内部的作业计划,即着重解决工段之间的生产在时间上和数量上的衔接问题。

9.3.1　编制生产作业计划的要求及分工

编制生产作业计划的要求有以下几方面:

1) 要使生产计划规定的该时期的生产任务在品种、质量、产量和期限方面得到全面落实。

2) 要使各车间、工段、班组和工作地之间的具体生产任务相互配合紧密衔接。

3) 要使生产单位的生产任务与生产能力相适应,并能充分利用企业现有生产能力。

4) 要使各项生产前的准备工作有切实保证。

5）要有利于缩短生产周期，节约流动资金，降低生产成本，建立正常的生产和工作秩序，实现均衡生产。

计划编制的分工，主要反映在两个方面：一是计划内容的分工；二是计划单位的选择。计划内容是指生产的品种、数量、投入、出产时间和生产进度；计划单位的选择是指下达计划采用月份单位、成套部件单位、零件组单位和零件单位的选择问题。

9.3.2　厂级生产作业计划的编制

厂级生产作业计划是由厂级生产管理部门编制的。它根据企业年度（季）生产计划，编制各车间的月（旬、周）的生产作业计划，包括：出产品种、数量（投入量、产储量）、日期（投入期、产出期）和进度（投入进度和产出进度）。为各车间分配生产任务时必须与生产能力相平衡，并且使各车间的任务在时间上和空间上相互衔接，保证按时、按量、配套地完成生产任务。编制厂级生产作业计划分两个步骤：正确选择计划单位；确定各车间的生产作业任务。

1. 计划单位的选择

计划单位是编制生产作业计划时规定生产任务所用的计算单位。它反映了生产作业计划的详细程度即各级分工关系。流水生产企业中，编制厂级生产作业计划时采用的计划单位有：产品、部件、零件组和零件。

（1）产品为计划单位

产品计划单位是以产品作为编制生产作业计划时分配生产任务的计算单位。采用这种单位规定车间生产任务的特点是不分装配产品需用零件的先后次序，也不论零件生产周期的长短，只统一规定投入产品数、出产产品数和相应日期，不具体规定每个车间生产的零件品种、数量和进度。采用这种计划单位可以简化厂级生产作业计划的编制，便于车间根据自己的实际情况灵活调度；缺点是整个生产的配套性差，生产周期长，在制品占用量大。

（2）部件为计划单位

部件计划单位是以部件作为分配生产任务的计算单位。采用部件计划单位编制生产作业计划时，根据装配工艺的先后次序和主要部件中主要零件的生产周期，按部件规定投入和产出的品种、数量及时间。采用这种计划单位的优点是生产的配套性较好，车间也具有一定的灵活性，但缺点是编制计划的工作量加大。

（3）零件组为计划单位

零件组计划单位是以生产中具有共同特征的一组零件作为分配生产任务的计算单位。同一组零件中的各零件，加工工艺相似，投入装配的时间相近，生产周期基本相同。如果装配周期比较长，而且各零件的生产周期相差悬殊，这时采用零件组计划单位可以减少零件在各生产阶段中及生产阶段间的搁置时间，从而减少在制品及流动资金占用。采用这种计划单位的优点是生产配套性更好，在制品占用更少；缺点是计划工作量大，不容易划分好零件组，车间灵活性较差。

（4）零件为计划单位

零件计划单位是以零件作为各车间生产任务的计划单位。采用这种计划单位编制生产作业计划时,先根据生产计划规定的生产任务层层分解,计算出每种零件的投入量、产出量、投入期和产出期要求。然后以零件为单位,为每个生产单位分配生产任务,具体规定每种零件的投入、产出量和投入、产出期。大量流水生产企业中采用这种计划单位比较普遍。它的优点是生产的配套性很好,在制品及流动资金占用最少,生产周期最短。同时,当发生零件的实际生产与计划有出入时,易于发现问题并调整处理。但缺点是编制计划的工作量很大。由于目前计算机在企业中的广泛应用,尤其是运用制造资源计划(MRPⅡ)后计划编制工作量大大减少。因此,如果有条件应尽量采用这种计划单位,它的优点很突出而缺点不明显。另外编制车间内部的生产作业计划时,一般都采用这种计划单位。

上面分别介绍了四种计划单位和各自的优缺点,简言之,可以用表9.7来表示。

表 9.7 计划单位优缺点比较

计划单位	生产配套性	占用量	计划工作量	车间灵活性
产品	差	最大	小	强
部件	较好	较大	较大	较强
零件组	好	较少	大	较强
零件	最好	少	最大	差

一种产品的不同零件可以采用不同的计划单位,如关键零件、主要零件采用零件计划单位,而一般零件则采用产品计划单位。企业应根据自己的生产特点、生产类型、管理水平和产品特点等选择合适的计划单位。

2. 确定各车间生产任务的方法

编制厂级生产作业计划的主要任务是:根据企业的生产计划,为每个车间正确地规定每一种制品(部件、零件)的出产量和出产期。安排车间生产任务的方法随车间的生产类型和生产组织形式而不同,主要有在制品定额法、累计编号法、生产周期法。

(1)在制品定额法

在制品定额法也叫连锁计算法。它根据在制品定额来确定车间的生产任务,保证各车间生产的衔接。大量流水生产企业中各车间生产的产品品种较少,生产任务稳定,各车间投入和产出数量及时间之间有密切的配合关系。大量流水生产企业生产作业计划的编制,重点在于解决各车间在生产数量上的协调配合。这是因为同一时间各车间都在完成同一产品的不同工序,这就决定了"期"不是最主要的问题,而"量"是最重要的。在制品定额法正好适合这种特点。这种方法还可以很好地控制住在制品数量。

大批大量生产条件下,车间分工及相互联系稳定,车间之间在生产上的联系,主要表现在提供一种或少数几种半成品的数量上。只要前车间的半成品能保证后车间加工的需要和车间之间库存,库存半成品变动的需要,就可以使生产协调和均衡地进行。

因此,大批大量生产条件下,着重解决各车间在生产数量上的衔接。在制品定额法,就是根据大量大批生产的这一特点,用在制品定额作为调节生产任务数量的标准,以保证车间之间的衔接。也就是运用预先制订的在制品定额,按照工艺反顺序计算方法,调整车间的投入和出产数量,顺次确定各车间的生产任务。

　　本车间出产量＝后续车间投入量＋本车间半成品外售量＋(车间之间半成品占用定额－期初预计半成品库存量)

　　本车间投入量＝本车间出产量＋本车间计划允许废品数＋(本车间期末在制品定额－本车间期初在制品预计数)

　　举例如表9.8所示。

表 9.8　在制品定额计算表

		产　品　名　称	130 汽车	
		产　品　产　量	10 000 台	
		零　件　编　号	A1－001	A1－012
		零　件　名　称	齿轮	轴
		每　辆　件　数	1	4
装配车间	1	出产量	10 000	40 000
	2	废品及损耗	—	—
	3	在制品定额	1000	5000
	4	期初预计在制品结存量	600	3500
	5	投入量(1＋2＋3－4)	10 400	41 500
零件库	6	半成品外售量	—	2000
	7	库存半成品定额	900	6000
	8	期初预计结存量	1000	7100
加工车间	9	出产量(5＋6＋7－8)	10 300	42 400
	10	废品及损耗	100	1400
	11	在制品定额	1900	4500
	12	期初预计在制品结存量	600	3400
	13	投入量(9＋10＋11－12)	11 700	44 900
毛坯库	14	半成品外售量	500	6100
	15	库存半成品定额	2000	10 000
	16	期初预计结存量	3000	10 000
毛坯车间	17	出产量(13＋14＋15－16)	11 200	51 000
	18	废品及损耗	900	—
	19	在制品定额	400	2500
	20	期初预计在制品结存量	300	1500
	21	投入量(17＋18＋19－20)	12 200	52 000

　　(2) 累计编号法

　　从"期"的衔接达以"量"的衔接。这就是将预先制定的提前期转化为提前量,确定各车间计划期应达到的投入和出产的累计数,减去计划期前已投入和出产的累计数,求得车间计划期应完成的投入和出产数。

提前期的原理就是首先解决车间之间在生产期限上也就是时间上的联系,然后再把这种时间上的联系转化为数量上的联系。

累计编号过程中可以发现两点:

第一,前一个车间的累计编号一定大于后一车间的累计编号;

第二,各车间累计编号有大有小,各车间累计编号相差数,也就是提前量。

提前量=提前期×平均日产量

本车间出产累计号数=最后车间出产累计号+本车间的出产提前期×最后车间平均日产量

本车间投入累计号数=最后车间出产累计号+本车间投入提前期×最后车间平均日产量

下面举例说明累计编号法。

【例9.2】 4月份编制5月份的作业计划,就是要计算5月底各车间应达到的累计号数。为此需要几类数据。第一,要知道计划期末(5月底)成品出产的累计号应达到多少,这是一个基数,我们假定是195号。假定1~3月的实际产量为100台,即累计编号是100台;另外可以预计4月份产量为35台,根据生产计划要求,5月份要完成50台,这样,5月底成品出产累计号数就应达到185号。第二,要知道市场日产量,假定5月份工作日按25天计算,平均日产量为50/25=2台/天。第三,要知道提前期的定额资料,资料见表9.6。

解 计算如下:

装配车间出产累计数=185+0×2=185

装配车间投入累计数=185+10×2=205

机加工车间出产累计号=185+15×2=215

机加工车间投入累计号=185+35×2=255

毛坯车间出产累计号=185+40×2=265

毛坯车间投入累计号=185+55×2=295

有了投入和出产累计号数,就可以确定本车间在计划期的出产量或投入量。

计划期车间出产(或投入)量=计划期末出产(或投入)的累计号数

装配车间计划期末应达到的出产累计号数是195号,计划期初已出产的累计号数可以通过统计得知,假定是125号,两个数字相减是60,这就是装配车间在计划期内(5月份)的出产量,这是用绝对数表示的产量任务。同样道理,用装配车间计划期末应达到的投入累计数205减去通过统计得知的计划期初已达到的投入累计号数(假定为145),就是装配车间在计划期内(5月份)的投入量,计算结果是60。

其余车间:加工车间出产量=215-150=65

机加工车间投入量=255-195=60

毛坯车间出产量=265-205=60

毛坯车间投入量=295-245=50

这种方法的优点:①各个车间可以平衡地编制作业计划;②不需要预计当月任务完成情况;③生产任务可以自动修改;④可以用来检查零部件生产的成套性。

（3）生产周期法

这种方法适用单件小批生产。

单件小批生产企业一般是按订货来组织生产，因而生产的数量和时间都不稳定。由于此因，所以不能用累计编号法，更不能用在制品定额法。单件小批生产企业编制作业计划要解决的主要问题是各车间在生产时间上的联系，以保证按订货要求如期交货，这一点大量流水线生产及成批生产是不一样的。从这个特点出发，单件小批（大量大批是解决数量上的联系）类型采用的方法是生产周期法，即用计算生产周期的方法来解决车间之间在生产时间上的联系。

生产周期法的具体步骤是：

1）为每一批订货编制一份产品生产周期进度表　这个图表是单件小批生产编制生产作业计划的依据，实际上也是一种期量标准。

2）为每一批订货编制订货生产说明书　有了产品生产周期进度表以后，各车间在生产时间上的联系已经可以确定，但是具体的投入和出产日期还没说明，这就要进行推算。如表9.9所示。

表9.9　订货生产说明书

订货编号	交货日期	成套部件编号	工艺路线	投入期	出厂期
302	3月25日	126	铸造车间	1月20日	2月15日
—	—	—	机加工车间	2月25日	3月10日
—	—	—	装配车间	3月15日	—

3）把有关资料汇总成各车间的生产作业计划　上面讲的订货生产说明书中，各车间的生产任务都有。现在要给车间下达任务，所以从各订货生产说明书中摘录各车间的任务，按车间分别汇总在一起，这就是车间任务。例如，有100批订货，我们把每一批订货中的铸工车间在2月份的任务都摘下来，汇总在一起，这就是铸工车间2月份的作业任务。

以上三种方法，由于生产类型的不同，采取不同的方法。大量生产用在制品定额法，成批生产用提前期法（也叫累计编号法），单件小批生产用生产周期法。之所以采用不同方法，是因为生产类型不同，作业计划所要解决的具体问题不同。有的是解决数量上的联系，有的是解决时间上的联系；解决数量联系有的生产比较稳定，有的不太稳定。另外，生产条件也不同，所以要采用不同的方法。

9.3.3　车间内部生产作业计划的编制

车间内部生产作业计划的编制，主要包括：车间生产作业计划日常安排、工段（班、组）生产作业计划的编制、工段（班、组）内部生产作业计划的编制等。具体的编制工作由车间及工段计划人员完成。

在大量流水线生产条件下，一条流水线可以完成零件的全部工序或大部分主要工序。工段的生产对象也就是车间的生产对象，这是企业给车间下达的计划所规定的产品品种、数量和进度，这也就是工段的产品品种、数量和进度。若厂级生产作业计划采用的计划单位是零件，则对其略加修改就可作为车间内部的生产作业计划，不必再做计算；若采用的计划单位是产品或部件,则首先需要分解,然后再按零件为单位将任务分配到各流水线(工段)。

1. 车间内部生产作业计划编制原则

进一步把生产任务落实到工作地和工人,并使之在生产的日期和数量上协调衔接。其内容,包括工段、工作地月度或旬的生产作业计划和工作班的安排。

车间内部生产作业计划编制的原则有:
1) 保证厂级生产作业计划中各项指标的落实。
2) 认真进行各工种,设备生产能力的核算和平衡。
3) 据任务的轻重缓急,安排零件投入、加工和出产进度。
4) 保证前后工段,前后工序互相协调,紧密衔接。

2. 大量(大批)生产工段(小组)作业计划的编制方法

对于产品品种少、生产稳定、节拍生产的流水线,车间内部作业计划的编制工作比较简单,一般只需从厂级月度作业计划中,将有关零件的产量,按日均匀地分配给相应工段(班组)即可。

通常用标准计划法来对工段(小组)分配工作地(工人)生产任务,即编制出标准计划指示图标,其是把工段(小组)所加工的各种制品的投入出产顺序、期限和数量,以及各工作地的不同制品次序、期限和数量全部制成标准,并固定下来。可见,标准计划就是标准化的生产作业计划。有了它就可以有计划地做好生产前的各项准备工作。严格按标准安排进行生产活动,就不必每日都编制计划,而只需要将每月产量任务作适当调整就可以了。

3. 成批生产车间内部作业计划的编制方法

成批生产车间内部作业计划的编制方法,取决于车间内部化生产组织形式和成批生产的稳定性。

如果工段(小组)是按对象原则组成的,各工段(小组)生产的零件也就是车间零件分工表中所规定的零件。因此,工段(小组)月计划任务只要从车间月度生产任务中摘出,无需进行计算。如果工段(小组)是按工艺原则组成的,那么可按在制品定额法或累计编号法,通过在制品定额和提前期定额标准安排任务,并编制相应的生产进度计划。

4. 单件(小批)生产车间内部作业计划的编制方法

单件小批生产品种多,工艺和生产组织条件不稳定,不能编制零件分工序进度计划。根据单件小批生产特点,对于单个或一次投入一次产出的产品,先对其中主要零件,主要工种安排计划,用以指导生产过程各工序之间的衔接。其余零件可根据产品生产周期表中所规定的各工序阶段提前期类别,或按厂部计划规定的具体时期,以日或周为单位,按各零件的生产周期,规定投入和出产时间。

9.4 生产作业排序

9.4.1 作业计划与作业排序

企业运用物料需求计划（MRP）确定了各项物料的生产、采购计划之后，下一步还需要把企业加工工件的生产计划转变为每个班组、人员、每台设备的工作任务，即具体地确定每台设备、每个人员每天的工作任务和工件在每台设备上的加工顺序，这一过程就称为作业排序。

一般来说，作业计划（scheduling）与作业排序（sequencing）不是同义语。排序只是确定工件在机器上的加工顺序，而作业计划则不仅包括确定工件的加工顺序，而且还包括确定机器加工每个工件的开始时间和完成时间。因此，只有作业计划才能指导每个工人的生产活动。

在编制作业计划时，有时一个工件的某道工序完成之后，执行下一道工序的机器还在加工其他工件，这时，工件要等待一段时间才能开始加工，这种情况称为"工件等待"。有时，一台机器已经完成对某个工件的加工，但随后要加工的工件还未到达，这种情况称为"机器空闲"。

由于编制作业计划的关键是要解决各台机器上工件的加工顺序问题，而且，在通常情况下都是按最早可能开（完）工时间来编制作业计划。因此，当工件的加工顺序确定之后，作业计划也就确定了。所以，人们常常将排序与编制作业计划这两个术语不加区别地使用。

1. 作业排序的任务和目标

在某机器上或某工作中心决定哪个作业首先开始工作的过程称为排序或优先调度排序。工作中心作业排序的主要目标是：①满足交货日期；②极小化提前期；③极小化准备时间或成本；④极小化在制品库存；⑤极大化设备或劳动力的利用。

具体而言，在作业排序系统的设计中，必须满足各种不同功能活动的要求。有效的作业排序系统应该能够做到：

1）对将要做的工作进行优先权设定，以使工作任务按最有效顺序排列。

2）针对具体设备分配任务及人力，通常以可利用和所需的能力为基础。

3）以实施为目标分配工作，以使工作任务如期完成。

4）不断监督以确保任务的完成，周期性检查是保证分配的工作如期完成的最常用方法。

5）对实施过程中出现的问题或异常情况进行辨识，这些问题或异常情况有可能改变已排序工作的状况，需要探索、运用其他解决问题的方法。

6）基于现存状况或订单变化情况对目前的作业排序进行回顾和修改。

2. 作业排序系统的特征

在工艺专业化情况下，工件需按规定路线在各个按功能组织的工作中心之间移动。当一个工件到达一个工作中心时，作业排序设计决定工件加工顺序以及分配相应的机器来对这些工件进行加工。

一个作业排序系统区别于另一个作业排序系统的特征是：在进行作业排序时是如何考虑生产能力的。作业排序系统可以假定车间生产能力为无限负荷或有限负荷。无限负荷是指当将工作分配给一个工作中心时，只考虑它需要多少时间，而不直接考虑完成这项工作所需的资源是否有足够的能力，也不考虑在该工作中心中，每个资源完成这项工作时的实际顺序。通常仅检查一下关键资源，大体上看看其是否超负荷。具体的做法是：根据各种作业顺序下的调整和加工时间标准来计算出一段时间（通常是一周）内所需的工作量，据此就可以判定。当使用无限负荷系统时，提前期由期望作业时间（调整和运行时间）加上由于材料运输和等待订单执行而引起的期望排队延期时间而估算出。

有限负荷方法实际上使用每一订单所需的调整时间和运行时间对每一种资源详细地计划。实质上，该系统明确规定了在工作日中的每一时刻，每一种资源将做什么。如果由于部件缺货而造成作业延迟，则整个系统会停下来等待，直到可从前面的作业中获得所缺的部件。从理论上说，当运用有限负荷时，所有的计划都是可行的。

区分作业排序系统的另一个特征是看作业排序是基于前向排序还是后向排序，在前向排序和后向排序中，最常用的是前向排序。前向排序指的是系统接受一个订单后对订单所需作业按从前向后的顺序进行排序，前向排序系统能够告诉我们订单能完工的最早日期。相反，后向排序是从未来的某个日期（可能是一个约定交货期）开始，按从后向前的顺序对所需作业进行排序。后向排序能告诉我们为了按规定日期完成，一个作业必须开始的最晚时间。

3. 作业排序的主要功能

典型的作业排序和控制功能主要包括下面一些内容：

1）分配订单、设备和人员到各工作中心或其他规定的地方。实质上，这是短期能力计划。

2）决定订单顺序（即建立订单优先级）。

3）对已排序作业开始安排生产，通常称之为调度。

4）车间作业控制（或生产作业控制）。包括：①在作业进行过程中，检查其状态和控制作业的速度。②加快为期已晚的和关键的业务。

为了便于理解，举例说明。在一天的开始，计划员（即部门的生产控制员）选择和排列将在各个工作站进行的所有的作业。计划员的决策取决于以下一些因素：每个作业的方式和规定的工艺顺序要求，每个工作中心上现有作业的状态，每个工作中心前作业的排队情况，作业优先级，材料的可得性，这一天中的较晚发布的作业订单，工作中心资源的能力（劳动力或机器）。

为了有助于组织作业排序,需利用前一天的作业状态信息和由生产控制中心、工艺技术科等部门提供的有关信息。计划员还将与这个部门的主管协商有关计划的可行性,尤其是生产力和潜在的瓶颈。排序结果可以通过在计算机终端上发布排序表,或用打印机打出来,或在工作的中央区域张贴工作表等方式传达给工人。可视排序版是传送作业优先级和目前作业状态的一种非常有用的方法。

9.4.2 作业排序的优先规则

在进行作业排序时,需用到优先调度规则。这些规则可能很简单,仅需根据一种数据信息对作业进行排序。这些数据可以是加工时间、交货日期或到达的顺序。其他的规则,尽管也同样简单但可能需要更多的信息,通常是需要一个指标,比如最小松弛时间规则和关键比率规则。还有另外的规则,比如约翰逊规则,在一个机器序列上应用作业排序,并需要一个计算程序来规定作业的顺序。下面列出了九个常用的优先调度规则:

1) FCFS(先到先服务) 按订单送到的先后顺序进行加工。

2) SOT(最短作业时间) 所需加工时间最短的作业首先进行,然后是加工时间第二短的,如此等。

3) EDD 法则 优先选择完工期限紧的工件。

4) SCR 法则 优先选择临界比最小的工件。临界比为工件允许停留时间与工件余下加工时间之比。

5) STR(剩余松弛时间)法则 STR 是交货期前所剩余时间减去剩余的加工时间所得的差值。STR 最短的任务最先进行。

6) CR(关键比率)法则 关键比率是用交货日期减去当前日期的差值除以剩余的工作日数。关键比率最小的任务先执行。

7) QR(排队比率)法则 排队比率是用计划中剩余的松弛时间除以计划中剩余的排队时间,排队比率最小的任务先执行。

8) LCFS(后到先服务) 该规则经常作为缺省规则使用。因为后来的工单放在先来的上面,操作员通常是先加工上面的工单。

迄今为止,人们已经提出了 100 多个优先调度规则,上面仅介绍了其中最常见的 8种,这 8 种优先规则各有特色。有时,运用一个优先规则还不能惟一地确定下一个应选择的工件,这时可使用多个优先规则的组合。当然,还可以用下面一些作业排序标准,确定优先规则的先后次序:

1) 满足顾客或下一道工序作业的交货期。

2) 极小化流程时间。

3) 极小化在制品库存。

4) 极小化设备和人员的闲置时间。

按照这样的优先调度方法,可赋予不同工件不同的优先权,可以使生成的排序方案按预定目标优化。当然,以上这些优先调度规则的简单性掩饰了排序工作的复杂性。实际上,要将数以百计的工件在数以百计的工作地(机器)上的加工顺序决定下来是一件非常复杂的工作,需要有大量的信息和熟练的排序技巧。对于每一个准备排序的工件计划人员都需要两大类信息:有关加工要求和现在的状况。加工要求信息包括预定的完工期、工艺路线、标准的作业交换时间、加工时间和各工序的预计等。现状信息包括工件的现在位置(在某台设备前排序等待或正在被加工),现在完成了多少工序(如果已开始加工),在每一工序的实际到达时间和离去时间,实际加工时间和作业交换时间,各工序所产生的废品(它可以用来估计重新加工量)以及其他的有关信息。优先顺序规则就是利用这些信息的一部分来为每个工作地决定工件的加工顺序,其余的信息可以用来估计工件按照其加工路线到达下一个工作地的时间、当最初计划使用的机器正在工作时是否可使用替代机器以及是否需要物料搬运设备等。这些信息的大部分在一天中是随时改变的,所以,用手工获取这些信息几乎是不可能的或效率低的。从这个意义上来说,计算机是用来进行有效的、优化的作业排序的必要工具。

9.4.3　排序问题的分类和表示法

排序问题有不同的分类方法。在制造业领域和服务业领域中,有两种基本形式的作业排序:

1) 劳动力作业排序,主要是确定人员何时工作。

2) 生产作业排序,主要是将不同工件安排到不同设备上,或安排不同的人做不同的工作。

在制造业和服务业企业中,有时两种作业排序问题都存在。在这种情况下,应该集中精力注意其主要的、占统治地位的方面。在制造业中,生产作业排序是主要的,因为要加工的工件是注意的焦点。许多绩效度量标准,例如按时交货率、库存水平、制造周期、成本和质量都直接与排序方法有关。除非企业雇用了大量的非全时人员或是企业一周七天都要运营,否则劳动力排序问题将是次要的。反过来,在服务业中,劳动力作业排序是主要的,因为服务的及时性是影响公司竞争力的主要因素。很多绩效标准,例如顾客等待时间、排队长度、设备(或人员)利用情况、成本和服务质量等,都与服务的及时性有关。

在制造业的生产作业排序中,还可进一步按机器、工件和目标函数的特征分类。按照机器的种类和数量不同,可以分为单台机器的排序问题和多台机器的排序问题。对于多台机器的排序问题,按工件加工的路线特征,可以分成单件车间(job-shop)排序问题和流水车间(flow-shop)排序问题。工件的加工路线不同,是单件车间排序问题的基本特征;而所有工件的加工路线完全相同,则是流水车间排序问题的基本特征。

按工件到达车间的情况不同,可以分成静态排序问题和动态排序问题。当进行排序时,所有工件都已到达,可以依次对他们进行排序,这是静态排序问题;若工件是陆续到达,要随时安排它们的加工顺序,这是动态排序问题。

按目标函数的性质不同,也可划分不同的排序问题。例如,同是单台设备的排序,目标是使平均流程时间最短和使误期完工的工件数最少,实质上是两种不同的排序问题。按目标函数的情况,还可以划分为单目标排序问题和多目标排序问题。

由此可见,由机器、工件和目标函数的不同特征以及其他因素上的差别,构成了多种多样的排序问题及相应的排序方法。

9.4.4　作业排序中的甘特图

甘特图是作业排序中最常用的一种工具,最早由 Henry L. Gantt 于 1917 年提出。这种方法是基于作业排序的目的,将活动与时间联系起来的最早尝试之一。有两种基本形式的甘特图:作业进度图和机器图。作业进度图表示一项工作的计划开始日期、计划完成日期以及现在的进度。例如,假设一个汽车制造公司有三项工作在进行中,它们分别是加工汽车零件 A、B 和 C,这些工作的预定计划和现在的完成情况如图 9.3 所示。

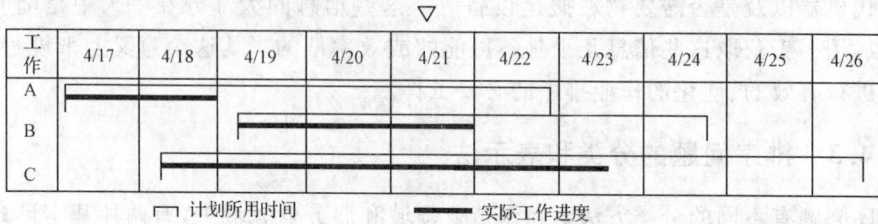

工作	4/17	4/18	4/19	4/20	4/21	4/22	4/23	4/24	4/25	4/26
A										
B										
C										

□ 计划所用时间　　　■ 实际工作进度

图 9.3　某汽车零件公司甘特图

在当前日期(以记号标出的 4 月 21 日),这张甘特图显示出,A 的完成情况滞后于计划,B 在按计划完成,C 的完成情况则超前于计划。假设截止到 4 月 26 日,需要零件 A 的公司还不能收到订货,其装配线就要停产,那么这种情况就需要新的作业计划并更新甘特图。如果这三项工作都在等待进行磨削加工,之后他们要进行抛光才能最后交货,则图 9.4 表示了三种工作在两种不同设备上的所需时间、时间安排和现在的进度。这种形式的甘特图就称为机器图,它描述不同工作在每一台机器上的工作次序,也可被用来管理生产进度。

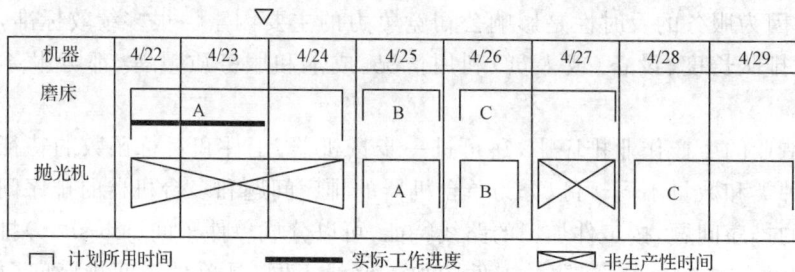

机器	4/22	4/23	4/24	4/25	4/26	4/27	4/28	4/29
磨床		A		B	C			
抛光机				A	B		C	

□ 计划所用时间　　　■ 实际工作进度　　　⋈ 非生产性时间

图 9.4　某汽车零件公司机器图

如图 9.4 所示,在 4 月 23 日当天,A 刚好按计划完成,因为实际进度与当今的日期一致,而抛光机是空闲的。与图 9.3 所示的当初的计划交货期相比,图 9.4 显示,三项工作都将超期才能完成,但需要 A 的公司其装配线却不必停工。这样,生产管理能很容易地从甘特机器图中看到错综复杂的计划的结果。

9.4.5　流水线作业排序问题

流水作业排序问题的基本特征是每个工件的加工路线都一致。在流水生产线上制造不同的零件,遇到的就是流水作业排序问题。我们说加工路线一致,是指工件的流向

176 ————————————————————— 现代企业生产与运作管理

一致,并不要求每个工件必须经过加工路线上每台机器加工。如果某些工件不经某些机器加工,则设相应的加工时间为零。

一般说来,对于流水作业排序问题,工件在不同机器上的加工顺序不尽一致。但本节要讨论的是一种特殊情况,即所有工件在各台机器上的加工顺序都相同的情况。这就是排列排序问题。流水作业排列排序问题常被称作"同顺序"排序问题。对于一般情形,排列排序问题的最优解不一定是相应的流水作业排序问题的最优解,但一般是比较好的解;对于仅有 2 台和 3 台机器的特殊情况,可以证明,排列排序问题下的最优解一定是相应流水作业排序问题的最优解。

这里只讨论排列排序问题。但对于 2 台机器的排序问题,实际上不限于排列排序问题。

1. 最长流程时间 F_{max} 的计算

这里所讨论的是 $n/m/P/F_{max}$,问题,其中 n 为工件数,m 为机器数,P 表示流水线作业排列排序问题,F_{max} 为目标函数。目标函数是使最长流程时间最短,最长流程时间又称作加工周期,它是从第一个工件在第一台机器开始加工时算起,到最后一个工件在最后一台机器上完成加工时为止所经过的时间。由于假设所有工件的到达时间都为零($r_i = 0, i = 1, 2, \cdots, n$),所以 F_{max} 等于排在末位加工的工件在车间的停留时间,也等于一批工件的最长完工时间 C_{max}。

设 n 个工件的加工顺序为

$$S = (S_1, S_2, S_3, \cdots, S_n)$$

其中,S_i 为第 i 位加工的工件的代号。

以 $C_{k_{s_i}}$ 表示工件 S_i 在机器 M_k 上的完工时间,$p_{s_i}^k$ 表示工件 S_i 在 M_k 上的加工时间,$k = 1, 2, \cdots, m; i = 1, 2, \cdots, n$,则 $C_{k_{s_i}}$ 可按以下公式计算

$$C_{1_{s_i}} = C_{1_{s_{i-1}}} + p_{s_i}^1$$
$$C_{k_{s_i}} = \max\{C_{(k-1)_{s_i}}, C_{k_{s_{i-1}}}\} + p_{s_i}^k \tag{9.1}$$

式中,$k = 2, 3, \cdots, m; i = 1, 2, \cdots, n$。

当 $r_i = 0, i = 1, 2, \cdots, n$ 时,

$$F_{max} = C_{m_{s_n}} \tag{9.2}$$

式(9.1)是一个递推公式。当由式(9.1)得出 $C_{m_{s_n}}$ 时,F_{max} 就求得了。

在熟悉以上计算公式之后,可直接在加工时间矩阵上从左向右计算完工时间。下面以一例说明。

【例 9.3】 有一个 $6/4/P/F_{max}$ 问题,其加工时间如表 9.10 所示。当按顺序 $S = (6, 1, 5, 2, 4, 3)$ 加工时,求 F_{max}。

表 9.10　加工时间矩阵

i	1	2	3	4	5	6
P_{i1}	4	2	3	1	4	2
P_{i2}	4	5	6	7	4	5
P_{i3}	5	8	7	5	5	5
P_{i4}	4	2	4	3	3	1

解　按顺序 $S=(6,1,5,2,4,3)$ 列出加工时间矩阵,如表 9.11 所示。按式(9.1)进推,将每个工件的完工时间标在其加工时间的右上角。对于第一行第一列,只需把加工时间的数值作为完工时间标在加工时间的右上角。对于第一行的其他元素,只需从左到右依次将前一列右上角的数字加上计算列的加工时间,将结果填在计算列加工时间的右上角。对于从第二行到第 m 行,第一列的算法相同。只要把上一行右上角的数字和本行的加工时间相加,将结果填在加工时间的右上角;从第 2 列到第 n 列,则要从本行前一列右上角和本列上一行的右上角数字中取大者,再和本列加工时间相加,将结果填在本列加工时间的右上角。这样计算下去,最后一行的最后一列右上角数字,即为 $C_{m_{s_n}}$,也是 F_{max}。计算结果如表 9.11 所示,本例 $F_{max}=46$。

表 9.11　顺序 S 下的加工时间矩阵

i	6	1	5	2	4	3
P_{i1}	2^2	4^6	4^{10}	2^{12}	1^{13}	3^{16}
P_{i2}	5^7	4^{11}	4^{15}	5^{20}	7^{27}	6^{33}
P_{i3}	5^{12}	5^{17}	5^{22}	8^{30}	5^{35}	7^{42}
P_{i4}	1^{13}	4^{21}	3^{25}	2^{32}	3^{38}	4^{46}

2. $n/2/F/F_{max}$ 问题的最优算法

对于 $n/2/F/F_{max}$ 问题,F 表示流水线作业排序问题。著名的 Johnson 算法是 S. M. Johnson 于 1954 年提出了一个有效算法。为了叙述方便,a_i 以 J_i 表示在 M_1 上的加工时间,以 b_i 表示 J_i 在 M_2 上的加工时间,每个工件都按 $M_1 \rightarrow M_2$ 的路线加工。Johnson 算法建立在 Johnson 法则的基础之上。

Johnson 法则为

如果

$$\min(a_i, b_j) < \min(a_j, b_i) \tag{9.3}$$

则 J_i 应该排在 J_j 之前。如果中间为等号,则工件 i 既可排在工件 j 之前,也可以排在它之后。

按式(9.3)可以确定每两个工件的相对位置,从而可以得到 n 个工件的完整的顺序。但是,这样做比较麻烦。事实上,按 Johnson 法则可以得出比较简单的求解步骤,我们称这些步骤为 Johnson 算法。

Johnson 算法:

1）从加工时间矩阵中找出最短的加工时间。

2）若最短的加工时间出现在 M_1 上，则对应的工件尽可能往前排；若最短加工时间出现在 M_2 上，则对应工件尽可能往后排。然后，从加工时间矩阵中划去已排序工件的加工时间。若最短加工时间有多个，则任挑一个。

3）若所有工件都已排序，停止。否则，转步骤1）。

【例 9.4】 求表 9.12 所示的 $6/2/F/F_{max}$ 问题的最优解。

表 9.12　加工时间矩阵

i	1	2	3	4	5	6
a_i	5	1	8	5	3	4
b_i	7	2	2	4	7	4

解　应用 Johnson 算法。从加工时间矩阵中找出最短加工时间为 1 个时间单位，它出现在 M_1 上。所以，相应的工件（工件 2）应尽可能往前排。即，将工件 2 排在第 1 位。划去工件 2 的加工时间。余下加工时间中最小者为 2，它出现在 M_2 上，相应的工件（工件 3）应尽可能往后排，于是排到最后一位。划去工件 3 的加工时间，继续按 Johnson 算法安排余下工件的加工顺序。求解过程可简单表示如下：

将工件 2 排第 1 位　　2

将工件 3 排第 6 位　　2　　　　　　　　　　　3

将工件 5 排第 2 位　　2　5　　　　　　　　　3

将工件 6 排第 3 位　　2　5　6　　　　　　　3

将工件 4 排第 5 位　　2　5　6　　　4　3

将工件 1 排第 4 位　　2　5　6　1　4　3

最优加工顺序为 $S=(2,5,6,1,4,3)$。求得最优顺序下的 $F_{max}=28$。

3. 一般 $n/m/P/F_{max}$ 问题的启发式算法

对于 3 台机器的流水车间排序问题，只有几种特殊类型的问题找到了有效算法。对于一般的流水车间排列排序问题，可以用运筹学中的分支定界法。用分支定界法可以保证得到一般 $n/m/P/F_{max}$ 问题的最优解。但对于实际生产中规模较大的问题，计算量相当大，以至用计算机也无法求解。同时，还需考虑经济性。如果为了求最优解付出的代价超过了这个最优解所带来的好处，也是不值得的。

为了解决生产实际中的排序问题，人们提出了各种启发式算法。启发式算法以小的计算量得到足够好的结果，因而比较实用。下面介绍用 Palmer 法求一般 $n/m/P/F_{max}$ 问题近优解的启发式算法。

1965 年，D. S. Palmer 提出按斜度指标排列工件的启发式算法，称之为 Palmer 法。工件的斜度指标可按下式计算

$$\lambda_i = \sum_{k=1}^{m} [k-(m+1)/2] \times p_{ik} \qquad k=1,2,\cdots,n \tag{9.4}$$

式中，m——机器数；

p_{ik}——工件 i 在 M_k 上的加工时间。

按照各工件 λ_i 不增的顺序排列工件，可得出令人满意的顺序。

【例 9.5】 有一个 $4/3/F/F_{max}$ 问题，其加工时间如表 9.13 所示，用 Palmer 法求解。

表 9.13　加工时间矩阵

i	1	2	3	4
P_{i1}	1	2	6	3
P_{i2}	8	4	2	9
P_{i3}	4	5	8	2

解　对于本例，式(9.4)变成：

$$\lambda_i = \sum_{k=1}^{m} [k - (3+1)/2] \times p_{ik} \qquad k = 1,2,3$$

$$\lambda_i = -P_{i1} + P_{i3}$$

于是

$$\lambda_1 = -P_{11} + P_{13} = -1 + 4 = 3$$
$$\lambda_2 = -P_{21} + P_{23} = -2 + 5 = 3$$
$$\lambda_3 = -P_{31} + P_{33} = -6 + 8 = 2$$
$$\lambda_4 = -P_{41} + P_{43} = -3 + 2 = -1$$

按 λ_i 不增的顺序排列工件，得到加工顺序 $(1,2,3,4)$ 和 $(2,1,3,4)$，恰好这两个顺序都是最优顺序。如不是这样，则从中挑选较优者。在最优顺序下，$F_{max} = 28$。

9.5 生产作业控制

生产运作控制是指对生产运作全过程进行监督、检查、调节和控制。它是生产与运作管理的重要职能之一，是实现生产运作主生产计划和生产作业计划的手段。前面所讲的主生产计划和生产作业计划仅仅是对生产运作过程事前的"预测性"安排，在计划执行过程中，注定会出现一些预想不到的情况，管理者必须及时监督、检查，发现出现的偏差，并进行必要的调节和校正，也就是对生产系统实行实时控制，以确保计划的实现。

9.5.1　生产作业控制概述

生产运作系统是指与实现规定的生产目标有关的生产单位的集合体，是一个人造的、开放的和动态的系统。根据系统理论，生产系统是由物流、信息流和资金流三大部分组成的系统。在这个系统中，物流是指原材料的转变、贮存和运输过程；资金流是指与生产过程有关的资金的筹集与使用过程；信息流是指围绕着生产过程所用到的各种知识、信息和数据的处理、传递、转换和利用过程。为了使生产运作系统能有条不紊地运作，就必须建立计划与控制系统。有关计划方面的问题前面已有介绍,这里仅介绍控制方面的问题。

根据控制理论原理,控制是指施控主体对受控客体的一种能动作用,使受控客体按照施控主体的预定目标而运动,并最终达到系统目标,一般采用自动控制论中的负反馈原理。管理学中所说的"控制"是指:①核对或验证;②调节;③与某项标准进行比较;④行使职权;⑤限制或抑制。这种控制作用是通过反馈控制方式和前馈控制方式来实现的。反馈控制是将系统的输出反过来馈送到系统的输入端,借以调整输入,使系统的输出按照施控主体的预定目标方向发展的一种控制方式;前馈控制是指运用一定的方法,及时识别受控客体即将出现的偏差,并采取措施加以预防的控制方式。

生产运作控制是指在生产过程中,按既定的政策、目标、计划和标准,通过监督和检查生产活动的进展情况、实际成效,及时发现偏差,找出原因,采取措施,以保证目标、计划的实现。生产运作控制的受控客体是生产运作过程,其预定目标是主生产计划与生产作业计划的目标值。为了实现生产运作过程的控制,需要在输出端设置测量机构,以检测输出结果,并把结果反馈给决策机构;决策机构在把收到的输出结果与目标值进行比较后,作出决策,并把决策结果(如即将采取什么措施)传达给执行机构,由执行机构采取实际措施,以实现控制,达到目标。生产运作控制的过程如图 9.5 所示。

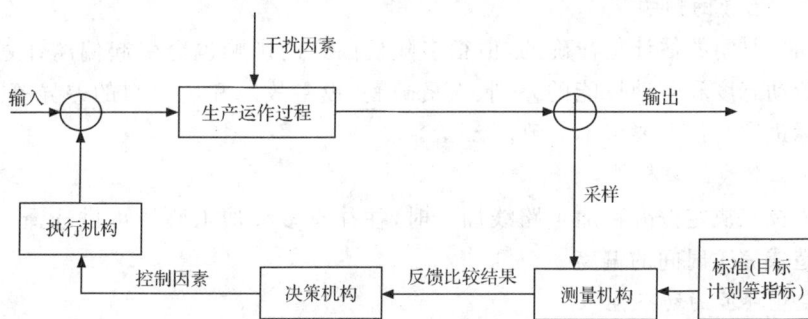

图 9.5　生产运作控制系统

企业的主生产计划和生产作业计划虽然对日常生产活动已作了比较周密而具体的安排,但是,在计划的执行过程中,还会出现一些人们预想不到的情况和矛盾(如图 9.5 中的"干扰因素"),通过及时监督和检查,探索发生偏差的原因,并果断地采取措施,对对象进行调节和校正。这种在主生产计划执行过程中的监督、检查、调节和校正等工作,就叫生产运作控制工作。

生产运作控制既是生产与运作管理的一项重要职能,又是实现生产与运作管理的目的、完成主生产计划和生产作业计划的手段。管理一个现代化企业,要协调生产过程各个方面的活动和实现生产活动的预定目标,没有生产运作控制就难以进行有效的生产与运作管理。要搞好企业的生产与运作管理,不仅要对生产过程有科学的计划和组织,而且要有科学的生产运作控制。比如,为了实现生产作业计划任务,就需要以生产作业计划为依据进行进度控制,对生产作业计划的执行及时进行指导和调节;为了实现生产中消耗资源和费用的降低目标,就必须加强成本控制;为了经常保持适量的原材料、外购件、在制品,以降低库存,加快物资和资金的周转,就必须进行有效的库存控制等等。

生产运作控制既要保证生产过程协调地进行,又要保证以最少的人力和物力完成生产任务,所以它又是一种协调性和促进性的管理活动,是生产与运作管理系统的一个重要组成部分。生产运作控制的目的是提高生产与运作管理的有效性,即通过生产运作控制,使企业的生产活动既可在严格的计划指导下进行,实现品种、质量、数量和时间进度的要求,又可按各种标准来消耗活劳动和物化劳动,以及减少资金占用。加速物资和资金的周转,实现成本目标,从而取得良好的经济效益。

9.5.2 实行生产作业控制的原因和条件

生产计划和生产作业计划都是在生产活动发生之前制订的,尽管制订计划时充分考虑了现有的生产能力,但计划在实施过程中由于以下原因,往往造成实施情况与计划要求偏离。

(1) 加工时间估计不准确

对于单件小批量生产类型,很多任务都是第一次碰到,很难将每道工序的加工时间估计得很精确。而加工时间是编制作业计划的依据,加工时间不准确,计划也就不准确,实施中就会出现偏离计划的情况。

(2) 随机因素的影响

即使加工时间的估计是精确的,但很多随机因素的影响也会引起偏离计划的情况。如员工的劳动态度和劳动技能的差别、人员缺勤、设备故障和原材料的差异等。这些都会造成实际进度与计划要求不一致。

(3) 加工路线的多样性

调度人员在决定按哪种加工路线加工时,往往有多种加工路线可供选择,不同的加工路线会造成完工时间的偏离。

(4) 企业环境的动态性

尽管制订了一个准确的计划,但第二天又来一个更有吸引力的新任务,或者关键岗位的员工跳槽,或者物资不能按时到达,或者停电停水等,这些都使得实际生产难以按计划进行。

实施作业控制有三个条件:

1) 要有一个标准 标准就是生产计划和生产作业计划,没有标准就无法衡量实际情况是否发生偏离。

2) 要取得实际生产进度与计划偏离的信息 控制离不开信息,只有取得实际生产进度偏离计划的信息,才知道两者发生了不一致。计算机辅助生产管理信息系统能有效的提供实际生产与计划偏离的信息,通过生产作业统计模块,每天都可以取得各个零部件的实际加工进度和每台机床负荷情况的信息。

3) 要能采取纠正偏差的行动 纠正偏差是通过调度来实行的。

9.5.3 不同生产类型生产控制特点

如表9.14所示,在物流、库存、设备和工人几个方面,不同生产类型的作业控制具有

现代企业生产与运作管理

不同的特点。

表 9.14 不同生产类型作业控制的特点

项目	单件小批生产	大量大批生产
零件的流动	没有主要的流动路线	单一流动路线
瓶颈	经常变动	稳定
设备	通用设备、有柔性	高效专用设备
调整设备费用	低	高
工人操作	多	少
工人工作的范围	宽	窄
工作节奏的控制	由工人自己和工长控制	由机器和工艺控制
在制品库存	高	低
产品库存	很少	较高
供应商	经常变化	稳定
编制作业计划	不稳定性高、变化大	不稳定性低，变化小

1. 单件小批生产

单件小批生产是为顾客生产特定产品或提供特定服务的，因此，产品品种千差万别，零件种类繁多。每一种零件都有其特定的加工路线，整个物流没有什么主流。各种零件都在不同的机器前面排队等待加工，工件的生产提前期各不相同。各个工作地之间的联系不是固定的，有时为了加工某个特定的零件，两个工作地才发生联系，该零件加工完成之后，也许再也不会发生什么联系了。这种复杂的情况使得没有任何一个人能够把握如此众多的零件机器加工情况。为此，需要专门的部门来进行控制。

工件的生产提前期可以分成以下五个部分：

（1）移动时间

移动时间是为上道工序加工完成后转送到本工序途中所需时间。这个时间取决于运输工具和运输距离，是相对稳定的。

（2）排队时间

排队时间是由于本工序有很多工件等待加工，新到的工件都需排队等待一段时间才能加工。排队时间的变化最大，单个工件的排队时间是优先权的函数，所有工件的平均排队时间与计划调度的水平有关。

（3）调整准备时间

调整准备时间是调整准备所花的时间，它与技术和现场组织管理水平有关。

（4）加工时间

加工时间是按设计和工艺加工要求，改变物料形态所花的时间。加工时间取决于所采用的加工技术和工人的熟练程度，它与计划调度方法无关。

（5）等待运输时间

等待运输时间是加工完毕，等待转到下一道工序所花的时间，它与计划调度工作有关。

对于单件小批生产,排队时间是主要的,它大约占工件加工提前期的 90% ～ 95%。排队时间越长,在制品库存就越多。如果能够控制排队时间,也就控制了工件在车间的停留时间。要控制排队时间,实际是控制排队长度的问题。因此,如何控制排队长度,是作业控制要解决的主要问题。

2. 大量大批生产

大量大批生产的产品是标准化,通常采用流水线或自动线的组织生产。在流水线或自动线上,每个工件的加工顺序都是确定的,工件在加工过程中没有排队,没有派工问题,也无优先权问题。因此,控制问题比较简单,主要通过改变工作班次,调整工作时间和工人数来控制产量。但是,在组织混流生产时,由于产品型号、规格和花色的变化,也要加强计划性,使生产均衡。

9.5.4 生产作业控制的方法

作业控制的方法也在不断的革新,随着 MRP Ⅱ 系统的出现,投入/产出的控制方法和优先控制方法逐渐应用在企业的作业控制中。而且,作业控制的方法不断推陈出新,出现了漏斗模型控制和约束理论的控制方法,这些都是作业控制方法的现代进展。

1. 优先控制方法

MRP Ⅱ 系统的主要功能就是设置和更新各种零件在车间生产过程中订货期(完工要求),管理人员根据 MRP Ⅱ 提出的计划,安排零件在生产中的次序。当有若干种零部件需要同时经某一台机床进行加工时,就必须根据交货期信息确定有关零件的优先权,在"作业计划"中已经介绍了确定优先权的多种方法,但是现在还没有适用于一般情况的算法,最常用的是临界比率法。

临界比率法是零部件与计划交货期之间的间隔与零部件到完工时的间隔之比,根据临界比率可以确定哪些零件滞后于计划,哪些零件超前于计划,临界比率大于 1,说明零件超前于计划要求的交货期;临界比率等于 1,说明零件正好符合计划要求的交货期;临界比率小于 1,说明零件滞后于计划要求。因此,临界比率越小,该批零件加工越紧迫,应该将生产资源优先安排在这批零件上。

2. 投入/产出控制方法

如果待加工的工件数量过多,就有可能在后面的生产中产生积压,造成生产的停滞;如果工件产出太多,对于下一道工序就要有相当长的等待时间,意味着生产周期的延长和生产资源的浪费,投入/产出控制方法的作用就在于控制在车间里排队等待加工件的数量,并由此控制工序生产周期。投入/产出方法的实施可以保证整个生产过程的平稳进行,没有过多的积压和等待加工时间。

投入/产出的着眼点在于生产工序的两头,对工序中投入量和产出量进行控制,主要内容包括:一方面,将实际投入的数量和计划应当投入的数量进行比较,控制投入某一工序的零部件数量;另一方面,比较实际产出与计划规定产出的数量,控制从某一工序流出的零件数量.

采用这些措施的目的是及时修正由于延期或停顿产生的偏差,使新投入某一工序加工的零件数量不要过多地超过从该工序加工结束待运出零件的数量。当然,对于不同的工序而言,投入的含义是不同的。投入/产出可以控制第一个工序的投入,但是以后每个工序的"投入"其实就是上一道工序的产出,所以,投入实际就是控制上一道工序输出量的大小。

3. "漏斗"模型

从存量控制的思想出发,20 世纪 90 年代,德国汉诺威大学的 Bechte 和 Wiendall 等人提出了"漏斗模型"(funnel model)。所谓"漏斗",是为了方便地研究生产系统而做出的一种形象化描述。一台机床、一个班组、一个车间乃至一个工厂,都可以看作是一个"漏斗"。作为"漏斗"的输入,可以是上道工序转来的加工任务,也可以是来自用户的订货;作为"漏斗"的输出,可以是某工序完成的加工任务,也可以是企业制成的产品,而"漏斗"中的液体,则表示累积的任务或在制品。液体的量则表示在制品量,如图 9.11 所示。

"漏斗"模型通过分析生产系统工序通过时间和在制品占用量的关系,形成了完整的基于负荷导向的作业控制理论和方法。"漏斗"模型很适合于多品种中小批量生产系统计划与控制。图 9.6(a)中漏斗的开口大小表示生产能力,它是可以调整的。液面高低表示累积任务量的大小。图 9.6(b)为输入输出图,该图包括输入曲线和输出曲线,它们分别描述工件的到达情况和完成情况。横坐标为时间,通常以日为单位;纵坐标为工作负荷,通常以小时表示。曲线的垂直段表示某天到达或完成的一个或多个工件所包含的工作量;水平段表示相邻两个到达或完成的任务之间的时间间隔。如果运输时间不变,输入曲线与上道工序的输出曲线相对应。输入曲线和输出曲线表示在一定观察期内任务到达的累积情况和任务完成的累积情况,它们可以从过去任何一天开始构造到现在。实际上,几周时间已足够。两条曲线任一时刻垂直方向的距离表示该时刻在制品占用量(以工作量表示),两条曲线的水平距离表示相应工作任务在该工作地停留的时间。通过

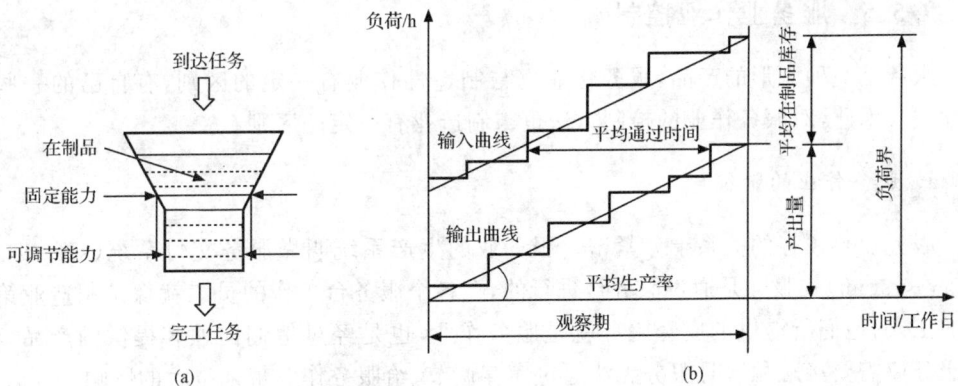

图 9.6　漏斗模型

对生产负荷的控制调整产出的进度,检测产出的时间,同时对产出进行一定的更正,有效地提高了管理效率。

由于管理所侧重的方面不同,"漏斗"模型在进行作业控制的时候又可以分为3种基本的形式。

(1) 监控车间生产过程

在这种形式中,可以利用"漏斗模型"对整个生产系统进行整体和动态的监控,而不仅仅是传统意义上的对某道工序进行监控,能够从整体上把握整个生产过程的进程。在实施生产系统监控时,主要包括两方面内容:一方面,编制监测流程图,监测生产任务从计划到加工结束期间全过程的情况,进而提高整个生产过程中的管理效率。另一方面,建立相应的生产监控和诊断系统,对各个工序的工作情况,进行定期的跟踪,计算相关指标,根据实际指标和计划指标之间的偏差对生产进行调整。这种调整是渐进的、动态的,直到调整到最优为止。

(2) 按交货期做出加工任务的计划并且进行控制

这也是建立在现代的柔性制造理论基础上的方法。传统的作业控制理论认为,特定时间的特定工序,加工能力是一定的,因此,安排计划时应尽量排满就可以了。然而,现代柔性制造理论认为,加工能力应该而且能够进行经常性的调整。适时的调整加工能力可以有效地降低库存和在制品的数量,缩短生产的周期,保证按照制订的时间交货。因此,在下达生产任务时,可以用工序通过时间的缓冲时间,找出对该工序能力要求的一定变化范围,确定投料时间,使工序能力始终处于最佳状态。

(3) 根据生产的实际负荷控制生产的投入指令

按照负荷导向型的计划,依负荷释放任务,根据现有的生产任务和加工能力确定任务和原材料的投放数量。首先,根据生产任务的紧急程度进行安排;第二,确定允许投入物料的界限和时间安排;第三,根据交货期的要求,对所有的加工任务进行排序。在此,计划提前期是管理人虽预先设定的参数,对交货期界限以外的任务暂不安排加工,防止过早投料;最后,根据排序结果,对交货期紧急的任务优先安排,同时应保证与该生产任务相关工序的负荷不超过其负荷界限。

9.5.5 服务业作业控制

服务是一种无形的产品,服务作业也与制造性作业有一定的区别,有自己的一些特殊性质。因此,对服务作业的控制方法也与制造业有一定的区别。

1. 服务作业的特征

服务业与顾客的关系十分紧密。服务业的生产系统叫做服务交付系统(service delivery system)。服务是通过服务台进行的,在各个服务台工作的员工就像是制造业第一线的工人,他们所提供的成套服务就是服务作业,也是经过他们向顾客提供的产品。由于服务业需要接触顾客且服务无法通过库存调节,给服务作业带来很大的影响。

(1) 顾客参与影响服务运作实现标准化和服务效率

顾客直接与服务员工接触,会对服务人员提出各种各样的要求和发出各种各样的指示,使得服务人员不能按预定的程序工作,从而影响服务的效率。顾客参与的程度越深,对效率的影响越大。同时,顾客的口味各异也使得服务时间难以预计,导致所需服务人员的数量难以确定。

(2) 顾客的舒适、方便会造成服务能力的浪费

顾客为了不孤独和与他人分享信息和兴趣,希望与服务人员交谈。为了满足顾客这种需求,则难以控制时间。使顾客感到舒适和有趣的代价损失了服务人员的时间。

(3) 难以获得客观的质量评价

对服务质量的感觉是主观的,服务是无形的,难以获得客观的质量评价。服务质量与顾客的感觉有关。某些顾客如果感到自己不受理或者某些要求不能得到及时的回答,就会感到不满,尽管他们所得到的服务与其他顾客一样多,也会认为服务质量差。因此,与顾客接触的服务人员必须敏感,善于与顾客交往。

2. 服务作业控制的方法

(1) 减少顾客参与的影响

由于顾客参与对服务运作的效率造成不利的影响,就要设法减少这种影响。有各种方法使服务运作在提高效率的同时也能提高顾客的满意度。

1) 通过服务标准化减少服务品种 顾客需求的多样性会造成服务品种无限多,服务品种增加会降低效率,服务标准化可以用有限的服务满足不同的需求。饭馆里的菜单或快餐店食品都是标准化的例子。

2) 通过自动化减少同顾客的接触 有的服务业通过操作自动化限制同顾客的接触,如银行使用自动柜员机,商店的自动售货机。这种方法不仅降低了劳动力成本,而且限制了顾客的参与。

3) 将部分操作与顾客分离 提高效率的一个常用策略是将顾客不需要接触的那部分操作与顾客分离。如在酒店,服务员在顾客不在时才清扫房间。这样做不仅避免打扰顾客,而且可以减少顾客的干扰,提高清扫的效率。另一种方法是设置前台和后台,前台直接与顾客打交道,后台专门从事生产运作,不与顾客直接接触。例如,对于饭馆,前台服务员接待顾客,为顾客提供点菜服务;后台厨师专门炒菜,不与顾客直接打交道。这样做的好处是既可改善服务质量,又可提高效率。此外,前台服务设施可以建在交通方便、市面繁华的地点。这样可以吸引更多的顾客,是顾客导向。相反,后台设施可以集中建在地价便宜的较为偏僻的地方,以效率为导向。

4) 设置一定库存量 服务是不能库存的。但很多一般服务还是可以通过库存来调节生产活动。例如,批发和零售服务,都可以通过库存来调节。

(2) 处理非均匀需求的策略

各种转移需求的办法只能缓解需求的不均匀性,不能完全消除不均匀性。因此,需要采取各种处理非均匀需求的策略。

1) 改善人员班次安排 很多服务是每周 7 天,每天 24h 进行的。其中有些时间是负荷高峰,有些时间是负荷低谷。完全按高峰负荷安排人员,会造成人力资源的浪费;完全按低谷负荷安排人员,又造成供不应求,丧失顾客。因此,要对每周和每天的负荷进行预

测,在不同的班次或时间段安排数量不同的服务人员。这样既保证服务水平,又减少了人员数量。

2)利用半时工作人员 在不能采用库存调节的情况下,可以雇佣半时工作人员,采用半时工作人员可以减少全时工作的固定人员的数量。对一天内需求变化大的服务业或者是季节性波动大的服务业,都可以雇佣半时工作人员。在服务业采用半时工作人员来适应服务负荷的变化,如同制造业采用库存调节生产一样。

3)让顾客自己选择服务水平 设置不同的服务水平供顾客选择,既可满足顾客的不同需求,又可使不同水平的服务得到不同的收入。如邮寄信件,可采用普通平信或特快专递。顾客希望缩短邮寄时间,就得多花邮费。

4)利用外单位的设施和设备 为了减少设施和设备的投资,可以借用其他单位的设施和设备,或者采用半时方式使用其他单位的设施和设备,如机场可以将运输货物的任务交给运输公司去做。

5)雇佣多技能员工 相对于单技能员工,多技能员工具有更大的柔韧性。当负荷不均匀时,多技能员工可以到任何高负荷的地方工作,从而较容易地做到负荷能力平衡。

6)顾客自我服务 如果能做到顾客自我服务,则需求一旦出现,能力也就有了,就不会出现能力与需求的不平衡。顾客自己加油和洗车,超级市场购物,自助餐等,都是顾客自我服务的例子。

7)采用生产线方法 一些准制造式的服务业,如麦当劳,采用生产线方法来满足顾客需求。在前台,顾客仍可按菜单点他们所需的食品。在后台,则采用流水线生产方式加工不同的食品。然后按订货型生产(make-to-order)方式,将不同的食品组合,供顾客消费。这种方式生产效率非常高,从而做到成本低、高效率和及时服务。

—— **小结**

生产作业计划是生产计划的具体执行性计划。它是把企业的全年生产任务具体地分配到各车间、工段、班组以及每个工人,规定他们每月、旬、周、日以至轮班和小时内的具体生产任务,从而保证按品种、质量、数量、期限和成本完成企业的生产任务。本项目介绍了生产作业计划的概念,生产作业计划的编制要求,各车间生产任务的确定方法,生产作业计划编制原则,作业排序的规则等内容。

—— **复习思考题**

1. 生产作业计划的作用?
2. 为什么要制定期量标准?企业有哪些主要的期量标准?
3. 如何确定批量和生产周期?
4. 不同生产类型下,如何编制车间生产作业计划?
5. 怎样正确选择生产批量?
6. 生产中的在制品对企业经济效益有何影响?如何控制在制品的占用量?
7. 为什么要实行生产作业控制?
8. 服务作业有何特征?

9. 如何进行服务作业控制？

草籽娃娃

一、案例背景

草籽娃娃迅速成为这个夏天风行一时的新产品，尽管现在才是 1998 年的 7 月份中旬，可是草籽娃娃自从 4 月中旬开始生产以来，企业已经两次搬迁和扩建其草籽娃娃生产分厂和仓库。即使这样，现在生产水平仍然使其在加拿大安大略省的多伦多工厂的设备生产能力达到了其物理极限。然而草籽娃娃的合伙人拉比，也是商学院的毕业生，却不愿意给其生产主管本·瓦拉蒂实质性的建议。只是说"保持弹性，我们也许会拿到十万件的订单，当时如果这些订单没有到来，我们要求既要保持现有的人员，又不能承担巨大的库存"。基于这种不确定的背景，瓦拉蒂正在寻求提高产能的办法，而这些办法的实施又不能以牺牲弹性和提高成本为代价。

二、产品简介

草籽娃娃是一种眼下风行一时的产品。当主人把草籽娃娃买来时，他们发现是一个光秃秃的惹人喜爱的人头状的东西，将这个小东西浸泡在水里几天后，主人会发现，它会长出一头漂亮的绿色头发。草籽娃娃的主人可以根据自己的喜好和创意变化草籽娃娃的发型，该产品获

得客户的普遍好评。

三、产品制造过程

草籽娃娃是通过一个混合批量流水线生产加工出来的。现有 6 个填充机操作人员和 6 台填充机，把锯末和草籽装进尼龙袋子，制成基本的球形体，操作人员把加工好的球形体放入装载盒中，每盒可装 25 只。在另一个批量生产工作地，一个操作人员用电线在一个简单的模具上制成草籽娃娃的眼镜架。接下来是一个由人工组成的简单流水线。三个塑形工对球体进行塑形加工，将球形塑造成有鼻子和耳朵的人头形状；在塑形工的旁边有两个工人，把做好的眼镜架安装到人头上并将两个塑料眼睛粘贴到眼镜框上；之后由一名工人负责对草籽娃娃进行着色，然后放在架子上进行晾干，经过 5h 后，两个包装工将草籽娃娃装入包装盒包装。

为了研究整个生产能力，瓦拉蒂对生产的时间进行测定。数据是：填充 1.5min/只，塑形 0.8min/只，构造眼镜架 0.2min/只，眼镜和眼睛安装 0.4min/只，着色 0.25min/只，包装 0.33min/只。除去不可避免的休息时间，瓦拉蒂每班次以有效工作时间 7h 计算。

思考题：

1. 请绘制出草籽娃娃的生产流程图。

2. 按瓦拉蒂的计算，一个班次能生产多少只草籽娃娃？其生产瓶颈在哪里？如果一天三个班次，一周最大产能为多少？

3. 如果瓦拉蒂所测量的时间是准确的，那么，一个班次结束后，各个工位的在制品存

量应该是多少?

4. 如果现在接到一个大订单,要求每天产量提高到 5000 只,瓦拉蒂应该怎样处理?

5. 如果通过员工的多技能培训,并允许在工作中相互调剂,您认为情况会有什么变化?

6. 如果来了一个非常重要的客户,要求订制一种特殊成分草籽的草籽娃娃,要求现场制作一批(25 只)样品,要求 45min 内带走。瓦拉蒂能做到吗? 如果是你,怎么办?

7. 你认为既要保持弹性,又要防止在制品过多,在必要时又能提高产能的办法有哪些?

项 目 **10**

独立需求库存控制

—— **教学目标** ——————

1. 理解库存的含义及作用；
2. 了解库存的分类；
3. 理解库存控制的基本模型；
4. 理解典型的库存控制系统；
5. 理解独立需求库存与相关需求库存。

—— **能力目标** ——————

1. 能运用单周期库存基本模型进行库存控制；
2. 能运用多周期库存基本模型进行库存控制。

—— **案例导入** ——————

安德森公司是一家位于美国宾夕法尼亚州专门从事组装高压清洗设备系统的公司，其产品包括从小型便携式高压洗衣机到可用于冬季户外设备的大型扫雪设备，一应俱全，并出售这些产品的维修部件。客户包括通用、福特、克莱斯勒、壳牌石油等著名企业。该公司另外的一块主要业务是装配投币式自动洗车系统。近年来，安德森公司开始陷入了财务危机，在过去的四年中，已有三年亏损。一年的营业额是 124 万美元，而亏损额却达到 18 万美元。库存水平一直在上升，现已达到 12.4 万美元。由于公司近年来连续亏损，公司为偿还债务不得不出售了原用于生产扩展用的土地。

公司管理层包括总裁、销售经理、制造经理、总会计师和采购经理等，共有 23 人。制造经理是组装班长、仓库领班和质量工程师的直接领导者。

库存中的物料大部分是经常使用、销售量较大、需求也很稳定的高压洗车维修部件，如纸巾、去污剂、浓缩蜡等；其他一些用于洗车和扫雪设备装配的部件，也有准确的订单在产品组装前就能事先确定。由于维修部件销量大，通常由两个人负责仓库管理工作，一个是仓库领班，负责向制造经理汇报工作；一个是领班的助手，两人共同掌握客户订单。许多客户直接过来向他们订购他们所需的零部件和其他物品。当他们接到客户电话订货，就由联邦快递当天送货。

仓库中，各种零部件根据供应商不同进行分类摆放。供应商数量不多，每个供应商都能供应许多种不同的零部件。例如,由电动机制造商布朗公司提供的用于组装各种洗车高压泵和发动机的各种电动机就都摆放在同一个地方。

组装车间也有部分库存,主要是日常使用的低值物品,如螺母、螺钉、螺杆、垫圈等。购买这些物料的费用一年也花费不了几个钱,但组装车间却经常发生缺少某种这类基本物料的情况,使得生产线不得不停工而遭到损失。

为了防止缺货,只要仓库领班、采购经理或者制造经理其中任何一人发现库存很低,就由他们下订单补充库存。此外,只要任何时候有人(包括客户或组装部门员工)需要某项物料而这种物料有缺货,就会下订单补充库存。供应商送货情况还是比较好的。因为公司是从批发商处而不是制造商处直接进货,所以只要发现某种零部件缺货,通常在两三天内就能够及时补货。对于库存记录,每次销售的销货单上通常都标明了卖给客户的零部件号码和数量。但关于车间所需物品的情况,没有任何文件记录。如果组装车间发现需要的物料用完了,他们就会派人到仓库去领。去年,仓库物料共有 973 个不同编号,采购金额达 32 万美元。尽管公司未使用计算机,但对去年购买的各部件花费金额也有准确的记录。记录表明,其中购买的 179 种编号的零部件共花费了 22 万美元。

请思考:如果你是这家公司的顾问,请你分析一下库存控制存在的问题并提出改进的建议。

10.1 库存概述

"库存"又被称为"存储"或"储备",它无论对制造业还是对服务业都十分重要。它对保持生产运作的独立性,满足需求的变化,增强生产计划的柔性,克服原来交货时间的波动有着十分重要的意义。当然库存也会带来一些问题,如占用了大量的资金,减少了企业的利润,甚至导致企业亏损。

10.1.1 库存的定义

从一般意义上来说,库存是指企业所有资源的储备。这种资源与是否存放在仓库中没有关系,与资源是否处于运动状态也没有关系。汽车运输的货物处于运动状态,但这些货物是为了未来需要的资源,就是库存,是一种在途库存。这里所说的资源,不仅包括工厂里的各种原材料、毛坯、工具、半成品和成品,而且包括银行里的现金,医院里的药品、病床,运输部门的车辆等。一般地说,人、财、物和信息各方面的资源都有库存问题。专门人才的储备就是人力资源的库存,计算机硬盘贮存的大量信息,是信息的库存。

10.1.2 库存的功能

库存占用资源,就一定会造成浪费,增加企业的开支。那么,为什么还要维持一定量的库存呢?这是因为库存有库存其特定的作用。归纳起来,库存有以下几方面的作用:

1)防止断档 缩短从接受订单到送达货物的时间,以保证优质服务,同时又要防止脱销。

2）保证适当的库存量,节约库存费用。

3）降低物流成本　用适当的时间间隔补充与需求量相适应的合理的货物量以降低物流成本,消除或避免销售波动的影响。

4）保证生产的计划性、平稳性,以消除或避免销售波动的影响。

5）展示功能。

6）储备功能　在价格下降时大量储存,减少损失,以应灾害等不时之需。

尽管库存有如此重要的功能,但生产运作管理的努力方向不是增加库存,而是不断减少库存。实际上,正如本书项目 15 准时生产制将论述的那样,库存掩盖了生产经营过程中的各种矛盾,是应该消除的。我们研究库存,是要在尽可能低的库存水平下满足需求。

10.1.3　库存的分类

不同的企业,库存的对象有所不同。例如,航空公司的库存是其飞机的座位;百货商店的库存是各种各样的商品;电视机厂的库存是各种零部件、产成品等。制造企业的库存可分为原材料、产成品、零部件和在制品等,而服务业的库存则指用于销售的实物和服务管理所必需的供应品。

1. 库存对象

一般而言制造企业的库存对象主要有以下方面:

1）主要原材料　原材料是构成产品主要实体的物资,是重点储备对象,如原棉、原木和原油等,一般称原料。把原料进一步加工后,作为劳动对象提供的产品,称为材料,如棉花、钢材等。

2）辅助材料　它是用于生产过程,有助于产品的形成,在生产过程中起辅助作用,不构成产品主要实体,而是使主要材料发生物理或化学反应的材料。如化学反应中的接触剂催化剂、炼铁用的溶剂等。这类物资虽不构成产品的实体,但供应不上会影响生产。

3）燃料　它是辅助材料的一种,不加入产品,仅仅是帮助产品的形成。燃料是工业能源,如煤炭、石油、汽油和柴油等,都是生产中不可缺少的重要物资。

4）动力　水、电、气、蒸气和压缩空气等。

5）工具　主要是指生产中消耗的刀具、量具和卡具等。

6）外协件、外购件。

7）产成品　生产过程结束,在投入市场销售之前企业中的库存成品。这部分的大小取决于生产速度和市场需要速度相互间的增建关系。

2. 库存分类

通过对上面的库存对象的分析,可以将库存进行以下分类:

(1) 按照库存的作用和性质划分为预期性库存、缓冲性库存、在途性库存和周转性库存

预期性库存,指为预期生产或销售的增长而保持的库存;缓冲性库存,指对未来不肯

定因素起缓冲作用而保持的库存;在途性库存,指运输过程中的库存;周转性库存,指在进货时间间隔中可保证生产连续性而保持的库存。

(2) 按一项物资的需求与其他项的需求关系,可将库存分为独立需求库存和相关库存

来自用户的对企业产品和服务的需求称为独立需求。独立需求最明显的特征是需求的对象和数量不确定,只能通过预测方法粗略地估计。相反,我们把企业内部物料转化各环节之间所发生的需求称为相关需求。相关需求也称为非独立需求,它可以根据对最终产品的独立需求精确地计算出来。比如,某汽车制造厂年产汽车 30 万辆,这是通过预计市场对该厂产品的独立需求来确定的。一旦 30 万辆汽车的生产任务确定之后,对构成该种汽车的零部件和原材料的数量和需求时间是可以通过计算精确地得到的。对零部件和原材料的需求就是相关需求。相关需求可以是垂直方向的,也可以是水平方向的。产品与其零部件之间垂直相关,与其附件和包装物之间则水平相关。

独立需求库存问题和相关需求库存问题是两类不同的库存问题。后者将在后面结合 MRP II 和 ERP 介绍,本项目重点讨论前者。另外,相关需求和独立需求都是多周期需求,对于单周期需求,是不必考虑相关与独立的,企业里成品库存的控制问题属于独立需求库存问题,在制品库存和原材料库存控制问题属于相关需求库存问题。

(3) 按照库存对象库存时间及库存目的可分为经常储备库存、保险储备库存和季节性储备库存

经常储备库存,指某种物资在前后两批进厂的供应间隔期内,为保证生产正常进行所必需的、经济合理的物资储备;保险储备库存,为预防物资到货误期或物资的品种、规格不合要求等意外情况,保证生产正常进行而储备的物资;季节性储备库存,指物资的生产或运输受到季节影响,为保证生产正常进行而储备的库存。

(4) 按对物资需求的重复次数,可将物料分为单周期库存与多周期库存

所谓单周期需求即仅仅发生在比较短的一段时间内或库存时间不可能太长的需求,也被称作一次性订货量问题。圣诞树问题和报童问题都属于单周期库存问题。多周期需求则指在足够长的时间里对某种物品的重复的、连续的需求,其库存需要不断地补充。与单周期需求比,多周期需求问题普遍得多。

单周期需求出现在下面两种情况:①偶尔发生的某种物品的需求;②经常发生的某种生命周期短的物品的不定量的需求。第一种情况如由奥运会组委会发行的奥运会纪念章或新年贺卡;第二种情况如那些易腐物品(如鲜鱼)或其他生命周期短的易过时的商品(如日报和期刊)等。对单周期需求物品的库存控制问题称为单周期库存问题,对多周期需求物品的库存控制问题称为多周期库存问题。

10.1.4 库存控制系统的结构和决策要素

库存控制系统的结构由输出、输入、约束和运行机制四部分组成,如图 10.1 所示。与生产系统不同,在库存控制系统中没有资源形态的转化。输入是为了保证系统的输出(对用户的供给);约束条件包括库存资金的约束、空间约束等;运行机制包括控制哪些参数以及如何控制。在一般情况下,在输出端,独立需求不可控;在输入端,库存系统向外

发出订货的提前期也不可控，它们都是随机变量。可以控制的一般是何时发出订货（订货点）和一次订多少（订货量）两个参数。库存控制系统正是通过控制订货点和订货量来满足外界需求并使总库存费用最低。

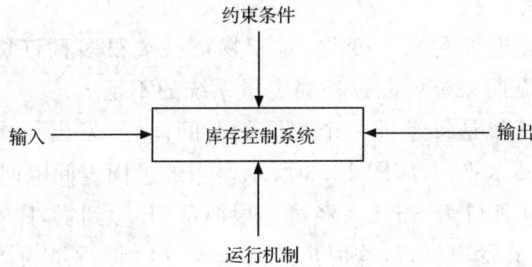

图 10.1　库存控制系统

1. 库存控制系统的分类

库存控制系统都必须解决三个问题：隔多长时间检查一次库存量？何时提出补充订货？每次订多少？按照对以上三个问题的解决方式的不同，可以分成三种典型的库存控制系统。

（1）定量库存控制系统

所谓定量库存控制系统就是订货点和订货量都是固定量的库存控制系统，如图 10.2 所示。当库存控制系统的现有库存量降到订货点（RL）及以下时，库存控制系统就向供应厂家发出订货，每次订货量均为一个固定的量 Q。经过一段时间，我们称之为提前期（LT），所发出的订货到达，库存量增加 Q。订货提前期是从发出订货至到货的时间间隔，其中包括订货准备时间、发出订单、供方接受订货、供方生产、产品发运、提货、验收和入库等过程。显然，提前期一般为随机变量。

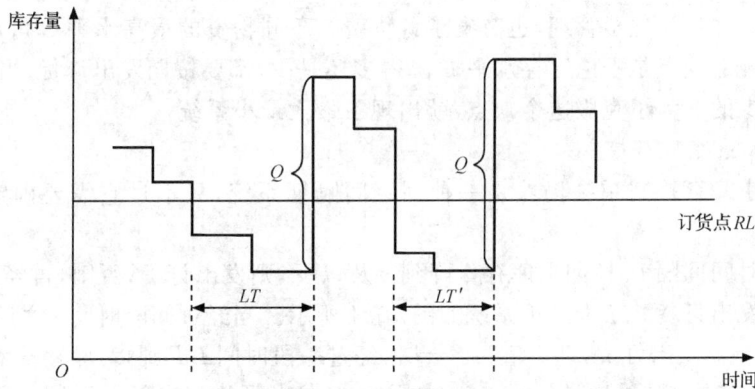

图 10.2　定量系统

要发现现有库存量是否到达订货点 RL，必须随时检查库存量。固定量系统需要随时检查库存量，并随时发出订货。这样，增加了管理工作量，但它使得库存量得到严密的控制。因此，固定量系统适用于重要物资的库存控制。

为了减少管理工作量,可采用双仓系统。所谓双仓系统是将同一种物资分放两仓(或两个容器),其中一仓使用完之后,库存控制系统就发出订货。在发出订货后,就开始使用另一仓的物资,直到到货,再将物资按两仓存放。

(2)定期库存控制系统

固定量系统需要随时监视库存变化,对于物资种类很多且订货费用较高的情况,是很不经济的。固定间隔期系统可以弥补固定量系统的不足。

定期库存控制系统就是每经过一个相同的时间间隔,发出一次订货,订货量为将现有库存补充到一个最高水平 S,如图 10.3 所示。当经过固定间隔时间 t 之后,发出订货,这时库存量降到 L_1,订货量为 $S-L_1$;经过一段时间(LT)到货,库存量增加 $S-L_1$;再经过固定间隔期 t 之后,又发出订货,这时库存量降到 L_2,订货量为 $S-L_2$,经过一段时间(LT)到货,库存量增加 $S-L_2$。

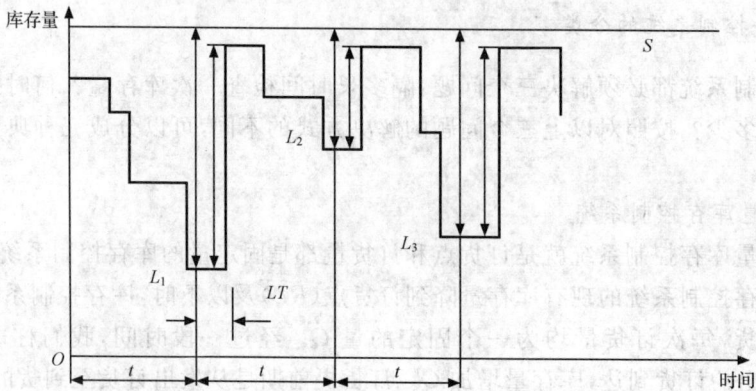

图 10.3　定期系统

固定间隔期系统不需要随时检查库存量,到了固定的间隔期,各种不同的物资可以同时订货。这样。简化了管理,也节省了订货费。不同物资的最高水平 S 可以不同。固定间隔期系统的缺点是不论库存水平 L 降得多还是少,都要按期发出订货,当 L 很高时,订货量是很少的。为了克服这个缺点,就出现了最大最小系统。

(3)最大最小库存控制系统

最大最小库存控制系统仍然是一种固定间隔期系统,只不过它需要确定一个订货点 s。

当经过时间间隔 t 时,如果库存量降到 s 及以下,则发出订货;否则,再经过时间 t 时再考虑是否发出订货。最大最小系统如图 10.4 所示。当经过间隔时间 t 之后,库存量降到 L_1,L_1 小于 s,发出订货,订货量为 $S-L_1$,经过一段时间 LT 到货,库存量增加 $S-L_1$。再经过时间 t 之后,库存量降到 L_2,L_2 大于 s,不发出订货。再经过时间 t,库存量降到 L_3,L_3 小于 s,发出订货,订货量为 $S-L_3$,经过一段时间 LT 到货,库存量增加 $S-L_3$,如此循环。

2. 库存控制系统的结构

库存控制系统的结构分为横向和纵向两个方面。从横向看,企业生产经营过程的各

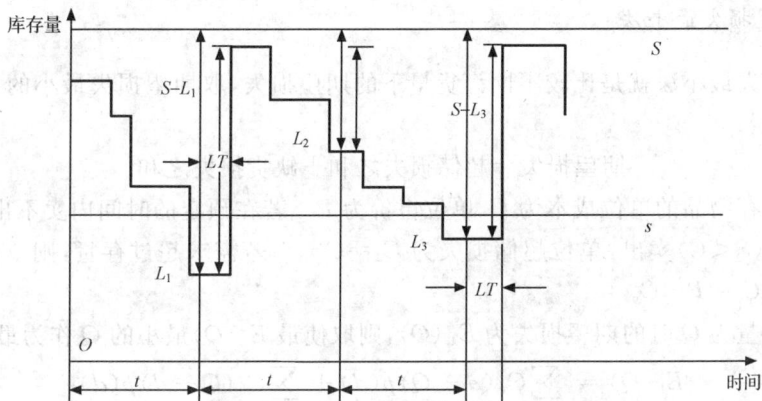

图 10.4 最大最小系统

阶段,包括原材料供应阶段、生产制造阶段和产品销售阶段,都涉及库存问题。从纵向看,企业生产的各层次,包括工厂层、车间层和工序之间,也涉及库存问题。在生产制造阶段,车间之间和工序之间的物资库存或者物资储备,属于生产进度控制的内容,本书所讨论的库存控制主要集中于工厂层的原材料库存和产成品库存问题。

3. 库存控制系统的因素

库存控制系统的主要控制因素有两个,即时间和数量。库存控制是通过订货的时间和订货的数量实现库存控制的。库存控制就是要解决何时订货和每次订多少货这两个基本问题。使库存水平不但在时间上,而且在数量上都经济合理。在订货数量一定的条件下,订货时间过迟,将造成物资供应脱节,生产停顿;订货时间过早,将使物资储存时间过长,储存费用和损失增大。在订货时间一定的条件下,订货数量过少,会使物资供应脱节,生产停顿;订货数量过多,会使储存成本上升和储存损耗增大。选择合适的库存模型和库存制度使库存水平在时间和数量上经济合理,是库存理论研究的主要内容。

10.2 库存控制基本模型

库存控制的基本模型有单周期库存基本模型和多周期库存基本模型。多周期库存基本模型包括经济订货批量模型、经济生产批量模型和价格折扣模型。

10.2.1 单周期库存模型

对于单周期需求来说,库存控制的关键在于确定订货批量。对于单周期库存问题,订货量就等于预测的需求量。确定最佳订货量可采用期望损失最小法、期望利润最大法和边际分析法。

1. 期望损失最小法

期望损失最小法就是比较不同订货量下的期望损失,取期望损失最小的订货量作为最佳订货量。

$$期望损失=超储损失之和+缺货损失之和$$

已知库存物品的单位成本为 C,单位售价为 P。若在预定的时间内卖不出去,则单价只能降为 $S(S<C)$ 卖出,单位超储损失为 $C_0=C-S$;若需求超过存货,则单位缺货损失(机会损失)$C_u=P-C$。

设订货量为 Q 时的期望损失为 $E_L(Q)$,则取使最 $E_L(Q)$ 最小的 Q 作为最佳订货量。

$$E_L(Q) = \sum_{d>Q} C_u(d-Q)p(d) + \sum_{d<Q} C_0(Q-d)p(d) \tag{10.1}$$

式中,$p(d)$ ——需求量为 d 时的概率。

【例 10.1】 依据过去的销售记录,顾客在夏季对某便利店微风扇的需求分布率如表 10.1所示。

表 10.1 某商店微风扇的需求分布率

需求 d/台	0	5	10	15	20	25
概率 $p(d)$	0.05	0.15	0.20	0.25	0.20	0.15

已知,每台微风扇的进价为 $C=50$ 元,售价 $P=80$ 元。若在夏季卖不出去,则每台微风扇只能按 $S=30$ 元在秋季卖出去。求该商店应该进多少微风扇为好。

解 设该商店买进微风扇的数量为 Q,则

当实际需求 $d<Q$ 时,将有部分微风扇卖不出去,每台超储损失为

$$C_0 = C - S = 50 - 30 = 20(元)$$

当实际需求 $d>Q$ 时,将有机会损失,每台欠储损失为

$$C_u = P - C = 80 - 50 = 30(元)$$

当 $Q=15$ 时,则

$$E_L(Q) = [30 \times (20-15) \times 0.20 + 30 \times (25-15) \times 0.15]$$
$$+ [20 \times (15-0) \times 0.05 + 20 \times (15-5) \times 0.15 + 20 \times (15-10) \times 0.02]$$
$$= 140(元)$$

当 Q 取其他值时,可按同样方法算出 $E_L(Q)$,结果如表 10.2 所示。由表可以得出最佳订货量为 15 台。

2. 期望利润最大法

期望利润最大法就是比较不同订货量下的期望利润,取期望利润最大的订货量作为最佳货量。

$$期望利润=需求量小于订货量的期望利润 + 需求量大于订货量的期望利润$$

设订货量为 Q 时的期望利润为 $E_p(Q)$,则

$$E_p(Q) = \sum_{d<Q} [C_u d - C_0(Q-d)]p(d) + \sum_{d>Q} C_u Q_p(d) \tag{10.2}$$

表 10.2 期望损失计算表

订货量 Q	实际需求 d						期望损失 $E_L(Q)$ / 元
	0	5	10	15	20	25	
	$p(D=d)$						
	0.05	0.15	0.20	0.25	0.20	0.15	
0	0	150	300	450	600	750	427.5
5	100	0	150	300	450	600	290.0
10	200	100	0	150	300	450	190.0
15	300	200	200	0	150	300	140.0
20	400	300	200	100	0	150	152.5
25	500	400	300	200	100	0	215.0

【例 10.2】 已知数据同【例 10.1】，求最佳订货量。

解 当 $Q = 15$ 时，

$$E_p(15) = [30 \times 0 - 20 \times (15-0)] \times 0.05 + [30 \times 5 - 20 \times (15-5)] \times 0.15$$
$$+ [30 \times 10 - 20 \times (15-10)] \times 0.20 + (30 \times 15) \times 0.25$$
$$+ (30 \times 15) \times 0.20 + (30 \times 15) \times 0.15 = 287.5$$

当 Q 取其他值时，可按同样方法算出 $E_p(Q)$，结果如表 10.3 所示。由表可以得出最佳订货量为 15，与期望损失最小法得出的结果相同。

表 10.3 期望利润计算表

订货量 Q	实际需求 d						期望利润 $E_p(Q)$ /元
	0	5	10	15	20	25	
	$p(D=d)$						
	0.05	0.15	0.20	0.25	0.20	0.15	
0	0	0	0	0	0	0	0
5	−100	150	150	150	150	150	137.5
10	−200	50	300	300	300	300	237.5
15	−300	−50	200	450	450	450	287.5
20	−400	−150	100	350	600	600	275.0
25	−500	−250	0	250	500	750	212.5

10.2.2 多周期库存模型

1. 经济订货批量模型

经济订货批量（economic order quantity，EOQ）模型最早是由 F. H. Wharris 提出的。该模型有如下假设条件：

1）外部对库存系统的需求率已知，需求率均匀且为常量，年需求率以 D 表示，单位时间需求率以 d 表示。

2）一次订货无最大最小限制。

3）采购、运输均无价格折扣。

4）订货提前期已知，且为常量。

5）订货费与订货批量无关。

6）维持库存费是库存量的线性函数。

7）不允许缺货。

8）补充率为无限大，全部订货一次交付。

9）采用固定量系统。

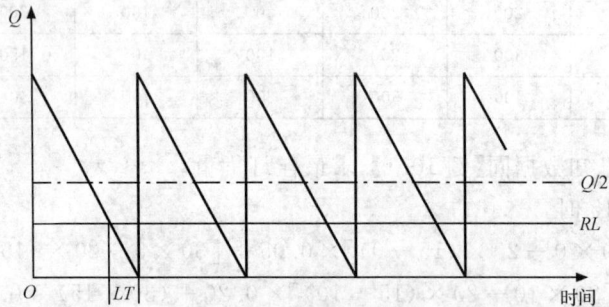

图 10.5　经济订货批量假设下的库存量变化

在以上假设条件下，库存量的变化如图 10.5 所示。从图 10.5 可以看出，系统的最大库存量为 Q，最小库存量为 0，不存在缺货。库存按数值为 D 的固定需求率减少。当库存量降低到订货点 RL 时，就按固定订货量 Q 发出订货。经过一固定的订货提前期 LT，新的一批订货 Q 到达（订货刚好在库存变为 0 时到达），库存量立刻达到 Q。显然，平均库存量为 $Q/2$。

在 EOQ 模型的假设条件下：

$$C_T = C_H + C_R + C_P = H(Q/2) + S(D/Q) + pD \qquad (10.3)$$

式中，C_T——年库存总费用；

C_H——年维持库存费；

C_R——年补充订货费；

C_P——年购买费（加工费）；

S——一次订货费或调整准备费；

H——单位库存维持费，$H = p \cdot h$ 为单价；

P——单价；

h——资金效果系数；

D——年需求量。

年维持库存费 C_H 随订货批量 Q 增加而增加，是 Q 的线性函数；年订货费 C_R 与 Q 的变化呈反比，随 Q 增加而下降，不计年采购费用 C_P，总费用 C_T 曲线为 C_H 曲线与 C_R 曲线的叠加。C_T 曲线最低点对应的订货批量就是最佳订货批量，如图 10.6 所示。为了求出经济订货批量，将式(10.5)对 Q 求导，并令一阶数导数为零，可得

-------------------------------- 现代企业生产与运作管理

$$Q^* = \text{EOQ} = \sqrt{\frac{2DS}{H}} \tag{10.4}$$

式中，Q^*——最佳订货批量或称经济订货批量。

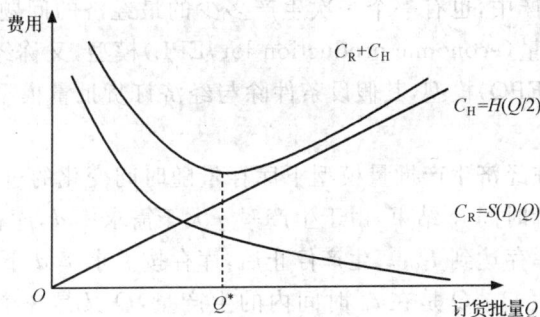

图 10.6　年费用曲线

订货点 RL 可按下式计算

$$RL = D \cdot LT \tag{10.5}$$

在最佳订货批量下，

$$C_R + C_H = S(D/Q^*) + H(Q^*/2)$$

$$= \frac{DS}{\sqrt{\dfrac{2DS}{H}}} + \frac{H}{2}\sqrt{\frac{2DS}{H}} = \sqrt{2DSH} \tag{10.6}$$

从式(10.6)可以看出，经济订货批量随单位订货费 S 增加而增加，随单位维持库存费 H 增加而减少。因此，价格昂贵的物品订货批量小，难采购的物品一次订货批量要大一些。这些都与人们的常识一致。

【例 10.3】　根据生产的需要，某企业每年以 20 元的单价购入一种零件 4 000 件。每次订货费用为 40 元，资金年利息率为 6%，单位维持库存费按所库存物价值的 4% 计算。若每次订货的提前期为 2 周，试求经济订货批量、最低年总成本、年订购次数和订购点。

解　由已知可知 $p = 20$ 元/件，$D = 4000$ 件/年，$S = 40$ 元，$LT = 2$ 周。H 则由两部分组成，一是资金利息，一是仓储费用，即

$$H = 20 \times 6\% + 20 \times 4\% = 2\,[\text{元}/(\text{件} \cdot \text{年})]$$

因此，$\text{EOQ} = \sqrt{\dfrac{2DS}{H}} = \sqrt{\dfrac{2 \times 4000 \times 40}{2}} = 400(\text{件})$

最低年总费用为

$$C_T = p \times D + (D/\text{EOQ}) \times S + (\text{EOQ}/2) \times H$$

$$= 4000 \times 20 + (4000/400) \times 40 + (400/2) \times 2 = 80\,800(\text{元})$$

年订货次数 $n = D/\text{EOQ} = 4000/400 = 10(\text{次})$

订货点 $RL = (D/52) \cdot LT = 4000/52 \times 2 = 153.8(\text{件})$

2. 经济生产批量模型

EOQ 假设整批订货在一定时刻同时到达，补充率为无限大，这种假设不符合企业生

产过程的实际。一般来说,在进行某种产品生产时,成品是逐渐生产出来的,也就是说,当生产率大于需求率时,库存是逐渐增加的,不是一瞬间上去的。要使库存不致无限增加,当库存达到一定量时,应该停止生产一段时间。由于生产系统调整准备时间的存在,在补充成品库存的生产中,也有一个一次生产多少的最经济的问题,这就是经济生产批量问题。经济生产批量(economic production lot, EPL)模型,又称经济生产量(economic production quantity, EPQ)模型,其假设条件除与经济订货批量模型第8)条假设不一样之外,其余都相同。

图10.7描述了在经济生产批量模型下库存量随时间变化的过程。生产在库存为0时开始进行,经过生产时间 t_p 结束,由于生产率 q 大于需求率 d,库存将以 $(q-d)$ 的速率上升。经过时间 t_p,库存达到 I_{max}。生产停止后,库存按需求率 d 下降。当库存减少到0时,又开始了新一轮生产。Q 是在 t_p 时间内的生产量,Q 又是一个补充周期 T 内消耗的量。

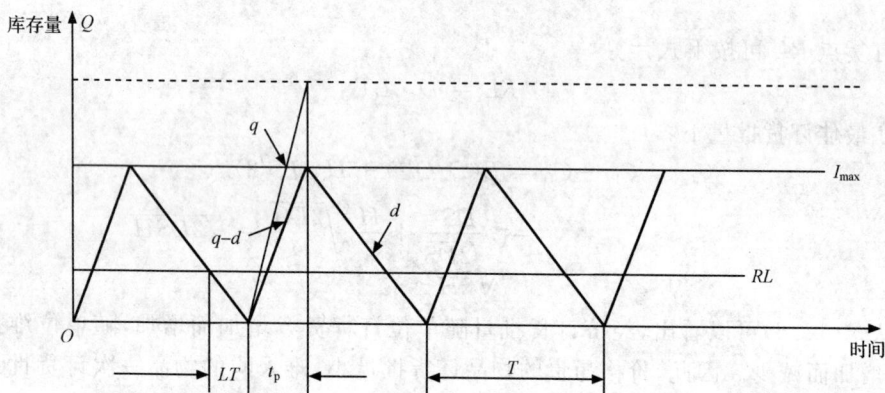

图 10.7 经济生产批量模型假设下的库存量变化

图10.7中,q 为生产率(单位时间产量);d 为需求率(单位时间出库量),$d < q$;t_p 为生产时间;I_{max} 为最大库存量;Q 为生产批量;RL 为订货点;LT 为生产提前期。

在EPL模型的假设条件下,C_P 与订货批量大小无关,为常量。与EOQ模型不同的是,由于补充率不是无限大,这里平均库存量不是 $Q/2$,而是 $I_{max}/2$。于是

$$C_T = C_H + C_R + C_P = H(I_{max}/2) + S(D/Q) + pD$$

问题现在归结为求 I_{max}。由图10.7可以看出

$$I_{max} = t_p(q-d)$$

由 $Q = qt_p$,可以得出 $t_p = Q/q$。所以

$$C_T = H(1 - d/q)Q/2 + S(D/Q) + pD \tag{10.7}$$

等式(10.7)与式(10.3)比较,可以得出

$$EPL = \sqrt{\frac{2DS}{H\left(1 - \dfrac{d}{q}\right)}} \tag{10.8}$$

【例 10.4】 根据预测,市场每年对某公司生产的产品的需求量为 9 000 台,一年按 300 个工作日计算。生产率为每天 50 台,生产提前期为 4 天。单位产品的生产成本为 60

元,单位产品的年维修库存费为 30 元,每次生产的生产准备费用为 40 元。试求经济生产批量 EPL、年生产次数、订货点和最低年总费用。

解 这是一个典型的 EPL 问题,将各变量取相应的单位,代入相应的公式即可求解。

$$d = D/N = 9000/300 = 30(台 / 日)$$

$$EPL = \sqrt{\frac{2DS}{H(1-d/q)}} = \sqrt{\frac{2 \times 9000 \times 40}{30 \times (1-30/50)}} = \sqrt{60\ 000} = 245(台)$$

年生产次数

$$n = D/EPL = 9000/245 = 36.7(次)$$

订货点

$$RL = d \cdot LT = 30 \times 4 = 120(台)$$

最低年库存费用

$$
\begin{aligned}
C_T &= H(1-d/q)Q/2 + S(D/Q) + pQ \\
&= 30 \times (1-30/50) \times (245/2) + 40 \times (9000/245) + 60 \times 9000 \\
&= 542\ 938(元)
\end{aligned}
$$

EPL 模型比 EOQ 模型更具一般性,EOQ 模型可以看作 EPL 模型的一个特例。当生产率 q 趋于无限大时,EPL 公式就同 EOQ 公式一样。

EPL 模型对分析问题十分有用。由 EPL 公式可知,一次生产准备费 S 越大,则经济生产批量越大;单位维持库存费 H 越大,则经济生产批量越小。在机械行业,毛坯的生产批量通常大于零件的加工批量,是因为毛坯生产的准备工作比零件加工的准备工作复杂,而零件本身的价值又比毛坯高,从而单位维持库存费较高。

3. 价格折扣模型

为了刺激需求,诱发更大的购买行为,供应商往往在顾客的采购批量大于某一值时提供优惠的价格,这就是价格折扣。图 10.8 表示有两种数量折扣的情况。当采购批量小于 Q_1 时,单价为 P_1;当采购批量大于或等于 Q_1 而小于 Q_2 时,单价为 P_2;当采购批量大于或等于 Q_2 时,单价为 P_3。$P_3 < P_2 < P_1$。

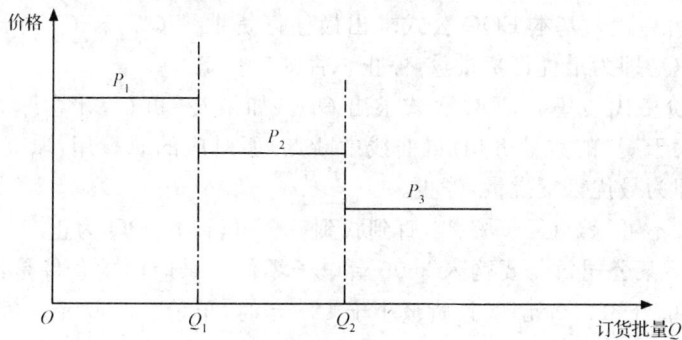

图 10.8 有数量折扣的价格曲线

价格折扣对于供应厂家是有利的。因为生产批量大,则生产成本低,销售量扩大可以占领市场,获取更大利润。价格折扣对用户是否有利,要做具体分析。在有价格折扣的情况下,由于每次订购量大,订货次数减少,年订货费用会降低。但订购量大会使库存增加,从而使维持库存费增加,按数量折扣订货的优点是单价较低,年订货成本较低,较少发生缺货,装运成本较低,而且能比较有效地对付价格上涨。其缺点是库存量大,储存费用高,存货周转较慢且容易陈旧。接不接受价格折扣,需要通过价格折扣模型计算才能决定。

价格折扣模型的假设条件仅有条件3)与 EOQ 模型假设条件不一样,即允许有价格折扣。由于有价格折扣时,物资的单价不再是固定的了,因而传统的 EOQ 公式不能简单的套用。图 10.9 所示为有两个折扣点的价格折扣模型的费用。年订货费 C_R 与价格折扣无关,曲线与 EOQ 模型的一样。年维持库存费 C_H 和年购买费 C_P 都与物资的单价有关。因此,费用曲线是一条不连续的折线。三条曲线的叠加,构成的总费用曲线也是一条不连续的曲线。但是,不论如何变化,最经济的订货批量仍然是总费用曲线 C_T 上最低点对应的数量。由于价格折扣模型的总费用曲线不连续,所以成本最低点或者是曲线斜率(亦即一阶导数)为零的点,或者是曲线的中断点。求有价格折扣的最优订货批量按下面步骤进行。

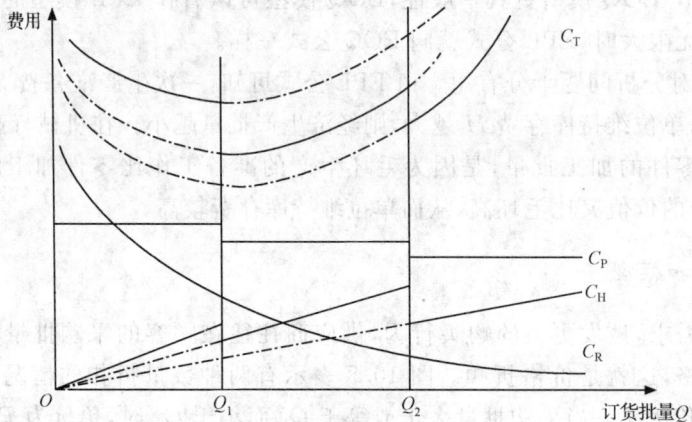

图 10.9 有两个折扣点的价格折扣模型的费用

1) 取最低价格代入基本 EOQ 公式求出最佳订货批量 Q^*,若 Q^* 可行(即所求的点在曲线 C_T 上),Q^* 即为最优订货批量,停止。否则转步骤2)。

2) 取次低价格代入基本 EOQ 公式求出 Q^*。如果 Q^* 可行,计算订货量为 Q^* 时的总费用和所有大于 Q^* 的数量折扣点(曲线中断点)所对应的总费用,取其中最小总费用所对应的数量即为最优订货批量,停止。

3) 如果 Q^* 不可行,重复步骤2),直到找到一个可行的 EOQ 为止。

【例 10.5】 某公司每年要购入 3600 台电子零件。供应商的条件是:①订货量大于等于 125 台时,单价 32.50 元;②订货量小于 125 台时,单价 35.00 元。每次订货的费用为 10.00 元;单位产品的年库存维持费用为单价的 15%。试求最优订货量。

解 这是一个典型的数量折扣问题,求解步骤如下:

1) 当 $C=32.50$ 时,$H=32.50\times15\%=4.88$,$S=10.00$,$D=3600$。

则

$$EOQ(32.50) = \sqrt{\frac{2 \times 3600 \times 10}{4.88}} = 121.47(台)$$

因为只有当订货量大于等于 125 台时,才可能享受单价为 32.50 元的优惠价格,也就是说,121.47 台是不可行的(即 121.47 所对应的点不在曲线 C_T 的实线上)。

2)次低的单价 $C=35.00$ 元时,$H=35.00 \times 15\% = 5.25$,$S=10.00$,$D=3600$。

$$EOQ(35.0) = \sqrt{\frac{2 \times 3600 \times 10}{5.25}} = 117.11(台)$$

当单价为 35.00 元时,经济订货批量取 117 台时,这与供应商的条件是不矛盾的,因而 117 台为可行的订货量。在这里,订货量大于 117 台的数量折扣点只有一个,即 125 台。因此应该分别计算订货量为 117 台和 125 台时的总成本 $C_T(117)$ 和 $C_T(125)$。

$C_T(117) = (117/2) \times 5.25 + (3600/117) \times 10.00 + 3600 \times 35.00 = 126\ 614.82(元)$

$C_T(125) = (125/2) \times 4.88 + (3600/125) \times 10.00 + 3600 \times 32.50 = 117\ 593.00(元)$

由于 $C_T(125) < C_T(117)$,所以最优订货批量应为 125 台。

—— 小结 ——

"库存"又被称为"存储"或"储备",它无论对制造业还是对服务业都十分重要。它对保持生产运作的独立性,满足需求的变化,增强生产计划的柔性,克服原来交货时间的波动有着十分重要的意义。本项目系统地对独立需求库存问题及其模型进行了阐述,提出了库存的定义,分析了库存的作用,提出了库存管理的要求。

—— 复习思考题 ——

1. 库存的作用是什么?
2. 何谓独立需求库存与相关需求库存?
3. 典型的库存控制系统有哪些?
4. 解释期望损失最小法、期望利润最大法。
5. 经济订货批量模型假设条件是什么?
6. 价格折扣模型的假设条件是什么?

—— 案例分析 ——

戴尔的零库存管理

戴尔的库存时间比联想少 18 天,效率比联想高 90%,当客户把订单传至戴尔信息中心后,由控制中心将订单分解为子任务,并通过 Internet 和企业间信息网分派给上游配件制造商。各制造商按电子配件生产组装,并按控制中心的时间表供货。戴尔的零库存是建立在对供应商库存的使用或者借用的基础上,并形成 3% 的物料成本优势。戴尔的低库存是因为它的每一个产品都是有订单的,通过成熟网络,每 20 秒就整合一次订单。

戴尔不懈追求的目标是降低库存量。21 世纪初期,戴尔公司的库存量相当于 5 天的出货量,康柏的库存天数为 26 天,一般 PC 机厂商的库存时间为 2 个月,而中国 IT 巨头联想集团是 30 天。戴尔公司分管物流配送业务的副总裁迪克·亨特说,高库存一方面意味着占有更多的资金,另一方面意味着使用了高价物料。戴尔公司的库存量只相当于一个星期出货量,而别的公司库存量相当于四个星期出货量,这意味着戴尔拥有 3% 的物料成本优势,反映到产品低价就是 2% 或 3% 的优势。

戴尔的零库存是建立在对供应商库存的使用或者借用的基础上。在厦门设厂的戴尔,自身并没有零部件仓库和成品仓库。零部件实行供应商管理库存(VMI),并且要以戴尔订单情况的变化而变化。比如 3 月 5 日戴尔的订单是 9000 台电脑;3 月 6 日是 8532 台电脑等。每天的订单量不一样,要求供应商的送货量也不一样。戴尔订单的数量不确定,则对供应商配件送货的要求也是可变的,对 15 英寸显示屏和 18 英寸显示屏的需求组合是不同的,如 3 月 5 日的显示屏需求组合是(5000+4000),3 月 6 日的需求组合是(4000+5000)等。超薄显示屏和一般显示屏的需求组合变化也是一样的。所以,戴尔的供应商需要经常采取小批量送货,有时送 3000 个,有时送 4000 个,有时天天送货,订单密集时需要一天送几次货,一切根据需求走。为了方便给戴尔送货,供应商在戴尔工厂附近租赁仓库,来存储配件,以保障及时完成送货。这样,戴尔的零库存是建立在供应商的库存或者精确配送能力的基础上。戴尔通过对供应商库存的充分利用来降低自己的库存,并把主要精力放在凝聚订单上。而戴尔公司的成品管理则完全是采取订单式,用户下单,戴尔组装送货。由于戴尔采取了以 VMI、CRM 等信息技术为基础的订单制度,在库存管理方面基本上实现了完全的零库存。

当然戴尔的零库存管理并非戴尔首创,丰田汽车早就把库存视为一种浪费,在生产运营中作为零库存管理的先驱为企业界树立了优秀的榜样,正是戴尔的成功经营和丰田的一路凯歌使得很多企业纷纷效仿,开始追求零库存,然而真正达到零库存目标的企业却凤毛麟角。

思考题:

1. 企业缘何如此重视库存?
2. 库存到底在企业运营管理中处于什么样的地位?
3. 如何才能有效地控制企业库存,从而达到企业目标呢?

➤ 项 目 **11** ➤

制造资源计划(MRPⅡ)

─── **教学目标** ───────

1. 了解 MRPⅡ的发展历程;
2. 理解制造资源计划的基本原理和逻辑;
3. 理解企业应用 MRPⅡ的现实意义;
4. 理解 MRPⅡ的特点;
5. 理解物料清单的构建原则;
6. 熟悉 MRPⅡ的计划层次;
7. 了解 MRPⅡ管理模式的特点。

─── **能力目标** ───────

1. 能制定 MRPⅡ的实施策略;
2. 能运用 MRPⅡ进行物料的管理。

─── **案例导入** ───────

爱博公司是国内高低压电器成套设备的定点生产厂家,拥有 26 家分支企业和若干职能部门。主要的分支企业有成套厂、柜体厂、销售公司、机械厂、研究所。公司本部的职能部门主要有总裁办、总工办、企管部、质管部、财务部、供应部等。集团公司采用股份制形式管理各分支企业。公司按订单组织生产,具有多品种小批量的生产特征。

公司的主导产品有 JK 型、GCD 型、GCK 型等几十种,各产品均有多个结构设计上的标准型,各由数百个品种的零部件装配而成,各有数百个可供用户选择的电气接线方案,由数千种电气元件按不同的方案组装而成。产品的生产制造主要由柜体厂、机械厂、成套厂分工承担。其中,柜体厂主要承担零部件制造,生产按工艺专业化原则分工组织,主要有冲压车间、结构车间和油漆车间。设备多按离散机群式布置,生产过程中零件按成批顺序移动方式有上道工序经质检转入下道工序;机械厂主要承担金属切削件的生产和专用工装模具的制造,也按工艺专业化组织生产;成套厂主要承担产品总装配,按产品对象专业化原则组织生产,分为高压车间和低压车间。

公司内部的生产管理过程大致是:销售公司将订货合同以内部合同的形式转给柜体厂和成套厂。柜体厂以内部合同为依据,制定月、周、日生产计划并监督计划执行情况,完成自制件的原材料采购、自制件的加工、半成品库存等工作，为成套厂提供必要的自制件。成套厂以内部合同为依据，制定月、周、日生产计划，并监督计划执行情况，完成产品结构设计、工艺设计、元器件的采购、库存、产品的组装及质量的检查等工作。

多年来，公司强化管理，成效显著，综合效益和人均利税名列全国前茅。然而，公司的快速发展过程中，在生产经营管理方面存在一些问题，表现在：

1) 在柜体厂、成套厂以及相关的各部门之间，没有形成一个统一的、协调的生产计划，而且各部门之间普遍存在着采用口头或电话等没有严格约束力的信息交换方式，加上许多信息的统计工作采用手工作业，反馈速度慢，造成生产方面的计划、执行、反馈、处理不协调和不一致，时常影响公司按期交货。

2) 月生产计划的可操作性差。各厂主要依据内部合同编制月生产计划，很少考虑车间生产的实际负荷，缺乏准确的生产进度数据。因而，这种月生产计划只具参考价值，各部门还要进一步编制适合本部门并具有可操作性的计划。然而，由于计划编制工作的复杂性以及月份生产计划本身又在不断地变化，使得编制下一层计划难以进行，结果造成车间作业计划、采购供应计划等计划环节薄弱。

3) 公司内部信息共享程度差。如在外的销售人员难以及时了解车间生产安排情况以及可用生产能力；有关部门难以了解产品的技术改进数据，也无法获得动态的库存数据等。

4) 采购计划的制定与执行难度大。编制采购计划需要来自生产计划、产品结构、库存以及车间等方面的信息，编制工作量大。而且，由于生产计划不断变化，采购计划难以跟着变化。另一方面，由于生产部、供应部门、车间和仓库之间没有形成统一的、准确一致的库存与采购动态信息，使编制的采购计划不够准确，因而无法达到准确平衡的物料供应，结果不仅经常造成产生过程的不均衡，而且最终影响交货期。

5) 库存管理效率低。采用手工记账，不仅工作量大，易出错，而且难以及时提供准确的库存信息。

6) 由于车间作业计划工作比较薄弱，使得现场的生产调度与协调难度加大，也就难免存在临时安排性和随意性，造成生产过程中一定程度的不规范和不平衡。

由于以上问题的存在，不利于公司的进一步发展，不利于公司保持竞争优势。因此，公司领导层决定采用现代管理思想与技术，在全集团公司范围内实施 MRP II 系统，并决定采用引进商品化软件加二次开发的方式实施系统。

针对公司多品种、小批量的生产特征以及多变的市场需求，公司确定 MRP II 系统应当是一个以用户订单为驱动，以计划管理为中心的企业级集成系统。其总体目标是缩短产品生产周期，减少流动资金，提高企业经济效益和市场应变能力。

结合公司的实际情况，最后确定 MRP II 系统的主要功能包括销售管理、主生产计划、物料需求计划、车间作业计划、车间作业控制、能力需求计划、应收账、应付账、总账、物资管理、库存管理、成本核算、人力资源管理、设备管理、制造数据管理、综合查询，这些功能基本上覆盖了生产经营的各个方面。同时，MRP II 系统还应当实现与 CAD/CAPP/CAM 的信息集成。

请思考：

1) 下一步该开展哪些工作？

2) 如何开展工作呢？要实现这么多的功能，如果要分步实施，应当先实施哪些功能？后实施哪些功能？

3) 请你为爱博公司 MRP II 系统的建设提出建议。

11.1 MRP概述

物料需求计划(material requirements planning ,MRP)是 20 世纪 60 年代发展起来的一种计算物料需求量和需求时间的系统,是对构成产品的各种物料的需求量与需求时间所做的计划,它是企业生产计划管理体系中作业层次的计划。物料需求计划最初只是一种计算物料需求的计算器,是开环的,没有信息反馈,后来发展为闭环物料需求计划。

11.1.1 订货点法

早在 20 世纪 40 年代初期,西方经济学家就推出了订货点方法的理论,并将其用于企业的库存计划管理。订货点方法的理论基础比较简单,即库存物料随着时间的推移而使用和消耗,库存效益逐渐减少,当某一时刻的库存数可供生产使用消耗的时间等于采购此种物料所需要的时间(提前期)时,就要进行订货以补充库存。决定订货时的数量和时间即订货点。一般情况下,订货点时的库存量都考虑了安全库存量在内。依据订货点的理论,实际工作中又派生出定量订购和定期订购两种基本方法(已在项目 9 中介绍)。

订货点法是基于以下假设:

1) 假定库存项目的需求是常数,即需求是连续的,库存消耗是稳定的;

2) 对多项库存设定一个固定的安全库存,而不考虑需求的变化与库存项目之间的联系;

3) 提前期是常数而不计需求期的变化。

在以上假设条件下,订货点法用于库存管理会出现以下问题:

1) 订货点法面向的是相互独立的需求项目。即认为库存项目是孤立的,每个项目可独立确定需求量和需求期。这对库存中的某些项目是适宜的。如最终项目产品和备件、备品等,然而对生产库存,其库存项目主要是原材料、坯料、零件、组件和部件等。它们的需求量和需求期是相互牵制的。订货点方法认为库存项目全部是独立的,自然会导致库存计划与控制上的不合理。

2) 订货点法的需求量和需求期是通过对库存历史数据资料预测而得到的。这样,只有当这些规律在未来还会重演的情况下,预测才会有意义。然而,实际情况是不可能的,这种使用历史数据的库存管理方法必然会带来较大的误差。

3) 订货点法假定需求是连续的,并按以往的平均消耗率间接地提出需求时间,保证库存在任何时刻都维持在一定水平。一旦库存低于订货点,就立即补充。其订货时间往往较需求时间提前,再加上安全库存,使仓库在实际需求发生以前就有大的存货。

4) 为装配成产品,要求部件、组件、零件和原材料等各库存项目的数量必须配套。否则,即使每个基础上的供货率保证,并不能保证总供货率是准确的。例如,假定各库存项目的供货率为 95%,则 10 个不同基础上联合供货率只有 $0.95 \times 0.95 \times \cdots = 0.95^{10} \approx$

0.6,即 60%,可见按订货点法计划与控制库存,想要在总装时不发生短缺,或者不突击加班,那只是碰巧了。

因此,用再订货点法来处理相关需求问题,是一种很不合理、很不经济和效率极低的方法。它很容易导致库存量过大,需要的物料未到,不需要的物料先到,各种所需物料不配套等问题。

订货点法尽管有上述不足,但直到 20 世纪 60 年代中期还一直被广泛使用。直至MRP 法的出现,才基本被取代。

11.1.2　物料需求计划(MRP)

物料需求计划系统是专门为装配型产品生产所设计的生产计划与控制系统,它的基本工作原理是满足相关性需求的原理。物料需求计划中的物料指的是构成产品的所有物品,包括部件、零件、外购件、标准件以及制造零件所用的毛坯与材料等。这类物料的需求性质属于相关性需求,其特点是:需要量与需要时间确定而已知;需求成批并分时段,即呈现出离散性;百分之百的保证供应。

由于企业中相关需求物料的种类和数量相当繁多,而且不同的零部件之间还具有多层"母子"关系,因此这种相关需求物料的计划和管理比独立需求要复杂得多。对于相关需求物料来说,就很有必要采用已有的最终产品的生产计划作为主要的信息来源,而不是根据过去的统计平均值来制定生产和库存计划。而 MRP(物料需求计划)正是基于这样一种思路的相关需求物料的生产与库存计划。

1. 与物料需求计划相关的概念

在制定物料需求计划中,涉及到一些概念,如独立需求与相关需求,时间分段与提前期等。

1) 独立需求　企业外部需求决定库存量项目的称为独立需求,如产品、成品、样品、备品和备件等。

2) 相关需求　由企业内部物料转化各环节之间所发生的需求称为相关需求,如半成品、零部件和原材料等。

3) 产品结构或物料清单(bill of materials)　简称 BOM,如图 11.1 所示,其提供了产品全部构成项目以及这些项目的相互依赖的隶属关系。

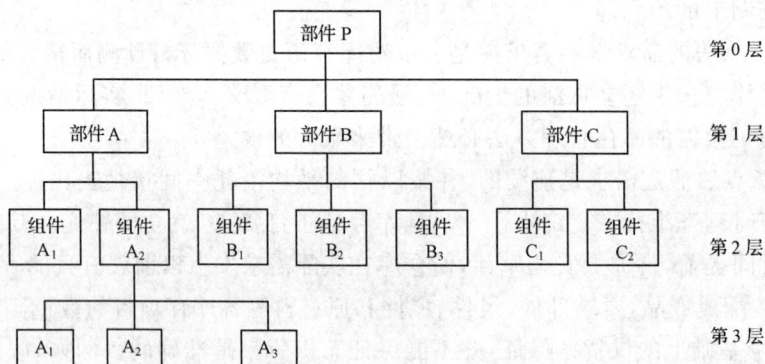

图 11.1　产品结构或物料清单

4）时间分段　将连续的时间流划分成一些适当的时间单元。通常以工厂日历（或称计划日历）为依据，如表 11.1 举例说明。

表 11.1　物料需求展开表（订货批量＝50，订货提前期＝2 周）

时间分段/周　　　记录项目		1	2	3	4	5	6	7	8	9
需求量		40	0	0	70	0	0	0	35	
库存量	60									
计划入库		0	0	0	50	0	0	0	50	
可供货量		20	20	20	0	0	0	0	15	
计划订单下达							50			

由表 11.1 可知，采用时间分段记录库存状态，不但清楚地摆明了需求时间，也可大大降低库存。

5）提前期　不同类型和类别的库存项目，其提前期的含义是不同的。如，外购件：应定义采购提前期，指物料进货入库日期与订货日期之差。零件制造提前期：如项目 9 中表 9.6 所示，指各工艺阶段比成品出产要提前的时间。MRP 对生产库存的计划与控制就是按各相关需求的提前期进行计算实现的。

因此，MRP 基本理论和方法与传统的订货点法有着明显的不同，它在传统方法的基础上引入了反映产品结构的物料清单（BOM），较好地解决了库存管理与生产控制中的难题，即按时按量得到所需的物料。

2. MRP 的原理和逻辑

（1）MRP 的原理

1975 年美国人约瑟夫·奥里奇编写了有关 MRP 的权威性专著，他针对订货点法的应用范围，提出了一些对制造业库存管理有重要影响的新观点，他认为：

1）根据主生产计划（master production schedule，MPS）确定独立需求产品或备件备品的需求数量和日期。

2）依据物料清单自动推导出构成独立需求物料的所有相关需求物料的需求，即毛需求。

3）由毛需求以及现有库存量和计划接收量得到每种相关需求的净需求量

净需求量＝毛需求量－计划接收量－现货量（现有库存量）

4）根据每种相关需求物料的各自提前期（采购或制造）推导出每种相关需求物料开始采购或制造的日期，图 11.2 为 MRP 的处理过程图。

（2）MRP 的目标

1）及时取得生产所需的原材料及零部件，保证按时供应用户所需产品。

2）保证尽可能低的库存水平。

3）计划生产活动与采购活动，使各部门生产的零部件、采购的外购件在装配要求的时间和数量上精确衔接。

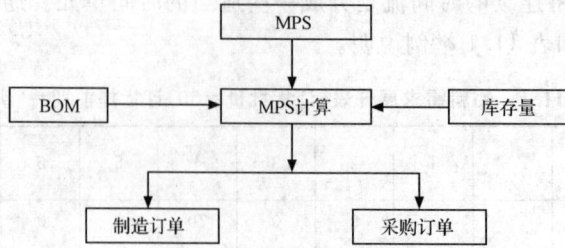

图 11.2 MRP 逻辑图

（3）MRP 的输入信息

1）主生产计划（MPS） 企业主生产作业计划,是根据需求订单、市场预测和生产能力等来确定的,它规定在计划时间内（年、月）,每一生产周期（旬、周、日）最终产品的计划生产量。

2）库存状态 其内容如下:当前库存量,计划入库量,提前期,订购（生产）批量,安全库存量。

3）产品结构信息 产品结构又称为零件（材料）需求明细,如图 11.3 所示。图 11.3 中以字母表示部件组件,数字表示零件,括号中数字表示装配数。从图 11.3 可见,最高层（0 层）的 M 是企业的最终成品,它是由部件 B（一件 M 产品需用 1 个 B）、部件 C（每件 M 产品需用 2 个 C）及部件 E（每件 M 产品需用 2 个 E）组成的。以此类推,这些部件、组件和零件中,有些是工厂生产的,有些可能是外购件。如果是外购件,如图 11.3 中的 E,则不必再进一步分解。

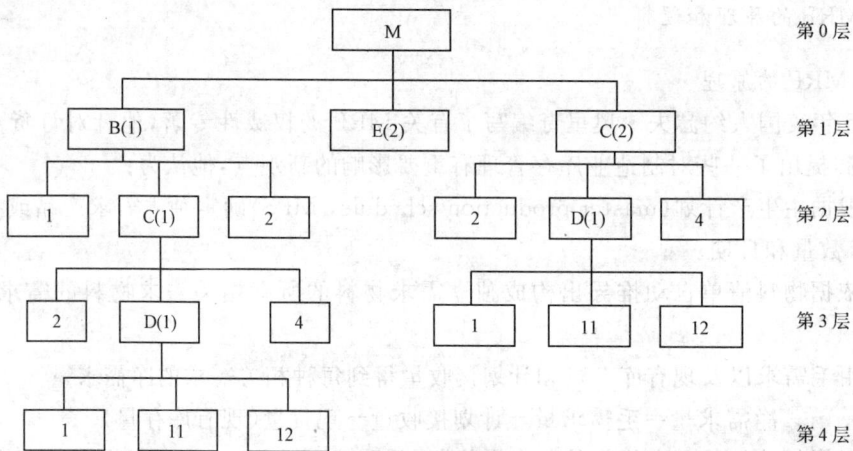

图 11.3 产品 M 的结构

当产品结构信息输入计算机后,计算机根据输入的结构关系自动赋予各部件、零件一个低层代码。低层代码概念的引入,是为了简化 MRP 的计算。当一个零件或部件出现在多种产品结构的不同层次,或者出现在一个产品结构的不同层次上时,该零（部）件就具有不同的层次码。如图 11.3 中的部件 C 既处于 1 层,也处于 2 层即部件 C 的层次代码是 1 和 2。在产品结构展开时,是按层次代码逐级展开,相同零（部）件处于不同层次就会产生重复展开,增加计算工作量。因此当一个零部件有一个以上层次码时,应以它的最低层代码(其中数字最大者)为其低层代码。图 11.3 中各零部件低层代码如表 11.2 所示。一个零件的需求量为其上层(父项)部件对其需求量之和,图 11.3 按低层代码在作第二层分解时,每件 M 直接需要 2 件 C;B 需要 1 件 C,因此,生产 1 件成品 M 共需 3 件 C。部件 C 的全部需要量可以在第二层展开时一次求出,从而简化了运算过程。

（4）MRP 的工作逻辑

在计算机中 MRP 的计算,是以矩阵的形式展开,MRP 的计算是根据反工艺路线的原理,按照主生产计划规定的产品生产数量及期限要求,利用产品结构、零部件和在制品库存情况,各生产(或订购)的提前期、安全库存等信息,反工艺顺序地推算出各个零部件的出产数量与期限。由于它采用电子计算机辅助计算,因此具有以下三个主要特点:

表 11.2　各零部件低层代码

件号	低层代码
M	0
B	1
E	1
C	2
D	3
1	4
2	3
4	3
11	4
12	4

1）根据产品计划,可以自动连锁地推算出制造这些产品所需的各部件、零件的生产任务。

2）可以进行动态模拟,不仅可以计算出零部件需要数量,而且可以同时计算出它们生产的期限要求;不仅可以算出下一周期的计划要求,而且可推算出今后多个周期的要求。

3）计算速度快,便于计划的调整与修正。

11.1.3　闭环 MRP

1. 闭环 MRP 的处理过程

基本 MRP 能根据有关数据计算出相关物料需求的准确时间与数量,对制造业物资管理有重要意义。但它还不够完善,如没有解决如何保证零部件生产计划成功实施问题;缺乏对完成计划所需的各种资源进行计划与保证的功能;也缺乏根据计划实施情况的反馈信息对计划进行调整的功能。因此,在基本 MRP 的基础上,引入了资源计划与保证,安排生产、执行监控与反馈等功能,形成闭环的 MRP 系统,其处理过程如图 11.4 所示。

闭环 MRP 系统的逻辑流程图如图 11.4 所示。

2. 生产数据库

生产数据库的建立,是实施闭环 MRP 的基础。

（1）生产数据库的基础数据

在生产数据库中组织与管理和基础数据主要有:

1）产品定义数据　所谓项目可以定义为一种产品、一个部件或者一个零件,有时也可将原材料、消耗品等定义为项目。产品定义数据是企业管理信息系统中最基本的数据

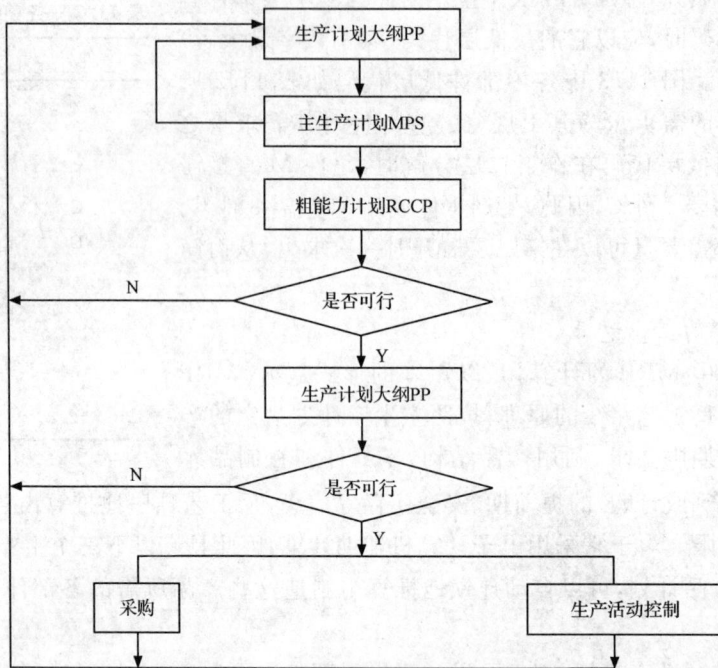

图 11.4　闭环 MRP 逻辑流程图

集合,企业的产品、部件或零件都有唯一的定义和数据描述,如:项目号、项目名称、类型(产品、部件、零件、标准件等),计量单位、批量、安全库存、提前期(安全提前期)制造或采购代码、存放位置、低层代码、工艺路线号、所用材料标准及价格等。

2）产品结构数据（BOM）　描述产品、部件和零件之间的装配关系与数量要求,这部分在产品结构及零件清单中作介绍。

3）加工工艺数据　可以分两级建立与维护,即工艺阶段数据和工艺路线数据。制造过程按物流顺序可以划分为若干工艺阶段。

工艺阶段数据包括:所在车间、提前期、起止工序、价格（或成本）增值及其他有关数据。

工艺路线数据包括:工序号、工序描述、完成该工序的工作中心号、可替代的工作中心号、有无工装、工装号、工序准备时间、到达工作中心作业或批量的运输时间、工时定额、工序提前期。

4）工作中心（能力资源）数据　能力资源主要指人力资源及设备资源。工作中心数据包括:工作中心号、工作中心描述、每班可用机器数（或操作人员数）、工作中心利用率、工作中心效率、每班排产小时数、每天开动班次、工作中心一般排队时间、单位工时成本、单位台时成本和单位时间管理费等。

5）工具数据　工具数据主要内容是:工具号、工具名、工具描述、在工具库中的位置、工具状态、可替代的工具号、工具寿命、已使用的时间累计值和工具寿命计量单位。

6）工厂日历　它是普通日历除去每周双休日、假日停工和其他不生产的日子,并将日期表示为顺序形式而形成。

（2）产品结构及零件清单

1）产品结构 产品结构列出构成产品或装配件的所有部件、组件、零件的组成,装配关系和数量要求。制造业一般都有产品结构复杂、品种繁多的特点。许多企业在基本型产品的基础上进行一些更改如增加或减少某些零部件而形成许多变型产品。产品基型少而变型品种多,既能满足社会多方面的需要,又能减轻企业生产的工作量,提高经济效益。

为满足设计和生产情况不断变化的要求,适应变型产品增加的趋势,BOM 必须设计得十分灵活,使用户既能从 BOM 取得与每种产品相对应的零件清单,又不致在计算机中存贮大量重复的数据。因此,在计算机中采用将项目描述与结构描述分开,产品结构使用单级描述方法,利用以单级清单为基础的产品结构数据,通过程序处理,可以生成不同型式的零件清单来满足生产经营管理的不同要求。

2）零件清单 提供给用户的零件清单,分为展开和反查两种处理方式。展开处理又称为拆零或分解,它通过分解产品或部件,求出其组成成分及每组份的数量。反查处理则与之相反,它是采用追踪各零部件在哪些上级装配件中使用及使用数量多少的方式。每种处理方式又有不同的输出形式,如展开型清单有以下三种输出形式:

① 单级展开,即按水平分层顺序分拆一个装配件,求出它的直接组成部分。

② 层次展开,即按产品、部件的装配形态自上而下分解装配件,直到最基本的零件为止。

③ 综合展开,即按产品汇总列出一个产品所需各种零部件总需要量的清单。

类似于展开型零件清单,反查型零件清单也有单级反查、层次反查和综合反查等输出形式。

3. 能力需求计划

在编制主生产计划时,一般要在总体上进行能力平衡核算,即能力计划工作。但是,对于多品种小批量生产的企业,生产的产品品种,数量每月各不相同,生产能力需求经常变化。当总负荷核算平衡时,每个生产周期、每个工作中心可能并不平衡。所以还要按较短的时间期、更小的能力范围(如工作中心)进行详细负荷核算与能力平衡,称为能力需求计划。闭环 MRP 的能力平衡反映在以下两个层次上。

首先,在主生产计划层次需对独立需求物料用到的关键资源进行平衡。只有对关键资源平衡通过后,才进行 MRP 的运算。因此,主生产计划层次的能力平衡是先决条件,通常称此能力平衡为粗能力计划(rough cut capacity planning,RCCP)。

其次,在 MRP 层次需对相关需求中的所有自制物料所要用到的工作中心(work center,WC)的能力进行平衡,通常称为能力需求计划(capacity requirements planning,CRP)。闭环 MRP 就是在 MRP 系统的基础上,加上能力需求计划和执行计划情况的反馈,形成环形回路。闭环 MRP 已成为较完整的生产计划与控制系统。

能力需求计划处理过程如下:

1）编制工序进度计划 用倒序编排法或工序编排法,利用订单下达(投入)日期(开工期)、计划订单入库日期(完工日期)及数量,进行工序进度计划编制。

2) 编制负荷图　当所有订单都编制了工序进度计划以后。以工作中心为单位编负荷图,如图 11.5 所示。

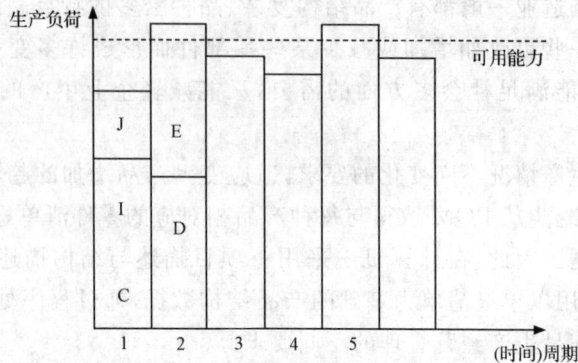

图 11.5　负荷与能力直方图

3) 负荷与能力调平　如果大多数工作中心表现为超负荷或欠负荷,而且超欠量比较大,说明能力不平衡。引起能力不平衡的主要原因有:MPS 计划不全面,能力数据不准确,提前期数据不准确等,对上述因素进行分析,找出原因,逐个纠正,如能力和负荷仍不平衡时,就要通过增加或降低能力;增加或降低负荷;同时调整能力和负荷等方法,将能力与负荷调平。

累计负荷:	170	376	570	762	982	1178
累计能力:	200	400	600	800	1000	1200
负荷率:	85	103	97	96	110	98
累计负荷率:	85	94	95	95	98	98
工作中心:	3507					

4. 生产活动控制

通过能力需求计划,使各工作中心能力与负荷需求基本平衡,为组织生产活动、安排作业(派工)打下基础。如何具体地组织生产活动、安排作业顺序和及时反馈信息,对生产活动进行调整与控制,使各种资源合理利用又能按期完成各项订单任务,是需要进一步讨论的问题。

(1) 作业排序

如前所述,通过执行能力需求计划,已初步排定各工作中心每周期的具体工作任务。但是在同一周期,一个工作中心往往有多个任务等待完成,如工作中心 3507 在第一周期有 J、I、C 等任务需完成。这时应该先加工哪一个零(部)件,后加工哪一个零(部)件,才能使整个任务加工时间短、保证按期完工,又使资源利用率高,这就是作业排序的任务。

(2) 任务下达

任务下达过程如下:

1) 按工作中心建立可排序的作业集合。

2) 计算各作业的优先级。

3) 下达任务。

在工作中心排序的作业集合中,将最高优先级的作业分配给第一台可利用的机器;下一个最优先级的作业分配给第二台机器,如此下去。当全部工作中心可利用的机器都安排了一个作业后,模拟时钟增加一个步距,在第一个工作中心再次开始,直到时间达到规定时间为止。

根据作业分配的结果,输出作业分配表。现场操作人员根据作业分配表进行生产活动。

11.2 MRPⅡ原理与逻辑

11.2.1 MRPⅡ的概念

MRPⅡ是制造资源计划的简称,由于制造资源计划的英文是 manufacturing resources planning 缩写为 MRP,为了区别物料需求计划(MRP),所以称物料需求计划为 MRPⅠ或者 MRP,而称制造资源计划为 MRPⅡ。MRPⅡ究竟是什么? 不同的人接触的角度不一样,对 MRPⅡ的了解和认识不同,可能会有各种不同看法和认识,常见的说法是:"MRPⅡ是计算机辅助企业管理系统"或"MRPⅡ是计算机辅助企业管理软件"。MRPⅡ是一种适用于多品种、多级制造装配系统的具有代表性的管理思想、管理规范和管理技术。

MRPⅡ的制造资源是企业的物料、人员、设备、资金、信息、技术、能源、市场、空间和时间等用于生产的资源的统称。

MRPⅡ的计划反映了它是以计划管理为主线的生产经营管理模式,其基本思路是对企业的制造资源在周密的、客观的计划下得到最有效的、充分的利用。

MRPⅡ贯穿于企业生产制造的全过程,充分体现"三结合"原则,即把企业长远发展宏观计划和企业接受订单确定要求的中层计划、产品计划,零部件和原材料等微观计划结合起来;把执行计划和阶段工作结合起来;把企业物流、信息流及资金流有机结合起来。

MRPⅡ是在生产实践中产生,并不断完善反过来指导实践,具有广泛的通用性。

MRPⅡ与计算机的关系是相辅相成,它们相互依赖相互促进。

MRPⅡ的发展可分为四个阶段:

1) MRP 阶段 作为一种库存计划方法的改进的物料需求计划。

2) 闭环 MRP 阶段 作为一种生产作业计划与控制系统的闭环需求计划阶段。

3) MRPⅡ阶段 作为一种企业生产管理计划系统的制造资源计划阶段。

4) ERP 阶段 是 MRPⅡ的新发展,它融合多种现代管理思想和方法,反映在信息企业管理趋势的企业资源计划阶段。

11.2.2　MRPⅡ实施的基本条件

实施 MRPⅡ除需要计算机硬、软件以外,还需要以下基本条件。

1. 客观需要是企业实施 MRPⅡ的动力

成功实施 MRPⅡ是企业为适应市场经济的需要为在市场竞争中取胜,企业有提高生产管理水平,提高生产效率,降低库存、缩短生产周期,改善用户服务水平的强烈愿望,而 MRPⅡ正是企业实现上述愿望的有效方式。这样,企业才能真正认真开发 MRPⅡ系统并坚持实施。

2. 组成以企业领导为首的资产决策机构,是实施成功的重要条件

MRPⅡ系统成功的关键所在是"人"。高层管理人员的参与程度,中层管理人员的积极性,以及员工对 MRPⅡ的态度,是企业成功实施 MRPⅡ的重要条件。

3. 完整和准确的数据是 MRPⅡ实施的基础

MRPⅡ系统需要大量的数据,这些数据应力求准确,否则运用 MRPⅡ系统所作的决策就会失误,起不到提高生产效益,降低库存,缩短提前期和生产周期等的目的。

4. 教育培训提高员工队伍素质,是实施 MRPⅡ的主要保证

企业员工素质在现代企业中的作用愈来愈大。主要是因为现代企业生产中所运用的科学技术,包括管理技术,要求员工必须具备一定的文化水平和技术水平。对员工进行针对性的教育培训,让他们积极参与到 MRPⅡ的开发和实施工作中,使企业从领导到基层管理人员,从开发人员到用户,齐心协力、互相配合,保证系统顺利实施。

11.2.3　MRPⅡ的原理

在由 MRP 发展到闭环 MRP 后,人们又认识到了闭环 MRP 的一些不足,如:①计划的源头是从生产计划大纲(PP)及主生产计划(MPS)开始,而对企业的高层、长远经营规划尚无考虑;②另外闭环 MRP 中包含了以制造为主线的物流和信息流,但企业中非常重要的资金流却无反映。针对闭环 MRP 的不足和局限,在 20 世纪 70 年代末 80 年代初,有关专家在闭环 MRP 的基础上加入了企业的高层长远经营规划(宏观决策层)及企业的财务职能形成了制造资源计划(MRPⅡ)。有关 MRPⅡ与闭环 MRP 的主要区别可参见表 11.3。

表 11.3　MRPⅡ与闭环 MRP 的主要区别

对象 \ 区别	计划源头	系统模块
闭环 MRP	生产计划大纲 PP	生产计划
MRPⅡ	经营规划 BP	生产计划与控制子系统 经营子系统 财务子系统

1. MRPⅡ的信息集成

MRPⅡ最大的成就在于把企业经营的主要信息完成了集成。在物料需求计划的基础上向物料管理延伸,实施对物料的采购管理,包括采购计划、进货管理、供应商账务管理及档案管理和库存账务管理等;由于系统已经记录了大量的制造信息,包括物料消耗、加工工时等,在此基础上扩展到产品成本的核算,成本分析;主生产计划和生产计划大纲的依据是客户订单,因此,向前又可以扩展到销售管理业务。因此,已不能从字面上来理解"制造资源计划(MRPⅡ)"的含义。

MRPⅡ的通用软件所含有的数据库包括了企业最主要的数据,主要有:客户数据、库存数据、工艺规程数据、BOM表、物料数据、主生产计划、加工中心数据、物料需求计划、能力需求计划、工厂日历、工作指令数据、车间控制数据、采购数据和成本数据。

MRPⅡ软件所包含的模块也非常丰富,功能也越来越强。一般有关于销售管理、物料管理、财务管理、生产计划与控制,以及报表等模块。

2. MRPⅡ系统的特点

MRPⅡ系统的特点可从6个方面来说明,每一个特点都含有管理模式的变革和人员素质或行为规范的变革。

1)计划的一贯性和可行性 MRPⅡ系统是一种计划主导型的管理模式,计划层次从宏观到微观,从战略到战术,由粗到细逐层细化,但始终保持与企业经营战略目标一致。"一个计划"是MRPⅡ系统的原则精神,它把通常的三级计划管理统一起来,编制计划集中在厂级职能部门,车间班组只是执行计划、调度和反馈信息。计划下达前反复进行能力平衡,并根据反馈信息及时调整,处理好供需矛盾,保证计划的一贯性、有效性和可执行性。

2)管理系统性 MRPⅡ系统是一种系统工程,它把企业所有与生产经营直接相关部门的工作联成一个整体,每个部门都从系统整体出发做好本岗位工作,每个人都清楚自己的工作同其他职能的关系。只有在"一个计划"下才能成为系统,条框分割各行其是的局面将被团队精神所取代。

3)数据共享性 MRPⅡ系统是一种管理信息系统,企业各部门都依据同一数据库的信息进行管理,任何一种数据变动都能及时地反映给所有部门,做到数据共享,如图11.6所示,在统一数据库支持下按照规范化的处理程序进行管理和决策,改变过去那种信息不同、情况不明、盲目决策、相互矛盾的现象。为此,要求企业员工用严肃的态度对待数据,专人负责维护,保证数据的及时、准确和完整。

4)动态应变性 MRPⅡ系统是一个闭环系统,它要求跟踪、控制和反馈瞬息万变的实际情况,管理人员可随时根据企业内外部环境条件的变化迅速做出响应,及时决策调整,保证生产计划正常进行。它可以保持较低的库存水平,缩短生产周期,及时掌握各种动态信息,因而有较强的应变能力。为了做到这一点,必须树立全员的信息意识,及时准确地把变动了的情况输入系统。

5)模拟预见性 MRPⅡ系统是生产经营管理客观规律的反映,按照规律建立的信

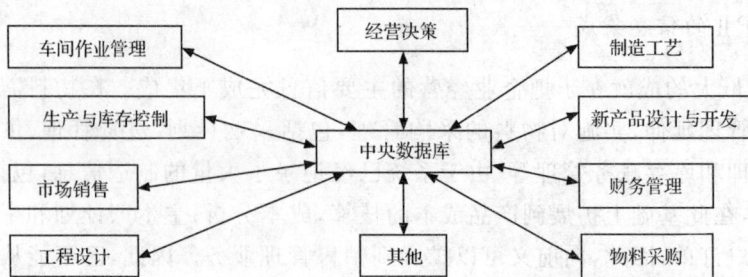

图 11.6　中央数据库支持下的 MRPⅡ

息逻辑必然具有模拟功能。它可以解决"如果怎样……将会怎样"的问题,可以预见相当长的计划期内可能发生的问题,事先采取措施消除隐患,而不是等问题已经发生了再花几倍的精力去处理。这将使管理人员从忙忙碌碌的事物堆里解脱出来,致力于实质性的分析研究和改进管理工作。

6)物流、资金流的统一　MRPⅡ系统包罗了成本会计和财务功能,可以由生产经营活动直接产生财务数字,把实物形态的物料流动直接转换为价值形态的资金流动,保证生产和财会数据一致。财会部门及时得到资金信息用来控制成本,通过资金流动状况反映物流和生产作业情况,随时分析企业的经济效益,参与决策,指导经营和生产活动,真正起到会计师和经济师的作用。同时也要求企业全体员工牢牢树立成本意识,把降低成本作为一项经常性的任务。

3. MRPⅡ的功能

当今不同的企业在经营过程中所面临的共性问题有:

1)资金短缺,原材料涨价,产品积压,库存资金占用多。

2)应变能力差,用户服务水平差,不能保证交货期。

3)信息反馈不及时,预测能力差,产品更新换代慢,市场竞争能力差。

4)生产管理水平低,计划跨度长,设备利用率低,生产成本高,生产周期长。

5)投标、竞标能力差。

实施 MRPⅡ将会给企业带来许多方面的效益。具体如下:

1)保证交货期,提高服务水平,缩短生产周期。

2)增强应变能力,提高竞争力,减少资金占用。

3)提高设备利用率,杜绝或减少物料短缺。

4)监控成本,找出差异,明确责任,改进管理,降低成本,降低库存。

5)提高市场预测能力,提高竞标、投标能力,充分有效利用企业各种资源。

MRPⅡ所以能解决企业存在的问题,主要是如下两方面所决定。

1)MRPⅡ的手段功能。

2)依靠计算机这一有力工具来统一数据,及时反馈,使企业管理人员心中有数,有预见性,对可能出现的问题采取相应的、及时的、有效的措施。

4. MRPⅡ各层次的功能

从 MRPⅡ的逻辑流程图可以看出,它可以划分为五个层次。各层次间一脉相承,逐级(层)细化、互为因果。MRPⅡ的五层次的主要区别就在于计划内容的详细程度、计划的时间跨度及周期不同。一般把前三个层次(经营规划、生产计划大纲和主生产计划)称为主计划。

MRPⅡ的计划层次虽然各有特点,但其突出的共性就是在每个层次都要解决三个基本问题。即:打算生产什么?(生产的目标)能够生产什么?(能力的限制)怎样解决需求与能力之间的差异?

(1)经营规划(层次1)

经营规划是企业计划与控制的最高层次,也是 MRPⅡ的最高层次。该层次是对企业的经营目标(通常用货币值表示)、方针及财务和资源能力的长远规划。如市场的选择与目标,产品方向的选择及质量要求,设备的更新与改进,厂房、厂区的扩建或缩小,所需的水、电、气和油等资源的长远供应情况。计划跨度为 2~7 年,计划周期 0.5~1 年,即每 0.5~1 年核实、修订一次。

编制经营规划所需的信息通常是由市场销售、技术、生产、财务或战略规划室等几个部门提供,经营规划一旦制定后,反过来要指导这些部门的工作。

经营规划是推动企业其他层次计划的动力,是企业长期的、宏观的、战略的发展总目标,企业的全体员工都在直接或间接地为实现经营规划做出各自的贡献。

(2)生产计划大纲(层次2)

生产计划大纲承上启下,是对经营规划的细化和分解。生产计划大纲的输入来自经营规划的输出,而生产计划大纲的输出又是主生产计划的输入。生产计划大纲根据经营规划确定的企业生产的产品方向,进一步解决产品系列的生产数量及所需资源,协调需求与可利用资源的矛盾。

生产计划大纲计划跨度为 1~3 年,计划周期为 1~3 个月。生产计划大纲的编制除同经营规划一样需市场销售、技术、生产和财务等部门提供的信息外,最主要的输入是经营规划所确定的以货币值形式表示的企业销售目标及库存水平。生产计划大纲就是围绕经营规划确定的销售目标及库存水平,编制切实可行的、进一步细化的计划。

生产计划大纲仍是企业宏观的计划。

(3)主生产计划(层次3)

主生产计划是确定每一具体的最终产品在每一具体时间段内生产数量的计划。这里的最终产品是指对于企业来说最终完成、要出厂的完成品,它要具体到产品的品种、型号。这里的具体时间段,通常是以周为单位,在有些情况下,也可以是日、旬、月。主生产计划详细规定生产什么、什么时段应该产出,它是独立需求计划。主生产计划根据客户合同和市场预测,把经营计划或生产大纲中的产品系列具体化,使之成为展开物料需求计划的主要依据。起到从综合计划向具体计划过渡的承上启下作用。

(4)物料需求计划(层次4)

物料需求计划是对主生产计划的进一步细化和分解,是对主生产计划所确定的最终项目需要的零部件和原材料,按制造顺序和结构详细分解,并以时间段(需求的优先顺序)

来确定全部物料的需求数量、需求时间、生产或采购时间及完成入库时间。并对物料所需的生产能力(设备、工时和机时等)以工作中心为基本单元,按时间段全部进行平衡。平衡通过后,才可进入下一个层次。MRP 的计划跨度为 3~18 个月,计划周期为 1 天~1 周。

(5)作业执行(层次 5)

本层次是执行层次,是对经过 MRP 运算及能力平衡后下达的物料需求计划,按物料的来源不同(是外购还是自制)分别进行采购或制造作业及监控,并将执行情况反馈,根据反馈的情况对上层或前几层计划进行调整和修订。该层次计划跨度为日~月,计划周期为小时~日。

从上面五个层次的计划特点可看出 MRPⅡ计划的跨度从企业的建厂规划、长远经营规划等宏观计划开始,至车间的日常作业计划等微观计划,直至计划得到执行,都是一脉相承的。逐层分解,层层细化,上层的结果(输出)作为下一层的起因需求和输入。使企业从宏观到微观、从粗计划到细计划始终体现着一个计划、一个目标的最基本的统一精神。

5. MRPⅡ的逻辑

制造资源计划(MRPⅡ)系统的逻辑流程图如图 11.7 所示。在流程图上,右侧是计

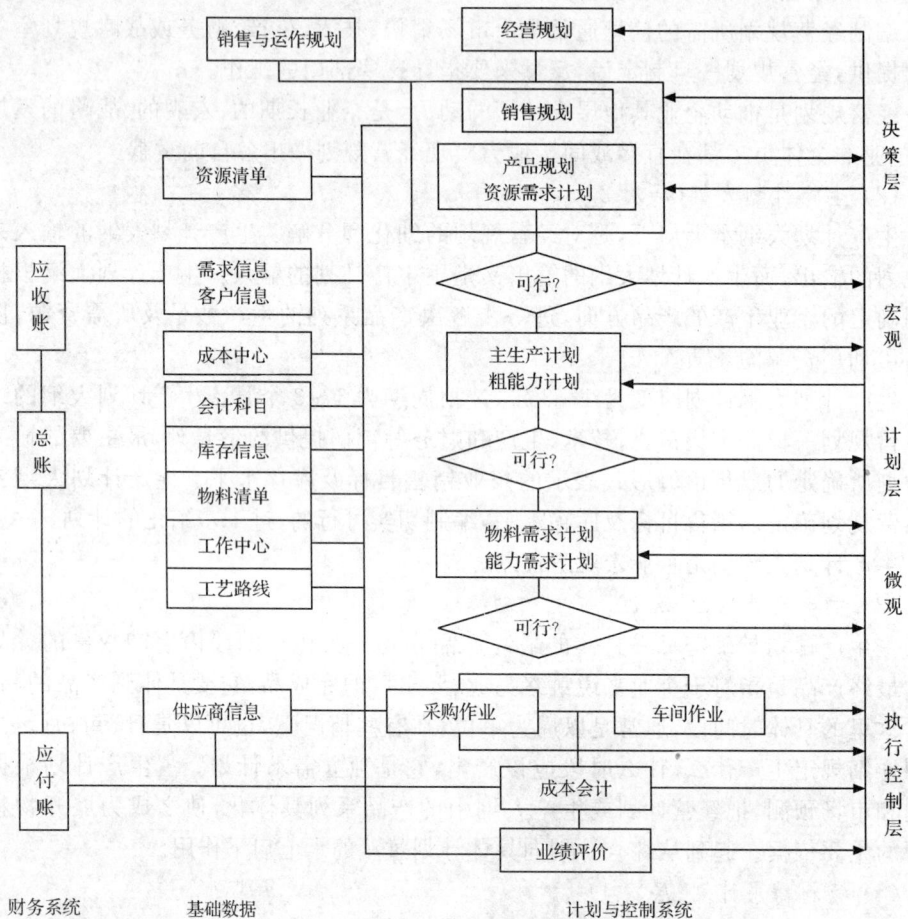

图 11.7　MRPⅡ系统的逻辑流程图

划与控制的流程,它包括了宏观决策层、计划层和控制执行层,这些功能系统构成了企业的经营计划管理流程。图的中间部分是基础数据,除了物料清单、库存信息、工艺路线和工作中心等数据之外,还包括会计科目和成本中心的数据。这些数据以数据库的形式储存在计算机数据库管理系统中,以便各部门沟通和共享,达到信息的集成。左侧是财务管理系统,有总账管理、应收账管理和应付账管理等。流程图上最后一个框图是业绩评价,即对MRPⅡ系统的成绩和效果进行评议,以便进一步改进和提高。

由于MRPⅡ将经营、财务与生产系统相结合,并且具有模拟功能,因此它不仅能对生产过程进行有效的管理和控制,还能对整个企业计划的经济效果进行模拟,对辅助企业高级管理人员进行决策具有重要的意义。

6. MRPⅡ系统的实施环境

有相当多的企业虽然试用了MRPⅡ系统,但并不是都取得了成功。其中的原因是多方面的,但一个重要的原因便是这些失败了的企业并没有提供一个合适的实施MRPⅡ系统的环境。那么,能使MRPⅡ系统有效实施的环境是什么呢? 这就是下面部分将要解答的问题。

MRPⅡ系统并不是万能的,一般主要适用于具有下列特点的企业:

1) 产品的BOM层次较多。

2) 有较大的批量规模。

3) 需求量、生产工艺、生产能力以及供应商有一定的稳定性和可靠性。

4) 多品种、中小批量的生产组织形式。

MRPⅡ系统的最独特的优势在于它的相关需求物料的管理方法。当产品的BOM层次较多时,相关需求物料的种类和数量将是非常庞大的,它们的采购、加工和库存是企业管理中最复杂的一部分,也是最影响企业竞争力的因素。由于MRPⅡ系统很好地解决了相关需求物料的管理问题,因此MRPⅡ首先在机械、电子等行业得到了应用,这些行业的产品中BOM层次一般较多。一般情况下,在使用MRPⅡ的企业,BOM的平均层次是6层以上。此外,当各种产品有一定批量时,MRPⅡ系统可发挥较大威力,而如果属于单件生产或极小批量生产,MRPⅡ就不一定能带来很大的效果。

MRPⅡ系统中逻辑计算的另一个前提是,计算所用到的粗需求、预计入库量、计划发出订货量等数据是现实的、可靠的,否则计算出来的东西就无任何意义。这就要求对需求的预测有一定的可靠性(如果主要是以订单生产,这一点就很容易保证),同时,也要求生产工艺和生产能力有一定的稳定性,要求供应商的交货时间比较可靠。如果生产现场经常出废品、生产能力经常出现卡壳的瓶颈环节、外购件经常不能按时交货或经常出现质量问题,都会影响到MRPⅡ系统的正常运行。从这个意义上来说,企业要想实施MRPⅡ,首先需要建立企业的科学管理基础。

最后,在生产组织方式上,采用中、少量成批生产方式的企业,也就是说,混合生产组织方式的企业,能够从MRPⅡ的实施中获得更大的益处。这种企业通常有多种品种,每一品种有一定的批量,采取轮番生产的方式。这些特点不是成功实施MRPⅡ系统所必需的,但在这种环境中,MRPⅡ系统能够被最好地应用,发挥其最大的优势。而在工艺对象专业化和产品对象专业化的这两种极端的组织方式之下,MRPⅡ的优势就不那么明显。

总之,MRPⅡ的思想和管理观念具有广泛的适用性,但在其具体方法的应用上,必须结合产品的工艺特点和需求特点来考虑,否则将会事倍功半。当然,随着 MRPⅡ 系统的继续发展,它将会克服到目前为止的许多约束,在更大范围内发挥其优势。但在任何情况下,MRPⅡ系统的实施都离不开对具体应用环境的仔细考虑和科学管理基础的建立。

7. MRPⅡ系统的发展

随着社会经济和科学技术的进步,MRPⅡ也在不断发展。当前企业管理的目标是实现全球战略的国际化经营,提高企业在国际市场中的竞争地位。在这种形势下,MRPⅡ的实践与开发主要体现在以下几个方面:

1) 融合其他现代管理思想和方法来完善自身系统。特别是同准时生产制、全面质量管理、优化生产技术和同步生产等现代生产方式相融合,以提高系统的适应变化能力和优化生产过程。

2) 根据现代企业管理发展的需要,为生产厂同分销网点信息集成而开发的分销资源计划系统,为主机厂同配套厂信息集成而开发的多工厂管理系统,为建立供需双方业务联系的电子数据交换系统等,都将与 MRPⅡ系统集成。

3) 在企业内同其他管理系统和生产技术系统之间建立接口。例如,在计算机集成制造系统中,MRPⅡ同计算机辅助质量管理系统是管理领域的两项主要系统。它要同设计领域中的计算机辅助设计(CAD)、计算机辅助工艺设计(CAPP)和成组技术系统等接口;要同制造领域中的计算机辅助制造(CAPP)、柔性制造系统(FMS)和仓储自动化(AS/RS)接口,实现更大范围的集成。

MRPⅡ是以计划和制造为主线的管理信息系统,但计划和制造并不是企业管理的全部内容,当今出现了企业需求计划(ERP)的概念。

(1) ERP 的管理思想

企业需求计划(enterprise requirements planning, ERP)是在 MRPⅡ的基础上扩大了管理的功能和使用范围。从功能上讲,它把企业的研究与开发管理、人力资源管理等管理功能集成进去,充分有效地利用企业的各种资源,来发挥整体效益。在使用范围上,ERP 通过远程通讯网将多种计算机环境下的各个企业的管理信息系统集成在一起,非常适合于大的跨国集团公司。

ERP 已进行了较长时间的理论上的探讨,也有些大的软件公司已经开始了 ERP 应用软件的开发工作,但由于技术难度太大,实际进展并不顺利。

(2) ERP 对 MRPⅡ的超越

ERP 包含的功能除了 MRPⅡ(制造、供销和财务)外,还包括工厂管理、质量管理、实验室管理、设备维修管理、仓库管理、运输管理、过程控制接口、数据采集接口、电子通信、法规与标准、金融投资管理和市场信息管理等。它将重新定义各项业务及其相互关系,在管理和组织上采取灵活的方式,对供需链上供需关系的变动,同时、敏捷和及时地做出响应;在掌握准确、及时和完整信息的基础上,做出正确的决策,尽力能动地采取措施。

11.3 MRPⅡ的综合分析

MRPⅡ是社会经济和科学技术发展的产物,在西方发达国家中获得广泛运用。但是MRPⅡ的应用与我国现行计划方式有一定的区别,我们在运用 MRPⅡ时,应了解其特点、应用条件和适用范围,才能应用成功。

11.3.1 MRPⅡ与现行计划方式的主要区别

由于 MRPⅡ是以计划为主线,其功能和特点很多体现在计划方面,所以,从计划角度来加以对比,将有助于理解其实质。

以前我国企业多数实行厂—车间—班组三级管理,也有企业实行总厂—分厂—车间—班组四级管理,企业计划层次除建厂纲领、五年规划等长期规划外,一般都分为年、季、月和旬几个计划层次。年度计划由人工编制需很多天,一般在年前一个月提出;季度计划编制一般需一个星期,季前半个月提出。由计划编制、完成和经过审批到开始执行(其中包括了计划提前期和计划编制的时间),时间间隔较长,情况会发生变化,若信息反馈又不及时和完整,在车间执行计划时,需做较大调整。调整后的计划,受时间限制,难以经过全厂统一平衡和考虑。所以,在车间计划执行时,难免出现与统一计划和现实情况脱节的现象,而带来不良影响。

采用 MRPⅡ系统后,编制或重排一个主生产计划(MPS、独立需求物料计划,如产品、备件、赠品和展品等)或物料需求计划(MRP、非独立需求物料计划,如零部件、原材料等),根据产品结构和零部件、原材料数量和计算机性能不同,可能只需几分钟或数小时不等。由于计划提前期和计划本身所需时间大大缩短,计划所用数据都是最新的,反映的是最新的现行情况。所以可有较充分的时间进行全厂统一、综合平衡,可大大改善和提高计划管理的水平。

图 11.8 为 MRPⅡ计划层次与我国一般企业现行计划层次的比较示意图。

两种计划方式的主要区别表现在以下三方面:

1. 计划对象区别

现行计划方式多数是按工号(台套)下达生产任务,而 MRPⅡ则是按零部件组织生产。按零部件组织生产,一方面可以根据需求日期和提前期组织成批生产,减少工时准备和其他成本;另一方面可以按零部件的生产周期(提前期)来计划、排产,可大大降低原材料和库存半成品。

2. 计划时段区别

现行计划方式多数是按月、按旬下达生产任务,MRPⅡ的计划时段却可根据需要精

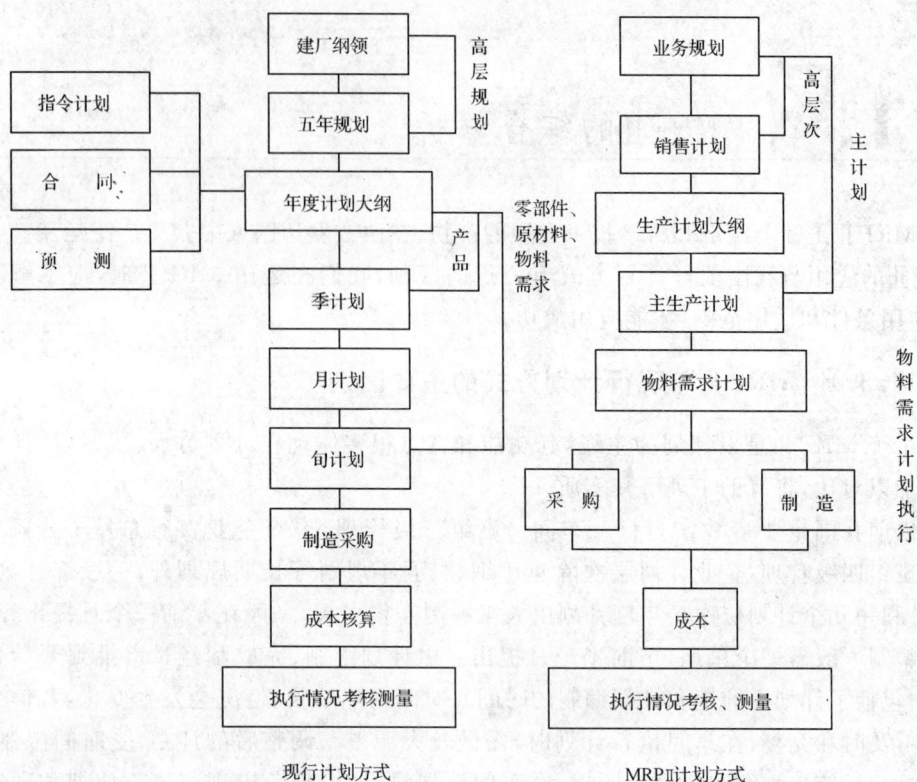

图 11.8 我国企业现行计划层次与 MRPⅡ计划层次示意

细到按周、按天,直到按小时安排生产。计划时段越短,越易做好能力平衡、准确和及时地生产,同时计划的应变能力、适应性强,不到必要时不投料、不组织生产,避免浪费和积压。

3. 计划编制方式的区别

现行计划编制方式是由销售、生产和供应等部门分头进行,沟通协调不够。MRPⅡ则要求计划体系统一,各级计划一脉相承、能及时和准确地反馈,对各项计划可以进行动态调整,提高计划的统一性。

11.3.2 MRPⅡ与现行计划在效益方面的分析

作为计算机辅助企业管理信息系统的典型代表 MRPⅡ,在国内外 20 多年的应用中,取得了明显的经济效益。MRPⅡ系统的应用使企业提高竞争能力,增强管理人员现代化管理的意识,为企业建成计算机集成制造系统(CIMS)打下基础。

MRP 的创始人之一— Oliver W. Wright 对美国实施 MRPⅡ成功的企业所获得的效益,作了详细的调查,结果表明,企业实施 MRPⅡ系统后比现行计划企业可在下面几方面获益。

1. 定量效益

1) 库存量降低 15%～30%。

2) 按期交货率达到 90%～98%。

3) 劳动生产率提高 20%～40%。

4) 降低采购费用 5%。

5) 短缺物料减少 60%～80%。

6) 采购提前期缩短 50%。

7) 成本下降 7%～12%。

8) 利润增加 5%～10%。

2. 定性效益

1) 人力运用方面　管理人员把主要精力用于分析、研究和处理管理中的实质性问题,减少了大量简单的、烦琐的、重复的事务工作,提高了管理水平。

2) 领导能力方面　管理层次提高了计划能力,改善了集体工作能力和意识,加强了协作精神,大大提高了企业整体团队意识。

11.3.3　MRPⅡ系统对企业生产经营活动的影响

企业作为社会经济的细胞,是一个有机整体,它的各项活动相互关联、相互依存和相互作用,应该建立一个统一的系统,使企业有效地运行。在以往,一个企业内往往有多个系统,如生产系统、财务系统、销售系统、供应系统和技术系统等。它们各自独立运行,缺乏协调,相互关系并不密切。在各个系统发生联系时,常常互相扯皮,出了问题又互相埋怨。由于 MRPⅡ系统能够提供一个完整而有详细的计划,使企业内部各个子系统协调一致,形成了一个整体,这就使得 MRPⅡ系统不仅作为生产和库存的控制系统,而且还成为企业的整体计划系统,使得各部门的关系更加密切,消除了重复工作和不一致性,提高了整体的效率。从这个意义上来说,MRPⅡ系统统一了企业的生产经营活动。下面主要介绍一下 MRPⅡ系统是如何影响和改变了企业各个部门的生产经营活动的。

1. 市场销售

MRPⅡ是企业的总体计划,它为市场部门和生产部门提供了从未有过的联合机会。市场部门不但负有向 MRPⅡ系统提供输入的责任,而且还可把 MRPⅡ系统作为它们极好的工具。只有当市场部门了解生产部门能够生产什么和正在生产什么,而生产部门也了解市场需要生产什么的时候,企业才能生产出更多适销对路的产品,投放到市场上。

市场部门对于保持住生产计划的有效性有着直接的责任。在制订主生产计划的时候,由市场部门提供的预测数据和客户订单是首先要考虑的信息。在对主生产计划进行维护的常规活动中,市场部门的工作也非常重要。这里的关键是通过及时的信息交流,保持主生产计划的有效性,从而确保主生产计划作为市场部门和生产部门协调工作的基础。

2. 生产管理

过去,生产部门没有科学的管理工具,生产部门经常受到市场销售部门、财务会计和技术等部门的批评。反过来,生产部门也对其他部门不满。这些抱怨主要是起因于企业内部条件和外部环境的不断变化,生产难以按预定的生产作业计划进行。因此,一方面,生产计划部门无法提供给其他职能部门所需的准确信息;另一方面,第一线的生产管理人员也不相信计划,认为计划只是"理想化"的东西,永远跟不上变化。有了 MRP Ⅱ 以后,计划的完整性、周密性和应变性大大加强,使调度工作大为简化,工作质量得到提高。总之,从 MRP Ⅱ 得到的最大好处在于从经验管理走向科学管理,使生产部门走向正规化。

3. 采购管理

采购人员有一个最难处理的问题,被称为"提前期综合症"。一方面是供方要求提早订货;另一方面是本企业不能提早确定所需的物料的数量和交货期。这种情况促使他们早订货和多订货。有了 MRP Ⅱ 系统,采购部门就有可能做到按时、按量地供应各种物料。而且,由于 MRP Ⅱ 的计划期可以长达 1～2 年,产品所需的外购物料能提前相当长时间告诉采购部门,并能准确地提供各种物料的"期"和"量"方面的要求,避免了盲目多订和早订。同时,由于 MRP Ⅱ 不是笼统地提供一个需求的总量,而是要求按计划分期分批地交货,也为供方组织均衡生产创造了条件。

4. 财务管理

实行 MRP Ⅱ,可使不同部门采用共同的数据。事实上,一些财务报告在生产报告的基础上是很容易做出的。例如,只要将生产计划中的产品单位转化为货币单位,就构成了经营计划。将实际销售、生产、库存与计划数相比较就会得出控制报告。当生产计划发生变更时,马上就可以反映到经营计划上,可以使决策者迅速了解这种变更在财务上造成的影响。

5. 技术管理

过去,技术部门并未从企业整体经营的角度来考虑自己的工作,似乎超脱于生产活动以外。但是,对于 MRP Ⅱ 这样的正规系统来说,技术部门提供的却是该系统赖以运行的基本数据。它不再是一种参考性的信息,而是一种作控制用的信息。这就要求产品的物料清单必须正确,加工路线必须正确,而且不能有含糊之处。同时,修改设计和工艺文件也要经过严格的手续,避免造成混乱。

11.3.4 MRP Ⅱ 系统与我国传统管理模式的比较

从统计资料上看,我国应用 MRP Ⅱ 的企业还很少,应用的效果还不甚理想。据有关部门调查,引进的 MRP 软件包,只有约 1/3 能正常应用;1/3 需修改后才能应用;还有1/3不能投入运行。因此,MRP Ⅱ 是否适合我国国情,它能否在我国广泛应用,是我国企业管理人员及计算机应用部门十分关注的问题。

MRPⅡ是一种组织现代化大生产的技术,一种科学的管理工具,它的应用有其特定的背景及应用条件,我国工业企业要应用 MRPⅡ,应正视其背景因素,积极创造适合于国情的应用条件,才能发挥 MRPⅡ之功能。

我国传统企业有其特定的背景,它基于我国国土面积大,资源丰富,劳动力充足的估计,以及几千年"自给自足"小农经济思想的影响。在追求以产值为目标的外延式扩展模式时,以高于发达国家三倍以上的能源及原材料消耗,来维持庞大的"大而全"、"小而全"的工业生产体系,整个经济处于投入多、产出少,消耗高、效益低的粗放型发展状态。

改革开放后,我国企业的经营机制由生产型向生产经营型转变,目前正处于完善社会主义市场经济体制的过程中,改革是一个相当长期的过程,我国企业中许多情况与MRPⅡ的条件和假设相矛盾。传统生产模式与 MRPⅡ思维之主要差距,如表 11.4 所示;我国企业管理现状与 MRPⅡ应用条件之差距见表 11.5。

表 11.4　MRPⅡ系统与我国传统管理模式比较

功能	MRPⅡ系统	我国传统管理模式
确定生产的产品	追求利润最大化,以销售收入确定最佳产品组合,有准确的主生产计划表,以销定产	根据国家计划和市场需求决定产品组合,追求产值指标,以产定销
确定生产率	经营计划以及生产计划、主生产计划的协调,使生产均衡性高,与生产能力相符合	产品生产前松后紧,加班加点随机性大,产品质量以及配套率低
确定所需的物料	严格按计划投料。产品结构准确率在 98% 以上,而且每项物料均有存货记录和产、供、销信息	按照订货点法确定物料,材料定额富裕度大,库存严重积压,资金周转率低
确定能力	生产能力需求计划严格排定工作中心负荷	生产能力供需不平衡。为了防止能力不足,一般多购置设备,负荷率一般只有 70% 左右
执行材料计划 (1)自制项目	严密的专业分工与协作,自制项目追求增加产品的附加价值,一般只有 4～6 个加工层次,物料单简单明了	零部件自制率达 80% 以上,加工层次多达 10 层左右,难于控制物料执行计划
(2)外购件	有采购计划管理,也有严格的供货提前期及数量控制	由于受市场发育不全限制,外购件数量少,而且很少有期量标准
执行能力需求计划	执行能力需求计划成为实现生产计划的保证,是整个企业价值的创造阶段	追求设备满负荷,生产工人每时每刻有活干,实现产值指标,而不顾市场需求
反馈信息	每日有输入输出报告在线处理,实时跟踪,动态调整	严重滞后,下月初才有上月末的生产统计资料,无法实现动态调查

表 11.5　MRPⅡ系统应用的条件与我国企业管理现状比较

项目	MRPⅡ系统应用的条件	我国企业管理现状
1. 物料 (1)原材料供应	能及时从市场上买到	一般每年二次订货会议,用订货点法确立需求,尽可能多订货,代用料、代用件成为具体供应的应变部分,且数目大
(2)与供应商关系	一般有多个供货来源,在供应商中选择价廉物美的原料	由国家物资部门或上级主管部门统管,企业获取原材料要凭关系,而且质量得不到保证

项目	MRPⅡ系统应用的条件	我国企业管理现状
(3)库存	每件物料需入库后再出库,有统一编码和确定的货位,库存准确率在95%以上	库存积压非常严重,仓库管理中没有固定货位,零部件盘亏盘盈工作复杂,账物不符
(4)在制品	当工序发生问题时,允许在制品存在,以保证连续生产,目标是取消等待加工队列,实现"零库存"	在制品储备定额较高,而且定额工期不变,对在制品突破下限十分重视,而对超越上限则反映不灵敏。在制品积压多
(5)产品质量	记录实际废品数,并且用一些公式来预测废品数,且能统计分析质量问题	允许有废品,但由于限额发料措施不严,工人可以多生产零部件以抵消废品,使产品质量难以控制,废品返工返修管理复杂
2. 批量	用某种公式计算批量,一般对库存费用、生产准备费用,以及物料需求计划的订单统筹考虑,以确定最佳经济批量	投料与批次有标准遵循,但在生产现场由操作工人控制的比重大,生产前松后紧且随机性大
3. 生产周期	每个物料项均有准确提前期,工序的通过时间、过渡时间,工时定额的准确率在95%以上。提前期严格控制与执行	由于工序长,零部件在多个车间周转;生产周期长,生产准备时间及生产等待时间没有标准,也难以控制。认为提前期越长越好,多数车间及采购部门希望提前期加长而不是缩短
4. 设备能力	工作中心的能力工时统一核算,考虑设备维修的需求	设备落后,超期服役的多,工时数据难以确定,设备维修量大
5. 反馈信息	以日为单位统计物料、能力、进度,进行实时跟踪,动态调整	生产作业统计以日为单位核算,工单由工人管理,零件完工、流转、废品以及返修品信息有不真实的因素
6. 工人素质	要求生产工人的技术水平高,管理人员素质高	工人的技术素质低,无法从事多工种的工作,管理人员凭经验管理

实施MRPⅡ将有助于企业从由粗放型管理方式向集约型方式转变,主要工作表现在以下几方面。

1. 从以产定销到以销定产

MRPⅡ根据"以销定产"安排计划,是对传统计划经济下"以产定销"安排计划的彻底否定,这对促进市场经济的发展,起到了积极的推动作用。

过去,企业注重产值指标,以设备或者其他制造资源为中心组织生产,追求设备的满负荷,追求每个工人每时每刻必须有活干,不注重产品的生产价值向商品价值的转化,产成品积压。而市场上急需的商品却生产不够,供需脱节严重。MRP是严格按照市场需求的数量及交货期限组织生产;在生产系统内部,各部门各工序严格按照计划订单的数量及日期来安排组织生产,既不鼓励超前,也不鼓励拖后。上道工序按下道工序的要求进行生产;前一生产阶段为后一生产阶段服务,整个企业以"销售为中心,以服务为宗旨",展开其一切活动,最终达到按期为顾客提供合格的产品和服务。

我国近几年来一直强调"以销定产"的经营思想。这种强调的重点,往往落实在企业针对市场的界面上。按照系统的观点,企业内部机制的运行中,各部门环节都是"以销定产"主线的延伸。MRPⅡ的实施,能使企业彻底摆脱过去的生产管理方式的影响,实现生产经营机制的转变。促进管理的科学化、现代化。

2. 严格按生产计划和作业计划组织生产

MRP 严格按照计划集中管理,与传统的以实施为中心的管理形成鲜明对比,要保证生产系统的正常高效率运行,企业必须完善计划体系,严格按计划管理组织生产。

传统生产管理常以加大库存量来保证交货期和实现均衡生产,造成成品贮存、在制品积压、流动资金周转慢和生产周期长等一系列后果。用缺货单或临时督促、加班加点等方法进行调度和调节,管理效率低。采用 MRP II 后,对生产能力及负荷进行粗平衡和细平衡,使在每个时间区间负荷与能力协调一致,计划按时间滚动,在任务下达条件具备时,按优先顺序安排任务,使物流畅通无阻,保持现场在制品量最低,创造出文明的生产环境。

3. 打破产品品种界限,按零部件最佳批量安排生产

传统生产模式是按产品品种组织生产,生产管理人员按产品划分管理界限。但现代生产中产品愈来愈多,不同产品间有许多共用件、通用件,按产品台套封闭式的管理方式既不科学,也不经济,且在生产管理上引起很多的矛盾。MRP 是按零部件最佳经济批量组织生产,管理人员要打破原有按产品各自分工的界限。

4. 实现数据的综合管理

实现 MRP II 后,企业主要信息由数据库统一集中管理,由各部门共享。在同一数据基础上做出生产计划、供销计划、成本计划,为实现统一指挥、统一计划和控制的生产体系打下基础。

综上所述,可以看到,MRP 的实施与企业的深化改革、转轨变型是一个相辅相成的过程,是建立现代企业制度的一项重要的内容。

11.4　MRPII在我国的应用

11.4.1　MRP II 在我国的应用

MRP II 在我国的应用并非一帆风顺。我国最早的 MRP II 用户是沈阳一家大型企业,1984 年引进 IBM 的 COPICS 系统,以后上海飞机制造厂、北京内燃机总厂、沈阳第一机床厂、上海冶金矿山机器厂等几十家企业先后引进了 MRP II 系统。

我国企业实施 MRP II 系统主要以引进为主,自行开发为辅,应用的情况差异很大。有一些企业成功了,如广东科龙电器股份有限公司,于 1995 年通过了国际权威机构的全面考核,成为中国第一家应用 MRP II 的 A 级企业。但许多企业仅在局部范围内实施应用,并未达到应有的实施效果。也有个别企业应用失败。由于国内首批应用 MRP II 的

企业在应用效果上与国外相差甚远,因此使许多准备开发管理信息系统的企业,在决定是否选用MRPⅡ系统的问题上举棋不定。并且,在我国还流传着对MRPⅡ的种种说法:一种认为MRPⅡ是为了搞计算机系统而产生的纯理想化的模式,与实际管理相异;另一种认为MRPⅡ系统是国外引进的软件包,不适合于中国的管理模式和国情等。这些看法主要是由于对MRPⅡ的基本思想、运行原理、内部功能缺乏充分的了解,以及MRPⅡ系统在我国的应用实例中成功率较低引起的。因此,我国在引进MRPⅡ系统上,曾一度处于停滞状态。

近年来,随着改革开放的发展,许多企业对管理提出了较高的要求,MRPⅡ的应用又进入了一个新的发展阶段。应用的范围也从原来的机械制造行业为主扩展到化工、烟草和制药等行业,其中外资、合资企业的应用发展较快,并获得了较好的效益。

结合MRPⅡ系统的原理与本质,总结国内外应用MRPⅡ的成功经验与失败教训,我们可以得出以下一些结论:

1) MRPⅡ是主要运用于制造业企业的先进管理思想与管理信息系统,是根据企业管理的需要而产生发展起来的,其管理模式适合于制造业企业的一般管理要求,同样也适合于中国企业的普遍管理模式和要求。

2) 成功实施MRPⅡ的前提之一是及时和准确的数据的支持,所以,为了成功实施MRPⅡ,首先必须把重点放在基础信息的健全和管理业务的规范化上,而不是引入现成的软件。许多企业实施失败,并非由于管理模式不同,而主要是因为企业的管理基础差(没有足够的工艺、工作标准等基础数据),又不肯花足够的力量来改善。

3) 国外引进的MRPⅡ软件包集成化程度高,对企业的管理要求也较高,同时,由于是封闭式,二次开发难度大,再加上通用软件的人机界面不及自行开发的那样理想,其中丰富的功能是通过建立原型及各种定义来实现的,对实施的技术要求较高,这是应用国外MRPⅡ系统的一大障碍。

4) 国外引进的软件包大多以小型机为系统的开发环境,系统本身的价格与支持费用也较昂贵,一次性投资费用较高,一般中、小企业无力承受。即使某些企业有实力购置,但如果不能在短期内顺利应用、取得效益的话,也将是得不偿失。因此,选用MRPⅡ系统必须慎重,不能不顾企业的基础与条件,以及经济承受能力,一味追求所谓"先进"而盲目引进。

5) 与国内大型、集成式的管理信息系统开发的成功率较低一样,大型MIS开发过程中的风险,在MRPⅡ中也同样存在。"三分技术、七分管理、十二分数据"的问题更集中地在MRPⅡ中反映出来。同时,自行开发的系统可能会有总体虽失败、局部尚可用的结果,而MRPⅡ搞得不好,往往会有全局失败的危险。因此,只有那些管理基础好,人员素质高,领导又有充分胆识和决心的企业,才具备实施MRPⅡ的条件。

6) MRPⅡ的系统功能丰富,数据结构严密,设计思想合理,确是一个优秀的集成化软件,除了某些人机界面不及自行开发的软件以外,其他方面都可作为我国软件开发的借鉴,通过学习其系统设计思想、模块划分、数据库结构、系统功能,可以提高我国MIS软件的管理水平。因此,如何融合MRPⅡ的先进思想和合理的模块结构,开发出适合企业需求、系统设计合理、柔性强、人机界面友好的优秀的MRPⅡ系统,是我国生产管理人员和管理信息系统软件开发者以后的主要课题之一。

11.4.2 MRP II 在我国实施的现状、问题及对策

MRP II 产生于美国,其是当今制造企业的一种先进的有效管理模式,它将现代管理思想与计算机技术、现代制造技术有机融为一体,构成计算机辅助企业管理系统。自20世纪90年代以来,我国许多制造企业开始采用 MRP II 系统来辅助管理,改善了企业的生产运作体系,实现了企业的突破性发展。

1. MRP II 在我国实施的现状及其存在的问题

市场竞争压力和提高管理水平的需要,使越来越多的制造企业从关注到步入积极筹划或开发本企业的 MRP II 系统的轨道。20世纪80年代初我国制造业领域引入和推广 MRP II 系统,通过近二十年的努力,目前已有近千家企业开始应用 MRP II 软件来加强企业内部管理。当前,MRP II 在我国实施的现状主要表现在以下三个方面:

(1)MRP II 系统的应用呈波浪式普及,领导素质高、经济效益好的新兴企业是 MRP II 系统应用的主流

受前几年 MRP II 系统失败阴影的影响,企业投资于 MRP II 系统时是慎重的,观望的多,处于考察阶段的多。一些老 MRP II 企业正进行 MRP II 系统的更新,后续的企业也被带动进入 MRP II 系统领域,这决定了我国企业的 MRP II 系统应用呈波浪式展开,分成三个层次:第一层次是跑在前头的 MRP II 历史型用户,这些企业有五年以上的 MRP II 系统经验,占前几年应用客户的5%左右,其日常管理已经离不开 MRP II。第二层次是处于中游的企业,称为小 MRP 加财务型,这类企业已经实施了 MRP II 系统的销售库存、主生产计划、应收应付账等功能,但是忽视了能力需求计划,实际成本核算以及生产期量标准的深入应用。其有待于向 MRP II 纵深方向发展,形成闭环 MRP II 系统。第三层次的客户是新加入的企业,由前两类企业带动跟进 MRP II 系统应用领域。这类客户没有历史包袱,能够获取价格低廉的软硬件设备,还可以借鉴 MRP II 发展的历史经验,有咨询公司帮助最终用户培训,实施一步到位,周期短。

(2)MRP II 模块没有得到充分的利用

大多数企业只在局部或一定的范围内使用了 MRP II 的有关模块,除库存模块全部使用外,其他大部分的基本模块只有部分被使用。其中主生产计划模块使用率只有70%左右,物料需求计划模块使用率只有80%左右,能力需求计划模块的使用率只有40%左右,财务分析模块使用率只有50%左右。

(3)我国应用 MRP II 系统成功的企业大多是合资或外资企业,中小型企业占比重较小

尽管 MRP II 在我国运用已有近20年的历史,取得了一系列成功经验,但在实施过程中也存在一系列问题,影响到 MRP II 的推广。

1)企业在 MRP II 项目实施过程中过分强调企业原有的管理方式 MRP II 在实施过程中常会与企业原有的管理方式发生矛盾,管理人员对 MRP II 的运用通常采取抵制的态度。单纯强调自己的应用过程和手段,而不是去努力改善以适合 MRP II 的要求。

传统的企业管理是粗犷的、经验式的手工管理,没有统一的、规范的标准去约束管理人员的行为,即使有也很难严格执行。而 MRPⅡ是一种规范化的管理系统,它要求各级管理者有严肃的工作作风,并以严谨的态度对待各种信息。因此企业必须改革那些陈旧落后、阻碍企业发展的管理方式。企业只有按照 MRPⅡ的要求制订了管理规范和规章制度,并且得到了很好的贯彻执行,MRPⅡ正常进行才有基本保证。

2) 企业的信息化建设没有与企业的投资建厂同步发展,MRPⅡ在企业的成长存在先天不足 西方发达国家在企业建立初期就开始规划 MRPⅡ系统的投资与人员安排。MRPⅡ系统的建立先行于机器设备安装,厂房建设,企业一开始投产就能够做到物流、资金流和信息流的统一。而我国一些企业的厂长、经理往往对 MRPⅡ系统的认识是有限的、片面的,在投资建厂时忽视信息系统的建设。企业必须花大力对多年来手工管理积累的企业资源进行再造,相当于在 MRPⅡ系统里重塑一个企业。此外,MRPⅡ系统的实施不但涉及企业的行政权力重新分配,员工的工作改进,而且涉及信息部门的地位,信息系统的失败风险等复杂问题。因此,大多数企业的 MRPⅡ系统在与手工系统并存时没有迅速扩大运用的效果,在企业迅速成长的同时 MRPⅡ系统本身没有得到同步成长。

3) 我国的 MRPⅡ咨询专家与复合型 MRPⅡ人才缺乏,系统缺乏专家指导与培训,导致实施周期长,售后服务费用居高不下 一方面,大多数顾问公司没有利用 MRPⅡ系统的管理哲理辅助企业的管理咨询。我国有近 500 家管理顾问公司,大多数顾问公司停留在理性经营思想的灌输及普通的员工教育培训上,没有像安得信等国际知名顾问公司那样利用 MRPⅡ系统的管理哲理来辅助企业的管理咨询,也就没有承接 MRPⅡ售后服务的项目,导致 MRPⅡ售后服务费用居高不下,企业追加投资的承受能力减弱。另一方面,培养既懂计算机又懂企业管理的 MRPⅡ复合型人才满足不了企业的需求。

4) 领导不能完全到位,企业面向 MRPⅡ应用的培训工作跟不上 MRPⅡ实施应用是一个典型的进行项目管理的工程,项目组的人员构成对项目的实施应用效果有极大的相关影响,尤其是项目的主管是“一把手”的比例仅有 60% 左右,远远达不到国内企业现状及应用环境所要求的 100% 的水平。同时,因国内实施应用 MRPⅡ的企业面向应用的培训工作跟不上。

5) 企业管理基础工作较为薄弱 许多引进 MRPⅡ系统的企业仍处于一种粗放管理状况。诸如:市场预测不准确,生产过程的组织形式和方法不尽合理,物流不畅,基础数据不全,规章制度不健全,执行力度不到位,现场管理不规范等。这些存在的管理问题严重阻碍了 MRPⅡ的顺利实施,导致许多企业不能按时获取准确的数据或难以获取数据,使系统运行较难甚至无法运行。

2. 企业成功实施 MRPⅡ的对策

MRPⅡ在我国的推广应用已有近 20 年的历史,近千家企业在各自取得一些应用成效的同时也饱尝了酸甜苦辣。但这并不是 MRPⅡ本身的错误,通过对 MRPⅡ的认识和理解,结合 MRPⅡ的应用现状及其存在的问题,并通过对已成功实施 MRPⅡ的国内企业进行分析,可找出其成功的经验,并总结出以下七条有效实施 MRPⅡ的对策,给那些将要或正在实施 MRPⅡ的企业提供一点借鉴。

(1) 要真正实施好 MRPⅡ,必须转变管理思想与观念

MRPⅡ系统不是一个单纯的计算机系统,而是一个以计算机为工具的人机的系统。要使这个系统真正有效发挥作用,必须涉及人的观念转变,包括市场观念、时间观念、质量观念、成本意识、信息共享和集成意识、整体优化意识等。有些企业实施 MRPⅡ的效果不大,其原因之一就是他们误认为只要花上百万元,选取最好的软件系统,购置最先进的电脑,学会操作就大功告成了。实践证明不转变人的观念,就不存在 MRPⅡ的成功实施。

(2) 企业领导应直接参与,加强对 MRPⅡ实施的支持度

MRPⅡ的开发实施是一项投资大,风险大,实施难度大的系统工程,在一定意义上讲,是企业管理模式、管理思想及管理方式的一场变革。企业实施 MRPⅡ系统,不是某个局部的技术改造,它将引起整个企业管理机制、机构、管理模式和方法的重大变革。这将涉及企业各有关管理部门和车间等单位,需要在统一的计划下,协调地开展工作。因此这项工作单凭计算机中心的技术人员进行指挥调度是极为困难的,需要具有调控大权的高层领导的参与。实施 MRPⅡ效果的好坏与企业高层领导的作用密切相关,"一把手原则"必须贯穿始终。在推行过程中要特别注意以下几个方面:① 领导要经常关心系统的推行进展情况,并积极参与;② 领导要虚心学习;③ 领导要协调好各部门的工作;④ 领导要经常检查工作,督促指导。

(3) MRPⅡ实施过程中应严格遵循 MRPⅡ的逻辑流程并充分发挥各应用层次的功能

MRPⅡ从系统工程的观点出发,将企业看成一个系统,利用计算机、通信等信息技术把企业全部制造资源(包括物料、设备、人力、资金和信息五大资源)进行全面规划和优化控制,使得企业中的产、供、销和存等整个生产经营过程以及与之有关的所有财务活动形成一个有机整体。因此实施过程必须严格遵循 MRPⅡ的逻辑流程,保证生产按计划、有秩序地进行,充分发挥企业资源的效能。MRPⅡ的逻辑流程可划分为五个层次,各层次间一脉相承,逐级细化,互为因果。各层次突出的共性就是都要解决三个基本问题,即:打算生产什么? 能够生产什么? 怎样解决需求与能力之间的差异? 充分发挥各层次的功能,解决好以上三个问题是 MRPⅡ成功实施的前提。

(4) 健全项目管理组织

项目管理组织有三个层次,即领导小组、实施小组和职能组。工作是人来做的,组织不健全,直接影响项目进展。领导小组一般由企业一把手负责,与系统有关的厂领导和项目经理组成,约 6～7 人,定期召开例会,及时研究和解决实施中存在的问题,起项目指导作用。实施小组由各部门业务骨干组成,小组负责人(项目经理)是一个极其重要的人选,必须熟悉企业管理中的问题,富有改革创新、钻研学习和任劳任怨的奉献精神,思维敏捷,善于以理服人,与人团结共事,有较强的组织能力。为了方便协调各个业务部门的工作,项目经理的级别应高于一般中层管理人员,如副厂级或厂级助理,便于领导工作。一个企业的 MRPⅡ系统成功率的大小,从项目经理的任命就可以看出端倪。职能组由各个职能部门的主管负责,如果主管人员不挑担子,即使派得力的业务骨干参加实施小组工作,最后还是不能推行到底,往往功亏一篑。

(5) 建立数据库维护责任制,加强基础数据管理

基础数据的质量是衡量 MRPⅡ系统实施效果的量化评价标准,企业在实施 MRPⅡ

过程中应主要从以下三个方面加强基础数据管理,确保 MRPⅡ 的成功实施。

1)坚定不移地推行 ISO9000,进行业务流程重整,使业务流程结构化、规范化,使基础数据记录反映企业业务活动的实际情况。

2)对基础数据的收集、整理、完善和维护工作,实行责任制与考核挂钩 只有职责分明辅以相应的奖罚措施,基础数据的正确、完备和及时才能有制度保障。而且,必须要求实施人员,特别是业务人员要有全局观念,有为下一环节服务的良好意识,MRPⅡ 系统作为一个整体才能顺利的运行。

3)尽可能让业务部门参与 在试运行前以 MRPⅡ 实施人员牵头组织,发动业务部门收集整理、输入和校对基础数据,通过大会战的方式进行。为提高输入与校对的效率,尽量采用直接数据库的输入、输出及其他处理的方式。在试运行过程中由实施人员逐步移到业务部门相应人员,但必须为业务部门提供尽可能方便的基础数据,维护软件并做技术上的支持,参与大量数据在 MRPⅡ 中的修改,正式运行后由业务部门唱主角。

(6)商品软件用户化

不同的企业,由于各自的企业规模、产品结构、工艺流程和生产组织管理等诸多方面不尽相同,即使同一企业,市场的变化,技术的进步,企业的发展等使得企业在不同时期管理的手段、方法也有所改变。因此,想原封不动地使用现成的商品化软件系统是不切实际的,必须对之进行必要的用户化修改以适应管理上的要求。

1)修改和增加系统功能 MRPⅡ 系统虽提供了丰富的功能,但这些功能是为共性而设置的。其中有些功能和很多数据录入的屏幕格式必须修改后才能方便地使用,而有些企业需要的功能和数据录入的屏幕格式 MRPⅡ 系统没有提供,则需要补充完善。

2)不合理的改变应予以抵制 MRPⅡ 是来源于制造业的经过提炼加工的闭环生产管理信息系统,是标准模式经过了长期的实践检验,被众多的管理者认为是正确的。因此,项目组收到修改需求,要及时作出分析,如果一项关键性改变会破坏 MRPⅡ 的思想和方法,或不利于 MRPⅡ 模式的贯彻和企业管理水平的提高,或对于企业的运营和 MRPⅡ 的实施是非本质的,则均应予以抵制。太多的改变会影响 MRPⅡ 的实施,会提高 MRPⅡ 实施成本。抵制不合理的改变,逐步使现场管理适应 MRPⅡ 逻辑,是提高企业管理水平的重要途径。

(7)加强培训,提高管理人员素质

MRPⅡ 是一种管理哲学,是一种解决问题的方法,单靠一套 MRPⅡ 系统是不能改变企业管理状况的,重要的是用 MRPⅡ 的思想和方法去教育管理人员,尤其是企业高层和中层管理领导,提高他们的业务素质和管理水平,让他们知晓 MRPⅡ 和企业各自的工作关系。只有企业各部门的业务骨干,尤其是关键部门的骨干了解 MRPⅡ,会使用计算机,MRPⅡ 才会得到很好的应用。

—— 小结

物料需求计划(material requirements planning ,MRP)是 20 世纪 60 年代发展起来的一种计算物料需求量和需求时间的系统,是对构成产品的各种物料的需求量与需求时间所做的计划,它是企业生产计划管理体系中作业层次的计划。本项目介绍了 MRP 的基本原理,分析了 MRP 在企业生产经营系统中的地位和作用,介绍了 MRP 的基本计算模型,论述了制造资源计划的基本思想,MRP Ⅱ 的产生背景和特点,并介绍了企业资源计划(ERP)的基本内容。

—— 复习思考题 ——

1. MRP Ⅱ 的发展经历了哪几个阶段?
2. 我国企业应用 MRP Ⅱ 有何现实意义?
3. MRP Ⅱ 有何特点?它是 MRP 的最高发展阶段吗?
4. MRP Ⅱ 的关键技术是指什么?
5. MRP Ⅱ 的计划层次包括哪些?它们的计划展望期和时间周期有什么不同?
6. 简述物料清单的构建原则。
7. 简述 MRP Ⅱ 管理模式的特点。

—— 案例分析 ——

昌河天海:从采购开始

一、制定计划

手工制定采购计划曾让昌河天海付出过高昂的代价。一位采购人员,因为在做采购计划时出现差错,导致采购回来价值 50 多万的原材料只能堆积仓库,无法转换成产品。而这种损失,只要是人工制定采购计划,就永远不能避免。昌河天海物流部部长王红亮对此感慨万千:"面对近 3 千种的原材料采购,再熟练的采购人员也不能保证不出错。"

二、系统生成计划

针对这一情况,用友 U860 在基于标准的基础上,结合制造业的行业特点,为昌河天海提供了具有汽配行业针对性的 ERP 产品。2005 年底正式上线后,该系统让昌河天海的计划人员与采购人员感触很深。昌河天海不仅实现了生产计划到采购计划的系统自动生成,甚至连主机厂的订单到生产计划的产生都无需生产计划部门手工完成。

以前,一张主机厂的订单流转到昌河天海,昌河天海最少也需要 2～3 天的时间,才能完成将订单消化成生产计划,再由生产计划转变为采购计划这两个流程。应用 U860 之后,这一消化时间转变成为系统 MRP 运算 2 个小时的时间。

与此同时,从 2005 年底至今,U860 正式上线以来,还没有发生一起因为采购计划出错,导致企业经济损失事件。以往手工制定生产计划与采购计划的同时,不断通过电话与主机厂协调订单的日子也一去不复返。

而面对临时性订单越来越多的情况,昌河天海利用 U860 提升了对采购计划、库存调拨、生产优先级等方面的管理能力,促使其对临时性订单的掌控能力也越来越强。

三、在库与在途

管理好一个企业的库存并不容易,何况像昌河天海这样一个要采购接近 3000 种原材料的企业。

昌河天海以往一直离不开一位熟练的仓库管理员，这位管理员对昌河天海上千种原材料非常熟悉，生产部门领料员到仓库领料时，面对一片汪洋的原材料，常常丈二和尚摸不着头脑，全凭这位仓库管理员为其领料。

有一次，甚至因为这位仓库管理员家中有事请假，导致领料员无法领出原材料，造成一道工序无法正常运转。手工完成生产计划、采购计划与进出库领料时，除了人为出错因素之外，还有一个因素很难控制——在库和在途的问题。

四、动态掌控库存

对于昌河天海来说，上用友 U860 之前，原材料是在库还是在途更是只有天知道！而对于原材料成本占企业总成本 80% 左右的昌河天海，管理好在库与在途的原材料，无疑将意味着有效降低其成本周转压力，优化企业成本结构。

以往，昌河天海手工做的采购计划，一般都是一个采购人员对应一个生产计划，采购人员直接根据生产部门给出的生产计划来制定对应采购计划。这就导致企业无法从整体上来控制采购。

采购人员一般根据在库原材料的有无，直接下达采购指令。但是仓库内没有原材料不代表企业真的没有这部分原材料。因为有许多原材料可能已经在采购途中，或在生产车间的生产途中。无法有效掌控在途原材料情况，将仍然无法规避错误的采购指令产生，导致企业因此承担大量非有效成本的库存压力。

使用 U860 后，昌河天海实现了对在库与在途原材料的统一管理，当系统生成生产计划与采购计划时，系统直接过滤在库、在途两种原材料拥有状况，制定出实际需求的采购计划。为企业有效降低库存压力，提升库存运转效率。

五、余料管理

实际生产中，昌河天海面临着一个不可回避的问题。作为一家汽配线束生产企业，生产制造环节在领取原材料时，面对各种规格的原材料（电线）基本是以 100m 等规格为一个包装情况，往往是直接按包装来领。比如即使生产过程中只需要 70m 的铜线，但是在领取原材料时，也直接领取一个包装 100 米长的铜线。这种按包装领取的情况，由于人工跟踪使用情况过于复杂，常常造成前面提及的原材料大量浪费的现象。

六、精确控制原料

上述情况是昌河天海在第二次实施 ERP 过程中，遇到的一个极具个性化的问题。对此，针对制造行业通用的 U860 行业套件，也缺乏功能模块满足这一需求。

结合昌河天海这一个性化企业特点，用友公司为其专门开发了企业插件。通过深入企业调研，用友实施顾问为昌河天海定制了"按包装领料精细控制库存"的个性化解决方案。

这一解决方案为昌河天海实现了这样的功能：系统直接记录领料单上实际需求的原材料量与领取的原材料量，并赋予库存继续管理领取出来但未用完原材料的管理权限。这部分富余原材料无需重新入库，系统将在下次该生产部门的领料单中直接扣除。从而实现了对原材料的精细掌控，杜绝了原材料浪费漏洞及人为流失因素，为企业节约原材料成本。

王红亮表示，在昌河天海 U860 正式上线时，该 ERP 系统已经兼顾了标准化、行业化、个性化，而通过企业自身对 ERP 系统的不断优化，目前昌河天海的库存量已经获得有效降低。他相信随着优化的不断加强，昌河天海的库存动态管理能力还将持续提升，实现库存周转效率提高，企业的成本也将得到持续优化。

七、质量追溯

质量是企业的生命，对于生产质量控制，以往昌河天海仅仅停留在对每道工序的监控，通过人工填报生产流程单来控制生产流程。虽然部分实现了质量管控，但是在此管理过程中，基本仍然处于正追溯管理状态，并且人为因素严重。许多流程没有真正规范起来，即便企业出台许多规章制度，但是实际对照执行情况较差。

与此同时，还缺乏对原材料质量的监控。一旦一件成品出现质量问题，在最终排除工序问题发现是原材料问题时，却无法追查这批产品所使用的原材料批次与来源，丧失对同批次产品质量的掌控能力，几乎无法做到反追溯。

现在，通过 ERP 系统与质量管理系统的联合应用，当发现成品出现质量问题时，昌河天海首先可以通过 ERP 系统对工序流程的监控反向查找工序流程问题。排除企业自身问题后，结合质量系统成品序列号查询，将很快查获这批成品原材料的批次与来源，为与原材料供应商交涉提供依据，并可做到有效掌控使用同批次原材料产品的质量追踪。

思考题：

1. ERP 的基本思想是什么？
2. 结合案例，谈谈企业实施 ERP 系统的作用。

项 目 12

企业生产物流管理

教学目标

1. 理解生产物流的概念；
2. 理解生产物流的特征；
3. 了解生产物流的类型；
4. 理解各种生产模式下生产物流管理的要点；
5. 了解现代企业生产物流管理所面临的挑战。

能力目标

1. 能够制定物资消耗定额；
2. 能够确定物资储备定额。

案例导入

长期以来，中国的企业普遍存在重生产、轻物流的现象，物流管理水平长期滞后。作为大型国有企业的石油公司，由于受传统运营模式的影响，也存在类似问题。中国石油行业的三大巨头——中石油、中石化、中海油，由它们的行业特性所决定，其年产值能达到几百亿到上千亿，每年物资采购量可达到数十亿，一个油田的库存物资金额就可能达到几个亿。如此数量的库存物资，不仅占用大量资金，造成物流成本的增加，而且部分库存物资长期积压一段时间后，由于贬值或其他不可控因素造成报废，增加了公司物资库存风险。在目前国际石油公司中，桶油成本是石油公司成本核算的主要指标，也是石油公司竞争力的重要标志。降低物资库存，控制物流环节中的库存成本，也是提高公司竞争力的一个重要组成部分。库存成本的控制，不仅需要物资管理部门的努力工作，也需要采购部门的大力支持和配合，有效的采购模式和策略将推动物资库存管理水平的提高。

请思考：

1) 物资管理中的库存成本如何理解？
2) 石油行业应该如何降低库存成本？

12.1 企业生产物流概述

12.1.1 生产物流的含义

1. 从生产工艺角度分析

"工艺是龙头,物流是支柱",所以生产物流是指企业在生产工艺中的物流活动(即物料不断地离开上一工序、进入下一工序,不断发生搬上搬下、向前运动、暂时停滞等活动)。这种物流活动是与整个生产工艺过程伴生的,实际上已构成了生产工艺过程的一部分。其过程大体为原材料、燃料和外构件等物料从企业仓库或企业的"门口"开始,进入到生产线的开始端,再进一步随生产加工过程并借助一定的运输装置,一个一个环节地"流",在"流"的过程中,本身被加工,同时产生一些废料余料,直到生产加工终结,再"流"至成品仓库。

2. 从物流的范围分析

企业生产系统中物流的边界起于原材料、外构件的投入,止于成品仓库。它贯穿生产全过程,横跨整个企业(车间、工段),其流经的范围是全厂性的、全过程的。物料投入生产后即形成物流,并随着时间进程不断改变自己的实物形态(如加工、装配、储存、搬运和等待等状态)和场所位置(各车间、工段、工作地和仓库等)。

3. 从物流属性分析

企业生产物流是指生产所需物料在空间和时间上的运动过程,是生产系统的动态表现。换言之,物料(原材料、辅助材料、零配件、在制品和成品等)经历生产系统各个生产阶段或工序的全部运动过程就是生产物流。

综上所述,企业生产物流是指伴随企业内部生产过程的物流活动,即按照工厂布局、产品生产过程和工艺流程的要求,实现原材料、配件和半成品等物料在工厂内部供应库与车间、车间与车间、工序与工序、车间与成品库之间流转的物流活动。

12.1.2 生产物流的特征

制造企业的生产过程实质上是每一个生产加工过程"串"起来时出现的物流活动,因此,一个合理的生产物流过程应该具有以下基本特征,才能保证生产过程始终处于最佳状态。

1. 连续性

它是指物料总是处于不停的流动之中,包括空间上的连续性和时间上的流畅性。空间上的连续性要求生产过程各个环节在空间布置上合理紧凑,使物料的流程尽可能短,没有迂回往返现象。时间上的流畅性要求物料在生产过程的各个环节的运动,自始至终处于连续流畅状态,没有或很少有不必要的停顿与等待现象。

2. 平行性

它是指物料在生产过程中应实行平行交叉流动。平行指相同的在制品同时在数道相同的工作地(机床)上加工流动;交叉指一批在制品在上道工序还未加工完时,将已完成的部分在制品转到下道工序加工。平行交叉流动可以大大缩短产品的生产周期。

3. 比例性

它是指生产过程的各个工艺阶段之间、各工序之间在生产能力上要保持一定的比例以适应产品制造的要求。比例关系表现在各生产环节的工人数、设备数、生产面积、生产速率和开动班次等因素之间相互协调和适应,所以,比例是相对的、动态的。

4. 均衡性

它是指产品从投料到最后完工都能按预定的计划(一定的节拍、批次)均衡地进行,能够在相等的时间间隔内(如月、旬、周、日)完成大体相等的工作量或稳定递增的生产工作量。很少有时松时紧、突击加班现象。

5. 准时性

它是指生产的各阶段、各工序都按后续阶段和工序的需要生产,即在需要的时候,按需要的数量,生产所需要的零部件。只有保证准时性,才有可能推动上述连续性、平行性、比例性和均衡性。

6. 柔性

它是指加工制造的灵活性、可变性和调节性。即在短时间内以最少的资源从一种产品的生产转换为另一种产品的生产,从而适应市场的多样化、个性化要求。

12.1.3　生产物流的类型

通常情况下,企业生产的产品产量越大,产品的品种数则越少,生产的专业化程度也越高,而物流过程的稳定性和重复性也就越大。所以生产物流类型与决定生产类型的产品产量、品种和专业化程度有着内在的联系。正因为此,把划分生产物流的类型与划分生产类型看成是一个问题的两种说法。

1. 从物料流向的角度分类

根据物料在生产工艺过程中的特点,可以把生产物流划分为项目、连续和离散三种类型。

1)项目型生产物流(固定式生产)　物流凝固即当生产系统需要的物料进入生产场

地后,几乎处于停止的"凝固"状态,或者说在生产过程中物料流动性不强。它分两种状态:一种是物料进入生产场地后就被凝固在场地中和生产场地一起形成最终产品,如住宅、厂房、公路、铁路、机场和大坝等;另一种是在物料流入生产场地后,"滞留"时间很长,形成最终产品后再流出,如大型的水电设备、冶金设备、轮船和飞机等。管理的重点是按照项目的生命周期对每阶段所需的物料在质量、费用以及时间进度等方面进行严格的计划和控制。

2) 连续型生产物流(流程式生产) 物料均匀、连续地进行,不能中断;生产出的产品和使用的设备、工艺流程都是固定且标准化的;工序之间几乎没有在制品储存。管理的重点是保证连续供应物料和确保每一生产环节的正常运行。由于工艺相对稳定,有条件采用自动化装置实现对生产过程的实时监控。

3) 离散型生产物流(加工装配式生产) 产品是由许多零部件构成,各个零部件的加工过程彼此独立;制成的零件通过部件装配和总装配最后成为产品,整个产品的生产工艺是离散的,各个生产环节之间要求有一定的在制品储备。管理的重点是在保证及时供料和零件、部件的加工质量基础上,准确控制零部件的生产进度,既要减少在制品积压,又要保证生产的成套性。

2. 从物料流经的区域和功能角度分类

可以把生产过程中的物流细分为两部分:工厂间物流、工序间物流(车间物流)。

1) 工厂间物流 大型企业各专业厂间运输物流或独立工厂与材料、配件供应厂之间的物流。

2) 工序间物流 也称工位间物流、车间物流,指生产过程中车间内部和车间、仓库之间各工序、工位上的物流。其内容包括:接受原材料、零部件后的储存活动;加工过程中间的在制品储存活动;成品出厂前的储存活动;仓库向生产车间运送原材料、零部件的搬运活动;各种物料在车间、工序之间的搬运活动。

据一些机械制造业的典型调查资料,按其工艺过程,零件在机床上全部切削时间只占生产过程全部时间的 10% 左右,在其余 90% 左右的时间内,原材料、零部件、半成品或制成品处于等待、装卸、搬运和包装等物流过程,即工序间物流活动时间占去了产品生产过程总时间的约 90%。可见,如果从时间上考虑,工序间物流已成为生产物流的代名词。为了尽量压缩工序间物流在生产过程中的时间,从管理的角度考虑,重点是进行合理仓库布局,确定合理的库存量,配置设备与人员,建立搬运作业流程、储存制度和确定适当的搬运路线,正确选定储存、搬运项目的信息收集、汇总、统计和使用方法,以实现"适时、适量、高效、低耗"的生产目标。

由于工序间物流实际上主要与两种物流状态——储存和移动有关,所以对于仓储与搬运这两个物流环节而言,首先要讲究合理性原则,然后才是具体形式的选择问题。

合理性原则体现在仓储环节时要求:首先,要以工艺流程和生产作业排序的要求确定仓库的形式、规模和位置,位置布置的目标是要适应物料移动中道路通畅、安全的要求以及有利于厂内外物流作业;尽可能在方便作业的前提下缩短作业距离。其次,要有利于作业时间的有效利用,避免重复作业,减少窝工、防止物流阻塞。再次,在符合安全规范的前提下充分利用生产面积和空间。

合理性原则体现在车间物料的搬运环节时要求：首先，搬运路线要按直线设置，避免交叉、往复、混杂和多余路线。其次，搬运设备机械化、省力化和标准化。再次，物料集中堆放，便于减少搬运次数，搬运采用集装、托盘和拖运方式，以提高作业效率。最后，减少等待和空载，提高作业者和搬运设备利用率。

12.2 不同生产类型的物流管理

12.2.1 不同生产类型的物流特征

生产系统中的物流特征表现在：①物料按照工艺流程流动；②物流作业与生产作业紧密关联相互交叉；③物流连续地有节奏按比例运转。通常，根据物流连续性特征从低到高，产品需求特征从品种多、产量少到品种少、产量多而把生产过程划分成五种类型：项目型、单件小批量型、多品种小批量型、单品种大批量型和多品种大批量型。

1. 单件小批量型生产物流特征

单件小批量型是指需要生产的产品品种多但每一品种生产的数量甚少，生产重复度低的生产物流系统。单件小批量型生产物流特征表现在以下三个方面：

1）生产的重复程度低，从而物料需求与具体产品制造存在一一对应的相关需求。

2）由于单件生产，产品设计和工艺设计重复性低，从而物料的消耗定额不容易或不适宜准确制定。

3）由于生产品种的多样性，使得制造过程中采购物料所需的供应商多变，外部物流较难控制。

2. 多品种小批量型生产过程生产物流特征

多品种小批量型是指生产的产品品种繁多并且每一品种有一定的生产数量，生产的重复性中等的生产物流系统。

由于企业必须按用户需求以销定产，使企业物流配送管理工作复杂化，协调采购、生产、销售物流并最大限度地降低物流费用是该生产物流系统最大的目标。其生产物流特征表现在：

1）物料生产的重复性介于单件生产和大量生产之间，一般是制定生产频率，采用混流生产。

2）以 MRP（物料需求计划）实现物料的外部独立需求与内部的相关需求之间的平衡。以 JIT（准时生产制）实现客户个性化特征对生产过程中物料、零部件和成品的拉动需求。

3）由于产品设计和工艺设计采用并行工程处理,物料的消耗定额容易准确制定,从而产品成本容易降低。

4）由于生产品种的多样性,对制造过程中物料的供应商有较强的选择要求,从而外部物流的协调较难控制。

3. 单一品种大批量型生产过程生产物流特征

单一品种大批量型是指生产的产品品种数相对单一,而产量却相当大,生产的重复度非常高且大批量配送的生产物流系统。

由于企业面临的主要问题是如何增加产品数量,因此从物流的角度看,各种物料的计划、采购、验收、保管、发放、节约使用和综合利用贯穿了生产物流管理过程。其生产物流特征表现在:

1）由于物料被加工的重复度高,从而物料需求的外部独立性和内部相关性易于计划和控制。

2）由于产品设计和工艺设计相对标准和稳定,从而物料的消耗定额容易并适宜准确制定。

3）由于生产品种的单一性,使得制造过程中物料采购的供应商固定,外部物流相对而言较容易控制。

4）为达到物流自动化和效率化,强调在采购、生产和销售物流各功能的系统化方面,引入运输、保管、配送、装卸和包装等物流作业中各种先进技术的有机配合。

4. 多品种大批量型生产物流特征

多品种大批量型也叫大批量定制生产(mass customization,MC)。它是一种以大批量生产的成本和时间,提供满足客户特定需求产品和服务的新的生产物流系统。其基本思想是将定制产品的生产,通过产品重组和过程重组转化或部分转化为大批量生产问题。对客户而言,所得到的产品是定制的、个性化的;对生产厂家而言,该产品是采用大批量生产方式制造的成熟产品。这种生产方式目前在国外得到了较快的发展,并作为一种有效的竞争手段逐渐被企业所采纳。事实上,制造的全球化和专业化分工是促使大批量定制生产在全球范围逐步实施的动力。

按照客户不同层次的需求,可以将大批量定制生产粗略分成三种模式,即:面向订单设计(engineering to order,ETO);面向订单制造(making to order,MTO);面向订单装配(assembly to order,ATO)。可以看到,三种模式都是以订单为前提,所以生产物流特征表现在:

1）由于要按照大批量生产模式生产出标准化的基型产品,并在此基础上按客户订单的实际要求对基型产品进行重新配置和变型,所以物料被加工成基型产品的重复度高,而对装配流水线则有更高的柔性要求,从而实现大批量生产和传统定制生产的有机结合。

2）物料的采购、设计、加工、装配和销售等流程要满足个性化定制要求,这就促使物流必须有一坚实的基础——订单信息化、工艺过程管理计算机化与物流配送网络化。而实现这个基础需要一些关键技术支持,如现代产品设计技术(CAD、CAM)、产品数据管理技术(PDM)、产品建模技术、编码技术、产品与过程的标准化技术、面向 MC 的供应链管理技术、柔性制造系统等。

3)产品设计的"可定制性"与零部件制造过程中由于"标准化、通用化、集中化"带来的"可操作性"的矛盾,往往与物料的性质与选购、生产技术手段的柔性与敏捷性有很大关联。因此,创建可定制的产品与服务非常关键。

4)库存不再是生产物流的终结点,基于快速响应客户需求为目标的物流配送与合理化库存将真正体现出基于时间竞争的物流速度效益。单个企业物流将发展成为供应链系统物流、全球供应链系统物流。

5)生产品种的多样性和规模化制造,要求物料的供应商、零部件的制造商以及成品的销售商之间的选择将是全球化、电子化和网络化。这会促使生产与服务紧密结合,使得基于标准服务的定制化产品和基于定制服务的产品标准化,从交货点开始就提升整个企业供应链价值。

12.2.2 不同生产模式下的生产物流管理

生产模式是一种制造哲理的体现,它支持制造业企业的发展战略,并具体表现为生产过程中管理方式的集成(包括与一定的社会生产力发展水平相适应的企业体制、经营、管理、生产组织、技术系统的形态和运作方式的总和)。生产模式不同,对生产物流管理的侧重点也不同。事实上,如果从物流角度看,正是生产物流的类型特征决定了生产模式的变迁。

回顾制造业的发展过程,企业生产模式才仅仅经历三个阶段:即作坊式手工生产;大批量生产;多品种小批量生产。

1. 作坊式手工生产模式

(1)背景

作坊式手工生产模式(craft production,简称 CP,也叫单件生产模式)产生于 16 世纪的欧洲,随着技术的发展大致可分为三个阶段:

第一阶段的特征是按每个用户的要求进行单件生产,即按照每个用户的要求,每件产品单独制作,产品的零部件完全没有互换性,制作产品依靠的是操作者自己高度娴熟的技艺。

第二阶段是第二次社会的大分工,即手工业与农业相分离,形成了专职工匠,手工业者完全依靠制造谋生,制造工具的目的不是为了自己使用而是为了同他人交换。

第三阶段是以瓦特蒸汽机的发明为标志,形成近代制造体系,但使用的是手动操作的机床。从业者在产品设计、机械加工和装配方面都有较高的技艺,大多数从学徒开始,最后成为制作整台机器的技师或作坊业主。

(2)管理要点

单件生产模式下的生产物流管理一般是凭借个人的劳动经验和师傅定的行规进行管理,因此个人的经验智慧和技术水平起了决定性的作用。

2. 大批量生产模式

(1) 背景

大批量生产模式(mass production,MP)产生于19世纪末至20世纪60年代。第一次世界大战结束后,市场对产品数量的需求剧增,以美国企业为代表的大批量生产方式逐步取代了以欧洲企业为代表的手工单件生产方式。泰勒、甘特、福特等人在推动手工单件生产模式向大批量生产模式转化中起了重要作用。

1903年,费雷德里克·泰勒首先研究了刀具寿命和切削速度的关系,在工厂进行时间研究,制定工序标准,于1911年提出了以劳动分工和计件工资制为基础的科学管理方法——《科学管理原理》,从而成为制造工程学科的奠基人。亨利·甘特用一张事先准备好的图表(甘特图)对生产过程进行计划和控制,使得管理部门可以看到计划执行的进展情况,并可以采取一切必要行动使计划能按时或在预期的许可范围内完成。1913年,亨利·福特认为大量的专用设备、专业化的大批量生产是降低成本、提高竞争力的主要方式。他在泰勒的单工序动作研究基础之上,提出作业单纯化原理和产品标准化原理(产品系列化,零件规格化,工厂专业化,机器、工具专业化,作业专门化等),并进一步对如何提高整个生产过程的效率进行了研究,规定了各个工序的标准时间定额,使整个生产过程在时间上协调起来(移动装配法),最终创造性地建立起大量生产廉价的T型汽车的第一条专用流水线——福特汽车流水生产线,标志着"大批量生产模式"的诞生。与此同时,全面质量管理在美国等先进的工业化国家开始尝试推广,并开始在实践中体现一定的效益。

由于这种生产模式以流水线形式生产大批量、少品种的产品,以规模效应带动劳动生产率提高和成本降低,并由此带来价格上的竞争力。因此,在当时它代表了先进的管理思想与方法并成为各国企业效仿的典范。这一过程的完成,标志着人类实现了制造业生产模式的第一次大转换,即由单件生产模式发展成为以标准化、通用化和集中化为主要特征的大批量生产模式。这种模式推动了工业化的进程和世界经济的高速发展,为社会提供了大量的物质产品,促进了市场经济的形成。

(2) 管理要点

大批量生产模式下的生产物流管理是建立在科学管理的基础上的,即事先必须制定科学标准——物料消耗定额,然后编制各级生产进度计划对生产物流进行控制,并利用库存制度或库存管理模型对物料的采购及分配过程进行相应的调节。生产中对库存控制的管理与优化是基于外界风险因素而建立的,所以强调一种风险管理,即面对设备与供应等生产中不确定因素,应保持适当的库存,用以缓冲各个生产环节之间的矛盾,避免风险从而保证生产连续进行。物流管理的目标在于追求供应物流、生产物流和销售物流等物流子系统的最优化。

3. 多品种小批量生产模式

多品种小批量生产模式(也叫精益生产,lean production,LP)产生于20世纪70年代。第二次世界大战结束后,虽然以大批量生产方式获利颇丰的美国汽车工业已处于发展的顶点,但是以日本丰田公司为代表的汽车业却开始酝酿一场制造史上的革命。精益生产在项目16中详细介绍。

精益生产下的生产物流管理有两种模式:推进式和拉动式。

(1) 推进式模式

1) 原理　该模式是基于美国计算机信息技术的发展和美国制造业大批量生产基础上提出的MRPⅡ技术为核心的生产物流管理模式,但它的长处却在多品种小批量生产类型的加工装配企业得到了最有效的发挥。该模式的基本思想是:生产的目标应是围绕着物料转化组织制造资源,即在计算机、通信技术控制下制定和调节产品需求预测、主生产计划、物料需求计划、能力需求计划、物料采购计划和生产成本核算等环节。信息流往返于每道工序、车间,而生产物流要严格按照反工艺顺序确定的物料需要数量、需要时间(物料清单所表示的提前期),从前道工序"推进"到后道工序或下游车间,而不管后道工序或下游车间当时是否需要。信息流与生产物流完全分离。信息流控制的目的是要保证按生产作业计划要求按时完成物料加工任务。

2) 推进式模式物流管理的特色　①在管理标准化和制度方面,重点处理突发事件;②在管理手段上,大量运用计算机管理;③在生产物流方式上,以零件为中心,强调严格执行计划,维持一定量的在制品库存;④在生产物流计划编制和控制上,以零件需求为依据,计算机编制主生产计划、物料需求计划、生产作业计划;⑤在对待在制品库存的态度上,认为"风险"是外界的必然,为了防止计划与实际的差异所带来的库存短缺现象,编制物料需求计划时,往往采用较大的安全库存和留有余地的固定提前期,而实际生产时间又往往低于提前期,于是不可避免地会产生在制品库存,因此,必要的库存是合理的。

(2) 拉动式模式

1) 原理　拉动式模式是以日本制造业提出的JIT(准时制)技术为核心的生产物流管理模式,也称"现场一个流"生产方式,表现为物流始终处于不停滞、不堆积、不超越、按节拍地贯穿于从原材料、毛坯的投入到成品的全过程。其基本思想是:强调物流同步管理,即第一,必要的时间将必要数量的物料送到必要的地点。理想状态是整个企业按同一节拍有比例性、节奏性、连续性和协调性,根据后道工序的需要投入和产出,不制造工序不需要的过量制品(零件、部件、组件和产品),工序间在制品向"零"挑战。第二,必要的生产工具、工位器具要按位置摆放挂牌明示,以保持现场无杂物。第三,从最终市场需求出发,每道工序、每个车间都按照当时的需要由看板向前道工序、上游车间下达生产指令,前道工序、上游车间只生产后道工序、下游车间需要的数量。信息流与物流完全结合在一起,但信息流(生产指令)与(生产)物流方向相反。信息流控制的目的是要保证按后道工序要求准时完成物料加工任务。

2) 拉动式模式物流管理特色　①在管理标准化和制度方面,重点采用标准化作业;②在管理手段上,把计算机管理与看板管理相结合;③在生产物流方式上,以零件为中心,要求前一道工序加工完的零件立即进入后一道工序,强调物流平衡而没有在制品库存,从而保证物流与市场需求同步;④在生产物流计划编制和控制上,以零件为中心计算机编制物料生产计划、并运用看板系统执行和控制,以实施为中心,工作的重点在制造现场;⑤在对待库存的态度上(与传统的大批量生产方式相比较),认为基于整个生产系统而言,"风险"不仅来自于外界的必然,更重要的是来自于内部的在制品库存。正是库存掩盖了生产系统中的各种缺陷,所以应将生产中的一切库存视为"浪费",要"消灭一切浪费"。库存管理思想表现为:一方面强调供应对生产的保证,但另一方面强调对零库存的要求,以不断暴露生产中基本环节的矛盾并加以改进,不断降低库存以消灭库存产生的"浪费"为终极目标。

12.3 生产物资定额管理

12.3.1 物资消耗定额

1. 物资消耗定额的内容

物资消耗定额是指在一定的生产技术条件下,生产单位产品或完成单位工作量所合理消耗的数量标准。物资消耗定额是编制物资供应计划和计算物资需要量的依据,是科学组织物资供应的重要基础,物资消耗的构成主要有:

1) 构成产品的净重的消耗 它是指产品自身的重量,是物资消耗最主要部分。这部分消耗是由产品设计决定的,充分反映了产品设计的水平。

2) 工艺性消耗 是指在生产准备和加工过程中,由于改变材料物理或化学性能所产生的物资消耗。这一部分是工艺技术水平所决定的。

3) 非工艺性消耗 是指由于生产过程中不可避免产生废品,运输、保管过程中的合理损耗和其他非工艺技术的原因而引起的损耗。

由于物资消耗构成不同,工业企业物资消耗定额,一般分为工艺消耗定额和物资供应定额两种。

1) 工艺消耗定额 是指在一定条件下,由生产单位产品或完成单位工作量,所用物资的有效消耗量(即产品消耗和合理的工艺消耗两部分构成)。其是发料和考核物资消耗情况的主要依据。

2) 物资供应计划是由工艺消耗定额和合理的非工艺性损耗确定 物资供应定额是核算物资需要量,确定物资订货量和采购量的主要依据。

$$单位产品工艺消耗定额＝单位产品净重＋各种工艺消耗$$
$$物资供应定额＝工艺消耗定额[1＋材料供应系数]$$
$$材料供应系数＝单位产品非工艺消耗/工艺消耗定额$$

2. 制定物资消耗定额的基本方法

(1) 经验估计法

经验估计法是根据定额制定人员的经验和掌握的资料来估计制定的。采用这种方法简便易行,工作量最少,但主观因素较多,科学性和准确性较差一些。为了提高经验估

计法的质量,充分考虑广大员工经过努力可以达到这一因素,一般采用平均概率的方法,计算公式为

$$M = (a + 4c + b)/6$$

式中,M——加权平均概率求出的物资消耗定额;

　　　a——先进的消耗数量,即最少的消耗数量;

　　　b——落后的消耗数量,即最多的消耗数量;

　　　c——一般的消耗数量。

经验估计法一般适用于单件小批或者在技术资料和统计资料不全的情况下采用。

（2）统计分析法

统计分析法是按以往实际统计资料,通过对计划期生产技术组织条件等因素的分析进行计算。但是,在运用这种方法的过程中,由于过去统计资料往往比较保守,未能充分反映先进的因素,因此为了提高统计分析法制定消耗定额的效果,确保定额的先进合理性,一般尽量采用平均先进定额计算方法,其计算公式为

平均先进消耗定额 ＝（平均实际消耗量＋最少实际消耗量）/2

统计分析法简单易行,但必须有健全和准确的统计资料,一般适用于成批轮番生产的产品。

（3）技术计算法

技术计算法是根据产品图纸和工艺资料进行分析计算。它是通过科学地计算,确定最经济合理的物资定额的方法。技术计算法准确、科学,但工作量大,而且要求具备完整的技术文件和资料,所以这种方法主要用于产品定型,产量较大,技术资料较全的产品。

3. 主要材料消耗定额的制订

（1）选料法

其适用于生产比较稳定的大批大量生产的零件。在机加工企业制订主要材料消耗定额,通常是据设计图纸和有关技术规定的产品尺寸、规格和重量等进行计算的。

1）锻造零件材料消耗定额　一般分两步计算。第一步在毛坯重量加上锻造切割损失和烧损重量,求得锻造前的重量,一般称为下料重量;第二步,是在锻造前的重量基础上,再加上毛坯料锯口,夹头、残料等重量,从而求出材料定额。其计算公式:

锻件材料消耗定额＝毛坯重量＋锻造切割损耗重量＋烧损重量

＋锯口重量＋夹头重量＋残料重量

2）棒料零件消耗定额　其一般也是在毛坯重量基础上加上锯口、夹头和残料重量求得。

零件棒材消耗＝一根棒材的重量/一根棒材可能锯出的毛坯数量

一根棒材重量＝棒材单位长度的重量×棒材长度

一根棒材可锯毛坯的数量＝（棒材长度－料夹长度－剩余料长度）/

（单位毛坯长度＋锯口宽度）

（2）材料综合利用率法

板材零件消耗定额可用材料综合利用率方法,它是按工艺规定的下料方法,划出合

理的下料草图,并在图上注明零件名称和毛坯尺寸,据此计算从这块板材上裁出的零件毛坯的总重量,然后除以板材重量,先求出板材下料利用率,最后就可计算板材的消耗定额:

$$板材下料利用率=零件毛坯总重量/板材重量\times100\%$$
$$零件板材消耗定额=每个零件的毛坯重量/板材下料利用率\times100\%$$

（3）用配料比法

这种方法通常适用于冶金、铸造和化工性质的加工企业。它是根据其工艺流程特点和预定的配料比来计算的。

如铸造企业计算金属炉消耗定额:

$$每吨铸件所需某种金属炉料消耗定额 = 1000kg/合格铸件成品率\times配料比$$

式中的配料比是指投入熔炉中的各种金属材料的比例,如铸造生铁 50%,旧生铁 25.3%,废钢 20%,锡铁 2.82%,锰铁 1.88%。合格铸件成品率,是指合格铸件重量与金属炉料重量之比。

4. 辅助材料及其他材料定额的制定

辅助材料及其他材料消耗的特点是品种多、用途广,一般难以用计算法确定它们的消耗定额,多采用间接方法求得。

（1）辅助材料消耗定额

工业企业所需的辅助材料由于品种繁多,使用情况也较复杂,其消耗定额的制定方法,应根据企业的生产特点和实际情况,采用不同的制订方法,一般地说,主要有:

1）与主要原材料消耗成正比例的辅助材料　其消耗定额可按主要原材料单位消耗量的比例进行计算。如炼一吨生铁需耗用多少熔剂等。

2）与产品产量成正比例消耗的辅助材料　其消耗定额可按单位产品需要量来计算。如包装用材料和保护用涂料等。

3）与设备开动时间或工作日有关的辅助材料　其消耗定额可根据设备开动的时间或工作天数来计算确定。如润滑油等辅料。

4）与使用期限有关的辅助材料　一般应按规定的使用期限来确定消耗定额。如劳保用品和清扫工具等辅料。

5）对于难以计算的辅助材料　其消耗定额有的可按统计值计算确定,有的应根据经验估计或实际耗用情况加以确定。

（2）燃料消耗定额

动力用燃料消耗定额,一般是以发一度电、生产 $1m^3$ 压缩空气或生产 $1t$ 蒸汽所需燃料与标准来制订。工艺用燃料消耗定额,主要是以加工 $1t$ 产品或生产一吨合格铸件等所需燃料为标准来制定。取暖用燃料消耗定额,通常是按每个锅炉或按单位受热面积来制定。

但是,燃料消耗定额在具体计算中,由于燃料品种不同,其物理状态（固、液、气）和发热量各不相同,因此,在制订定额时,应先以标准燃料（每公斤燃料发热量 7000cal,1cal＝4.1618J）为基础,然后根据标准燃料换算成实际燃料确定消耗定额。

5. 动力消耗

一般是按不同用途分别制定,如用于发动机的电力消耗定额,一般是先按实际开动马力计算电力消耗量,然后再按每种产品所消耗的机械小时数,最后,算出单位产品电力消耗定额。又如用于操作过程的电力消耗,如电炉炼钢一般可直接按单位产品来确定消耗定额。

6. 工具消耗定额

一般是根据工具耐用期限和使用时间来制定的。其计算公式:

某种工具的消耗定额＝制造一定数量产品时某种工具使用时间/某种工具的耐用期限

对于工具需求量较少的企业,可采用统计分析法和经验估计法来确定消耗定额。

12.3.2 物资储备定额

1. 物资储备定额的内容

(1) 物资储备定额的内容

企业物资储备是指已由厂外供应单位进入厂内,但尚未投入到生产领域而在一定时间内需要在仓库内暂时停滞的物资,或者确切地说,是指在一定管理条件下,为保证生产顺利进行所必需的、经济合理的物资储备数量。一般包括经常储备和保险储备两个部分,有些企业由于物资的采购、运输或者生产具有季节性,还需要建立一定数量的季节性储备。

物资储备产生的原因是:

1) 供应部门(生产单位)和需要部门(消耗单位)两者的供求在时间和数量上的差异。

2) 供应部门与需要部门在地理位置上的差异。

3) 需要单位为了有效地组织本企业的生产,防止难以预料的意外情况发生而对正常生产秩序产生不利影响,也必须要求有一定物资储备作为调解的手段。

物资储备定额在计算上根据使用方式和对象的不同,一般以物资数量、物资金额和周转天数等三种形式为计算单位。以物资数量为计算单位并纳入企业物资供应计划的,通称为物资储备定额。以物资金额为计算单位并纳入企业财务计划、取得采购资金的称为资金储备定额。以周转天数为计算单位的,称为周转定额。周转定额是储备定额和储备资金定额的相对数,是确定物资储备定额和储备资金定额的计算依据。

(2) 物资储备定额的种类

物资储备定额一般由经常储备量、保险储备量和季节性储备量三部分组成。

经常储备量是指在前后两批物资进厂间隔期内,为满足日常生产需要而建立的物资储备;保险储备量是为了避免意外因素导致缺货而进行的储备;季节性储备定额是指某种物资受到自然条件的影响,使物资供应具有季节性的限制,而必须储备的数量。

2. 物资储备定额的影响因素

1) 物资储备结构　其结构主要有品种、数量和库存分布三个方面。

2）企业内部条件　如企业的规模和生产性质，企业的计划性和管理水平，物资采购的间隔和生产准备所需的时间。

3）企业的外部环境　如物资供需状况，供货部门的服务质量，供货距离和运输条件，退货的可能性，价格因素。

3. 物资储备的计算方法

（1）经常储备

1）供应间隔期法　根据经验或过去统计资料确定储备时间（天数）然后乘以日平均消耗量。供应间隔天数，是指前后两批到货的间隔时间，这是确定经常储备定额的主要因素。

$$经常储备＝（供应间隔天数＋准备天数）×平均每天需要量$$

其中，供应间隔天数用加权平均法和订货期限法确定。

2）加权平均法　根据历史统计资料，并考虑每次交货期一定的差异影响，一般采用加权平均法，求出供应间隔天数。

$$平均供应间隔天数＝\sum（每次到货数量 ×每次间隔天数）/\sum 每次到货数量$$

3）经济批量法　指采购费用和保管费两者之和总费用最小的批量。这种方式适用于供应条件较好，而且又是货源较丰富的物资。

（2）保险储备定额的制定方法

$$保险储备定额＝保险储备天数×平均每天需要量$$

保险储备天数，一般是根据物资的供应条件，运输条件，生产中的重要程度，以及缺货的概率等因素来决定的。具体计算方法，可按历史统计资料可能误期到货的天数或按实际情况而定。

（3）季节性储备定额的制定方法

$$季节性储备定额＝季节性储备天数×平均每天需要量$$

季节性储备天数，一般是根据生产需要和供应中断天数所决定的，如果农产品一年收获一次，即农产品加工企业一年供应一次；如河道冰冻时间为三个月，则水运物料供应中断为三个月。但是，它必须以保证生产需要为前提，否则，就会出现过剩储备而造成的浪费。在实际工作中，凡是建立季节性储备的物资，往往就不需要经常储备和保险储备了。

12.4 现代企业生产物流管理所面临的挑战

为了确保企业拥有较强的响应市场急剧变化的能力，针对目前多品种小批量生产占主导地位的形势，一种基于柔性自动化（flexibility automation，FA）或可编程自动化（programmable automation，PA）的技术，以计算机集成制造（computer integrated manufacturing system，CIMS），敏捷制造（agile manufacturing，AM），高效快速重组生产（lean agile flexible，LAF)等系统为代表的现代先进生产模式,已成为 20 世纪 90 年代以来制造业开始变革的趋势。

12.4.1　基于计算机集成制造系统环境下的物流管理的变革

随着 20 世纪 90 年代信息技术、网络技术、控制技术、系统技术等的发展和进步,计算机集成便成为可以实现的模式。作为制造技术的支撑,生产物流应该适合于 CIMS 的生产运作方式,虽然这种模式下的物流管理被冠以可编程自动化为手段,建立起以计算机网络、营销管理与决策支持系统、库存管理系统为代表的信息技术,但实现它还需要解决企业各级人员在观念认识上的分歧,企业业务流程的重组,技术投资规模与风险等问题。

1. 对于企业物流运营的有关基本思想和运营方式的认识要有所改变

存在着供需关系的企业之间不应该仅仅是一种卖与买的关系,还应该是一种互利互惠的合作伙伴关系。在生产供应链中的所有企业都追求精益生产的时候,也就对各个企业的合作提出了更高的要求。基于低库存量的可靠生产离不开协作供应商的良好物流配合,产品制造商对于供货的要求已从数量与价格上更多的转向了可靠、及时的服务,以此保证生产供应链的顺利连接。而未来企业内部的生产模式强调的是人——技术及经营的集成,而不单是信息和物流的集成。所以,从事企业物流工作的员工对于 CIMS 本身的目的,以及由于 CIMS 环境对企业业务流程重构所引起的物流技术的基本原则、方法及约束的变革,要有正确的认识,同时还要建立严格的计划管理制度和正确的数据信息基础。

2. 对于企业物流运营的基础设施要进行适当的规划

物流是实实在在的物质的流动。因此,企业内外部的交通建设、运输工具、装卸工具和容器标准等基础设施的建设,应该是一个动态的物流优化规划过程。例如,高速铁路,高速公路的建设应该由政府交通部门根据物流量的变化和增减,调整运转政策,利用财政方面的政策,进行规划建设。对于各种运输方式,需要分别针对其流通路线、流通量和服务对象进行统计分析,并根据现有的数据,借助于有关的预测模型,进行预测分析,以达到整体物流系统优化的目的,而且达到技术可持续发展。对于微观技术的具体实施,应该着力推进各种包装规格、运输工具、装卸工具和集装箱体的标准化工作。以利于企业间国际合作。在具体地进行厂址的选择、车间规划与布局时,必须考虑到物流的迅捷通畅。

3. 要加强信息集成、CIMS 环境下技术共享

为了使物流适应于 CIMS 环境的需求,就缺少不了信息的集成和共享。通过其物流与信息流的配合,能够建立和支撑起遍及生产－供应－需求链的商务处理能力和响应能力。

传统的商务信息交流,通常通过信件、电报、电话和传真等进行,除了由于信息的格

式不一致,信息难以集成、共享,信息不能为供货商所直接利用处理,而且对于生产方难以及时获得有关信息。而通过网络技术,企业与物料供给部门可以通过标准的数据格式,如电子数据交换、电子商务,建立起贸易伙伴间的应用接口,从而将需求、供给信息在网络上进行发布,经由查询、匹配和优化,信息的提交与处理,可以在短时间得以完成,实现资源的节省,为生产节约成本,缩短上市时间,提高企业的竞争力。

12.4.2 基于互联网网络环境下的物流管理的变革

近年来,随着电子数据交换、技术数据交换和互联网技术的发展,企业间及企业与顾客间开始并可能共享对方所拥有的资源,并使国家之间、企业之间的贸易经济边界逐渐消失。许多企业可以通过互联网进入其伙伴内部的信息系统。例如 A 公司由于其外联网延伸到主要供应商和分销商,一方面使其分销商可以在线采购本企业的产品,每年可为分销商节约采购资金,同时,A 公司也可以根据分销商的销售情况安排自己的生产计划,节约自己的生产管理成本。这一实际上的变化,已使企业的管理范围不仅包括其自身资源,还要延伸到其供应商、客户甚至竞争者。所以企业间的核心问题是突破一系列观念,重塑企业间关系。

1. 工业时代企业间的关系

由于信息封闭、资源独占,企业间往往是对抗性关系。因此,企业往往会选择较多的供应商,使供应商之间形成竞争关系。另外,由于生产经营过程通常的序列化,使其管理过程一般也顺序化进行。序列化的生产经营过程使得相关人员及各环节割裂开来,每一个职能部门、环节都有其特定任务,对于其他环节或职能部门运转所需的条件缺乏正确的认识。因此,会经常出现前后环节或部门之间互相矛盾、指责的状况。

2. 网络经济时代企业间的关系

由于信息的开放,网络的便捷,企业间更需要的是相互沟通、交流,以及共用数据库等其他资源。由于普遍采用的视窗工作方式,使得工作在空间或时间上的接近不再是至关重要的问题。这样,工作可以由顺序化向并行化发展。这不仅意味着各环节、各职能部门可以同时运转,而且意味着他们之间可以方便地在设计、制造和工业工程等方面进行有效的协作,共同设计产品和工艺流程。例如,在德国大众的生产物流和采购管理系统中,只要网上发出或收到一个订单,其财会、生产计划和采购等部门就可以立即知道,他们可以根据该订单对本领域的影响立即做出反应,并进行相应的协同式工作。这种方式,可以基于统一的数据资料库,并在组织机构中建立特定的响应程序,采用项目管理的方法进行。显然,通过这种方式可以大大缩短生产周期,提高工作的协同性,提高工作效率和效益。

另外,新产品投放市场的速度成为企业竞争中取得优势的关键。每一个企业在某些方面确立自己独特的优势,培育自身的核心技术和核心能力,同其他企业共同形成一种强有力的竞争优势,成为世界级企业运作的思路。于是一种由两个以上的企业成员组成的、在有限的时间和范围内进行合作的、相互信任、相互依存的临时性组织——虚拟公司

（又称为动态联盟企业）应运而生。这是一种没有围墙的、超越时空约束的、靠信息传输手段联系并统一指挥的经营实体。它面对分布在不同地区甚至不同国度的产品进行设计、开发、制造、质量保障、分配和服务等，其管理方式、方法和程序将是完全新颖的，尚有待人们去不断探索和完善。

—— 小结 ——

生产物流是企业在生产工艺中的物流活动，即物料不断地离开上一工序、进入下一工序，不断发生搬上搬下、向前运动、暂时停滞等活动。这种物流活动是与整个生产工艺过程伴生的，实际上已构成了生产工艺过程的一部分。本项目介绍了生产物流的概念，生产物流的特征及类型，论述了各种生产模式下生产物流管理的要点，介绍了物资消耗定额和物资储备定额的制定方法。

—— 复习思考题 ——

1. 什么是生产物流？
2. 生产物流有何特征？
3. 如何划分生产物流的类型？
4. 各种划分方法分别可以把生产物流划分为哪几种类型？
5. 企业生产战略对生产物流有何影响？
6. 各种生产类型分别有哪些物流特征？
7. 简述各种生产模式下生产物流管理的要点（或特色）。

—— 案例分析 ——

465 厂的物资管理

物资供应与管理对企业的生产和销售起着举足轻重的作用。物资供应计划制定的正确与否，购入物资的数量、质量、型号、规格、价格等因素都影响着企业的生产经营和经济效益。本案例以中国船舶工业总公司第 465 厂为例，阐述其物资管理中存在的问题及拟采用的政策。中国船舶工业总公司第 465 厂是生产船用柴油发动机油泵，油嘴和调速器的专业化工厂，在为船用柴油机动机主机厂配套的同时，还为船舶市场生产零配件。

一、该厂物资供应主要有以下特点

1）产品所需材料品种规格多，批量小，难以组织供应。由于国内船用配件需求量不大，品种多，该厂的年产值只有 3000 万元左右，产成品又多精密偶件，本身耗材少。目前该厂生产的零部件有 300 多个品种，仅钢材的规格就有 456 种，牌号 45 个，而钢材的年耗量才 360t。也就是说，平均每个牌号，每种规格的钢材耗量不足 1t，产品中的其他配套件和辅助原料用量自然由此而知。面对如此小的批量，供应部门组织供应的难度是很大的。

2）成品供货要求周期短，原材料的供应变化大，要货急，计划性差，按时供货困难多。物资供应部门工作的核心就是要按质、按量、配套、及时均衡地供给生产单位各种所需物资,以保障生产正常运行。进入市场经济后,用户对该厂产品的供货时间提出了越来越严的要求,从签订供需合同到现货交货使用,时间很短,尤其是现货供应时间更短,即使是新产品有的也只有十天左右。有时设计部门的材料定额还没有确定,供应部门的计划和采购人员就要开始奔波和联系。

3) 对产品原材料的专用性和特殊性要求很高。该厂生产的产品是船用柴油机的核心和关键零部件,为满足用户的需求,使用户放心,该厂对进厂的原材料的质量都要进行严格的控制。但由于设计保险系数留的过大,在加上质量要求过高,又给供应工作增加了不少困难。比如喷嘴器针阀偶件及柱塞偶件的材料,均要求电渣无发纹;CrWMn 材料的晶体结构的国家标准≤3 级,而该厂的标准要求≤2.5 级;对于晶体的带状结构未作规定,但该厂却要求≤2.5 级;GCr15 材料的珠光体国家标准是 1 至 5 级,而该厂要求 2 至4 级等,致使一般钢厂难以接受,供应部门四处求购均难以落实。

4) 企业资金紧张,生产所需物资很难迅速到位。企业的物资流动是资金流动的基础,资金流动则反映企业物质材料的再生产过程,两者相互联系,相互制约。从该厂 1995 年的生产经营情况来看,1 至10 月发出的产品应收款为 2102 万元,而实际只收到货款 399 万元,使当年外欠的贷款占销售额的 81%,且多发生在中船总系统内部。由于外欠贷款收不回来,使物资供应部门购买原材料的资金不能到位,导致生产所需原材料难以保证供应。

二、物资管理存在的问题

目前,465 厂的物资管理主要存在以下这些问题:

1) 企业物资管理人员业务素质不高,规范性管理差。该厂供应部门人员结构很不合理,主要表现为平均年龄偏高,文化程度普遍偏低,人员更换频繁,不少人缺乏工作经验等。不少物管人员对自己分管物资的技术性能,用途,要求,生产成本,生产单位,价格行情和供应关系的不熟悉,导致了供、管、用的不和谐,甚至出现差错。比如不该使用的材料和零配件使用了;可以代用的材料不懂得代用;物资定额不清楚,计算不熟练;材料标准,牌号不清楚;物资进出仓库计量不严格,检验不及时;材料标志不明确,存放不合理等。因此常出现发料差错等问题。

2) 物资消耗定额不准,限额发料流于形式。在市场经济条件下,企业产成品的生产周期有的拉长,有的缩短,而统计工作只有数据罗列,没有对数据进行有效的分析以指导经营管理实践。供应部门对物资进货的渠道,质量和用款等情况难以控制,计划管理的综合平衡差,尤其是各车间,工段乃至班组的小仓库物资,更有鞭长莫及之感,造成了企业人力,物力和财力的浪费。

3) 对节材降耗的重视不够,处理物资的管理不得力。由于对节材降耗和处理物资的管理重视不够,控制不严,所以对各类人员所实施的节约受奖,浪费受罚的教育管理亦多于形式。其原因是:一方面奖励额度小,难以调动企业全体员工厉行节约的积极性;另一方面对超额和浪费的问题处理不力。一些职工甚至认为,工厂是国家的,企业受损失是大家的事,对个人没有多少直接损害,致使一些浪费现象无法管理,无人问津。比如个别单位的管理人员因责任心不强,怕得罪人,不进行大胆管理,造成原材料的浪费也无人过问;生产过程中各车间、处室、班组层层设立物资小仓库，使得生产中的多余物资难以清理返库，由此造成了一些无账物资和非生产原因形成的报废物资流失，对产品的性能，质量及使用寿命等技术方面考虑较多，片面求新、求洋、求全；由于在设计上对成本、余量、标准化和通用化考虑不充分，物资部门要按设计要求订购原料，自然无法去谈材料的节约管理。

三、拟采用的对策

面对这种状况，考虑到自身物资供应的特点和存在的问题，该厂提出了以下几个对策拟予采用。

1) 转变思想，适应市场，掌握规律，做好计划。在计划经济时期，企业生产资料的供应主要是通过国家物资部门按不同企业的生产要求，有计划的供应物资。那时企业对上级物资部门依赖性很大，而现在企业的物资供应主要通过市场来调节，企业可直接向市场购买所需生产资料。因此，企业必须参与市场竞争，面向市场组织物资资源，并应在市场竞争中求质、求量、求价。为此，首先要熟悉市场了解市场，及时掌握物资信息和市场动态，做好信息收集、存储、分析，为满足企业生产需要提供前提条件，其次要及时可靠的掌握本企业生产经营活动中的各种动态和物资消耗规律，积累历史资料，做到需求清楚，资源清楚，余缺清楚，搞好综合平衡工作，在质优价廉的前提下，按时、按量、按品种、按规格、有计划地保障企业再生产所需的各类物资，再次供应部门要及时向企业领导汇报物资供应管理情况，让领导掌握和理解物供部门面临的状况和困难，支持他们在市场经济条件下，提高科学管理水平，做好物资供应管理工作。

2) 简化品种，加强预测，货比三家，择优选购。考虑成立产品材料研究小组，吸收工厂设计、质量、计检、工艺和供应等部门的人员年参加研究小组。通过对各产品材料的化学成分、机械性能、设计要求、制造工艺和产品的装机测试、工作状态、强度要求等进行全面的理论与实践的分析，化多品种、小批量、要求高、难控制、难组织为少品种、大批量、既经济、又合理、好控制、易组织。其次是作好产品生产销售的统计，预测工作和物资部门自身的统计分析，预测工作，以加强生产准备，原材料供应的计划性，在"先平衡、后采购"的原则下实施再生产物资的补充。再是强化采购管理，逐步建立和完善《合格厂商表》，严格遵循"优价、价廉、就近、选源头"的原则，作到货比三家，择优选购。

3) 发挥优势，搭配订货，筹集资金，集中订货。为解决该厂产品主要原材料质量高，订货数量少的困难，首先，应发挥中船总系统的集团优势，采取布点的方式，集中订购短线，冷门物质。对个别材料实行搭配订货的方法，部分产品采用主机厂配套产品材料标准加以解决。其次，进行清理，催收欠款，节支降耗，压缩非生产性开支。同时要加强同地方金融界的联系，利用各种渠道积极筹集资金，作好集中订货的准备，以保障企业生产的正常运行，是企业在激烈的市场竞争中，保持良好的经营状态，取得更大的经济效益。

4) 厂校结合，开发新品，节材降耗，综合平衡。首先从技术革新，产品开发，增强企业在市场竞争中的活力入手，不断提高企业面向市场组织生产的能力，逐步从国内走向世界。为此，工厂实行厂校结合（或厂所结合），开展科学理论攻关，进行设备技术改造和科研开发，不断向产品集约型，规模化发展。这样企业产量上去了，原材料的供应也就好采购了。其次是加大奖惩额度，进一步开展节能降耗工作,从而降低成本,减少资金占用。再次是强化综合平衡的管理工作。为增加企业利润,物管部门必须经常对生产现场的多余物资进行定期清理,做到"工停料清",并建立专项账册,加强对库存物资的清理,及时发现呆滞、积压、废旧和无账物资,对其中能改制,代用的建议改制代用,对积压和无账物资进行调剂和出售,对尚能利用的尽量利用,千方百计的开源节流,求的物资供需的综合平衡。

5) 设计把关,限额发料,提高素质,强化管理。设计把关是企业节支创效的首要环节。企业物管部门要适时地向厂领导和设计部门提出建议,在不影响产品质量,使用寿命的前提下,尽可能使设计的部件标准化、通用化、系列化,以降低材料费用,降低成本。要严格实行限额发料,对生产车间的投入产出进行定量考核,促使节约材料,不断降低消耗。要严格物资领用手续,加强对物管人员的文化教育和技术业务培训,不断提高他们的文化素质和专业技术水平。结合工厂的实际,尽可能增加一些文化程度高,思想品德好的年轻职工,为充实和改善企业物供队伍,为实现物供工作的科学化管理创造条件。要强化物资管理,做好物资的申请,平衡,订货,采购,日常供应和储备工作。对全厂的各种生产和非生产性物资实行集中统一管理,取消从车间到班组的小仓库,以提高物资的利用率。

思考题:

1. 你认为应该如何解决 465 厂所需物资品种多,数量少给物资采购带来的困难?
2. 为了保证生产顺利进行,应该如何保证物资供应?

═══ **实践与训练** ═══

项目:制定物资消耗定额和物资储备定额

一、实训目标

1. 增强对生产物流管理的感性认识。
2. 理解各种生产模式下生产物流管理的要点。

二、内容与要求

1. 组建模拟公司,制定物资消耗定额。

2. 根据生产情况,确定物资储备定额。

三、成果与检测

1. 每人编制物资消耗定额和物资储备定额。

2. 由教师与学生共同对各公司的定额进行评价,确定成绩。

项 目 13

设备综合管理

案例导入

国产某大型燃气企业 A 公司,承担着在我国某省输送燃气的任务。这家公司最重要的工作目标,就是要确保送气工作安全平稳进行,这一点比经济效益目标更加重要。因此,如何确保燃气输送任务的安全进行是摆在燃气公司领导面前的一个重要难题,一旦设备出现问题,就会造成极大的社会和经济损失。A 公司的老总们压力很大。

A 公司是一个拥有 50 亿元、1600 公里输气管道的流程型运输企业,其生产过程并不改变成品(燃气)的结构和特性。从财务数据分析可以看出,燃气公司的成本绝大部分都在设备上,包括设备折旧、配件库存、维修和维护,这些开支占公司年度开支的 75% 以上。对于这样的企业,信息化建设就必须反映其资产密集的特征。

因此,A 公司上马了 EAM(企业资产管理)系统,EAM 是以企业固定资产为主要对象,从固定资产的设计、采购、安装调试、运行管理到转让报废的全生命周期进行管理的应用信息系统,其目的就是提高企业资产的运行可靠性与使用价值、降低维护与维修成本,从而提高企业整体运行质量、降低总体成本。

用上了 EAM 系统之后,公司安全性指标、设备总成本有了显著的改进,综合效益年提高率竟然能够达到 75% 以上,同时也保障了社会生活的稳定进行。

13.1 设备综合管理概述

设备是现代生产工具,是社会生产力的重要因素。生产工具是人类改造自然能力的物质标志。生产工具越先进,标志着人们对客观自然的认识支配能力越强,也就意味着生产力水平越高。加强设备管理,对于保证企业生产的正常秩序,提高经济效益,有着十分重要的意义。

机器设备就其范围来说包括:生产工艺设备,辅助生产设备,科学研究设备,管理设备以及公用设备。

13.1.1 设备综合管理的含义

设备管理是随着工业生产的发展,设备现代化水平的不断提高,以及管理科学和技术的发展逐步发展起来的,它经历了传统设备管理和设备综合管理两个阶段。

传统设备管理的理论核心是设备使用过程中的维修管理,其工作集中在设备的维修阶段,侧重技术管理,把设计、制造过程的管理与使用过程的管理严格分开,忽视了全面管理。

设备综合管理是在设备维修的管理的基础上为了提高设备的管理技术、经济效益和社会效益,以适应市场经济的进一步发展要求,运用设备综合工程学的成果,吸取了现代管理理论,综合了现代科学技术的新成果,而逐步发展起来的设备管理理论和方法。

13.1.2 设备综合管理的内容

设备综合管理的内容就是对设备运动全过程的管理。它一般表现为两种状态:一是物质运动形态;二是价值运动形态。

设备的物质运动形态是指计划、设计、制造、购置、验收、安装、调试、运行、点检、维修、更新、改造,直至报废处理;设备的价值运动形态,表现为设备的资金筹集、最初投资、维修保养、费用支出、折旧费计提、更新改造资金的筹集与使用、设备的经营或有偿转让等。对设备物质形态的管理,通常叫设备的技术管理,对设备价值形态的管理,通常叫设备的经济管理。设备综合管理的内容归纳起来如下:

1)实行设备的全过程管理。

2)对设备从工程技术、经济和组织管理三个方面进行综合管理。

3)实行设备的全员管理。

4)开展设备的经营工作。

13.1.3 设备综合管理的任务

设备综合管理的任务是为企业的生产提供先进适用的技术装备,使企业的生产经营

活动建立在技术先进、经济合理的物质技术基础上,以保证经营目标的实现。它的具体任务是:

1) 以设备的寿命周期作为设备管理的对象,力求设备消耗的费用最少,设备综合效率最高。

2) 根据技术先进、经济合理、生产可行的原则,正确选择设备,为企业提供优良的设备。

3) 合理使用设备,做好设备的维修和保养工作,保证设备经常处于最佳技术状态。

4) 提高设备管理的经济效益。

5) 搞好设备的更新改造,提高设备的现代化水平。

6) 搞好设备的经营工作。

13.2 设备选择与评价

13.2.1 设备的选择

设备选择问题,对于新建企业选择设备,老企业购置新设备和自行设计、制造专用设备,以及从国外引进技术装备,都是十分重要的。设备选择应满足生产实际需要,结合企业长远生产经营发展战略全面考虑。选择设备的目的是使企业有限的设备投资、用在生产必需的设备上,以发挥投资的最大经济效益。一般来说,技术上先进、经济上合理、安全节能、满足生产需要是企业在选择、制造、引进设备时必须共同遵守的原则。因此,在选择设备时应考虑的因素有:①生产性;②可靠性;②安全性;③节能性;④环保性;⑤维修性;⑥成套性;⑦灵活性;⑧耐用性。

13.2.2 设备的经济评价

企业在选择设备时,除了考虑上述因素外,还应对设备进行经济评价。评价的方法主要有以下几种:

1. 投资回收期法

投资回收期是指用设备的盈利收入来补偿设备投资支出所需要的时间。

$$I \times (1+i)^T = [R \times (1+i)^{T-1} + \cdots + R \times (1+i)] + R$$

$$I \times (1+i)^T = R \times \frac{(1+i)^T - 1}{i} \quad T = \frac{\lg R - \lg(R - i \times I)}{\lg(1+i)}$$

式中,T——设备投资回收期;

I——设备投资额;

i——年利率;

R——设备年平均盈利收入。

现代企业生产与运作管理

【例 13.1】 已知条件如表 13.1,求该厂最佳决策。

表 13.1　设备投资盈利表

设备名称	投资额/万元	盈利收入/万元		
		折旧	利润	合计
Ⅰ	1000	125	225	350
Ⅱ	1200	120	330	450
Ⅲ	1800	150	500	650

设 $i = 10\%$

解　$T_1 = \dfrac{\lg 350 - \lg(350 - 10\% \times 1000)}{\lg(1 + 10\%)} = 3.53(年)$

同理可求得:$T_2 = 3.25(年)$,$T_3 = 3.4(年)$

所以,本例 Ⅱ 方案投资回收期最短。

2. 费用换算法

(1) 年费法

年费法是将设备的购置依据设备的寿命周期,按复利计算,换算成相当于每年的费用支出后,加上年维持费,得出不同设备的年总费用,据此进行比较分析,选择最优设备的方法。

$$每年折算总费用 = 年投资费 + 每年维持费$$

其中,年投资费 = 一次投资费 × 资金回收系数。

$$资金回收系数 = \frac{i \times (1 + i)^n}{(1 + i)^n - 1}$$

利用资金回收系数可求出一项投资 P,打算在 n 年内回收,每年所需等额年金。

(2) 现值法

现值法是将设备寿命周期内的每年维持费,通过现值系数换算成相当于一次的维持费用。

$$寿命周期总费用 = 设备购置费 + 每年维持费 × 现值系数$$

$$现值系数 = \frac{(1 + i)^n - 1}{i(1 + i)^n}$$

假设每年维持费是等值的,现值系数、资金回收系数均可查表得出。为说明上述公式举例如下。

【例 13.2】 已知条件如表 13.2 所示,试用年费法计算费用并选择设备。

表 13.2　设备 A、B 数据表

项目	设备 A	设备 B
设备投资费	7000 元	10 000 元
设备寿命周期	10 年	10 年
年利率	6%	6%
每年维持费	2500 元	2000 元

解 用年费法计算：

$$设备 A 的年总费用 = 7000 \times \frac{0.06 \times (1+0.06)^{10}}{(1+0.06)^{10}-1} + 2500$$

$$= 7000 \times 0.135\ 87 + 2500 = 3451(元)$$

同理可计算出设备 B 的年总费用为 3359 元，比较可知设备 B 的年总费用小，选 B 设备。

用现值法计算：

$$设备 A 总费用 = 7000 + 2500 \times \frac{(1+0.06)^{10}-1}{0.06 \times (1+0.06)^{10}}$$

$$= 7000 + (2500 \times 7.36) = 25\ 400(元)$$

同理可计算出设备 B 寿命周期总费用为 24 720 元，比较可知设备 B 的总费用小，选择 B 设备。

13.3 设备合理使用和维护保养

13.3.1 设备合理使用

设备合理使用要做好以下三方面工作：

1) 必须根据企业的生产技术特点和工艺过程的要求，合理配备各种类型的设备，同时根据各种设备的性能，结构和技术经济特点合理安排加工任务，注意设备的负荷情况。

2) 提高设备的利用程度 一是提高设备的时间利用率，即充分利用设备可能工作的时间，不让设备闲置；二是提高设备的负荷的利用率，就是要使设备在单位时间内生产出尽可能多的合格产品。

3) 建立健全各种规章制度，确保设备的合理使用 有关的制度如：安全操作规程、岗位责任制、润滑管理制度及操作合格证等。

13.3.2 设备的维护保养

设备的维护保养，是指设备使用人员和专业维护人员在规定的时间内及维护保养范围内，分别对设备进行预防性的技术护理。

设备维护保养一般分为三级，称三级保养制度，有的是推行四级保养制度。四级保养制度的内容如下。

1. 日常维护保养

日常维护保养亦称例行保养或"日保"，这是操作人员每天在班前后进行的通常保养。机械企业设备保养的四项要求是："整齐、整洁、润滑、安全"。

2. 一级保养

一级保养其是以操作人员为主,维修人员为辅对设备进行局部检查、清洗,一般 500~700 小时进行一次。

3. 二级保养

二级保养是以维修人员为主,操作人员参加,对设备进行部分解体、检查、修理、更换或修复磨损件,局部恢复精度、润滑和调整。设备一般运行 2500~3500 小时进行一次二级保养。

4. 三级保养

三级保养是对设备的主体部分进行分解检查与调整工作,及时更换磨损限度已到的零件。设备维护保养制度因设备的性能、工作条件不同而各企业有具体规定。

13.4 设备的检查与预防维修

13.4.1 设备的磨损与故障规律

1. 设备的磨损规律

设备在使用过程中会逐渐发生磨损,一般分为两种形式:有形磨损、无形磨损。

有形磨损指设备在工作中,由于其零件受摩擦、振动而磨损或损坏,以致设备的技术状态劣化或设备在闲置中由于自然力的作用,而使设备失去精度和工作能力,以上两种情况都称有形磨损。

无形磨损两种设备使用价值相同或类似,由于科学技术进步产生的技术水平差距,使得一种与另一种在制造成本、使用成本、生产成果上的比较价值差,称无形磨损。或者这样解释:设备的技术结构,性能没有变化,但由于劳动生产率的提高,使这种设备的再生产费用下降,而使原有同种设备发生贬值或是由于新的性能更完善的效率更高的设备出现和推广,使原有的设备的经济效能相对降低而形成的一种消耗。

设备有形磨损过程,大致分三个阶段,如图 13.1 所示。

1) 初期磨损阶段 在此阶段中,机器零件表面的高低不平处,以及氧化脱炭层,由于零件的运转,互相摩擦作用,很快被磨损,这一磨损速度快,但时间短。

2) 正常磨损阶段 零件磨损趋于缓慢,基本上是匀速增加。

3) 剧烈磨损阶段 零件磨损由量变到质变,超过一定限度,正常磨损关系被破坏,接触情况恶化,磨损加快,设备的工作性能也迅速降低,如不停止使用,进行维修,设备可能被损坏。

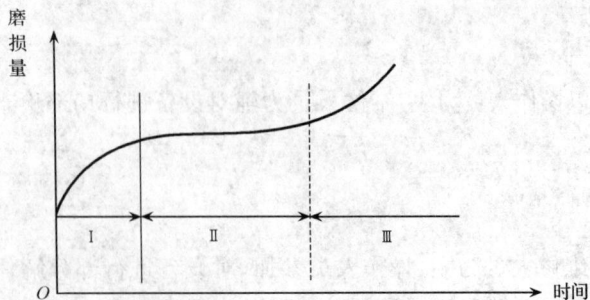

图 13.1　设备有形磨损曲线

2. 设备故障规律

设备故障一般分为突发故障和劣化故障。突发故障是突然发生的故障,其特点是发生时间是随机的;劣化故障是由于设备性能逐渐劣化所造成的故障,其特点是发生故障有一定的规律,故障发生速度是缓慢的,程度多是局部功能损坏。劣化故障规律呈盆浴曲线,如图 13.2 所示。

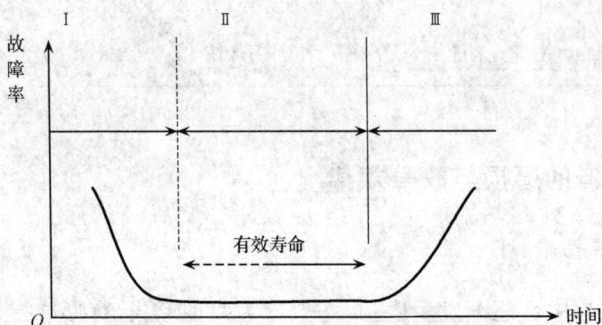

图 13.2　设备故障曲线

1) 初期故障期　这一阶段的故障主要是由于设计上的缺陷,制造质量欠佳和操作不良习惯引起的,开始故障较高,随后逐渐减少。

2) 偶发故障期　在这一阶段,设备已进入正常运转阶段,故障很少,一般都是由于维护不好和操作失误引起的偶发故障。

3) 磨损故障期(劣化故障期)　在这阶段,构成设备的零件已磨损、老化,因而故障率急剧上升。

针对不同故障,应采取相应措施,如:在初期,找出设备可靠性低的原因,进行调整,保持稳定性。在偶发期,应注意加强员工的技术教育,提高操作人员与维修人员的技术水平。在磨损期,应加强对设备的检查、监测和计划修理工作。

13.4.2　设备的检查与修理

1. 设备检查

设备检查是对设备的运行状况、工作精度、磨损或腐蚀情况进行检查和校验,及时消

现代企业生产与运作管理

除隐患。设备检查分类：按间隔时间不同可分为日常检查和定期检查；按技术功能分为机能检查和精度检查。

2. 设备修理

(1) 设备修理的种类

设备修理种类按修理程度分为大修、中修、小修。

大修理是工作量很大的一种修理，它需要把设备全部拆卸，更换和修复全部磨损件，恢复其精度，性能和效率。其特点：修理次数少，修理间隔长，工作量大，修理时间长，费用多。大修理费用由专提的大修理基金支付。

中修理则是对设备进行部分解体，修理更换部分主要零件和数量较多的其他磨损件，并校正设备的基准，以恢复和达到规定的精度和其他技术要求。其特点：发生次数较多，时间较短，工作量不很大，修理时间较短，支付费用少，且由生产费用开支。

小修理是对设备的局部修理，它主要是更换和修复少量的磨损零件，并调整设备的局部机构，其特点：修理次数多，工作量小，一般在生产现场，由车间专职维修工执行，修理费用计入生产费用。

(2) 设备修理方法

设备修理方法主要有以下几种：标准修理法、定期修理法和检查后修理法。

标准修理法是根据设备零件的寿命，预先编制具体的修理计划，明确修理日期、类别和内容。设备运转了一定时间后，不管其技术状态如何，必须按计划进行修理。这种方法便于做好修理前准备工作，设备停歇时间短，能有效地保证设备正常运转。但容易脱离实际，产生过度修理，增加修理费用。

定期修理法是根据设备的使用寿命，生产类型、工作条件和有关定额资料，事先规定各类计划修理的固定顺序，计划修理间隔及其修理工作量。修理内容事先不作规定，而在修理前根据设备状态来确定。

检查后修理法是根据设备零部件的磨损资料，事先只规定设备检查总次数和时间，而每次修理的具体期限、类别和内容均由检查后的结果来决定。这种方法简便易行、节约费用，但修理期限和内容要等检查后决定，修理计划性差，而且检查时有可能对设备状况的主观判断差误引起零件的过度磨损或故障。

13.4.3 设备的预防维修制度

1. 计划预防修理制度

这是我国 20 世纪 50 年代开始普遍推行的一种设备维修制度。它是进行有计划地维护、检查和修理，以保证设备经常处于完好状态的一种组织技术措施。其内容包括日常维护，定期检查，计划修理（大、中、小）。其特点是通过计划来实现修理的预防性。其编制修理计划的依据之一是修理的各种定额标准。

2. 修理定额

（1）修理周期

修理周期指相邻两次大修理之间设备工作时间间隔。修理周期长短取决于主要零部件的使用期限，不同设备在不同生产类型、生产条件下其主要零件使用期限不同，修理周期也不相同。

（2）修理间隔期

修理间隔期指两次相邻修理之间的时间间隔。

（3）修理周期结构

修理周期结构指在一个修理周期内，大、中、小修的次数和排列顺序。如图 13.3 所示。

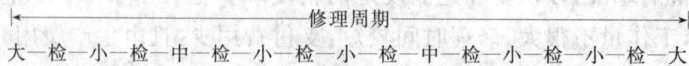

$$\mid\leftarrow\text{————————————}\text{修理周期}\text{————————————}\rightarrow\mid$$
大—检—小—检—中—检—小—检—小—检—中—检—小—检—小—检—大

图 13.3　修理周期结构

其中，大：大修理，中：中修理，小：小修理，检：检查

（4）修理复杂系数

修理复杂系数是表示设备修理复杂程度的一个基本单位，也是表示修理复杂程度和修理工作量的假定单位，它是由设备的结构特点，工艺性，零部件尺寸等因素决定。设备越复杂，加工精度越高，零部件尺寸越大，修理工作量越大，则修理复杂系数也越大。机械工业中通常是选择中心高为 200mm，顶尖距为 1000mm 的 C620 车床为标准机床，将其修理复杂系数定为 10，其他设备都与该标准机床比较确定。比标准机床复杂的设备，其复杂系数大于 10，反之小于 10，不同型号的设备，复杂系数也计算不一样。

（5）修理劳动定额

修理劳动定额是企业为完成机器设备的工作所需要的劳动时间标准。它通常用一个修理复杂系数所需要的劳动时间来表示。如表 13.3 为机械加工企业一个修理复杂系数的劳动量。

表 13.3　一个修理复杂系数的劳动量

修理类别	钳工工时	机工工时	电工工时
修前检查	3～4		
小修	7～10		
中修	32～42	15	7～9
大修	50～60	30	15～20

13.4.4　全员生产维修制

全员生产维修制度（或译作全员参加的生产维修制、全面生产维修制，简称 TPM），是日本设备工程协会倡导的一种设备管理与维修制度。它以美国的预防维修为维修的主体，也反映出英国设备综合工程学的主要观点，总结了日本某些企业推行全面质量管理的实践经验，继承了日本管理的传统而逐步形成发展起来的。

1. 推行全效率、全系统、全员参加的"三全"设备管理

全效率是指设备的综合,包括产量(P)、质量(Q)、成本(C)、交货期(D)、安全(S)和劳动情绪(M)等六方面。其公式如下

$$设备的综合效率＝设备的输出/设备的输入$$

从上式可以看出,设备输出量越大,而设备的输入量越小,则设备的效率就越高。

全系统是指对设备的生产进行系统的管理,包括从设备研究、设计、制造、安装、使用、维修、改造和更新等全系统进行管理,并建立信息情报的反馈系统。

全员参加是指从企业领导,管理人员一直到第一线生产的主要工人都参加设备管理工作,组织 PM 小组,PM 小组活动的主要内容是减少设备故障和提高生产效率。小组成员分别承担相应的职责,上一级的 PM 小组负责检查下一级 PM 小组的成果,成绩显著者可命名为"高水平 PM 小组"。

2. 推行"5S"活动,搞好管理工作的基础

"5S"活动的内容是:

整理:指把不同的紊乱的东西全部收拾好和整理好;

整顿:指把所需的东西备齐,按工作次序整整齐齐地排好;

整洁:指设备和场地做到没有污染;

清扫:指随时地做好打扫工作,保证设备和场地一直能保持干净;

教养:指员工的举止、态度和作风,培养良好的工作习惯和生活习惯。

3. 设备的检查工作

设备的检查工作要求以明确和严密的制度保证做好设备检查,实行明确项目、内容及检查顺序的点检制度,每次检查后都要有明确的记录标志,如良好(O)、可以(S)、差(X)以作为设备维修的依据。设备的检查分为日常检查、定期检查和专题检查。日常检查,由操作人员负责,定期检查和专题检查由维修部门负责,主要是针对重点设备。

4. 重点设备的预防修理、大修理和改善修理

将设备按照"设备的输出"的要求来划分为重点设备、一般设备。对重点设备实行预防修理,对一般设备,采用事后修理和故障预防的办法,这样可以节约修理费用,每年根据生产的发展变化情况,按设备输出总的要求,对重点设备进行一次调整。

5. 加强设备维修人员的培养工作

这是推行 TPM 体系十分重要的环节之一,每年要制定对维修人员的教育计划,包括技术人员、工长和组长、老员工和新员工工作的培训,针对不同人员提出不同的教育内容和要求。对于维修人员要注意多面手的培养,包括机械工和电工等操作技能,定期进行考核。

6. 重视维修记录及其分析研究

完整地记录收集设备维修实施情况的原始资料,对原始资料进行分析研究,包括各种故障原因分析,平均故障间隔时间的分析等;绘制各种比较醒目的图表、编写维修月报;制定各种标准化资料,包括检查标准、维修作业标准等。并制订各种 TPM 评价指标作为考核标准。

13.5 设备更新与改造

13.5.1 设备的更新

设备更新是以比较经济和比较完善的设备代替物质上不能继续使用或经济上不宜继续使用的设备,使企业能够科学技术发展的动态中,获得先进适用的技术装备。

1. 设备的寿命

设备寿命是指设备从投入生产开始,经过有形磨损,直至在技术上或经济上不宜继续使用,需要进行更新所经历的时间。从不同角度可以将设备寿命划分为物质寿命、经济寿命、技术寿命和折旧寿命。

(1) 物资寿命

物质寿命是根据设备的物质磨损而确定的使用寿命,即从设备投入使用到因物质磨损使设备老化损坏,直到报废拆除为止的年限。

(2) 经济寿命

经济寿命是指设备的使用费处于合理界限之内的设备寿命。在设备物资寿命的后期,因设备故障频繁而引起的损失急剧增加。购置设备后,使用的年数越多,每年分摊的投资越少,设备的保养和操作费用却越多。在使用期最适宜的年份内设备总成本最低,这即经济寿命的含义。

(3) 技术寿命

技术寿命是指由于科学技术的发展,不断出现技术上更先进、经济上更合理的替代设备,使现有设备在物资寿命或经济寿命尚未结束之前就提前报废。这种从设备投入使用到因技术进步而使其丧失使用价值所经历的时间称为设备的技术寿命。

(4) 折旧寿命

折旧寿命是指按国家有关部门规定或企业自行规定的折旧率,把设备总值扣除残值后的余额,折旧到接近于零时所经历的时间。折旧寿命的长短取决于国家或企业所采取的方针和政策。

设备的寿命通常是设备进行更新和改造的重要决策依据。设备更新改造是为提高产品质量,促进产品升级换代,节约能源而进行的。其中,设备更新也可以是从设备经济寿命来考虑,设备改造有时也是从延长设备的技术寿命、经济寿命的目的出发的。

2. 设备更新的方式

设备更新的方式分为设备的原型更新和设备的技术更新。

设备的原型更新是指用结构相同的新设备,更换由于有形磨损严重,在技术上不宜继续使用的旧设备。设备的原型更新主要是解决设备的有形磨损的问题,它不具有技术进步的性质。对于设备的无形磨损,设备的原形更新是无法消除的。

技术更新是指用技术更先进的设备去更换技术上陈旧的设备。技术更新不仅能消除设备的有形磨损,恢复设备原有的性能,而且能消除设备的无形磨损,提高设备的技术水平和生产效率,降低消耗,提高产品质量,增强产品的竞争能力。

13.5.2 设备改造

设备改造是指应用先进的科学技术成就,改变原有设备的结构,提高原有设备的性能、效率,使设备局部达到或全部达到现代新型设备的水平。由于设备改造比更新的费用省,见效快,适应性好,对促进企业技术进步有重要意义。因此,一些企业,在开发新产品时或增产现有产品时,总是更新一部分设备,保留一部分可用的原设备,改造一定数量的现有设备。

设备改造的方式分局部的技术更新和增加新的技术结构。局部的技术更新是采取先进技术改变现有设备的局部结构。增加新的技术结构是指在原有设备基础上增添部件、新装置等。

设备改造的内容主要包括:

1) 提高设备的自动化程度,实现数控化、联动化。
2) 提高设备的功率、速度和刚度,改善设备的工艺性能。
3) 将通用设备改装成高效的专用设备。
4) 提高设备的可靠性、维修性。
5) 改进设备安全环保装置及安全系统。
6) 使零部件标准化、通用化和系列化,提高设备的"三化"水平。
7) 降低设备的能耗。

—— 小结 ——

设备是现代生产工具,是社会生产力的重要因素。生产工具是人类改造自然能力的物质标志。生产工具越先进,标志着人们对客观自然的认识支配能力越强,也就意味着生产力水平越高。加强设备管理,对于保证企业生产的正常秩序,提高经济效益,有着十分重要的意义。本项目介绍了设备管理的基本理论,内容包括设备管理的产生与发展,设备管理的意义和内容,设备选择与评价的基本方法,设备使用与维修的相关概念和基本方法,并对设备更新与改造进行了阐述。

1. 设备综合管理概念是什么?
2. 设备综合管理内容是什么?
3. 设备选择因素及评价方法有哪些?
4. 何谓设备的保养制度?
5. 什么是设备修理定额?
6. 什么是设备修理复杂系数?
7. 设备更新改造概念是什么?
8. 设备更新方式有哪些?
9. 设备修理的方法有哪些?

实践与训练

项目:设备的选择和评价、设备检查与预防维修

一、实训目标

1. 培养对设备进行经济评价的能力。
2. 培养设备修理定额的制定能力。

二、内容与要求

1. 实地调查1~2家企业的生产设备,了解设备的使用现状。

2. 组建模拟公司,推行全员生产维修制。

三、成果与检测

1. 每人编制设备经济评价方案和制定设备修理定额。

2. 由教师与学生共同对方案进行评价,确定成绩。

项 目 14

生产现场管理

—— 教学目标 ——

1. 理解现场、现场管理的概念；
2. 了解搬运原则、搬运方式；
3. 理解定置管理的概念与作用；
4. 理解为什么要推行定置管理；
5. 熟悉定置管理的一般措施；
6. 理解目视管理的概念及特点；
7. 了解推行目视管理的重要性；
8. 理解 5S 的具体含义；
9. 理解为什么要推行 5S 管理。

—— 能力目标 ——

1. 能够应用所学知识，分析生产或工作中定置不合理的问题，并提出改进的措施；
2. 能够结合生产、工作实际，提出推行目视管理的一些具体建议；
3. 能够应用所学 5S 管理的知识在生产中开展一些 5S 管理活动；
4. 能够针对自己了解的企业实际提出开展 5S 管理活动的改进意见。
5. 能够运用所学知识进行生产现场的诊断。

—— 案例导入 ——

某民营企业，老板姓刘，18 岁那年，开始做小工帮人家送货，后来逐步做起小生意，当时适逢内衣制造业迅猛发展起来，他就选择了做内衣的加工。于是，家里的亲朋好友前来帮忙打理，工厂越做越大，工人数达 500 多人；刘老板本应该开心，但又犯愁了，工厂应该赚钱才对，如果除去银行还贷，除去开支，每年银行的存款所剩无几；并且自己每天都是忙忙碌碌地工作，工厂好像没有什么进展，企业要做大，他就更没信心了。

1. 生产现状

1）他经常到车间巡视，每天安排四个搬运工，搬运车间的半成品，车间主任还说杂工太少，如要增加搬运工，但人工成本又增加，这如何是好？

2）各车间的成品、不良品、半成品及原料到处乱放，无标志，无区分，有时候出货时少数量,找不到,出货后又冒了出来,让人哭笑不得。

3)机修师傅的工具和员工的工具随地乱放,常常遗失,又申请购买。有时工人常常吵架,怀疑有人偷窃。

4)机台有时候突然损坏,一修就是半天,还缺少零部件;电平车、缝车等根本没保养,一坏就是半天,找不到零配件。

5)在车间现场,私人物品到处乱放,衣服、雨伞、梳子等放在机器上,放在窗户上。

6)在车间,有的工人打电话,有的听收音机,有的干脆就把耳机插在耳朵内,不取下来。

7)地面很脏,天花板上的蜘蛛网连成一片,出货的电梯门敞开,曾经还发生过事故。

8)员工士气不振,管理人员都说管理太难,员工太刁,人员不好管理。

9)许多管理人员说,这些都是小问题,能出货,客户的钱能收回就好。

10)更让人心烦的是,出货老是延期,产品质量无法控制,客户抱怨加大,成本增加,产品价格又下降。

2. 产生的后果

1)人生病了,就要治疗,长期不治疗的话,可能病倒就要住院;锅炉、蒸汽炉等自然寿命短,影响生产,无法保证客户的交货期。

2)工厂接到客户的订单,没有任何生产计划,从裁床、缝制车间、包装车间,没有任何统计数据,最多只是员工的计件数量,如果你问车间主任,今天的生产量是多少?他不知道。这样一来,只能出货的时候,通宵达旦加班、加点。产品质量得不到保障,也不能按时出货。

请思考:

1)该企业现场管理中存在的主要问题是什么?

2)如何改变该企业现场管理的现状?

14.1 现场与现场管理

现场管理是企业生产运作管理的有机组成部分,生产现场管理是生产运作系统中一个区域,它直接影响产品质量和企业的经济效益,只有不断地优化生产现场管理,才能实现企业管理的整体优化。

14.1.1 现场和现场管理的概念

现场一般指作业场所。生产现场就是从事产品生产、制造或提供生产服务的场所,即劳动者运用劳动手段,作用于劳动对象,完成一定生产作业任务的场所。它既包括生产一线各基本生产车间的作业场所,又包括辅助生产部门的作业场所,如库房、试验室和锅炉房等。在我国工业企业规模较小,习惯于把生产现场简称为车间、工场或生产第一线。

工业企业的生产现场由于受行业特点的影响,既具有共性,又具有各自的特征:所谓共性,是指有些基本原理和方法对所有企业的生产现场都是普遍适用的,如所有生产现场都要求生产诸要素的合理配置,都有一个投入与产出转换的效益问题;在管理上都具有综合性、区域性、动态性和可控性等特点。所谓特性,主要是指由于生产工艺、技术装备、生产规模和生产类型等不同,从而优化现场管理的具体要求和方法也不尽相同。从生产技术特点看,不同行业的生产现场有明显的差别:钢铁企业是炼铁、炼钢、轧钢;纺织企业是纺纱、织布、印染。即使是在同一个机械制造企业中,冶金加工与热加工的生产现场也有很大差异。从技术装备程度看,有些生产现场拥有较多机械化、自动化设备,技术密集程度较高,如大型化工企业的生产现场,一般都是通过装置和管道设施对原料进行加工。而有的生产现场则以手工业为主,劳动密集程度较高。从生产规模看,大型企业的生产现场,在人员素质、管理水平和环境条件等方面,一般要比小型企业具有较多的优势。从生产类型看,订货生产与存货生产、连续生产与间断生产、单一品种生产与多品种生产、流水生产与成批生产,其生产现场的组织管理方式皆不相同。按对象原则设置的生产现场与按工艺原则设置的生产现场,其组织管理方式也有区别。所以研究现场管理的重点首先放在共性上,主要揭示生产现场运作的一般规律,但在具体实施时要从企业生产现场的实际情况出发,注意不同生产现场的特性要求,防止"一刀切"。

有现场就必然有现场管理。现场管理就是运用科学的管理思想、管理方法和管理手段,对现场的各种生产要素,如人(操作者、管理者)、机(设备)、料(原材料)、法(工艺、检测方法)、环(环境)、资(资金)、能(能源)、信(信息)等,进行合理配置和优化组合,通过计划、组织、控制、协调和激励等管理职能,保证现场按预定的目标,实现优质、高效、低耗、均衡、安全、文明的生产。现场管理是企业管理的重要环节,企业管理中的很多问题必然会在现场得到反映,各项专业管理工作也要在现场落实。可是作为基层环节的现场管理,其首要任务是保证现场的各项生产活动能高效率、有秩序地进行,实现预定的目标任务,现场出现的各种生产技术问题,有关人员在现场就能及时解决,不等、不拖、不"上交"。从这个意义上说,生产现场管理也就是现场的生产管理。

14.1.2 现场管理的特点

1. 基础性

企业管理一般可分三个层次,即最高领导层的决策性管理、中间管理层的执行性管理和作业层的现场管理。现场管理属于基层管理,是企业管理的基础。基础扎实,现场管理水平高,可以增强企业对外部环境的承受能力和应变能力;可以使企业的生产经营目标,以及各项计划、指令和各项专业管理要求,顺利地在基层得到贯彻与落实。优化现场管理需要以管理的基础工作为依据,离不开标准、定额、计量、信息、原始记录、规章制度和基础教育,基础工作健全与否,直接影响现场管理的水平。通过加强现场管理又可进一步健全基础工作。所以,加强现场管理与加强管理基础工作,两者是一致的,不是对立的。

2. 系统性

现场管理是从属于企业管理这个大系统中的一个子系统。过去抓现场管理没有把生产现场作为一个系统进行综合治理,整体优化。往往抓了某一个方面的工作改进,忽视了各项工作之间的配套改革;比较重视生产现场的各项专业管理,却忽视了它们在生产现场中的协调与配合,所以收效不大。现场管理作为一个系统,具有系统性、相关性、目的性和环境适应性。这个系统的外部环境就是整个企业,企业生产经营的目标、方针、政策和措施都会直接影响生产现场管理。这个系统输入的是人、机,料、法、环、资、能和信等生产要素。通过生产现场有机的转换过程,向外部环境输出各种合格的产品或优质的服务。同时,反馈转换过程中的各种信息,以促进各方面工作的改善。生产现场管理系统的性质是综合的、开放的、有序的、动态的和可控的。系统性特点要求生产现场必须实行统一指挥,不允许各部门、各环节、各工序违背统一指挥而各行其是。各项专业管理虽自成系统,但在生产现场也必须协调配合,服从现场整体优化的要求。

3. 群众性

现场管理的核心是人。人与人、人与物的组合是现场生产要素最基本的组合,不能见物不见人。现场的一切生产活动、各项管理工作都要现场的人去掌握、去操作、去完成。优化现场管理仅靠少数企业管理人员是不够的,必须依靠现场所有人员的积极性和创造性,发动广大员工群众参与管理。生产人员在岗位工作过程中,按照统一标准和规定的要求,实行自主管理,开展员工民主管理活动,必须改变人们的旧观念,培养员工良好的生产习惯和参与管理的能力,不断提高员工的素质。员工素质中突出的是责任心问题,有了责任心,工作就主动,不会干的可以学会。如果没有责任心,再好的管理制度和管理方法也无济于事。提高员工素质既不能任其自然,也不能操之过急,要从多方面做细致的工作。

4. 开放性

现场管理是一个开放系统,在系统内部与外部环境之间经常需要进行物质和信息的交换与信息反馈,以保证生产有秩序地连续进行。各类信息的收集、传递和分析利用,要做到及时、准确、齐全,尽量让现场人员能看得见、摸得着,人人心中有数。例如,需要大家共同完成的任务产量产值、质量控制、班组核算等。可将计划指标和指标完成情况,画成图表,定期公布于众,让现场人员都知道自己应干什么和干得怎么样。与现场生产密切相关的规章制度,如安全守则、操作规程和岗位责任制等,应公布在现场醒目处,便于现场人员共同遵守执行。现场区域划分、物品摆放位置和危险处所等应设有明显标志。各生产环节之间、各道工序之间的联络,可根据现场工作的实际需要,建立必要的信息传导装置。例如,生产线上某个工位出现故障,流水线就会自动停下来,前方的信号灯就会显示出第几号工位出了毛病。

5. 动态性

现场各种生产要素的组合,是在投入与产出转换的运动过程中实现的。优化现场管理是由低级到高级不断发展、不断提高的动态过程。在一定条件下,现场生产要素的优化组合,具有相对的稳定性。生产技术条件稳定,有利于生产现场提高质量和经济效益。

但是由于市场环境的变化、企业产品结构的调整，以及新产品、新工艺、新技术的采用，原有的生产要素组合和生产技术条件就不能适应了，必须进行相应的变革。现场管理应根据变化了的情况，对生产要素进行必要的调整和合理配置，提高生产现场对环境变化的适应能力，从而增强企业的竞争能力。所以，稳定是相对的、有条件的，变化则是绝对的，"求稳怕变"或"只变不定"都不符合现场动态管理的要求。

上述特点有助于进一步理解现场管理的含义，同时也为优化现场管理提供了理论依据。

14.1.3　加强现场管理的必要性

为什么要加强现场管理，这个问题可以从以下四个方面来分析。

1. 从管理理论上分析

生产现场是企业生产力的载体，是员工直接从事生产活动，创造价值与使用价值的场所。企业向社会和市场提供的商品要通过生产现场制造出来；员工的精神面貌、道德、作风要在生产现场培养和体现出来；投入生产的各种要素要在生产现场优化组合后才能转换为生产力；所有这些都要通过现场有效的管理才能实现。现场管理水平的高低，直接关系到产品质量好坏、消耗与效益的高低，以及企业在市场竞争中的适应能力与竞争能力。由此可见，优化现场管理是企业整体优化的重要组成部分，是现代化大生产不可缺少的重要环节。它对于加强企业管理，提高企业素质和提高企业的经济效益，有着重要的意义。

2. 从管理实践上分析

我国工业企业对生产现场管理历来是重视的，并积累了不少好经验。"一五"时期，机械工业部通过调查，认识到应"根据企业不同生产类型，采用不同的管理方法"，提出要"以生产作业计划为中心加强企业管理"，强调要"管好在制品"。20 世纪 60 年代，大庆油田创造了许多现场管理经验。例如，建立生产人员、基层干部和领导干部与机关工作人员的岗位责任制，做到"事事有人管、人人有专责、办事有标准、工作有检查"，把生产现场的工作同广大职工建设社会主义的积极性结合起来。强调机关科室要为生产现场服务，实行"三个面向"（面向群众、面向基层、面向生产），"五到现场"（生产指挥、思想工作、材料供应、科研设计、生活服务到现场）。在仓库管理中实行"四号定位"与"五五化摆放"，即对仓储的各种器材规定出固定的摆放位置，按库号、架号、层号、位号对号入座；并按五个为一个记数单元进行摆放。为培养职工队伍，提出"三老"（当老实人、说老实话、办老实事）、"四严"（严格要求、严密组织、严肃态度、严明纪律）、"四个一样"（黑天和白天、坏天气和好天气、领导在场和不在场、有人检查和没人检查一个样）的作风等。

改革开放以来，特别是深化企业内部改革，实行了承包经营责任制以来，许多企业从实际出发，在新形势下创造了许多优化现场管理的新经验。例如，南京第二机床厂用十年时间，坚持不懈地抓现场管理，形成现场管理优化 11 法和现场管理 40 条，促进了企业发展。哈尔滨锅炉厂从长远发展战略出发，对生产现场进行综合治理，系统优化，形成了良好的文明秩序,保证了各项经济技术指标连续几年大幅度增长。第二汽车制造厂从日本引进现场管理经验,建立以现场为中心的综合管理体系,形成"一个流"生产方式,成为挖掘生产潜力,提高经济效益。还有很多企业在加强现场管理方面,摸索创造了各具特色的好经验,如山东博山水泥厂的"规范化工作法",上海金陵无线电厂的"模特法",黑龙江阿城继电器厂的"定置管理",石家庄第一塑料厂的"满负荷工作法"等。

尽管有一批现场管理搞得相当好的企业和车间.也积累了不少具有先进水平的管理经验,但从全局看,许多企业的现场管理水平同国外先进水平相比还有一定的差距。有些企业近几年来注意抓了市场,忽视了现场,管理重心外移,而不是内沉。有些新发展起来的中小企业整体素质差,还不知道什么是科学的现场管理。现场管理落后集中反映在:现场纪律松弛,生产效率低,质量差,投入多产出少,效益低,生产不能适应市场变化的需要。具体表现在以下几方面:

(1)现场生产秩序混乱

员工干活无计划,操作无标准;职责分工不明,遇事推诿扯皮,规章制度不能严格执行;供应不及时,生产不均衡,工时利用率低,安全、质量事故频繁。

(2)现场存在浪费现象

用人过多,有人没活干,有活没人干,停工等待,无效劳动;生产过剩,库存积压,资金周转慢;物料消耗高,产品档次低,不必要的装卸搬运,出现大量的废品和不良品;长明灯、长流水、到处"跑、冒、滴、漏"。

(3)现场环境"脏、乱、差"

设备布局、作业路线不合理;物料、半成品乱堆乱放,工具箱、更衣箱参差不齐;门上有尘土,地面有油污,杂物堆积,通道堵塞,作业面积狭窄,环境条件达不到规定标准的要求。

(4)现场人员的素质亟待提高

必须改变人们不符合大生产和文明生产要求的旧观念、旧习惯,克服"惰性"、作风散漫和纪律松弛等毛病,增强凝聚力,提高思想和技术业务素质。有人认为,当前困扰企业的主要问题是企业外部环境的影响,许多企业的领导者忙于搞"外交",抓市场,筹资金,顾不上抓现场管理,即便抓了也认为是"远水解不了近渴"。在市场经济条件下,企业生产经营必须以市场需求为导向,抓市场是完全必要和应该的,问题是不能把抓市场同抓生产现场割裂开来,这两者是相互关联、相互制约,密不可分的。企业要在激烈的市场竞争中求生存、求发展,就必须向市场提供质量好、品种多、价格便宜、能按期交货的产品,而这些产品是在生产现场制造出来的,要靠现场管理来保证。因此,现场管理水平的高低决定着企业对市场的应变能力和竞争实力。为什么在同样严峻的外部环境中,有些企业的经济效益连连滑坡,生产难以为继;而有些企业则应付自如,其产品仍能在市场上畅销不衰?原因之一就是这些企业有一个良好的后方基地,注重现场管理,能及时地调整产品结构,开发新产品和不断地提高产品质量。所以,企业的领导者要一手抓市场,一手抓现场,不能抓了市场丢了现场,也不能只顾现场忘了市场,要以市场促现场,用现场保市场,通过加强现场管理去适应外部环境的不断变化。

3. 加强现场管理是企业技术进步的需要

新产品的开发与研制、老企业的技术改造、设备更新、采用新技术、新材料、新工艺，以及引进技术的消化吸收与推广应用，这些都要具体落实和体现在生产现场。如果没有先进的现场管理，先进技术就很难充分发挥作用，技术进步的成果就不能很快变成现实的生产力。有些企业引进了国外先进的技术设备，但由于现场管理水平低，迟迟不能投产或投产后不能达标，就是明显的例证。

4. 加强现场管理是提高企业素质，实现企业管理整体优化的需要

现场管理与企业管理是相辅相成、相互促进的，两者是"局部与整体"的关系。作为区域性的子系统，现场管理要服从企业管理整体优化的要求，保证企业生产经营总目标的实现，优化各项专业管理。同时，企业管理也要以现场管理优化为基础，把管理的重点放在现场，各职能科室要主动地为生产现场服务，为现场提供良好的工作条件。现场管理搞好了，企业管理的整体优化才有可能。

提高对现场管理重要性和必要性的认识，目的是为了增强搞好现场管理的自觉性，把优化现场管理这项工作扎扎实实地开展起来。

14.1.4 现场管理的任务和内容

1. 现场管理的任务

有人把现场管理仅仅理解为"打扫卫生，文明生产"，这是很不全面的。现场管理的任务主要是合理地组织现场的各种生产要素，使之有效地结合起来形成一个有机的生产系统，并经常处于良好的运行状态。具体的目标任务是：

1）以市场需求为导向，生产适销对路的产品，全面完成生产计划规定的任务，包括产品品种、质量、产量、产值、资金、成本、利润和安全等经济技术指标。

2）消除生产现场的浪费现象，科学地组织生产，采用新工艺、新技术，开展技术革新和合理化建议活动，实现生产的高效率和高效益。

3）优化劳动组织，搞好班组建设和民主管理，不断提高现场人员的思想水平与技术业务素质。

4）加强定额管理，降低物料和能源消耗，减少生产储备和资金占用，不断降低生产成本。

5）优化专业管理，完善工艺、质量、设备、计划、调度、财务和安全等专业管理保证体系，并使它们在生产现场协调配合，发挥综合管理效应，有效地控制生产现场的投入与产出。

6）组织均衡生产，实行标准化管理。

7）加强管理基础工作，做到人流、物流运转有序，信息流及时准确，出现异常现象能及时发现和解决，使生产现场始终处于正常、有序、可控的状态。

8）治理现场环境，改变生产现场"脏、乱、差"的状况，确保安全生产、文明生产。

2. 现场管理的内容

现场管理的任务决定现场管理的内容是多方面的,既包括现场生产的组织管理工作,又包括落实到的各项专业管理和管理基础工作。因此,现场管理的内容可以从不同的角度去概括和分析。例如,从管理职能分析,现场管理的层次与范围虽不同于企业管理,但仍是具有计划、组织、控制、激励和教育等职能,这些管理职能在生产现场都有所体现,所以可以据此概括和分析现场管理的内容。另外,还可以从构成现场的点(工序管理)、线(流水管理)、面(环境管理)角度,概括和分析现场管理的内容。下面是从优化现场的人、机、料、法、环等主要生产要素,从优化质量、设备等主要专业管理系统这一角度来概括和分析现场管理的内容。具体内容包括:①作业管理;②物流管理;③文明生产与定量管理;④生产现场质量管理;⑤生产现场设备管理;⑥生产现场成本控制;⑦生产现场计划与控制;⑧优化劳动组织与班组建设;⑨岗位责任制;⑩生产现场管理诊断。

在不同行业的不同企业中,现场管理的内容及其重点不尽相同。上述 10 项内容是从当前大多数企业的实际情况出发提出来的,具有一定的普遍意义。随着生产技术的发展和管理水平的提高,现场管理的内容将更加丰富、充实,并不断出现新的内容。

14.2 搬运管理

厂内物料搬运是指物料在生产工序、工段、车间(分厂)、仓库之间进行运送转移,以保证连续生产的搬运作业。按其工作的地点分,有从厂外运达以后的搬运作业、车间之间和车间内部的搬运作业;按其所搬运的物料分,有原材料、毛坯、半成品、外购件、成品搬运作业等。搬运作业是生产现场的一项重要活动,是联结各项生产活动的纽带,为了有效地组织好物料搬运,必须遵循搬运的原则,采用科学合理的搬运方式和方法,不断进行搬运分析,改善搬运作业。

14.2.1 搬运原则

1. 便于搬运方面

便于搬运方面的原则主要有:①便于物料搬运;②物料集中堆放;③物料体积大小适中;④最大搬运单位;⑤排除二次搬运;⑥托盘式搬运方式;⑦用拖车运输。

2. 搬运自动化方面

搬运自动化方面的原则主要有:①重力化;②机械化;③接力的。

3. 减少等待和空载方面

减少等待和空载方面的原则主要有:①协同工作;②均衡搬运;③钟摆方式搬运;

④定时搬运;⑤提高运转率。

4. 提高作业效率方面

提高作业效率方面的原则主要有:①排除潜在搬运;②减轻疲劳。

5. 搬运路线方面

搬运路线方面的原则主要有:①合理配置;②搬运中工料不受损;③安全;④减轻自重;⑤设备及时更新报废;⑥标准化。

14.2.2 搬运方式

1. 从技术发展上分为人力搬运、简单工具搬运、机械化搬运和自动化搬运四种方式

1) 人力搬运　就是依靠员工体力,用手搬肩扛。这种方式比较简单,但效率低、人工费用高、员工容易疲劳。一般只适用于物体小、数量少、重量轻、搬运距离短的情况。

2) 简单工具搬运　即利用手推车、工位器具搬运。这种方法简便,搬运效率较前者高,员工不易疲劳。一般适用于件小量大、搬运距离短的情况。

3) 机械化搬运　即利用火车、轮船、汽车、叉车、电瓶车、起重机和吊车等设备进行搬运。这种搬运方式灵活、效率高、运输量大、节省人力、费用低和适用范围广,既可以运大件,也可以运小件;既可以长距离运输,也可以短距离搬运。

4) 自动化搬运　即利用机械手、传送带、悬挂链和滑道等进行搬运。一般不使用人力。这种搬运方式效率更高,费用更少,一般也只适用于物件小,数量大,重量轻,距离短的情况。

2. 从对在制品进行管理分为送货和取货两种方式

1) 送货方式　按工艺顺序,上道工序加工完后,要把在制品按时、按质、按量送往下道工序。这种方式,在制品顺流而下,容易了解加工进度.但占用在制品量多。

2) 取货方式　这是后道工序向前道工序提取必要的物料。这种方式可以严格控制在制品的数量,一般适用于产品质量比较稳定的大量大批生产类型。

除上述搬运方式以外,还可以从提高工时和设备利用率来划分,分为单向往返、单向连续、双向连续、双向双车连续和环形运输五种方式;也可按发运时间和发运量划分,分为定量定时搬运、定时搬运和定量搬运三种方式。至于企业具体选择何种运输方式,则应根据实际情况,选用合适的搬运方式。

14.2.3 搬运分析

搬运分析是以加工对象的搬运距离、搬运数量及搬运方法为对象,分析加工对象在空间放置的合理性,目的在于改进搬运工作,减轻人员劳动强度,提高作业效率。

1. 搬运方便系数分析

搬运方便系数分析亦称搬运活性系数分析。是以搬运工序为对象,对各道工序之间

搬动方式的分析。物件在搬运前一般应集中存放,装入容器或车内,使之处于随时即可运走状态。搬运前后要有一段处理时间,处理时间的长短是由物件的放置状态决定的。

搬运方便系数,是表示物品搬运的难易程度,用数字 0~4 表示。系数大,表示物品需要处理的时间短、搬运方便;系数小,表示物品需要处理的时间长,搬运不方便。利用搬运方便系数来分析物品的放置状态,从中发现问题,求得改善,这对提高搬运效率,减少搬运时间,节省人力,保证物品质量都很有好处。搬运方便系数的确定方法如图 14.1 所示。

放置状态与搬运方式					
搬运方便系数	0	1	2	3	4
状态说明	散放地上,需经装箱、抬起、装车,才能运走	装入容器,需抬起,装车后,才能运走	容器放在垫板上,可用叉车直接运走	装入车内,一推就可以运走	利用滑道或传送带,放上即能运走
搬运难易	难 ←———————————————————→ 易				

图 14.1　搬运方便系数说明

2. 无效搬运分析

这是为了减少无效搬运,即空运所进行的一种分析,它利用无效搬运系数来表示。计算公式如下

$$无效搬运系数＝(总搬运距离－有效搬运距离)/有效搬运距离$$

无效搬运系数越小越好,一般应为 1 或 1 以下,分析方法见图 14.2,表 14.1。

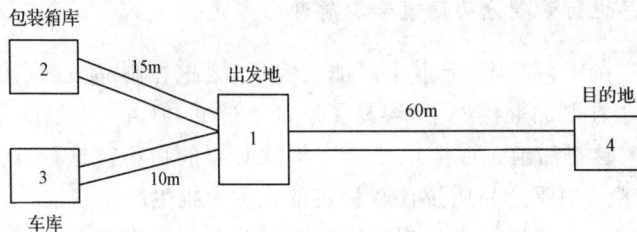

图 14.2　无效搬运系数分析图

表 14.1　无效搬运系数分析表

人和车的移动	说　　明	移动距离/m		
		无效	有效	合计
①－③－①	司机到车库取车,空车回到出发地	10×2＝20		20
①－②－①	司机开车到仓库取包装箱,回到出发地装货	15×2＝30		30
①－④	司机开车送货到目的地		60×1＝60	60
④－①	司机开车回到出发地(空车)	60×1＝60		60
①－③－①	司机开车入车库,人回到出发地	10×2＝20		20
合计		130	60	190

这个案例表明,无效搬运系数太大,需要改善。可以把车库和包装箱库移到出发地,则无效搬运就合格了。

14.3 定置管理与目视管理

14.3.1 定置管理的含义

定置管理是我国工业企业 20 世纪 80 年代从日本学习引进的一种先进管理方法。作为生产现场管理的一个重要组成部分,定置管理的主要任务是研究作为生产过程主要要素的人、物、场所三者的相互关系。它通过运用调整生产现场的物品放置位置,处理好人与物、人与场所、物与场所的关系;通过整理,把与生产现场无关的物品消除掉;通过整顿,把生产场所需要的物品放在规定的位置。这种定置要科学、合理,实现生产现场的秩序化、文明化。

14.3.2 定置管理的基本理论

1. 人与物的三种结合状态

在工厂生产活动中,构成生产工序的要素有材料、半成品、机械设备、工夹模具、操作人员、工艺方法和生产环境等,归纳起来就是人、物、场所和信息等因素,其中最基本的是人与物的因素,只有人与物的合理结合,才能使生产有效地进行。

人与物的结合可归纳为三种基本状态:

1)A 状态 即人与物处于能够立即结合并发挥效能的状态。例如,操作工作使用的各种工具,由于摆放地点合理而且固定,当操作者需要时能立即拿到或者做到得心应手。

2)B 状态 即人与物处于寻找状态或尚不能很好发挥效能的状态。例如,一个操作者加工一个零件,需使用某种工具,但由于现场杂乱而忘记了这种工具放在何处,结果因寻找工具而浪费了时间;或者由于半成品堆放不合理,散放在地上。当加工时每次都需弯腰,一个个地拣起来,即影响了工时,又提高了劳动强度。

3)C 状态 人与物失去联系的状态。这种物品与生产已无关系,不需要人去同该物结合。例如,生产现场中存在的已经报废的设备、工具、模具,生产中产生的垃圾、废品、切屑,以及同生产现场无关的人员生活用品等。这些物品放在生产现场,必将占用作业面积,而且影响操作者的工作效率及安全。

因此,定置管理就是要通过相应的设计、改进和控制,消除 C 状态,对 B 状态进行分析和改进,使之都成为 A 状态并长期保持下去。

2. 人与物的结合成本

在生产活动中,为实现人与物的结合,需要消耗劳动时间,支付劳动时间的工时费用,这种工时费用称之为人与物的结合成本。结合成本,亦即物的使用费用。

人与物的结合成本,和人与物的结合状态有直接关系。当人与物的结合处于 A 状态时,结合成本可以忽略不计。当人与物的结合处于 B 状态时,比如作业者因使用的工具未实现定置管理,工作时花费很多时间去寻找需要的工具,用于找工具的工时费用越多,结合成本就越高。结合成本高,也就是增加了物的使用费用。

人与物的结合成本,同物的原成本和物的现成本的关系如下:

物的现成本＝物的原成本＋结合成本

【例 14.1】 某作业者操作时需使用一套模具,模具的原成本为 500 元,当模具处于 A 状态时,结合成本很少,可以不考虑。这时,模具的现成本为它的原成本,即 500 元。如果模具处于 B 状态,假定寻找该模具费了 5 个小时,单位工时费用为 10 元,试确定模具的现成本。

解

模具的现成本＝模具的原成本＋结合成本 ＝500＋5×10＝550(元)

如果模具处于 C 状态,即模具已与生产活动无关,这时,模具就可作入库或报废处理了。

从上面分析可知,力求使人与物的结合保持 A 状态,是降低结合成本,使物的现成本不致增加的最佳途径。

3. 物与场所的关系

在生产活动中,人与物的结合状态,是决定生产有效程度的因素。但人与物的结合都是在一定场所进行的。因此,实现人与物的最佳结合,必须首先处理好物与场所的关系,实现物与场所的合理结合。因为,物与场所的有效结合是实现人与物合理结合的基础。研究物与场所的有效结合,就是对生产现场、人、物进行作业分析和动作研究,使对象物品按生产需要、工艺要求科学地固定在某场所的特定位置上,达到物与场所的有效结合,缩短人取物的时间,消除人的重复动作,以促进人与物的最佳结合。

(1) 实现物与场所的合理结合,要使场所本身处于良好的状态

场所本身的布置可以有三种状态:①良好状态。即良好的工作环境,场所中的作业面积、通风设置、恒温设备、光照、噪声和粉尘等状态,必须符合人的生理、工作生产和安全的要求。②需要改善的状态。即需要不断改善的工作环境,这种状态的场所,布局不尽合理,或只满足人的生理要求,或只满足生产要求,或两者都不能满足。③需彻底改造的状态。即需消除或彻底改造的工作环境。这种场所对人的生理要求及工作生产、安全要求都不能满足。

定置管理的任务,就是把物与场所的②、③状态改变为①状态。

(2) 实现物与场所的结合

要根据物流运动的规律性,科学地确定物品在场所内的位置,即定置。定置方法有两种基本形式。

1) 固定位置 即场所固定、物品存放位置固定、物品的信息媒介物固定。这种"三固定"的方法,适用于那些在物流系统中周期性地回归原地,在下一生产活动中重复使用的

物品。主要是那些用作加工手段的物品,如:检、量具、工艺装备、工位器具、运输机械和机床附件等物品。这些物品可以多次参加生产过程,周期性地往返运动。对这类物品适用"三固定"的方法,固定存放位置,使用后要回复到原来的固定地点。例如,模具平时存贮在指定的场所和地点,需用时取来安装在机床上,使用完毕后,从机床上拆卸下来,经过检测、验收后,仍搬回到原处存贮,以备下次再使用。

2) 自由位置　即相对地固定一个存放物品的区域,至于在此区域内的具体放置位置,则根据当时的生产情况及一定的规则来决定。这种方式同上一种相比,在规定区域内有一定的自由,故称自由位置。这种方法适用物流系统中那些不回归、不重复使用的物品。例如,原材料、毛坯、零部件、产成品。这些物品的特点是按照工艺流程不停地从上一工序向下一工序流动,一直到最后出厂。所以,对每一个物品(例如零件)来说,在某一工序加工后,除非回原地返修,一般就不再回归到原来的作业场所,对这类物品应采用规定一个较大范围区域的办法来定置。由于这类物品的种类、规格很多,每种的数量有时多,有时少,很难就每种物品规定具体位置。如在制品停放区、零部件检验区等。在这个区域内存放的各个品种的零部件,则根据充分利用空间、便于收发、便于点数等规则来确定具体的存放地点。

4. 信息媒介同定置的关系

信息媒介就是在人与物、物与场合理结合过程中起着指导、控制、确认等作用的信息载体。由于生产中使用的物品品种多、规格杂,它们不可能都放置在操作者的手边。如何找到,需有一定的信息来指引,许多物品在流动中是不回归的,它们的流向和数量也需有信息来指导和控制;为了便于寻找和避免混放,也需要有信息来确认。因此,在定置管理中,完善而准确的信息媒介是很重要的,它影响到人、物、场所的有效结合程度。

根据信息媒介在定置管理中所起的作用,信息媒介可分为两类:

1) 引导信息　有的引导信息告诉人们"该物在何处",便于人与物结合。例如,车间里各种物品的台账就是一种引导信息。在台账中,每类物品都有自己的编号,这种编号是按"四号定位"原理来编码的(库、区、架、位),有了台账就可知道某种物品放在何处。又如,定置的平面布置图,也是一种重要的引导信息,它形象地指示存放物的处所或区域的位置,人们凭借平面图中标记的信息,被引导到所需物品的场所去。

2) 确认信息　这是为了避免物品混放和场所误置所需的信息。例如,各种区域的标志线、标志牌和彩色标志,它告诉人们"这儿就是该场所"。有了废品存放区和合格品存放区的不同标志,就可避免混放的质量事故。这种指示地点的信息,又称场所标志。又如各种物品的卡牌,也是一种重要确认信息。在卡片上说明这种物品的名称、规格、数量和质量等,告诉人们"这就是该物",是物品的核实信息。

由上可见,在定置管理中各种信息媒介物是很重要的。实行定置管理,必须重视和健全各种信息媒介物,良好的定置管理,要求信息媒介物达到五方面要求(五种理想状态):①场所标志清楚;②场所设有定置图;③位置台账齐全;④存放物的序号、编号齐备;⑤信息标准化(物品流动时间标准、数量标准和摆放标准等)。

14.3.3　如何推行定置管理

推行定置管理,一般开展程序如下:

1. 对现场进行调整,明确问题点

成立调查小组,以推行定置管理的主管人员为主(一般为车间主任),组织有经验的管理者和现场有关人员参加,对生产现场进行调查。调查内容一般包括:①生产现场中人-机联系情况;②物流情况;③员工操作情况;④生产作业面积和空间利用情况;⑤原材料、在制品管理情况;⑥半成品库和中间库的管理情况;⑦工位器具的配备和使用情况;⑧生产现场物品摆放情况;⑨生产现场物品搬运情况;⑩质量保证和安全生产情况;⑪设备运转和利用情况;⑫生产中的消耗情况等。

调查应有侧重点,在调查的基础上,找出现场存在的主要问题,明确定置管理的方向。

2. 分析问题,提出现场改善的方案

主要分析以下几个方面:①人物结合情况;②现场物流状况及搬运状况;③现场信息流状况;④工艺路线和工艺方法状况;⑤现场利用状况等。

3. 定置管理的设计

定置管理的设计的内容有:

1) 各种场地(厂区、车间和仓库等)及各种物品(机台、货架、箱柜和工位器具等)的定置设计　其表现形式就是各类定置图。定置设计,实质是工厂布置的细化、具体化,它必须符合工厂布置的基本要求。主要有:①单一的流向和看得见的搬运路线;②最大限度地利用空间;③最大的操作方便和最小的不愉快;④最短的运输距离和最少的装卸次数;⑤切实的安全防护保障;⑥最少的改进费用和统一标准;⑦最大的灵活性及协调性。

2) 信息媒介物的标准设计　如各种区域、通道和流动器具的位置信息符号的设计;各种料架、工具箱、生活柜和工位器具等物品的结构和编号的标准设计;位置台账、物品确认卡片的标准设计;结合各种物品的专业管理方法,制定出各种物品进出、收发的定置管理办法的设计等。

4. 定置管理方案的实施和考核

定置管理的实施,即按照设计要求,对生产现场的材料、机械、操作、方法进行科学的整理和整顿,将所有的物品定位。要做到:有物必有区,有区必有牌,按区存放,按图定置,图物相符。定置管理的实施,一定要把它看成是群众自己的事,要依靠群众。为此,定置管理的设计必须吸收操作者参加;要对操作人员进行定置管理的培训;定置方案的实施主要依靠本车间操作人员自己来完成。

为了巩固已取得的成果,进一步发现存在的问题,不断完善定置管理,必须坚持定期检查和考核工作。考核的基本指标就是定置率,其计算公式是

$$定置率 = \frac{实际定置的物品个数(种类)}{定置图规定的定置物品个数(种类)} \times 100\%$$

【例 14.2】 检查某车间三个定置区域,其中合格区(绿色标牌区)摆放 15 种零件,其中有 1 种没有定置;待检区(蓝色标牌区)摆放 20 种零件,其中有 2 种没有定置;返修区(红色标牌区)摆放 3 种零件,其中有 1 种没有定置。试确定该场所的定置率。

解

$$定置率 = \frac{(15+20+3)-(1+2+1)}{15+20+3} \times 100\% = 89.47\%$$

14.3.4 一个车间的定置要求

1. 车间场地的定置要求

1) 要有按标准设计的车间定置图。

2) 生产场地、通道、工具箱、交检区、物品存放区,都要有标准的信息显示,如标牌、不同色彩的标志线等。

3) 对易燃、易爆物品、消防设施、有污染的物品,要符合工厂有关特别定置的规定。

4) 要有车间、工段、班组卫生责任区的定置,并设置责任区信息牌。

5) 临时停滞物品区域的定置规定,包括积压的半成品停滞、待安装设备、建筑维修材料等的规定。

6) 垃圾、废品回收点的定置,包括回收箱的分类标志:料头箱(红色)、铝屑箱(黄色)、铁屑箱(黄色)、铜屑箱(黄色)、垃圾箱(白色)、大杂物箱(蓝色),以上各类箱子有明显的相应标牌信息显示。

7) 按定置图的要求,清除与区域无关的物品。

2. 车间各工序、工位、机台的定置要求

1) 必须有各工序、工位、机台的定置要求。

2) 要有图纸架、工艺文件等资料的定置规定。

3) 有工、卡、量具、仪表、小型工具、工作器具在工序、工位、机台停放的定置要求。

4) 有材料、半成品及工位器具等在工序、工位摆放的数量、方式的定置要求。

5) 附件箱、零件货架的编号必须同零件账、卡、目录相一致,账卡等信息要有流水号目录。

3. 工具箱的定置要求

1) 必须按标准设计定置图。

2) 工具摆放要严格遵守定置图,不准随便堆放。

3) 定置图及工具卡片,一律贴在工具箱内门壁上。

4) 工具箱的摆放地点要标准化。

5) 同工种、工序的工具摆放要标准化。

4. 库房的定置要求

1）要设计库房定置总图，按指定的地点定置。

2）易燃、易爆、易污染、有储存期要求的物品，要按工厂安全定置要求，实行特别定置。

3）有储存期物品的定置，要求超期物品有单独区域放置；接近超期1～3个月的物品要设置期限标志；在库存报表上对超期物品也要用特定符号表示。

4）账本前而应有序号及物品目录。

5）特别定置区域，要用标准的信号符号显示。

6）物品存放的区域、架号、库号，必须同账本的物品目录相一致。

5. 检查现场的定置要求

1）要有检查现场定置图。

2）要划分不同区域并用不同颜色标志。①半成品的待检区及合格区；②成品的待检区及合格区；③废品区；④返修区；⑤待处理区。

待检区（蓝色）、合格区（绿色）、返修区（红色）、待处理区（黄色）、废品区（白色）。即"绿色通、红色停、黄色红道行、蓝色没检查、白色不能用"。

3）小件物品可装在不同颜色的大容器内，以示区别。

14.3.5 目视管理

1. 目视管理概述

（1）目视管理的含义

目视管理是利用形象直观、色彩适宜的各种视觉感知信息来组织现场生产活动，达到提高生产效率的一种管理手段，也是利用人的视觉，及时调整行动、方式、方法来进行现场管理。

据统计，人行动的60%是从"视觉"的感知开始的。比如日常生活中，我们在开车时看到红灯就会有意识地停车，绿灯就会通行。在生产现场我们可以给一些仪器仪表安装一些装置，并在正常范围上做上绿色标志，一旦指针偏离绿色范围，就知道有异常情况发生，需要我们及时做出检查。目视管理是一种管理手段，尽量让各种管理状况"一目了然"、"一看便知"，全体员工容易明白，易于遵守，减少差错。目视管理是一种很简单又很有效的管理方法。

（2）目视管理的特点

1）以视觉信号显示为基本手段，生产现场的每个人都能看得见。

2）以公开化、透明化为基本原则，尽可能地将管理者的要求、意图让每个人看得见，借以推动自主管理、自主控制。

3）生产现场的每个人都可以通过目视方式，将自己的想法、建议、成果展示出来，与管理者、同事进行相互交流。

所以说，目视管理是一种公开化、视觉显示为特征的管理方式，也称为"看得见的管理"或"一目了然的管理",这种管理方式存在于各个管理领域之中。

(3) 目视管理的作用

1) 迅速快捷地传递信息　目视管理根据人类的生理特征,充分利用信号灯、标示牌、符号、颜色等方式发出各种视觉信号,鲜明准确地刺激人们的神经末梢,快速地传递信息。

2) 形象直观地将潜在问题和异常现象显现出来　生产现场的运行状态有两种情况,一种是正常状态,另一种就是异常状态。生产现场中每天都会发生各种不同的异常情况,要发现和排除这些异常状态,在管理过程中可以通过目视管理,将"正常状态"予以标示,一旦离开此状态就意味着异常,发生了问题,这样可及早发现,早做处理。比如,冲床上的模具坏了,就会生产出不合格品,如不能及时控制,不合格品就会堆积如山。但是如果采取目视管理,在模具上安装自动检测装置,情况就大不一样,一旦有异常发生,机器能自动停止生产。当机器自动停止,就需检查问题到底出在哪里,是计划性的停机? 还是因质量问题而停机? 然后有针对性地加以解决。

3) 促进企业文化的形成和建立　目视管理通过对员工合理化建议展示、优秀人物和先进事迹表彰、公开讨论栏、企业宗旨和方向,远景规划等健康向上的内容,使企业中的每一个员工形成较强的向心力和凝聚力,促进企业文化的形成和建立。

2. 目视管理的类别

目视管理需要借助一定的工具,按照这些工具的不同,目视管理可划分为

1) 红牌　用于 5S 活动中的整理阶段,用来区分日常生产活动中非需要品。

2) 看板　在生产现场,用来表示使用物品、放置场所等基本状况的告示板。它们的具体位置在哪里? 做什么? 数量多少? 谁负责等重要事项记入,让人一看就清楚。

3) 信号灯　用于提示生产现场的操作者、管理者生产设备是否在正常开动或作业,发生了什么异常状况。

4) 操作流程图　描述生产中重点工序、作业顺序的简要说明书,用于指导工人生产作业。

5) 反面教材　它和实物、帕累托图结合使用,让生产现场的每个人了解、明白不良现象和后果。一般放在显著的位置,让人们一眼就可以看到。

6) 提醒板　健忘是人们的大忌,但有时又难以杜绝,借助提醒板这种自主管理的方法来减少遗忘或遗漏。

7) 区域线　生产的现场,对原材料、半成品、成品、通道等区域用醒目的线条区分划出,保持生产现场的良好生产秩序。

8) 警示线　在仓库或生产现场放置物品的现场表示最大或最小的在库量。

9) 生产管理板　用于表示生产现场中流水线设备的生产状况,可记载生产实绩、设备的开动率、异常原因等。

14.4 "5S" 活动

14.4.1 "5S"活动的含义

"5S"活动,是指对生产现场各生产要素,主要是物的要素所处状态不断地进行整理、整顿、清洁、清扫和提高素养的活动。由于整理、整顿,清洁、清扫和素养这五个词口语中罗马拼音的第一个字母都是"S",简称为"5S"。"5S"活动在日本企业中广泛实行,它相当于我国企业里开展的文明生产活动(图 14.3)。

"5S"活动在西方和日本企业中的推行,有个逐步发展、总结、提高的过程。开始的提法是开展"3S"活动,以后内容逐步充实,改为"4S",最后增加为"5S",这不仅内容增加和丰富了,而且按照文明生产各项活动的内在联系和逐步地由浅入深的要求,把各项活动系统化和程序化了,"5S"活动总结出在各项活动中,提高队伍素养这项活动是全部活动的核心和精髓。"5S"活动重视人的因素,没有员工队伍素养的相应提高,"5S"活动是难以开展和坚持下去的。最后,日本企业在如何推行坚持"5S"活动方面,也总结了一套方法,不少方面值得我们学习。从一定意义上说,日本企业实行的"5S"活动,也是文明生产活动的发展和提高。因此,近年来我国许多企业,为了提高文明生产活动的水平,学习和推行了"5S"活动。

图 14.3　5S活动现场

14.4.2　"5S"活动的内容和具体要求

1. 整理(Seiri)——把要与不要的人、事、物分开,再将不需的人、事、物加以处理

这是开始改善生产现场的第一步。其要点是首先对生产现场摆放和停滞的各种物

品进行分类,区分什么是现场需要的,什么是现场不需要的;其次,对于现场不需要的物品,诸如用剩的材料、多余的半成品、切下的料头、切屑、垃圾、废品、多余的工料、多余的工具、报废的设备、员工个人生活用品(下班后穿戴的衣帽鞋袜,化妆用品)等,要坚决清理出现场。这样做的目的是:

1) 改善和增大作业面积。

2) 现场无杂物,行道通畅,提高工作效率。

3) 减少磕碰的机会,保障安全,提高质量。

4) 消除管理上的混放、混料等差错事故。

5) 有利于减少库存量,节约资金。

6) 改变作风,提高工作情绪。

这项工作的重点在于坚决把现场不需要的东西清理掉。对于车间里各个工位或设备的前后、通道左右、厂房上下和工具箱内外等,包括车间的各个死角,都要彻底搜寻和清理,达到现场无不用之物。坚决做好这一步,是树立好作风的开始。日本有的企业提出口号:效率和安全始于整理! 有的企业,为了保证做到这一条,而又照顾到员工摆放个人生活用品的实际需要,因地制宜,采取了相应措施。如在车间外专门为员工设置休息室和存放衣帽的专用橱柜;有的利用两个车间之间的空间,专门设置员工存放个人用品的地方等。

2. 整顿(Seiton)——把需要的人、事、物加以定量、定位

通过上一步整理后.对生产现场需要留下的物品进行科学合理的布置和摆放,以便在最快速的情况下取得所要之物,在有效的规章制度和流程下完成事务。

整顿活动的要点是:

1) 物品摆放要有固定的地点和区域,以便于寻找和消除因混放而造成的差错。

2) 物品摆放要科学合理,例如,根据物品使用的频率,经常使用的东西放得近些(如放在作业区内),偶尔使用或不常用东西则应放得远些(如集中放在车间某处)。

3) 物品摆放目视化,使定量装载的物品做到过目知数,不同物品摆放区域采用不同的色彩和标记。

生产现场物品的合理摆放有利于提高工作效率,提高产品质量,保障生产安全。

3. 清扫(Seiso)——把工作场所打扫干净,设备异常时马上修理,使之恢复正常

现场在生产过程中会产生灰尘、抽污、铁屑和垃圾等,从而使现场变脏。脏的现场会使设备精度降低,故障多发,影响产品的质量,使安全事故防不胜防;脏的现场更会影响人们的工作情绪,使人不愿久留。因此,必须通过清扫活动来清除那些脏物,创建一个明快、舒畅的工作环境,以保证安全、优质和高效率地工作。清扫活动的要点是:

1) 自己使用的物品,如设备、工具等,要自己清扫,而不是依赖他人,不增加专门的清扫工。

2) 对设备的清扫,着眼于对设备的维修保养。清扫设备同设备的日常检查起来。清扫设备要同时做好设备的润滑工作,清扫也是保养。

3）清扫也是为了改善，所以当清扫地面发现有飞屑和油水泄漏时，查明原因并采取措施加以改进。

4．清洁(Seikeetsu)——整理、整顿、清扫之后要认真维护，保持完美和最佳状态

清洁，不是单纯从字面上来理解，而是对前三项活动的坚持与深入，从而消除发生安全事故的根源，创造一个良好的工作环境，使员工能愉快地工作。清洁活动的要点是：

1）车间环境不仅要整齐，而且要做到清洁卫生，保证员工身体健康，增强员工劳动热情。

2）不仅物品要清洁，而且整个工作环境要清洁，进一步消除混浊的空气、粉尘、噪音和污染源。

3）不仅物品、环境要清洁，而且员工本身也要做到清洁，如工作服要清洁，仪表要整洁，及时理发、刮须、修指甲和洗澡等。

4）员工不仅做到形体上的清洁，而且要做到精神上的"清洁"，待人要讲礼貌，要尊重别人。

5．素养(Shitsuke)——养成良好的工作习惯，遵守纪律

素养即教养。努力提高人员的素质，养成严格遵守规章制度的习惯和作风，这是"5S"活动的核心。没有人员素质的提高，各项活动也不能顺利开展，开展了也坚持不了。所以，抓"5S"活动，要始终着眼于提高人的素质。"5S"活动始于素质，也终于素质。

在开展"5S"活动中，要贯彻自我管理的原则。创造良好的工作环境，不能单靠添置设备来改善，也不要指望别人来代为办理，而让现场人员坐享其成。应当充分依靠现场人员，由现场的当事人员自己动手为自己创建一个整齐、清洁、方便和安全的工作环境。使他们在改造客观世界的同时，也改造自己的主观世界，产生"美"的意识，养成现代化大生产所要求的遵章守纪、严格要求的风气和习惯。因为是自己动手创造的成果，也就容易保持和坚持下去。

由上可见，"5S"活动是把企业的文明生产各项活动系统化，并进入了一个更高的阶段。

14.4.3 "5S"活动的组织管理

实践表明，"5S"活动开展起来比较容易，可以搞得轰轰烈烈，在短时间内取得明显的效果，但要坚持下去，持之以恒，不断优化则就不太容易。不少企业发生过"一紧、二松、三垮、四重"现象。因此，开展"5S"活动，必须领导重视，加强组织和管理。

1．将"5S"活动纳入岗位责任制

要使每一部门，每一人员都有明确的岗位责任和工作标准。以一个机械加工车间的清扫工作为例：

（1）每日清扫

1）清扫时间 每班下班前30min。

2) 清扫人员分工　操作者负责机床上下及班组管理区域的清扫,清扫工负责车间主、次干道的清扫及现场铁屑的清扫。

3) 清扫内容　如表14.2所示。

表14.2　每日清扫内容

项目 人员	地面	机床	刀检工具	工位工具	铁屑
操作人员	清扫自己活动区地面	按设备日清扫标准执行	处理无用刀具、定位放好使用的工、检、刀、夹具	小车按规定放好	将工作区的铁屑扫入铁屑箱
清扫人员	清扫各行走干道		把使用过的工具放在自己的工作室	运铁屑的车辆放置在固定的位置	将铁屑箱内的铁屑清除干净
辅助人员	保证车间地面清洁		使用过的工具不随意放在现场		

(2) 周末清扫

1) 清扫时间　周末白班下班前一小时。

2) 清扫人员分工　同每日清扫。

3) 清扫内容　如表14.3所示。

表14.3　周末清扫内容

项目 人员	地面	机床	刀检工具	工位工具	铁屑
操作人员	清扫自己活动区地面	按设备日清扫标准执行	做日清扫事项,擦洗管理点架,整理工具箱内部	擦洗小车滑道等,包括踏脚板,并定置放好	彻底清除设备周围的铁屑
清扫人员	清扫各行走干道		同"日清扫"	同"日清扫"	同"日清扫"
辅助人员	清查现场有无自己负责的无用品,如有则清除	配合操作者、帮助指导设备保养	同"日清扫"		

2. 严格执行检查、评比和考核的制度

认真、严格地搞好检查、评比和考核,是使"5S"活动坚持下去并得到不断改进的重要保证。检查和考评的方式方法可以多种多样,根据各单位的实际情况和条件来决定,不求一个模式。

日常性的检查评比,通常是在车间内部进行,由班级的兼职员工管理员参加,而且同开展竞争结合起来,同岗位责任制检查结合起来,下面是某汽车制造厂一个车间的做法:

(1) 检查方式

每日进行。由一名车间主任及车间工会主席,以及各组的"5S"委员或班长在下班前对车间各个班组进行"5S"检查。检查项目以"日清扫"为标准进行。由各班组"5S"委员集体评议,分出等级。

(2) 评比等级

评比分为四个等级。4分,良好,绿色;3分,中等,蓝色;2分,及格,黄色(黄牌警告);1分,差,红色(红牌需停工整顿)。

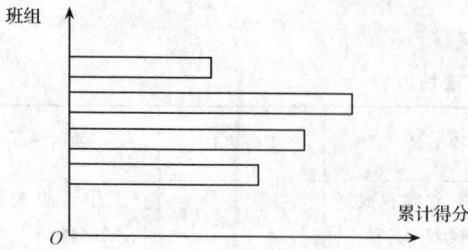

图 14.4 "5S"活动竞赛评比牌格式

（3）评比公布方式

评比结果,每日公布,由工会负责填写"5S活动竞赛评比牌",挂在车间现场。评比牌的格式如图 14.4 所示,牌上的●分为绿、蓝、黄、红四种颜色。

除了车间内部的每日检查、评比外,还应有全厂的检查和考核,这种检查通常按月或季度进行。下面是某电器公司有关定置管理的检查考核办法。

1）检查方式和时间　对车间、科室每月定期检查一次;此外,还实行不定期的突击性检查,每季度 1～2 次。

日期 班组名	1	2	...	30	31	备注
×××班	●	●		●	●	
×××班	●	●		●	●	
×××班	●	●		●	●	
⋮	⋮	⋮		⋮	⋮	

2）检查内容及扣分标准　①没有制定定置管理总图的扣 5 分;②车间、班组,没有工具箱、工序、交检区、库房定置图的,一项扣 2 分;③各类定置不完整的,一项扣 1～2 分;④考核定置率要求达到 100%。检查时为 96%～99%,扣 1～2 分;90%～95%,扣 3～5 分;85%～89%,扣 8～12 分;⑤经常使用的工夹具、量具等,没有处在 A 类状态的,两项扣 1 分;⑥物品类别相混淆,扣 1～5 分;⑦C 类状态物品没有清除掉,一处扣 2 分;⑧各类库房没有信息标志,一处扣 2 分;⑨各类库房,对于将要超过储期的物品,月末盘点报表,没按标准信息符合标志,一项扣 1～3 分;⑩各类物品没按定置图的要求堆放,如堆放在通道、走廊等,一律扣 2 分;⑪垃圾类不按定置要求堆放,各种料屑相混,扣 1～5 分;⑫办公室、工位、机台的工作椅,不按规定要求放置,一律扣 0.5 分。

3）奖罚标准　A.扣分不超过 20 分的,按单位在册人数每人奖励 10～50 元;B.扣分在 20～30 分之间,不奖不罚;C.扣分超过 30 分的,按单位在册人数每人扣罚 20～100 元;D."亮黄牌"——由值班主任每日定时巡视现场一周,发现缺点就贴一黄纸,说明缺点、原因并限期改正。

3. 坚持 PDCA 循环,不断提高现场的"5S"水平

"5S"活动的目的是不断地改善现场,而"5S"活动的坚持也不可能总在同一水平上徘徊,而是要通过检查,不断发现问题,不断去解决问题。要在不断提高中去坚持。因此,在检查考核后,还必须针对问题点,提出改进措施和计划。表 14.4 是一种"5S"问题的改进计划表格。

表 14.4 "5S"问题改进计划表

序号	改进项目	部门车间	负责人	日 期							
				1	2	3	4	5	…	30	31

厂部、科室、车间、班组等各级都应制订各自的"5S"改进计划,通过 PDCA 循环,使"5S"活动得到坚持和不断提高。

14.5 生产现场诊断

优化生产现场管理,首先要发现问题,提出改进的目标,然后对症下药.提出相应的改进措施,为此需要进行生产现场管理的诊断。

14.5.1 现状和问题的调查研究

深入进行调查研究,掌握生产现场管理的现状和问题.是确定现场管理优化方向和措施的前提。生产现场管理诊断的调查方法主要有现场观察;同企业各级领导人面谈;请员工填写意见调查表;运用 IE 技法;进行作业研究等。

1. 现场观察

现场观察就是到生产现场,进行实地观察、询问,以调查了解生产现场管理的现状和存在的问题,主要包括以下几方面。

(1) 安全文明生产

安全文明生产包括企业环境卫生、厂容、车间和工作地的整洁,各种物品的定置情况,安全设施和安全规章的执行情况,有无"跑、冒、滴、漏"情况等。

(2) 目视管理

生产现场目视管理主要指岗位责任制的公布,工作任务和完成情况的公布,作业规程和标准的公布,定置图的公布,各种物品的彩色标志,安全生产的标志,人员着装的情况等。

(3) 劳动条件

生产现场劳动条件主要指照明、粉尘、温湿度、噪音、通风和劳动强度等。

(4) 工艺和质量

生产工艺的机械化和自动化水平,产品或零部件的工艺技术精度和难度,产品或零部件的成品率和返修率,有无工艺文件、检验标准及其执行的严格程度和变动程度,操作人员的技术水平和熟练程度,工序质量控制点的管理状况等。

(5) 物流管理

生产现场物流管理主要指采用何种生产的空间组织形式,设备布置的合理性,物流路线和运输路线是否合理等。

(6) 作业计划和调度

作业计划和调度主要指有无分车间的月、旬、周短期进度计划,作业计划下达的及时性,生产均衡率、配套率,有哪些期量标准及执行的严格程度,计划变动的频繁程度,调度制度及调度的权威性等。

(7) 设备管理

生产现场设备管理主要指设备的新度、精度以及对产品质量和任务的保证程度,通过现场设备的使用、停放、维修、润滑和擦洗等判断设备的使用、保养和抢修的状况与质量等。

(8) 工艺装备

生产现场工艺装备主要指工具、量具、模具、夹具的装备数量和复杂程度,能否保证产品质量的需要,工位器具的装备和使用情况,工具箱的管理,模具库的管理,搬运活性系数的大小等。

(9) 劳动组织

生产现场的劳动组织主要指作业班组的规模(平均人数),作业组的形式,维修、电工和搬运等辅助作业组的组织方法、开工班次、轮班组织形式、各班人员配备的均衡程度及服务工作等。

(10) 定额管理

生产现场的定额管理主要指有无明确的岗位定员、工时定额、材料消耗定额和资金占用定额等,定额水平的高低,定额的实际使用情况及超额的平均水平等。

(11) 员工工作热情

员工工作热情指操作者的性别、年龄与生产技术要求是否一致,员工的精神状态、劳动热情、效率和工作紧张程度,生产现场劳动纪律的遵守状况,利用瞬时观察法概略估算现场人员的工时利用水平。

(12) 设备开工率

利用瞬时观察法概略估算设备的大体开工率。

(13) 搬运

观察了解生产中的搬运工具、方法、道路、批量和人员等合理程度。

(14) 在制品管理

在制品管理主要指车间在制品的质量、数量及检验方法,合格品、次品的堆放与隔离,在制品的堆放位置、方法、数量和转移手续。

(15) 仓库管理

生产现场的仓库管理主要指原材料、半成品和产成品在库房的存放数量、方法、位置和分处隔离状况,物品出入库手续和存放条件是否合适,物料和台账及卡是否齐全等。

(16) 生活设施

了解车间的休息室、衣帽柜设施状况,企业食堂、澡堂和交通车等条件及其对员工生产、生活的影响程度。

现场管理的调查,应把定性分析和定量分析结合起来。通过上述各个方面的调查,可以对各个方面的工作做出定性的判断。在此基础上采用简便实用的定量计算方法,将各个分项调查的判断综合起来,做出对生产现场管理的综合评价。有了综合评价,就可以对各车间、各单位进行横向的比较。下面介绍一种填写现场调查记录卡的方法(表14.5),它是一种简便的定量调查方法。在表14.5中,列出了现场管理16个方面的内容。调查人员在调查过程中就每一个方面分别打分。打分的方法一般采用五分制,即最差为1分,一般为2分,较好为3分,很好为4分,最优为5分。然后根据这16个方面在生产现场管理中的重要程度,分别规定其加权系数(比重系数),在表中用Z表示。表中的N表示企业中生产现场单位数,X表示每项的评分得数。利用此表,可以对各生产现场管理综合水平做出定量比较,即用各生产现场(车间)得分小计进行比较;还可以就现场管理和各项工作在各车间进行比较,即各车间水平同全厂综合水平(各车间的平均值)进行比较,从而可以看出各车间水平是处在平均水平之下,还是在平均水平之上。

表 14.5　现场调查记录卡

序号	项　目	比重系数(Z)	得分值(X)				得分小计($\sum X$)	加权得分($Z\sum X$)	平均总分 $\dfrac{Z\sum X}{N}$
			一车间	二车间	三车间	…			
1	安全文明生产								
2	目视管理								
3	劳动条件								
4	工艺和质量								
5	物料管理								
6	作业计划和调度								
7	设备管理								
8	工艺装备								
9	劳动组织								
10	定额管理								
11	员工工作热情								
12	设备开工率								
13	搬运								
14	在制品管理								
15	仓库管理								
16	生活设施								
	小计								

当有多人参加调查时,表14.5可以由每个调查人员分别填写一张,然后将各人的记录卡汇总起来,求出平均值,即为所有参加调查人员的总评价。这样做可以在一定程度上克服个人主观因素差异的影响。

2. 同企业领导人面谈

个别谈话是一种重要的调查研究方法。它侧重于定性调查,有利于揭示事物现象深层次原因及各现象之间的内在联系。这种方法就是调查人员邀请企业厂部、车间以及同生产现场管理关系密切的各方面管理人员,围绕生产现场管理存在的问题和解决这些问题的措施,谈谈个人的看法。谈话一般都是个别进行。访谈前应拟定提纲,并通知谈话者,使之有所准备。提纲一般包括两个方面的内容:一是共同性的问题,它对各级管理人员都适用;二是同谈话人身份有关的专业性问题。

（1）共同性的问题

1）根据本行业的特点和现状，你认为本企业（或本车间）生产现场管理现在达到何种水平？国内先进水平、中等水平，或较差水平？

2）你认为本企业（或本车间）的生产现场管理在哪些方面还存在着差距？具体表现在哪里？优化现场管理上要应当抓什么工作？

（2）专业性问题

应根据领导人分管专业的不同而分别拟定。例如：

1）同车间主任谈话

① 你认为本车间在作业管理上存在的主要问题是什么？原因何在？如何改善？

② 你认为本车间在文明生产和安全生产方面存在的主要问题是什么？应如何改进？

③ 你认为厂部各职能科室在为生产现场管理服务方面做得如何？存在什么问题？哪些亟待改进？

2）同生产计划科长谈话

① 请介绍各车间生产作业计划的编制方法，存在什么问题？应如何改进？

② 企业及各车间的生产均衡性和配套率水平如何？改进的目标及措施是什么？

③ 企业及各车间的生产调度工作如何？在作业统计、中间库管理、调度指挥等方面存在哪些问题？改进的措施是什么？

3）同质量管理科长谈话

① 本企业在质量管理方面建立了哪些规章制度？贯彻执行情况如何？应如何改进？

② 企业员工和领导层的质量意识如何？存在什么问题？如何改善？

③ 本企业产品检验系统的组织机构。人员素质如何？废品率、返修率等质量工作指标的现状如何？

4）同设备动力科长谈话

① 请介绍本企业设备综合管理各项规章制度贯彻的情况，存在什么问题？应如何改善？

② 本企业设备的技术状况、役龄状况以及适应生产的程度？

③ 本企业煤、电、油和水的消耗现状？与同行业企业相比有何差距？如何改善？

与其他方面管理人员的谈话提纲可依此拟定。

3. 员工意见调查

员工意见调查是运用科学的方法，在较短的时间内，了解员工对企业管理的意见、问题、愿望和要求。在现场管理调查中，采用员工意见调查，并与上述同管理人员面谈的调查方法结合起来，有利于更好地弄清现场管理的现状和问题。

员工意见调查属于抽样调查，调查的人数视企业总人数而定，一般约占全企业总人数的 5%～20% 之间，原则上每个车间、班组，以及同生产现场管理关系密切的各个科室的各类不同专业人员都要有 1～2 人参加，并填写调查表。调查表不记姓名，但要注明填表人所在单位、职务、性别、年龄和文化程度等，以便进行分析。

4. 生产现场管理的评价标准

有些行业（或部门、地区）为了比较客观地评价和确定生产现场的实际管理水平，制定了统一的评价标准。有了这个标准,不仅可以比较客观、准确地评价生产现场管理目前所处的水平,还可以明确与先进管理水平的差距,找到优化现场管理的方向。

(1) 普及型

以整齐、清洁,安全和优美的目标水平为主,要求一般企业达到此型标准,作为提高现场管理水平的第一步。

(2) 先进型

以现场要素的初步优化组合为主,要求先进企业达到此型标准,作为提高现场管理水平的第二步。

(3) 优化型

以现场要素的最优组合,具有现代化水平为主,要求一流企业达到此型标准,作为提高现场管理水平的第三步。

这一标准的具体评价方法是:

1) 按每一项指标分别评定,符合标准的为合格项,不符合的为不合格项。每一指标必须"三型"都进行判定。如先进型判为合格项,则前一级的普及型也判为合格项;如优化型判为合格项,则前两个等级也要判为合格项。如前一个等级判为不合格项,后一个等级也必然判为不合格项(例如先进型判为不合格,则优化型当然也判为不合格)。

2) 每一型必须有85%以上的指标合格,才算此型合格,即

$$应合格指标总数＝评价指标总数×85％$$

3) 取达到合格型中较高的一型,作为现场管理的定型。如普及型、先进型都合格,则定为先进型。

4) 为了突出重点,每型中确定单项否决项目,此项不合格者不能定型。

14.5.2 系统分析

通过调查研究,了解和掌握生产现场管理的各个方面及其总体水平,找到同先进管理水平的差距,那么如何进行改善、优化?这就需要运用系统分析方法,对各个问题点及其相互之间的内在联系,进行探入地分析,找出主要矛盾和解决矛盾的关键性措施。

1. 系统分析的特点

系统分析,就是为了指挥系统的整体功能,实现系统的目标,运用逻辑的方法,对系统加以详细地分析、比较、考察和试验,从而拟订一套经济有效的处理步骤或程序,或对原有系统提出改进方案的过程。系统分析是研究事物现象的一种方法和对策。在若干既定目标条件下,分析构成该事物(现象)组成部分的功能及其相互关系,寻求发挥系统整体功能的最佳对策或方案。

系统分析方法的主要特点是:

1) 以整体效益为目标 系统分析必须考虑系统整体的最高效益,不能局限于个别子系统的效益,更不能顾此失彼。

2) 以问题为重点 系统分析必须以能求得特定问题的最佳解决方案为重点。

3) 运用科学的计量方法 不能单凭想像、臆断、经验或直觉下判断、作结论。

4）凭借价值进行判断　决定和选择最佳方案时要以价值为依据。

2.运用系统分析方法优化现场管理的实例

某减速机生产企业一车间运用系统分析方法优化现场管理,取得良好效果,成为机械电子系统的一个先进典型。该企业的具体做法如下。

（1）从系统调查入手

该企业将生产现场管理划分为六个子系统进行调查,找出问题。

1）工艺管理子系统的调查　调查分三个环节进行。

① 执行环节:企业确定的工艺执行率为95%,车间执行情况最差的为87%,两者相差8%。据对这8%进行调查,分析归纳出11个问题。其中有:人与操作方法方面的问题6个,设备问题3个,材料问题2个。

② 管理环节:调查中发现存在四对矛盾不好解决:其一为工艺要求与生产任务之间的矛盾,表现为工艺人员同生产管理人员之间的矛盾;其二是工艺要求与现有设备水平、材料质量之间的矛盾,这个问题实际上已超出了工艺人员的权限;其三为上下认识不一致的矛盾,只是工艺人员在抓,班组长和操作人员缺乏认识;其四是检查问题与解决问题之间的矛盾,只是查出问题而不能有效地解决问题。总的来看,问题关键在于:执法不严,职责不清,结合不佳,缺乏标准。

③ 立法环节:调查中发现工艺要求有10处不利于实际操作。其原因有三条:生产条件变了,工艺未能及时修正;工艺制定脱离现场实际;新工艺确立不及时。

归纳起来,工艺管理子系统共查出三个方面25个问题。

2）质量管理子系统的调查　围绕提高质量,对全车间17道工序逐项调查,查出问题91个。其中属于车间自己能解决的问题41个,占41%;属于需同工艺、检验和设备部门配合解决的问题29个,占32%;需要其他有关部门解决的问题21个,占23%。

3）生产管理子系统的调查　分别按准备、加工和产出三部分共17个环节进行调查。

① 在产前准备阶段:分别对计划能力、材料准备、计划进料和材料保管四个环节进行调查。

② 加工阶段:分别对调度、计划考校、加工顺序、统计核算、费用考核、设备维修、安全生产、质量管理和工艺管理等9个环节进行调查。

③ 产出阶段:对入库结算、在制品储备、盘点统计和资金分配等4个环节进行调查。

三个阶段共查出47个问题。经分类,其中属于管理型问题21个,占45%,其中这些问题里,又有12个属于需要与相关部门配合解决的;属厂技术型问题9个,占19%;属于习惯型问题10个,占21%;其他问题7个,占15%。

4）设备管理子系统的调查　在调查中归纳出四大因素:设备完好率未达标、设备维修率过高、部分设备精度欠佳、操作人员对设备基础知识掌握差。四大因素共查出问题47个,其中属于管理型的问题21个,约占44%;属于突击操作造成的问题11个,占23%;属于设备本身的问题9个,占19%;其他问题7个,约占4%。

5）资金管理子系统的调查　从材料费用、可变费用和工时利用率三方面入手,共查出问题21个。全部属于管理问题。

6) 思想政治工作子系统的调查　调查是围绕政治、经济工作一体化的问题,即思想政治工作的保证作用来进行的。归纳出党的建设、员工教育、班组管理三方面共26个问题。

另外,各子系统之间相互衔接不好而产生的其他问题共8个。

(2) 对查出的问题进行分类排队和深入分析

1) 对查出的256个问题分别进行纵向分类和横向分类(如表14.6和表14.7所示)。

<table>
<tr><td colspan="3">表14.6　纵向分类</td></tr>
<tr><td>项目</td><td>件数</td><td>占总件数的比例/%</td></tr>
<tr><td>管理方面</td><td>92</td><td>36</td></tr>
<tr><td>技术方面</td><td>35</td><td>14</td></tr>
<tr><td>基础方面</td><td>28</td><td>11</td></tr>
<tr><td>人的因素</td><td>79</td><td>31</td></tr>
<tr><td>其他</td><td>22</td><td>8</td></tr>
<tr><td>累计</td><td>256</td><td>100</td></tr>
</table>

<table>
<tr><td colspan="3">表14.7　横向分类</td></tr>
<tr><td>项目</td><td>件数</td><td>占总件数比例/%</td></tr>
<tr><td>车间问题</td><td>63</td><td>25</td></tr>
<tr><td>相关问题</td><td>128</td><td>50</td></tr>
<tr><td>科室问题</td><td>40</td><td>16</td></tr>
<tr><td>外部影响问题</td><td>25</td><td>9</td></tr>
<tr><td>累计</td><td>256</td><td>100</td></tr>
</table>

2) 在分类排队的基础上,进行四个方面的分析。

① 对查出的问题进行 ABC 分析。从纵向分类表看,属于 A 类的是人的因素和管理方面的问题;从横向分类表看,属于 A 类的是相关问题。由此可以得出两点结论:

一是在众多的问题中,管理方面的问题是重点,在管理问题中,具有相关性质的问题是主要方面。这就要求领导者把工作的重点放在管理方面,同时要树立整体意识去认识和解决问题。

二是提高现场管理水平的关键在于人员管理。

② 通过对问题的分析和筛选,进一步明确问题的关键所在。上述分析表明,重点问题是人的因素和管理问题。对这两个重点问题进一步分析和筛选,就可以找出问题的关键所在。

在管理方面的92个问题中,应该重点抓好三个关键点:

其一,要解决职责不清、标准不明,尤其是各专业管理协调和接口处的标准不健全,或有一定的职责标准,但缺乏执行考核的问题;

其二,要解决对物流的控制问题,主要原因在于对信息流缺乏一套科学的管理手段;

其三,要解决车间管理与各职能部门的衔接问题。

在人的因素方面的79个问题中,应该突出地抓好四个关键点:

第一,要解决现场人员事业心、责任心问题,这是做好一切工作的根本;

第二,要抓技术、业务素质的提高,想方设法增强员工搞好工作的本领;

第三,要解决有章不循的问题,强调合理的制约;

第四,要关心员工生活,增强凝聚力,减少逆反心理;

③ 对管理各子系统之间的关系进行分析。通过分析、摸索经验,该厂认为各专业管理子系统之间的关系是:在现场管理这个系统中,生产管理是主干线,离开它,其他管理工作将失去存在的意义;质量管理是各项管理的落脚点;工艺管理则是现场管理的基础;设备管理是现场管理的重要组成部分;安全管理是现场管理的一大前提;思想政治工作

则起保证作用,它将调动人的积极性,推动各项管理工作的顺利开展。通过分析,抓住了主要矛盾,确立了现场管理系统优化的模型。

④ 对人员素质进行分析。由于人的因素是关键因素,有必要将这个问题作为重点进一步进行分析。

首先,对车间管理人员和班组长的分析。现有管理人员 16 名,班组长 17 名,其中经过专业培训、具有中专以上水平的仅 8 名,占 24%,他们大部分从事技术工作;余下的 25 人占 76%,只具有初中文化水平,没有受过专业培训,而他们分别担任生产、设备、安全和班组等管理工作。由此可见,车间的工艺和质量管理比较得力,而生产、设备管理却是薄弱环节。这 76%的人员既是培训的重点,又是车间管理潜力之所在。

其次,对员工队伍素质的分析。这几年员工队伍的文化素质有所提高,但从总体看仍不能适应生产发展的需要,必须大力进行系统的、有针对性的教育培训。

3) 确定系统优化的方针和目标　在多层次深入分析的基础上,围绕关键问题,该车间提出现场管理系统优化的总方针是:以提高投入产出一次合格率为重点,以工艺为突破口,以人的管理为中心,旨在提高现场管理的整体功能。根据这个总方针,该车间提出了目标体系,包括长远目标和当前目标。现场管理的长远目标体系,就是创一流车间的"六要"方针目标:即安全要保、质量要好、产量要超、效益要高、管理要优、面貌要新。为实现"六要"目标,七个管理子系统又进一步提出了各自的具体目标。见表 14.8。

表 14.8　长远目标体系

总目标	子系统	子目标
六要方针	工艺管理	创一流工艺样板车间
	质量管理	消灭不良品,创产品信得过车间
	生产管理	创一流先进管理样板
	设备管理	实现系列化、档案化、标准化
	安全管理	以防为主,建立标准,消灭"双违"
	资金管理	加强控制,提高"三率"
	思政工作	实现思想政治工作、经济工作一体化

现场管理的当前目标体系,就是当年"双提高"的优化总目标,即"提高产品质量、提高工作质量"。为了保证实现这个总目标,七个管理子系统也分别确定了自己的具体目标。见表 14.9。

表 14.9　当前具体目标

总目标	子系统	子目标
提高产品质量 提高工作质量	工艺管理	巩固、提高工艺样板车间水平
	质量管理	优化管理手段,提高实物质量
	生产管理	纳入科学管理。确定 3-4-3 均衡率
	设备管理	建立系列标准,采纳科学管理,提高完好率
	安全管理	健全措施,事故频率达标
	资金管理	加强物流控制,提高材料利用率
	思政工作	提高质量,疏通渠道,立足具体

4) 在系统分析的基础上,从以下五个方面实现现场管理功能的系统优化:

① 以工艺为突破口,优化产品质量。

② 以定置管理人手,优化生产秩序。

③ 以设备管理为重点,优化加工手段。

④ 以标准化为主体,优化基础管理工作。

⑤ 以人为中心,优化员工队伍素质。

小结

现场管理是企业生产运作管理的有机组成部分,生产现场管理是生产运作系统中一个区域,它直接影响产品质量和企业的经济效益,只有不断地优化生产现场管理,才能实现企业管理的整体优化。本项目介绍了现场和现场管理的概念,定置管理的概念与作用,目视管理的概念及特点,5S 的含义及推行要点,生产现场诊断等内容。

复习思考题

1. 试述现场与现场管理的概念。

2. 何谓定置管理?

3. 何谓"5S"活动? 其内容和要求是什么?

4. 试述现场管理的特点。

5. 试述"5S"活动对搞好企业生产运作管理的意义。

6. 试分析不同搬运方式的优缺点。

7. 什么是目视管理? 举出两个生活中的例子。

8. 试说明生产现场诊断的切入点和难点。

案例分析

案例 14.1　山东移动通信有限责任公司的现场管理

山东移动通信有限责任公司(以下简称"山东移动")隶属于中国移动通信集团公司,组建于 1999 年 7 月 23 日,2000 年 11 月在纽约和香港上市,为中国移动(香港)有限公司内地全资子公司之一。公司下设 17 个市级分公司,117 个县(市,区)级分公司。其存在的主要问题如下:

一、服务环境方面

1. 营业厅内环境脏、乱、差现象较为严重。

2. 服务设施不完备,桌椅缺腿少面,桌面凌乱。

3. 物品摆放无序。

4. 营业时间不统一。

5. CI 标志、墙面业务广告宣传、触摸屏等宣传内容更换不及时。

6. 新业务演示设施形同虚设。

7. 钱物存在安全隐患。

8. 为客户提供的书写区,必备的文具等配备不全。

9. 个别营业厅服务功能无区隔,个别营业人员着装不整。

10. 营业厅柜台功能区隔不明显,不能为客户提供一体化服务。

11. 营业厅门外的环境脏、乱、差等。

二、服务管理方面

1. 各项规章制度落实不到位，服务标准不一致。

2. 服务监督考核缺少有效的手段。

3. 一线管理人员（营业厅主任、班长等）管理经验缺乏、自我约束能力尚可，但组织能力不强。

4. 新进人员较多，文化背景不同，对企业的认知能力不强。

5. 一线人员整体素质不高，缺少服务标准、规范以及团队合作等方面的培训。

6. 信息的传递层层衰减，且传导有中断，上面的信息不能快速地层层传达到一线基层，员工难以了解和获知公司的管理要求等。

思考题：

1. 分析该公司存在的主要问题。

2. 请根据上述资料，为该公司拟定一个解决方案。

案例 14.2 某修理班工具定置管理

通常，企业车间修理班需要的修理工具品种多，规格多，一个班每位工人均配备一套工具往往是不必要的，因此常见的方法是每个班配一套完整的工具，不同班次，不同工人轮换使用。这样的安排常常会因保管不当而使工具丢失，且交接班时清点工作繁琐，但如果不清点又无法明确工具使用和保管的责任。另一方面，工具摆放无序，工人通常需要费时费力地寻找合适的工具。某企业在开展定置管理活动时，修理班的师傅认识到本班的修理工具无规律地装放在两个大木箱中，取用时极不方便，工作效率低，为此，他们采用了定置图进行管理，把工具放在相应的位置，工具按种类整齐摆放，数目和种类一目了然，既方便了工作时的取用，又能在交接班时轻松地对工具进行清点，使工作效率得到提高。

思考题：

1. 分析该企业修理班开展定置管理前后的变化，说明定置管理的作用。

2. 结合案例谈谈如何开展定置管理。

══ 实践与训练 ══

项目：模拟公司推行 5S 活动

一、实训目标

1. 加深对 5S 活动的认识与理解。

2. 培养学生对 5S 活动的组织管理能力。

二、内容与要求

1. 根据所学知识与对实际企业调查访问所获得的信息资料，组建模拟公司。

2. 为模拟公司制定 5S 活动的实施方案。

3. 方案必须充分体现 5S 活动的特点与要求，并具有可操作性。

三、成果与检测

1. 由各模拟公司制定一份 5S 管理活动的推进规程。

2. 由教师与学生对各公司实施 5S 活动的情况进行评估打分。

项 目 15

现代生产系统与先进生产方式

教学目标

1. 了解现代企业面临的生产环境；
2. 了解现代企业生产运作管理的特征；
3. 理解准时化生产的含义；
4. 理解精益生产的内涵；
5. 理解并行工程的含义；
6. 理解敏捷制造的含义与特征；
7. 了解计算机集成制造系统的体系结构；
8. 熟悉大规模定制生产模式。

能力目标

1. 能进行精益生产的实施；
2. 能进行并行工程的实施；
3. 能运用看板进行生产管理。

案例导入

第一汽车厂变速箱厂是一座现代化工厂,该厂生产的六档同步器变速箱,是从日本日野汽车公司引进、具有国际先进水平的产品。在引进产品技术的同时,也引进了先进的管理模式,但由于种种原因,软硬件没有配套实施,管理没有及时到位,曾一度造成生产被动、质量上不去、工厂效益不佳的情况。如何改变上述局面,该厂经过反复研究,吸收了日本"丰田生产方式"的精华。结合我国国情和一汽实际,创造出具有自己特色的准时化生产方式。在生产中运用多种方法和手段,对生产过程中的诸要素进行优化组合,做到以必要的劳动,确保在必要的时间内,按必要的数量生产必要的零部件,达到了杜绝超量生产、消除无效劳动、降低成本、提高产品质量、用最少的投入实现最大产出的目的。

15.1 现代企业与环境

15.1.1 现代企业生产系统环境

自 20 世纪 90 年代以来,科学技术的不断发展,经济的全球化,买方市场的逐步形成,特别是顾客的个性化要求,让现代企业处于既充满着机遇、又富于挑战的复杂的竞争环境,给企业的生产及其管理带来了重大的影响。

总的来说,现代企业面临的环境影响有如下几个方面。

1. 信息技术对现代企业生产与运作的影响

信息革命把现代企业带向信息时代。在这个时代,信息成了企业的"血液"。企业把自己同市场紧密地联系在一起,靠的就是信息、信息系统与信息网络这类"纽带"。

信息革命为现代企业创造全新范式。范式(paradigms)通常指人们公认的惯例,处于习惯而被多数人所接受的基本假设,它是现实的、不容置疑的规则性陈述,但它又是可变的,会因科技、经济、社会、文化等环境的根本性改变而改变。例如,在工业社会,企业多半采用批量化生产的旧范式,福特式流水线是大规模生产的典型,到了信息社会,企业开始采用定制化生产的新范式,戴尔计算机公司被认为是大规模定制生产的典范。

信息革命是当今社会发展的趋势。今天信息技术正以人们无法想像的速度向前发展,信息技术也正在向企业生产与运营领域注入和融合,促进了制造技术和各种先进生产模式的发展,如集成制造技术、并行工程、精益生产和敏捷制造等,无不以信息技术作为支撑。

2. 个性化买方市场的形成对现代企业生产与运作的影响

随着社会经济的发展及人们生活水平的提高,人们的消费观念和消费形态都在发生重大的转变,从以往的比较理性消费转向感性消费。人们已不再满足于产品的功能和价格等因素,而更关注产品的品牌、服务,特别是体现个人感受特性的个性化服务,这种转变带动了产品市场从卖方市场向买方市场的转变,形成了以消费需求为导向的市场机制,主要体现在以下几个方面:

1) 需求多样化、个性化 当今的用户已不满足于从市场上买到标准化生产的产品,他们希望得到按照自己要求定制的产品或服务,并且产品价格要象大批量生产的那样低廉。这些变化导致产品生产方式革命性的变化。传统的标准化生产方式是"一对多"的关系,即企业开发出一种产品,然后组织规模化大批量生产,用一种标准产品满足不同消费者的需求。然而,这种模式已不能使企业继续获得效益。现在的企业必须具有根据每一个顾客的特别要求定制产品或服务的能力,即所谓的"一对一(one-to-one)"的定制化服务。

2）响应速度要求越来越高　竞争的主要因素从成本因素、质量因素，转变为时间因素。这里所说的时间要素主要是指交货期和响应周期。用户不但要求厂家要按期交货，而且要求的交货期越来越短。我们说企业要有很强的产品开发能力，不仅指产品品种，更重要的是指产品上市时间，即尽可能提高对客户需求的响应速度。例如，在20世纪90年代初期，日本汽车制造商平均2年可向市场推出一个新车型，而同期的美国汽车制造商推出相同档次的车型却要5～7年。可以想象，当时美国的汽车制造商在市场竞争中的被动状态。对于现在的厂家来说，市场机会几乎是稍纵即逝，留给企业思考和决策的时间极为有限。因此，缩短产品的开发、生产周期，在尽可能短的时间内满足用户要求，已成为当今所有管理者最为关注的问题之一。

3. 产品更新换代加快和研发难度的加大对现代企业生产与运作的影响

首先，由于个性化买方市场的形成，促使企业必须不断开发新产品，以满足顾客不断变化的需求；其次，科学技术的飞速发展和市场竞争的日益加剧，从技术上确保产品以前所未有的规模和速度进行更新换代，从而大大缩短了产品的寿命周期。据统计，当今美国机械产品每隔20年全部更新一轮（而20世纪40年代是每70年完成一轮更新），电子产品和宇航产品每10年更新一轮，而计算机产品几乎每隔2年就有一次重大的技术更新；最后，企业之间竞争的日益加剧，意味着企业必须依靠不断地推出新产品才能开拓新市场，以确保竞争优势。

虽然越来越多的企业认识到开发新产品的重要意义，也不惜工本予以大量投入，但效果并不明显。其原因之一就是产品研制开发的难度越来越大，特别是那些大型且结构复杂、技术含量高的产品，其在研制开发中一般都需要各种先进的设计技术、制造技术和管理技术等，不仅涉及的学科多，而且大都是多学科交叉的产物。这样，如何能以最少的代价，快速而成功地开发出新产品，是企业面临的新问题。例如，我国是世界上最大的电子产品加工国，但我们却没有太多自主知识产权的核心产品，往往受制于国外的大型企业集团。

4. 经济全球化对现代企业生产与运作的影响

在当今社会里，全球化的浪潮正以惊天动地的速度和力度，向人类社会的一切领域挺进，无论是深度还是广度都是前所未有的。许多国家的产业，包括工业、金融、投资、运输、通信和科技等，都在全球范围内打破了国家和地区的界限而融为一体。一般来看，经济的全球化主要表现在如下几个方面。

1）商品全球化　经济全球化是从商品流通领域开始的，商品全球化在经济生活中一直占据主导地位。商品全球化越发展，表明世界越开放，各国之间的经济交流越频繁，贸易量将大为提高，各国之间在生产和消费上的依赖程度也将不断加深。

2）资本全球化　资本全球化是经济全球化进程的重要步骤，也是必然趋势。国际间直接投资的迅速增长和跨国公司的蓬勃发展，使国际间资本流动规模巨大，而且国际资本的形式也日益多样化。

3）生产全球化　由于跨国企业的蓬勃发展,世界已成为跨国企业的"王国"。而跨国企业的发展,又促进了生产的全球化。各国在生产经营过程中,相互渗透,互通有无,把以往一个国家内部范围的分工和协作关系,发展成为一系列国家之间的国际分工和协作关系,出现了大量的全球工厂,越来越多的产品成为"全球产品"。例如,福特汽车公司的Festiva 车就是由美国人设计,在日本的马自达生产发动机,由韩国的制造厂生产其他零部件和装配,最后再在全球销售。

4）技术全球化　发达国家在输出资本的同时也输出了技术,包括管理技术。当然技术的输出大部分是有偿的。技术的输出加速了世界经济的发展。

15.1.2　生产方式的发展

制造业的生产方式经历了 3 个发展阶段:用机器代替手工,从作坊形成工厂;从单件生产方式发展到大量生产方式;从大批量生产方式到多品种小批量的柔性、集成化、智能化生产方式。

近年来在美国、日本,有关制造的新概念层出不穷,例如:精益生产、敏捷制造、虚拟制造、智能制造、虚拟企业和全球制造等。

新的生产方式具有以下特点:以技术为中心向以人为中心转变;从金字塔式的多层次生产组织结构向扁平的网络结构转变;从以往传统的顺序工作方式向并行工作方式转变;从按功能划分部门的固定组织形式向动态的、自主管理的小组工作组织形式转变;从符合性质量观向满意性质量观转变。

15.1.3　现代企业生产运作管理的特征

1. 生产管理范围大为扩展

就制造业而言,生产活动的涵盖范围随着生产系统的前伸和后延也大为扩展。在制造业内部,生产的概念也与过去有很大的不同。生产系统的前伸是生产系统在以市场为导向的同时,已将其功能扩展到战略制定、产品创新设计乃至与资源的供应合为一体。在日本,本田公司就把供应商的活动视为其生产系统的有机组成部分加以控制和协调。生产系统的后延是指企业的生产职能已扩展到产品销售和售后服务方面,把为用户安装、维修和培训当作企业生产活动的重要组成,甚至许多企业已把本企业产品的使用场所视为本企业生产系统的空间延伸,在那里完成产品的制造改进。

生产概念的扩大,使生产系统管理研究的导向和内容发生了很大的变化。人们在继续研究制造业的生产管理问题的同时,已经开始把服务业的问题作为生产系统的一个重要方面加以研究,提出了许多更适用于服务业的新的生产与运作系统管理理论和方法,并应用于实践中。

2. 多品种小批量生产时代将成为生产方式的主流

一方面,在市场需求多样化面前,大量生产方式逐渐显露出其缺乏柔性,不能灵活适应市场需求变化的弱点;另一方面,飞速发展的电子技术、自动化技术,以及计算机技术等,从生产工艺技术以及生产管理方法两方面,使大量生产方式向多品种、小批量生产方式的转换成为可能。因此,大量生产方式正逐渐丧失其优势,生产管理面临着多品种、小批量生产与降低成本之间相矛盾的新挑战,从而给生产运作管理带来了从管理组织结构到管理方法上的一系列新变化。企业采用多品种、小批量生产方式的原因是:适应市场需求;新一代产品层出不穷,又很快被淘汰,导致产品寿命周期缩短,又迫使企业不断开发、生产和提供更新的产品;企业间竞争激烈,扩大市场占有率已成为重要的企业目标,企业不得不接二连三地推出新产品,以取得竞争的主动权。

3. 计算机技术和现代化管理技术在生产管理中得到广泛运用

计算机出现在企业中是近几十年的事情,从行业上看,流程型企业(如钢铁、石油、化工等)采用计算机管理的水平要高于非流程型企业;大型企业要高于一般企业,目前,大多数企业正处于从手工管理向计算机管理的过渡时期。计算机技术已经给企业的生产经营活动,以及包括生产管理在内的企业管理带来了惊人的变化。CAD、CAPP、CAM、MRP以及生产系统中出现的成组技术(GT)、柔性制造技术(FMS)等技术在企业生产以及企业管理中的应用极大地提高了生产和管理的自动化水平,从而极大地提高了生产率。近20年发展起来的计算机集成制造系统(CIMS)技术,使得企业的经营计划、产品开发、产品设计、生产制造以及营销等一系列活动有可能构成一个完整的有机系统,从而更加灵活地适应环境变化的要求。计算机技术具有巨大的潜力,它的应用和普及将给企业带来巨大的效益。但是,这种技术的巨大潜力在传统的管理体制和管理模式下是无法充分发挥的,必须建立在能够与之相适应的生产经营综合管理体制与模式,并进一步朝着经营与生产一体化、制造与管理一体化的高度集成方向发展。

15.1.4 现代企业生产系统的功能和结构

生产系统是企业大系统中的一个子系统。企业生产系统的主要功能是制造产品。要制造什么样的产品,决定了需要什么样的生产系统。研究企业生产系统应该具有什么样的功能和结构,可以从分析市场、用户对产品的要求入手。

用户对产品有各种各样的要求,归纳起来可以分为六个方面,即:品种款式、质量、数量、价格、服务和交货期。实际上用户对产品的要求是多样的。虽然上述六个方面较全面地概括了用户对产品的基本要求,但是不同的用户对同一种产品在要求上往往有很大的差异。例如,有的用户追求款式新颖;有的希望产品经久耐用,并有良好的服务;有的对价格是否便宜有很强的要求;有的则不惜高价只要求迅速交货等。

在现实的经济生活中,尤其在竞争激烈的市场条件下,企业为了争夺市场,根据不同用户的不同需求常常采用市场细分化的经营战略,此时企业要求自己的产品不仅能够满足用户对上述六个方面的基本要求,而且还要求它具有一定的特色,能满足目标市场中用户提出的特殊要求。例如,快速开发某种款式的新产品;按用户提出的期限快速供货;与其他企业的同类产品相比要求达到更低的成本水平等,即要求企业的生产系统在创新、交货期(供货速度)或成本方面具有较一般水平更强的功能。因此,一个有效的生产系统的功能目标是:它制造的产品不仅能满足用户对产品六项要求的基准水平,而且还要适应企业经营战略的要求,使产品具有所需的特色,能在市场中取得竞争优势。

15.2 准时化生产

15.2.1 准时化生产方式概述

1. 准时化生产的产生和发展

准时化生产方式(just in time,JIT)是 20 世纪 50 年代初,日本丰田公司研究和开始实施的生产管理方式,也是一种与整个制造过程相关的哲理思想。它的基本思想可用现在已广为流传的一句话来概括,即只在需要的时候,按需要的量生产所需的产品。这种生产方式的核心是追求一种无库存的生产系统,或使库存达到最小的生产系统。为此而开发了包括看板在内的一系列具体方法,并逐渐形成了一套独具特色的生产经营体系。准时生产方式在最初引起人们的注意时曾被称为丰田生产方式,后来随着这种生产方式被人们越来越广泛地认识研究和应用,特别是引起西方国家的广泛注意以后,人们开始把它称为 JIT 生产方式。从 20 世纪 70 年代,丰田汽车公司将丰田的交货期和产品质量提高到了全球领先的地位,这充分展示了 JIT 的力量。

虽然准时化生产方式诞生在丰田汽车公司,但它并不是仅适用于汽车生产。事实上,通过 JIT 思想的应用,使企业管理者将精力集中于生产过程本身,通过生产过程整体优化、改进技术、理顺物流、杜绝超量生产,消除无效劳动和浪费,有效地利用资源,降低成本,改善质量,达到用最少的投入实现最大产出的目的。JIT 生产方式作为一种彻底追求生产过程合理性、高效性和灵活性的生产管理技术,它已被广泛应用于世界上许多汽车、机械、电子、计算机和飞机制造等行业中。

但也有的国家,例如,瑞典这样的福利国家,他们认为 JIT 生产有对员工不利的一面,即员工高度紧张,特别是年老的员工很难适应这种高强度的劳动。

2. JIT 生产方式的目标

JIT 生产方式的最终目标即企业的经营目的:获取最大利润。为了实现这个最终目的,"降低成本"就成为基本目标。在福特时代,降低成本主要是依靠单一品种的规模生产来实现的。但是在多品种小批量生产的情况下,这一方法是行不通的。因此,JIT 生产方式力图通过"彻底消除浪费"来达到这一目标。所谓浪费,在 JIT 生产方式的起源地丰田汽车公司,被定义为"只使成本增加的生产诸因素",也就是说,不会带来任何附加价值的诸因素。这其中,最主要的有生产过剩(即库存)所引起的浪费。因此,为了排除这些浪费,就相应地产生了适量生产、弹性配置作业人数以及保证质量这样三个子目标。

3. JIT 生产方式的原则

为了达到降低成本这一基本目标,对应于这一基本目标的三个子目标,JIT 生产方式也可以概括为下述三个方面:

(1) 适时适量生产

即"just in time"本来所要表达的含义——"在需要的时候,按需要的量生产所需的产品"。当今的时代已经从"只要生产得出来就卖得出去"进入了一个"只能生产能够卖得出去的产品"的时代,对于企业来说,各种产品的产量必须能够灵活地适应市场需求的变化。否则的话,由于生产过剩会引起人员、设备、库存费用等一系列的浪费。而避免这些浪费的方法就是实施适时适量生产,只在市场需要的时候生产市场需要的产品。JIT 的这种思想与历来的有关生产及库存的观念截然不同。

(2) 弹性配置作业人数

在劳动费用越来越高的今天,降低劳动费用是降低成本的一个重要方面。达到这一目的的方法是"少人化"。所谓少人化,是指根据生产量的变动,弹性地增减各生产线的作业人数,以及尽量用较少的人力完成较多的生产。这里的关键在于能否将生产量减少了的生产线上的作业人员数量减下来。这种"少人化"技术一反历来的生产系统中的"定员制",是一种全新的人员配置方法。

实现这种少人化的具体方法是实施独特的设备布置,以便能够将需求减少时各作业点减少的工作集中起来,以整数削减人员。但这从作业人员的角度来看,意味着标准作业时间、作业内容、范围、作业组合以及作业顺序等的一系列变更。因此,为了适应这种变更,作业人员必须是具有多种机能的"多面手"。

(3) 雇员保证

通常认为,质量与成本之间是一种负相关关系,即要提高质量,就得花人力、物力来加以保证,从而加大成本。但在 JIT 生产方式中,却一反这一常识,通过将质量管理贯穿于每一工序之中来实现提高质量与降低成本的一致性,具体通过生产组织中的两种机制实现:①使设备或生产线能够自动监测不良产品,一旦发现异常或不良产品,可以自动停止的设备运行机制。为此在设备上开发、安装了各种自动停止装置和加工状态监测装置;②生产第一线的设备操作人员发现产品和设备的问题时,有权自动停止生产的管理机制。依靠这样的机制,不良产品一出现马上就会被发现,防止了不良产品的重复出现或累计出现,从而避免了由此可能造成的大量浪费。而且,由于一旦发生异常,生产线或设备就立即停止运行,比较容易找到异常的原因,从而能够针对性地采取措施,防止类似异常情况的再发生,杜绝类似不良品的再产生。

这里还值得一提的是,通常的质量管理方法,是在最后一道工序对产品进行检验,如有不合格进行返工或做其他处理,而尽量不让生产线或加工中途停止。但在 JIT 生产方式中,却认为这恰恰是使不良产品大量或重复出现的"元凶"。因为发现问题后不立即停止生产的话,问题就得不到暴露,以后难免还会出现类似的问题。而一旦发现问题就使其停止,并立即对其进行分析、改善的话,久而久之,生产中存在的问题就会越来越少,企业的生产素质就会逐渐增强。

4. 实现 JIT 生产的具体手法

为了实现适时适量生产,首先需要致力于生产的同步化。即工序间不设置仓库,前一工序的加工结束后,使其立即转到下一工序去,装配线与机械加工几乎平行进行。在铸造、锻造、冲压等必须成批生产的工序,则通过尽量缩短作业更换时间来尽量缩小生产批量。生产的同步化通过"后工序领取"这样的方法来实现,即"后工序只在需要的时间到前工序领取所需的加工品;前工序中按照被领取的数量和品种进行生产"。这样,制造工序的最后一道即总装配线成为生产的出发点,生产计划只下达给总装配线,以装配为起点,在需要的时候,向前工序领取必要的加工品,而前工序提供该加工品后,为了补充生产被领走的量,必向更前道工序领取物料,这样把各个工序都连接起来,实现同步化生产。这样的同步化生产还需通过采取相应的设备配置方法以及人员配置方法来实现,即不能采取通常的按照车、铣、刨等工艺专业化的组织形式,而按照对象专业化来布置设备。这样也带来人员配置上的不同作法。

生产均衡化是实现适时适量生产的前提条件。所谓生产的均衡化,是指总装配线在向前工序领取零部件时应均衡地使用各种零部件,生产各种产品。为此在制定生产计划时就必须加以考虑,然后将其体现于产品生产顺序计划之中。在制造阶段,均衡化通过专用设备通用化和制定标准作业来实现。所谓专用设备通用化,是指通过在专用设备上增加一些工夹具的方法使之能够加工多种不同的产品。标准作业是指将作业节拍内一个作业人员所应担当的一系列作业内容标准化。

15.2.2 JIT 与 MRP 之比较

MRPⅡ和 JIT 是两种现代化的生产计划与作业控制系统,它们服务于共同的管理目标即提高生产效率、减少费用和改善用户服务。同时,它们之间也存在明显的差别,各具有特点,适用于不同的生产环境,主要区别可简单概括如下。

1) 适用于不同生产环境　正如美国库存管理专家瓦尔特·哥达德(Walter Goddard)指出的那样:JIT 适用于生产高度重复性产品的生产环境;MRP 则适用于批量生产、按用户订单生产、产品多变的生产环境。MRPⅡ以计算机为工具,需要一定的硬件、软件,投资费用高;而 JIT 的物料计划、能力计划、车间控制都可以由人工系统完成,不一定需要计算机系统。

2) 管理的范围不同　MRP 管理的范围比 JIT 广,它能用于计划工具、维修等其他活动的物料需求,辅助财务计划。MRPⅡ集成一个企业生产管理的许多功能,它能作为一个经营战略计划系统,也可作为一个生产控制系统使用。

3) 管理思想的差异　JIT 起源于日本,它与在美国发展起来的 MRPⅡ系统的不同体现了两国不同的管理思想,对待库存、批量、质量和提前期不同的处理方式。例如日本企业认为库存是一种浪费,竭尽全力去降低库存,为此要努力采用小批量以降低生产成本。美国虽然也很重视库存控制,防止产生不必要的多余库存,但他们认为,必要的、一定的库存量是一种保护措施,是维持生产稳定的一个因素。又如,JIT 利用看板的"拉动"系统,不断促进操作者降低在制品库存、缩短生产提前期。而在 MRPⅡ系统中则假定提前期是一个已知的定值,系统根据设定的提前期计算和制定作业计划。不过,实际生产操作的提前期,是随车间的负荷量大小、作业的优先顺序等因素而变化的,与 MRPⅡ假定的情况有可能不相符合。MRPⅡ系统还要求各加工中心按作业计划的要求完成作业,不鼓励操作者提前完工。这样,就不能发挥操作者的积极性去缩短提前期,这是 MRPⅡ的一个主要缺点,也是它受到批评最多的一个方面。

15.2.3 看板管理

1. 看板的基本概念

看板方式作为一种进行生产管理的方式,在生产管理史上是非常独特的,看板方式也可以说是 JIT 生产方式最显著的特点。但决不能把 JIT 生产方式与看板方式等同起来。JIT 生产方式说到底是一种生产管理技术,而看板只不过是一种管理手段。看板只有在工序一体化、生产均衡化、生产同步化的前提下,才有可能运用。如果错误地认为 JIT 生产方式就是看板方式,不对现有的生产管理方法作任何变动就单纯地引进看板方式的话,是不会起到任何作用的。所以,在引进 JIT 生产方式以及看板方式时,最重要的是对现存的生产系统进行全面改组。

2. 看板的功能

1) 生产以及运送的工作指令　看板中记载着生产量、时间、方法、顺序以及运送量、运送时间、运送目的地、放置场所、搬运工具等信息,从装配工序逐次向前工序追溯,在装配线将所使用的零部件上所带的看板取下,以此再去前工序领取。"后工序领取"以及"适时适量生产"就是这样通过看板来实现的。

2) 防止过量生产和过量运送　看板必须按照既定的运用规则来使用。其中一条规则是:"没有看板不能生产,也不能运送"。根据这一规则,看板数量减少,则生产量也相应减少。由于看板所表示的只是必要的量,因此通过看板的运用能够做到自动防止过量生产以及适量运送。

3) 进行"目视管理"的工具　看板的另一条运用规则是:"看板必须在实物上存放","前工序按照看板取下的顺序进行生产"。根据这一规则,作业现场的管理人员对生产的优先顺序能够一目了然,易于管理。并且只要一看看板,就可知道后工序的作业进展情况、库存情况等。

4) 改善的工具　在 JIT 生产方式中,通过不断减少看板数量来减少在制品的中间储存。在一般情况下,如果在制品库存较高,即使设备出现故障,不良品数目增加也不会影响到后道工序的生产,所以容易把这些问题掩盖起来。而且即使有人员过剩,也不易察觉。根据看板"不能把不良品送往后工序"的运用规则,后工序所需得不到满足,就会造成全线停工,由此可立即使问题暴露,从而必须立即采取改善措施来解决问题。这样通过改善活动不仅使问题得到了解决。也使生产线的"体质"不断增强,带来了生产率的提高。JIT 生产方式的目标是要最终实现无储存生产系统,而看板提供了一个朝着这个方向迈进的工具。

3. 看板的种类

实际生产管理中使用的看板形式很多。常见的有塑料夹内装着的卡片或类似的标识牌、运送零件小车、工位器具或存件箱上的标签、指示部件吊运场所的标签、流水生产线上各种颜色的小球或信号灯、电视图像等。

使用最多的看板有两种:传送看板(即拿取看板)和生产看板(订货看板)。它们一般都做成 10cm×20cm 的尺寸,传送看板标明后一道工序向前一道工序拿取工件的种类和数量,而生产看板则标明前一道工序应生产的工件的种类和数量。

4. 看板的使用规则

为使看板系统有效运行,必须严格遵循使用规则,培训全体操作人员理解规则,并设立一定的奖惩制度认真贯彻规则。规则主要内容有以下五点:

(1) 不合格不交后工序

JIT 方式认为制造不合格件是最大浪费,如果不能及时解决不合格品问题,后工序就会停产。不合格件积压在本工序,本工序的问题就很快暴露出来,使管理人员、监督人员不得不共同采取对策,防止再发生类似问题。

(2) 后工序来取件

改变生产"供给后工序"的传统做法,由后工序向前工序取件,不能领取超过看板规定的数量,领取工件时,须将看板系在装工件的容器上。

(3) 只生产后道工序领取的工件数量

超过看板规定的数量不生产,同时完全按看板出现的顺序生产。

(4) 均衡化生产

如果后道工序在领取工件的时间和数量方面没有规律,波动较大,前道工序就需按后道工序最大需求来安排其设备能力和人力,这是很不经济的。因此,看板管理只适用于需求波动较小和重复性生产系统。

(5) 利用减少看板数量来提高管理水平

在生产系统中库存水平由看板数量来决定,因为每一块看板代表着一个标准容器容量的工件,用减少看板数量、减少标准容量的方法,可减低库存水平。

15.2.4 准时化生产方式(JIT)在我国的应用

长期以来,我国由于传统的计划经济体制和在这种僵化体制下的工业生产方式忽视了效率、效益,致使企业乃至整个国民经济的运行效率和效益低下。而 JIT 以订单驱动,通过看板,采用拉动方式把供、产、销紧密地衔接起来,使物资储备,成本库存和在制品大为减少,提高了生产效率,这一生产方式在推广应用过程中,经过不断发展完善,为中国工业界所注目。

JIT 生产管理方式在 20 世纪 70 年代末期从日本引入我国,长春第一汽车制造厂最先开始应用看板系统控制生产现场作业。到了 1982 年,第一汽车制造厂采用看板取货的零件数,已达其生产零件总数的 43%。20 世纪 80 年代初,中国企业管理协会组织推广现代管理方法,看板管理被视为现代管理方法之一,在全国范围内宣传推广,并为许多企业采用。上海汽车工业总公司推行以 JIT 生产方式为主要内容的"危机管理",桑塔纳轿车生产成本连年下降 5%,劳动生产率连年提高 5%。中国二汽在变速箱厂推行 JIT 生产方式 1 年,产量比原设计能力翻一番,流动资金和生产人员减少 50%,劳动生产率提高 1 倍。一汽变速箱厂推行 JIT 生产方式,半年中产值增长 44.3%,全员劳动生产率增长 37%,人均创利增长 25.1%。20 世纪 90 年代,在我国的汽车工业、电子工业等实行流水线生产的企业中应用 JIT 获得了明显效果,取得丰富的经验,创造了良好的经济效益。

15.3 精益生产

15.3.1 精益生产的产生和概念

精益生产(lean production,LP)是美国麻省理工学院在一项名为"国际汽车计划"的研究项目中提出来的。它们在做了基于对日本丰田生产方式的大量调查和对比后,于 1990 年提出的一种生产管理方法,也有人认为是一种制造模式。其核心是追求消灭包括库存在内的一切"浪费",并围绕此目标发展了一系列具体方法,逐渐形成了一套独具特色的生产经营管理体系。

1. 精益生产的产生与推广

20 世纪初,美国福特汽车公司创立了第一条汽车生产流水线以来,大规模生产流水线一直是现代工业生产的主要特征。大规模生产方式是以标准化、大批量生产来降低生产成本,提高生产效率的,美国汽车工业也由此迅速成长为美国的一大支柱产业,并带动和促进了包括钢铁、玻璃、橡胶、机电以至交通服务业等在内的一大批产业的发展。1950年,日本的丰田英二考察了美国底特律的福特公司的轿车厂。当时这个厂每天能生产 7000 辆轿车,比日本丰田公司一年的产量还要多。但丰田在他的考察报告中却写道:"那里的生产体制还有改进的可能"。

丰田英二和大野耐一进行了一系列的探索和实验,根据日本的国情,经过 30 多年的努力,终于形成了完整的丰田生产方式,使日本的汽车工业超过了美国,产量达到了 1300万辆,占世界汽车总量的 30% 以上。

丰田生产方式是日本工业竞争战略的重要组成部分,它反映了日本在重复性生产过程中的管理思想。丰田生产方式的指导思想是,通过生产过程整体优化,改进技术,理顺物流,杜绝超量生产,消除无效劳动与浪费,有效利用资源,降低成本,改善质量,达到用最少的投入实现最大产出的目的。

2. 精益生产概念

精益生产又称精良生产,其中"精"表示精良、精确、精美;"益"表示利益、效益等,就是及时制造,消灭故障,消除一切浪费,向零缺陷、零库存进军。它是对准时化生产方式的进一步提炼。在生产组织上,与泰勒方式相反,不是强调细致的分工,而是强调企业各部门相互合作的综合集成。

精益生产综合了大量生产与单件生产方式的优点,力求在大量生产中实现多品种和高质量产品的低成本生产。

精益生产的目标被描述为"在适当的时间使适当的东西到达适当的地点,同时使浪费最小化和适应变化"。精益生产的原则使公司可以按需求交货,使库存最小化,尽可能多使用掌握多门技能的员工,使管理结构扁平化,并把资源集中于需要它们的地方。精益生产的方法论不但可以减小浪费,还能够增进产品流动和提高质量。

精益生产的基本目的是,要在一个企业里同时获得极高的生产率、极佳的产品质量和很大的生产柔性;在生产组织上,它与泰勒方式不同,不是强调过细的分工,而是强调企业各部门相互密切合作的综合集成。综合集成并不局限于生产过程本身,还包括重视产品开发、生产准备和生产之间的合作和集成。

3. 精益生产的内涵

精益生产不仅要求在技术上实现制造过程和信息流的自动化,更重要的是从系统工程的角度对企业的活动及其社会影响进行全面的、整体的优化。精益生产体系从企业的经营观念、管理原则到生产组织、生产计划与控制、作业管理以及对人的管理等各方面、都与传统的大量生产方式有明显的不同。

首先,精益生产方式在产品质量上追求尽善尽美,保证用户在产品整个生命周期内都感到满意。其次,精益生产方式在企业内的生产组织上,充分考虑人的因素,采用灵活的小组工作方式和强调相互合作的并行工作方式。再次,精益生产方式在物料管理方面,准时的物料后勤供应和零库存目标使在制品大大减少,节约了流动资金。最后,精益生产方式在生产技术上采用适度的自动化技术又明显提高了生产效率。所有这一切,都使企业的资源能够得到合理的配置和充分的利用。

此外,精益生产还反映了在重复性生产过程中的管理思想,其指导思想是:通过生产过程整体优化,改进技术,理顺各种流(flow),杜绝超量生产,消除无效劳动与浪费,充分、有效地利用各种资源,降低成本,改善质量,达到用最少的投入实现最大产出的目的。

15.3.2 精益生产的核心——精益思想

"精益思想"一词源于 James P. Womack 和 Daniel T. Jones1996 年的名著《精益思想》,该书在《改变世界的机器》的基础上,更进一步集中、系统地阐述了关于精益的一系列原则和方法,使之更加理论化。

精益思想是精益生产的核心思想,它包括精益生产、精益管理、精益设计和精益供应等一系列思想,其核心是以较少的人力、较少的设备、在较短的时间和较小的场地内创造出尽可能多的价值;同时也越来越接近客户,提供给他们确实需要的东西。

精益思想要求企业找到最佳的方法确立提供给顾客的价值,明确每一项产品的价值流,使产品在从最初的概念到到达顾客的过程中流动顺畅,让顾客成为生产的拉动者,在生产管理中精益求精、尽善尽美。价值观、价值流、流动、拉动和尽善尽美的概念进一步发展成为应用于产品开发、制造、采购和服务顾客各个方面的精益方法。可以概括为：

1. 价值观

精益思想认为企业产品（服务）的价值只能由最终用户来确定，价值也只有满足特定用户需求才有存在的意义。精益思想重新定义了价值观与现代企业原则，它同传统的制造思想，即主观高效率地大量制造既定产品向用户推销，是完全对立的。

2. 价值流

价值流是指从原材料到成品赋予价值的全部活动。识别价值流是实行精益思想的起步点，并按照最终用户的立场寻求全过程的整体最佳。精益思想的企业价值创造过程包括：从概念到投产的设计过程；从定货到送货的信息过程；从原材料到产品的转换过程；全生命周期的支持和服务过程。

3. 流动

精益思想要求创造价值的各个活动（步骤）流动起来，强调的是"动"。传统观念是"分工和大量才能高效率"，但是精益思想却认为成批、大批量生产经常意味着等待和停滞。精益将所有的停滞作为企业的浪费。

精益思想号召"所有的人都必须和部门化的、批量生产的思想作斗争，因为如果产品按照从原材料到成品的过程连续生产的话，工作几乎总能完成得更为精确有效"。

4. 拉动

"拉动"的本质含义是让用户按需要拉动生产，而不是把用户不太想要的产品强行推给用户。拉动生产通过正确的价值观念和压缩提前期，保证用户在要求的时间得到需要的产品。

实现了拉动生产的企业具备当用户需要时，就能立即设计、计划和制造出用户真正需要的产品的能力；最后实现抛开预测，直接按用户的实际需要进行生产。流动和拉动将使产品开发周期、订货周期、生产周期降低 $50\%\sim90\%$。

5. 尽善尽美

精益制造的目标是通过尽善尽美的价值创造过程（包括设计、制造和对产品或服务的整个生命周期的支持）为用户提供尽善尽美的价值。精益制造的尽善尽美有三个含义：用户满意、无差错生产和企业自身的持续改进。

15.3.3　精益生产的实施

精益生产的研究者总结出精益生产实施成功的五个步骤：

1. 选择要改进的关键流程

精益生产方式不是一蹴而就的，它强调持续的改进。首先应该先选择关键的流程，力争把它建立成一条样板线。

2. 画出价值流程图

价值流程图是一种用来描述物流和信息流的方法。在绘制完目前状态的价值流程图后,可以描绘出一个精益远景图(future lean vision)。在这个过程中,更多的图标用来表示连续的流程,各种类型的拉动系统,均衡生产以及缩短工装更换时间,生产周期被细分为增值时间和非增值时间。

3. 开展持续改进研讨会

精益远景图必须付诸实施,否则规划得再巧妙的图表也只是废纸一张。实施计划中包括什么(what),什么时候(when)和谁来负责(who),并且在实施过程中设立评审节点。这样,全体员工都参与到全员生产性维护系统中。在价值流程图、精益远景图的指导下,流程上的各个独立的改善项目被赋予了新的意义,使员工十分明确实施该项目的意义。持续改进生产流程的方法主要有以下几种:消除质量检测环节和返工现象;消除零件不必要的移动;消灭库存;合理安排生产计划;减少生产准备时间;消除停机时间;提高劳动利用率。

4. 营造企业文化

虽然在车间现场发生的显著改进,能引发随后一系列企业文化变革,但是如果想当然地认为由于车间平面布置和生产操作方式上的改进,就能自动建立和推进积极的文化改变,这显然是不现实的。文化的变革要比生产现场的改进难度更大,两者都是必须完成并且是相辅相成的。许多项目的实施经验证明,项目成功的关键是公司领导要身体力行地把生产方式的改善和企业文化的演变结合起来。

传统企业向精益化生产方向转变,不是单纯地采用相应的"看板"工具及先进的生产管理技术就可以完成,而必须使全体员工的理念发生改变。精益化生产之所以产生于日本,而不是诞生在美国,其原因也正因为两国的企业文化有相当大的不同。

5. 推广到整个企业

精益生产利用各种工业工程技术来消除浪费,着眼于整个生产流程,而不只是个别或几个工序。所以,样板线的成功要推广到整个企业,使操作工序缩短,推动式生产系统被以顾客为导向的拉动式生产系统所替代。

总而言之,精益生产是一个永无止境的精益求精的过程,它致力于改进生产流程和流程中的每一道工序,尽最大可能消除价值链中一切不能增加价值的活动,提高劳动利用率,消灭浪费,按照顾客订单生产的同时也最大限度的降低库存。

由传统企业向精益企业的转变不可能一蹴而就,需要付出一定的代价,并且有时候还可能出现意想不到的问题。但是,企业只要坚定不移走精益之路,大多数在 6 个月内,有的甚至还不到 3 个月,就可以收回全部改造成本,并且享受精益生产带来的好处。

15.4 并行工程

15.4.1 并行工程的概念和功能

1. 并行工程概念

1988 年美国国家防御分析研究所(IDA—Institute of Defense Analyze)完整地提出了并行工程(concurrent engineering,CE)的概念,也称同步工程、并行设计和同时工程,是相对传统的"串行工程"而言的,它是指产品的设计和制造及其相关过程的多项任务同时交叉进行,在设计阶段同步地实现设计于产品生产同期有关的过程,要求产品开发者在设计阶段就考虑到包括设计、工艺、制造、装配、检验、维护、可靠性、成本和质量等在内的产品生命周期中的所有因素。

并行工程要求产品开发人员在设计一开始就考虑整个生命周期中从概念形成到产品报废处理的所有因素,包括质量、成本、进度计划和用户要求。采用并行工程的制造系统称为并行工程系统。

以往在设计产品及其相关的各种过程中,采用的是按功能部门顺序作业的方法。由于没有制造、维修等人员的早期介入,所设计的产品存在较多的错误、缺陷或不足。这些设计中产生的错误、缺陷或不足,以往部分地通过对设计文件的审查和会签得到改正,而漏下部分则只能在其后的工艺设计、工装设计、实验和使用中才能逐渐被发现,这就使产品的研制周期和改进周期拉得很长,从而使产品不能及时投放市场,投入的资金也得不到及时回收,严重影响了企业在市场竞争中的地位。

2. 并行工程的特点

(1) 并行特性(时序特性)

是把原先在时间上有先有后的知识处理和作业实施转变为同时考虑和尽可能的同时处理或并行处理。这表明并行工程比串行工程缩短了产品研制生产周期。这里需要说明的是,串行和并行中各个阶段所占时间可能有所不同,一般而言,并行工程前期阶段的时间可能会相对拉长,后期阶段的时间可能会相对缩短,但由于并行工程中下游阶段的工作提前并行考虑,整个产品研制生产周期会缩短。

(2) 整体特性

产品研制开发过程是一个有机整体,在空间中似乎相互独立的各个研制作业和知识处理单元之间,实质上都存在着不可分割的内在联系,特别是有丰富的双向信息联系。强调全局性地考虑问题,即产品研制者从一开始就考虑到产品整个寿命周期中的所有因素。追求整体最优,有时为了保证整体最优,甚至可能不得不牺牲局部利益。

（3）协同特性

强调人们的群体协同工作,这是因为现代产品的特性已越来越复杂,产品开发过程涉及的学科门类和专业人员越来越多,如何取得产品开发过程的整体最优,是并行工程追求的目标,其中关键是如何很好地发挥人们的群体作用。为此,并行工程强调以下几点:有效的组织模式;强调一体化、并行地进行产品及其有关过程的设计;强调协同效率。

（4）集成特性

并行工程作为一种系统工程方法,其集成特性主要包括:

1）改进组织结构,实现人员集成　并行工程所普遍采用的是一种多学科、多功能小组形式,也称之为团队组织结构,这是一种扁平型的组织结构,它将同产品(项目)全寿命周期有关的各种专业、各个功能部门的有关人员集中在一个以产品为中心的共同目标之下,组成统一的产品开发团队综合产品小组。这种组织形式打破了专业和部门之间的壁垒,使项目的信息传递主要在团队内部进行,从而既加快了传递节奏,更减少了传递中的摩擦,使团队能更好地协同工作。

2）并行操作处理,实现功能集成　并行工程运行中的"并行"要求各个工程阶段相互搭接进行,即提前考虑下游工程阶段的有关研究和工作内容。同时要求职能部门各项功能的履行也并行交叉进行。例如设计阶段采购部门就开始进行料源分析,工艺设计时质检部门开始考虑工序检验和最终检验的可行性等。这样就可使有关信息及时反馈,及时修改有关设计,从而减少大工程行为的反复。

3）先进的开发工具、方法和技术,实现信息集成　科学技术的不断进步和竞争的日趋激烈,在产品研制过程中越来越多地使用先进的开发技术和工具,例如较普遍地使用了计算机辅助系统(CAD/CAM/CIMS)以及计算机网络系统。多种先进的设计开发方法,也都借助于计算机系统来实现。并行工程的并行操作和信息集成特性对此提出了更高的要求,它期望在计算机辅助系统和网络系统的基础上实现各专业、各功能的多工作站并行运行,并实现无纸化设计,从而达到信息资源共享,过程中间信息快速顺畅传递和反馈。

3. 并行工程的功能

1）大大缩短了产品从开发到投入市场的时间,提高了产品进入市场的速度。

2）提高了产品的质量,增强了企业的竞争力。

3）降低了产品的成本。

4）能迅速了解市场信息,确保用户满意。

15.4.2　并行工程目标和实施步骤

1. 并行工程的目标

并行工程是一种新型的企业组织经营管理思想,其目标为:

1）提高整个制造过程,包括设计、工艺、制造和服务的质量。

2）降低产品生命周期费用,包括产品设计、制造、销售、服务、用户使用直到产品报废的全部费用。

3）缩短产品研究开发周期（包括减少设计反复，减少制造中各环节的时间）。

2．并行工程的实施步骤

（1）建立并行工程的开发环境

并行工程环境使参与产品开发的每个人都能瞬时地相互交换信息，以克服由于地域、组织不同，产品的复杂化，缺乏互换性的工具等因素造成的各种问题。在开发过程中应以具有柔性和弹性的方法，针对不同的产品开发对象，采用不同的并行工程手法，逐步调整开发环境。并行工程的开发环境主要包括以下几个方面。

1）统一的产品模型，保证产品信息的唯一性，并必须有统一的企业知识库，使小组人员能以同一种"语言"进行协同工作。

2）一套高性能的计算机网络，小组人员能在各自的工作站或微机上进行仿真，或利用各自的系统。

3）一个交互式、良好用户界面的系统集成，有统一的数据库和知识库，使小组人员能同时以不同的角度参与或解决各自设计问题。

（2）成立并行工程的开发组织机构

开发组织有三个层次构成，最高层有各功能部门负责人和项目经理组成，管理开发经费、进程和计划；第二层是由主要功能部门经理、功能小组代表构成，定期举行例会；第三层是作业层，由各功能小组构成。

（3）选择开发工具及信息交流方法

选择一套合适的产品数据管理（PDM）系统，PDM 是集数据管理能力、网络的通信能力与过程控制能力于一体的过程数据管理技术的集成，能够跟踪保存和管理产品设计过程。PDM 系统是实现并行工程的基础平台。它将所有与产品有关的信息和过程集成在一体，将有效地从概念设计、计算分析、详细设计、工艺流程设计、制造、销售、维修直至产品报废的整个生命周期相关的数据，予以定义、组织和管理，使产品数据在整个产品生命周期内保持最新、一致、共享及安全。PDM 系统应该具有电子仓库、过程和过程控制、配置管理、查看和圈阅、扫描和成像、设计检索和零件库、项目管理、电子协作、工具和集成件等。产品数据管理系统对产品开发过程的全面管理，能够保证参与并行工程协同开发小组人员间的协调活动能正常进行。

（4）确立并行工程的开发实施方案

首先把产品设计工作过程细分为不同的阶段；其次当出现多个阶段的工作所需要的资源不可共享时，可以采用并行工程方法；最后，后续阶段的工作必须依赖于前阶段的工作结果作为输入条件时，可以先对前阶段工作做出假设，二者才可并行。其间必须插入中间协调，并用中间的结果作验证，其验证的结果与假定的背离是后续阶段工作调整的依据。

15.5 敏捷制造

15.5.1 敏捷制造的产生与概念

1. 敏捷制造的产生

敏捷制造（agile manufacturing，AM）是由美国通用汽车公司（GM）和里海（Leigh）大学的雅柯卡（Iacocca）研究所联合研究，于 1988 年首次提出来的。1990 年向社会公开以后立即受到世界各国的重视，1992 年美国政府将这种全新的制造模式作为 21 世纪制造企业的战略。

自二次世界大战以后，日本和西欧各国的经济遭受战争破坏，工业基础几乎被彻底摧毁，只有美国作为世界上唯一的工业国，经济独秀，向世界各地提供工业产品。所以美国的制造商们在 20 世纪 60 年代以前的策略是扩大生产规模。到了 20 世纪 70 年代，西欧发达国家和日本的制造业已基本恢复，不仅可以满足本国对工业的需求，甚至可以依靠本国廉价的人力、物力，生产廉价的产品打入美国市场，致使美国的制造商们将策略重点由规模转向成本。到了 20 世纪 80 年代，原联邦德国和日本已经可以生产高质量的工业品和高档的消费品并源源不断地推向美国市场，与美国的产品竞争，又一次迫使美国的制造商将制造策略的重心转向产品质量。进入 20 世纪 90 年代，当丰田生产方式在美国产生了明显的效益之后，美国人认识到只降低成本、提高质量还不能保证赢得竞争，还必须缩短产品开发周期，加速产品的更新换代。当时美国汽车更新换代的速度已经比日本慢了一倍以上，因此速度问题成为美国制造商们关注的重心，"敏捷"从字面上看，正是表明要用灵活的应变去对付快速变化的市场需求。于是，敏捷制造这种新型模式，成为了美国 21 世纪制造企业的战略。

2. 敏捷制造的概念

美国机械工程师学会（ASME）主办的《机械工程》杂志 1994 年期刊中，对敏捷制造做了如下定义：敏捷制造就是指制造系统在满足低成本和高质量的同时，对变幻莫测的市场需求的快速反应。

敏捷制造的企业，其敏捷能力表现在以下四个方面：

1）反应能力 判断和预见市场变化并对其快速地做出反应的能力。

2）竞争力 企业获得一定生产力、效率和有效参与竞争所需的技能。

3）柔性 以同样的设备与人员生产不同产品或实现不同目标的能力。

4）快速 以最短的时间执行任务（如产品开发、制造、供货等）的能力。

同时，这种敏捷性应当体现在不同的层次上：企业策略上的敏捷性，企业针对竞争规则及手段的变化、新的竞争对手的出现、国家政策法规的变化、社会形态的变化等做出快速反应的能力;企业日常运行的敏捷性,企业对影响其日常运行的各种变化,如用户对产品规格、配置及售后服务要求的变化,用户定货量和供货时间的变化,原料供货出现问题、设备出现故障等做出快速反应的能力。

15.5.2 敏捷制造的基本特征

敏捷制造强调企业能够快速响应市场的变化,根据市场需求,能够在最短时间内开发制造出满足市场需求的高质量的产品。因此,敏捷制造具有如下特征:

1) 敏捷制造是信息时代最有竞争力的生产模式　它在全球化的市场竞争中能以最短的交货期、最经济的方式,按用户需求生产出用户满意的具有竞争力的产品。

2) 敏捷制造具有灵活的动态组织机构　它能以最快的速度把企业内部和企业外部不同企业的优势力量集中在一起,形成具有快速响应能力的动态联盟。因为在企业内部它将多级管理模式变为扁平结构的管理方式,把更多的决策权下放到项目组;在企业外部,它重视企业之间的协作,通过高速网络通信能充分调动、利用分布在世界各地的各种资源,所以能保证迅速、经济地生产出有竞争力的产品。

3) 敏捷制造采用了先进制造技术　敏捷制造一方面要"快",另一方面要"准",其核心就在于快速地生产出用户满意的产品。因此,敏捷制造必须在其各个制造环节都采用各种先进的制造技术,例如产品设计,如果采用传统的人工设计方法,不但做不到"快",也很难做到"准",所以就要采用"计算机辅助工程设计"、"并行工程",甚至"虚拟产品开发"等先进技术,只有在设计阶段就考虑到下游的制造、装配、使用、维修,才能做到一次成功。还应采用其他先进制造技术,例如柔性制造、计算机辅助管理、企业经营过程重构、计算机辅助质量保证、产品数据管理以及产品数据交换标准等。

4) 敏捷制造必须建立开放的基础结构　因为敏捷制造要把世界范围内的优势力量集成在一起,所以敏捷制造企业必须采取开放结构,只有这样,才能把企业的生产经营活动与市场和合作伙伴紧密联系起来,使企业能在一体化的电子商业环境中生存。

5) 敏捷制造适用范围较广　它主要通过敏捷化企业组织、并行工程环境、全球计算机网络或国家信息基础设施,在全球范围内实现企业间的动态联盟和拟实制造,使全球化生产体系或企业群能迅速开发出新产品,响应市场,赢得竞争。敏捷制造的关键技术包括:敏捷虚拟企业的组织及管理技术、敏捷化产品设计和企业活动的并行运作、基于模型与仿真的拟实制造、可重组/可重用的制造技术、敏捷制造计划与控制、智能闭环加工过程控制、企业间的集成技术、全球化企业网、敏捷后勤与供应链等。

15.5.3 实现敏捷制造的措施

企业实现敏捷制造可以增强其应变能力和竞争力。通过以下八种措施可以有效地实现敏捷制造。

1. 把继续教育放在实现敏捷制造的首位,高度重视并尽可能创造条件使员工能获取新信息和知识

未来的竞争,归根结底是人才的竞争,是人才所掌握的知识和创造力的竞争。企业

的员工知识面广、视野宽,才有可能不断产生战胜竞争对手的新思想。

2. 虚拟企业的组成和工作

从竞争走向合作,从互相保密走向信息交流,实际上会给企业带来更大利益。实施敏捷制造的基础是全国乃至全球的通信网络,在网上了解到有专长的合作伙伴,在网络通信中确定合作关系,又通过网络用并行工程的做法实现最快速和高质量的新产品开发。

3. 计算机技术和人工智能技术的广泛应用

未来制造业中强调人的作用,并不是贬低技术所起的作用。计算机辅助设计、辅助制造、计算机仿真与建模分析技术,都应在敏捷企业中加以应用。另外,还要提到"团件"(group ware),这是近来研究比较多的一种计算机支持协同工作的软件,强调作为分布式群决策软件系统,它可以支持两个以上用户以紧密方式共同完成一项任务。人工智能在生产和经营过程中的应用,是另一个重要的先进技术的标志。从底层原始数据检测和收集的传感器,到过程控制的机理以至辅助决策的知识库,都需要应用人工智能技术。

4. 方法论的指导

就是在实现某一目标,完成某一项大工程时,所需要使用的一整套方法的集合,实现企业的整体集成,是一项十分复杂的任务。对每一时期每一项具体任务,都应该有明确的规定和指导方法,这些方法的集会就叫"集成方法论"。这样的方法论能帮助人们少走弯路,避免损失。这种效益,比一台新设备,一个新软件所能产生的有形的经济效益,要大得多,重要得多。

5. 环境美化的工作

环境美化不仅仅指企业范围内的绿化,更主要是对废弃物的处理,主动地、有专门的组织积极地开展对废物的利用或妥善的销毁。

6. 绩效测量与评价

传统的企业评价总是着眼于可计量的经济效益,而对生产活动的评价,则看一些具体的技术指标。这种方法基本上属于短期行为的做法。对于敏捷制造、系统集成所提出的战略考虑,如缩短提前期对竞争能力有多少好处?如何度量企业柔性?企业对产品变异的适应能力会导致怎样的经济效益?如何检测员工和工作小组的技能?技能标准对企业柔性又会有什么影响……这一系列问题都是在新形势、新环境下提出来需要解决的。又如会计核算方法,传统的会计核算主要适合于静态产品和大批量生产过程,用核算结果来控制成本,减少原材料和直接劳动力的使用,是一种消极防御式的核算方法。这些都是不适应敏捷企业需要的,当前要采用一种支持这些变化的核算方法。如 ABC 法把成本计算与各种形式的经营活动相关联,是未来企业中很有希望的一种核算方法。合作伙伴资格预评是另一种评价问题,因为虚拟企业的成功必须要合作伙伴确有所长,而且应有很好的合作信誉。

7. 标准和法规的作用

目前产品和生产过程的各种标准还不统一，而未来的制造业的产品变异又非常突出，如果没有标准，不论对国家、对企业、对企业间的合作、对用户都非常不利。因此必须要强化标准化组织，使其工作能不断跟上环境和市场的改变，各种标准能及时演进。现行法规也应该随着国际市场和竞争环境的变化而演进，其中包括政府贷款、技术政策、反垄断法规、税法、税率、进出口法和国际贸易协定等。

8. 组织实践

外部形势要求变，内部条件也可以变，这时的关键就在于领导能否下决心组织变革，引进新技术，实现组织改革，实现放权，进行与其他企业的新形式的合作。现在不仅要求富于革新精神和善于根据敏捷制造的概念进行变革的个人，更需要而且是必然需要这样的小组，才能推动企业的变革。

15.6 计算机集成制造系统

15.6.1 CIMS 的产生及定义

计算机集成制造系统(computer integrated manufacturing system，CIMS)，是 1973 年美国的约瑟夫·哈林顿博士在《计算机集成制造》(《Computer Integrated Manufacturing》)一书中首次提出的。当时，他提出了两个基本观点：① 企业生产的各个环节，包括市场分析、产品设计、加工制造、经营管理以至售后服务等全部经营活动，是一个不可分割的整体，要紧密连接，统一考虑；② 整个经营过程实质上是一个数据的采集、传递和加工处理的过程，其最终形成的产品可以看作是数据的物质表现。因此，企业作为一个统一的整体，必须从系统的观点、全局的观点出发，广泛采用计算机等高新技术，加速信息的采集、传递和加工处理过程，提高工作效率和质量，从而提高企业的总体水平。计算机集成制造是一种理念，其实质就是用信息技术对制造系统进行全局优化。这是一种先进的理念，其内涵是借助于以计算机为核心的信息技术，将企业中各种与制造有关的技术系统集成起来，使企业得到整体优化，从而提高企业适应市场竞争的能力，CIMS 已代表了当今工厂综合自动化的最高水平。

从 CIMS 概念的提出到现在已有 30 余年了。30 年来，CIMS 的概念已从美国等发达国家传播到发展中国家，已从典型的离散型机械制造业扩展到化工、冶金等连续或半连续制造业。CIMS 概念已被越来越多的人所接受，成为指导工厂自动化的思想，有越来越多的工厂按 CIMS 思想，采用计算机技术实现信息集成，建成了不同水平的计算机集成制造系统。

  CIMS 是自动化程度不同的多个子系统的集成。随着科学的发展和技术的进步,制造业中的计算机应用水平在迅速提高,出现了多种不同的自动化系统,如管理信息系统(MIS)、制造资源计划(MRPⅡ)系统、计算机辅助设计(CAD)系统、计算机辅助工艺设计(CAPP)系统、计算机辅助制造(CAM)系统、柔性制造系统(FMS),以及数控机床(NC,CNC)、机器人等。CIMS 正是在这些自动化系统的基础上发展起来的,它根据企业的需求和经济实力,把各种自动化系统通过计算机实现信息集成和功能集成。当然,这些子系统也使用了不同类型的计算机,有的子系统本身也是集成的,如 MIS 实现了多种管理功能的集成,FMS 实现了加工设备和物料输送设备的集成等。但这种集成是在较小的局部,而 CIMS 是针对整个企业的集成。

15.6.2　CIMS 的体系结构

  CIMS 一般由四个功能分系统和两个支撑分系统构成四个功能分系统分别是:

  1) 管理信息系统　其是以制造资源计划 MRPⅡ 为核心,包括预测、经营决策、各级生产计划、生产技术准备、销售、供应、财务、成本、设备、工具和人力资源等管理信息功能,通过信息集成,达到缩短产品生产周期、降低流动资金占用,提高企业应变能力的目的。

  2) 产品设计与制造工程设计自动化系统　其是用计算机辅助产品设计、制造准备以及产品性能测试等阶段的工作,通常成为 CAD/CAPP/CAM 系统。它可以使产品开发工作高效、优质地进行。

  3) 制造自动化(柔性制造)系统　其是在计算的控制与调度下,按照 NC 代码将毛胚加工成合格的零件并装配成部件或产品。制造自动化系统的主要组成部分有:加工中心、数控机床、运输小车、立体仓库、及计算机控制管理系统等。

  4) 质量保证系统　其是通过采集、存储、评价与处理存在于设计、制造过程中与质量有关的大量数据,从而提高产品的质量。

  两个支撑系统分别是:

  1) 网络系统　其是支持 CIMS 各个系统的开放型网络通信系统,采用国际标准和工业标准规定的网络协议(如 MAP,TCP/IP)等,可实际异种机互联,多种网络的互联,满足各应用系统对网络支持服务的不同需求,支持资源共享、分布处理、分布数据库、分成递阶和实时控制。

  2) 数据库系统　其是支持 CIMS 各分系统,覆盖企业全部信息,以实现企业的数据共享和信息集成。通常采用集中与分布相结合的三层体系控制结构——主数据管理系统、分布数据管理系统、数据控制系统,以保证数据的安全性、一致性、易维护性等。

15.6.3　CIMS 的发展

  计算机是 CIMS 的物质基础和技术支柱,1945 年第一台计算机问世以来,对制造业而言,就产品开发,制造和经营管理三大主要活动领域,其单项独立应用已达到很高的水平。在产品制造方面,1954 年研制出第一台数控机床,为 CIMS 奠定了基础,为柔性自动化提供了条件。1967 年建成了第一套柔性制造系统,解决了柔性和生产率相互矛盾的问题,提供了工业生产全面现代化的条件。在产品开发设计方面,20 世纪 50 年代中后期诞生了 CAD 近年来又开发出了通用集成化的现代 CAD,并向 CIMS 系统集成化方向迅速发展。企业经营管理方面,1954 年计算机进入管理业务领域,从信息流的管理上升到物料流的管理,产生了一个新的飞跃,其代表是 MRP Ⅱ。上述各项技术,基本上只是单独地使用于制造业的各个局部环节。在科技的发展和市场需求变化的共同推动下,许多专家和学者经分析研究认为,把前述各项技术加以有机的集成,综合地应用起来,可以获得整体的最佳效益。这就产生了一种崭新的,标志着新的一次制造技术变革的组织和管理生产的思想和方法,即计算机集成制造 CIM(computer integrated manufacturing),具体的体现是 CIMS,而开始得到重视并大规模实施则是在十年之后。其根源是美国 20 世纪70 年代的产业政策发生偏差,过分夸大了第三产业的作用,而将制造业,特别是传统产业,贬低为夕阳工业。这导致美国制造业优势的衰退,并在 20 世纪 80 年代初开始的世界性石油危机中暴露无遗。此时,美国才开始重视制造业,并决心用其信息技术的优势夺回制造业的霸主地位,并且认为 CIMS 是最优的选择。

15.6.4 CIMS 在我国企业中的应用

我国开展 CIMS 研究与应用已有 10 多年的历史。为了跟踪国外这一先进技术,我国在 1987 年开始实施"863 高技术计划"的 CIMS 主题,经过 10 多年的努力实施,取得的主要成绩可概括如下:

以少量的科技投入,鼓励大专院校科技人员与企业结合,在企业中推广高技术(CIMS 及有关单元技术),使企业具有了应用高技术、提高综合竞争能力的意识;通过CIMS 计划的实施,推动了企业应用信息技术,提高了生产率和经营管理水平;为探索在我国条件下发展高技术及其产业化的道路,提供了可借鉴的经验和教训;通过 CIMS 计划的实施,有的企业取得了明显的经济效益;在高校、企业培养了大批掌握 CIMS 技术及相关技术的人才;开发建立了若干具有自主版权、且已初步形成商品的软件产品;建立了CIMS 工程技术研究中心、一批实验网点和培训中心,为 CIMS 技术的研究、试验、人员培训打下了基础;在清华大学设立了 CIMS 工程中心,获得美国 SME1994 年度"大学领先奖";华中理工大学 CIMS 研究中心,获得美国 SME1999 年度"大学领先奖";北京第一机床厂作为实施 CIMS 试点单位,获得美国 SME1995 年度"工业领先奖",为国家赢得了荣誉。我国 CIMS 的最主要特点是,用"系统论"指导 CIMS 研究与发展,强调集成与优化,多学科协同发展,理论与实践紧密结合。

在 CIMS 产业化方面,国产 CIMS 产业已经崛起,初步形成了 11 个系列的 CIMS 目标产品,覆盖了企业信息化工程所需要软件产品的 85% 以上;863/CIMS 目标产品已在50% 的 CIMS 应用示范企业得到应用,1999 年 CIMS 主题支持的目标产品销售额已超亿元;国内领先的 CIMS 目标产品开发单位联合形成了一支在市场上可与国外软件竞争的生力军,在国内形成了一支约 3000 人的具有较高水平的 CIMS 研究和产品开发队伍。CIMS 总体技术的研究已处于国际上比较先进的水平。在企业建模、系统设计方法、异构信息集成、基于 STEP 的 CAD/CAPP/CAM/CAE、并行工程及离散系统动力学理论等方面也有一定的特色或优势,在国际上已有一定的影响。在 CIMS 的应用方面,我国已在 20 多个省市(行业)的 200 多个企业实施或正在实施 CIMS 应用示范工程,其中已有 50 家左右通过验收,并取得显著效益。总体而言,我国已在深度和广度上拓宽了传统 CIMS 的内涵,形成了具有中国特色的 CIMS 理论体系。

15.7 大规模定制

15.7.1 大规模定制的产生

近年来,随着物质的极大丰富,长期卖方市场已彻底转换成买方市场。企业迫切需要随时捕获客户的需求,融进更多的定制,直到使每个客户买到自己满意的商品或服务。

许多企业曾试图用增加产品品种来代替顾客的定制要求,在迅速分化的市场面前,努力维持大规模生产的状况。但是,这显然不能满足顾客挑剔的要求,品种的多样化并不等于定制——多样化是指企业先生产出产品,将它们存入成品库,然后等待它们的客户出现,定制则是指应特定客户的要求而生产产品。

大规模定制模式是指对定制的产品和服务进行个别的大规模生产。大规模定制是企业经营中的必然趋势,它能在不牺牲企业经济效益的前提下,了解并满足单个客户的需求,其实质是以大规模的生产方式和速度,为单个客户或小批量多品种的市场定制生产任意数量的产品。

大规模定制模式的实现需要完成以下几个方面的工作:首先分析量化和尽量降低产品多样化的成本,对产品线进行合理化,削减低利润产品的生产,以极大地提高利润,充分利用宝贵资源,提高生产的柔性程度,促进大规模定制产品的开发;其次通过对零件、工艺、工具和原材料进行标准化,作为实施大规模定制的前提条件,降低产品成本,提高加工柔性;再次实行敏捷制造,在无需生产准备时间和库存的条件下,根据订单进行产品的快速生产,实行敏捷产品开发过程,以实现产品的超速上市;最后并行地设计产品族和柔性的制造工艺,围绕模块化的结构、通用的零件、通用的模块、标准化的接口和标准的工艺进行敏捷的产品设计。

大规模定制模式要求将产品模块化,按照客户的要求为其提供唯一的模块组合。例如,摩托罗拉公司在 20 世纪 90 年代为了占据市场的领先位置,率先在企业中实行大规模定制,他们开发了一个全自动制造系统,在全国各地的销售代表用笔记本电脑签下订单的一个半小时之内,就可以制造出 2900 万种不同组合的寻呼机中的任何一种。这种方式彻底改变了竞争的本质,使摩托罗拉成为美国仅存的寻呼机制造商,占有全世界市场份额的 40% 以上。

大规模定制通过柔性的或敏捷的制造,以任意的批量生产多样化的产品,且无需为了改变生产系统的设置而将生产停顿。在相同的设备能力下,当设备运转时,进行大规模定制的工厂,其生产效率要比进行大规模生产的工厂高得多。

产品的设计完成之后,很难再通过其他措施来削减成本,所以必须在产品和生产工艺的设计阶段确定成本,否则,降低的成本甚至不足以补偿实施这类措施本身所需的费用。在典型的企业成本统计中,只记录了材料和人工成本,其他成本称为间接成本而分摊到企业的所有活动中。然后,各种产品不具有同样的间接成本需求,可以通过设计来降低很多间接成本。大规模定制可利用先进的设计技术,设计出需要最少的人工和材料成本的产品,用最低的间接成本有效地生产产品。

15.7.2 大规模定制生产的模式

大规模定制生产模式可以概括为以下三个方面。

1. 产品设计模块化

企业依赖产品创新和技术创新夺取市场,企业的产品是否能根据用户的当前需要和潜在需求快速抢先提供,将成为企业成败的关键。产品结构和功能的模块化、通用化和标准化,是企业推陈出新、快速更新产品的基础。模块化产品便于按不同要求快速重组,任何产品的更新换代,绝不是将原有的产品全部推翻重新设计和制造的。更新一个模块,在主要功能模块中融入新技术,都能使产品登上一个新台阶,甚至成为换代产品,而多数模块是不需要重新设计和重新制造的。因此,在敏捷制造中,模块化产品的发展已成为制造企业所普遍重视的课题。例如福特汽车公司的发动机总部将 6 缸、8 缸、10 缸、12 缸等不同规格的发动机结构进行了模块化,使其绝大部分组件都能相互通用,以尽可能少的规格部件实现最大的灵活组合,并能用同一条生产线制造不同规格的发动机,取得了巨大的经济效益。波音公司在民用飞机的设计和制造中也采用了模块化方法,大大缩短了定制飞机的制造周期。

2. 产品制造专业化

在一般机械类产品中,有 70%的功能部件间存在着结构和功能的相似性,如果打破行业界线,将相似功能的部件和零件分类和集中起来,完全有可能形成足以组织大批量生产的专业化企业的生产批量,这些专业化制造企业承接主干企业开发产品中各种相似部件、零件的制造任务,并能在成组技术的基础上采用大批量生产模式进行生产。当然,在现代制造技术的支持下,这种大批量生产模式已克服了传统的刚性自动线的缺点,具备一定范围内的柔性(可调性或可重构性)来完成较大批量的相似件制造,协助主干企业用大批量生产方式快速提供个性化商品的目标。

3. 生产组织和管理网络化

Internet 的普及和应用,给企业提供了快速组成虚拟公司进行敏捷制造新产品的条件。负责开发新产品的主干企业可以利用 Internet 发布自己产品的结构和寻找合作伙伴的各项条件,专业化制造企业可以在网上发布自己的条件和进行合作的意图。主干企业将据此寻找合伙者,本着共担风险和达到"双赢"的战略目标进行企业大联合来合作开发和生产新产品。这样的联合是动态的,组成的虚拟公司是"有限生命公司",它只是为某种产品而结盟,其生命周期将随产品生命周期的结束而解散,或在另一种产品的基础上调整成新的联合。

通过 Internet,系统构建虚拟企业,可实现产品开发、设计、制造、装配、销售和服务的全过程,通过社会供应链管理系统将合作企业连接起来,按大规模定制生产模式实行有效的控制与管理。

15.7.3　大规模定制生产模式条件下企业间的合作关系

在传统的供求关系管理模式下,制造商与供应商之间只保持一般的合同关系,供应链只是制造企业中的一个内部过程,将通过合同采购的原材料和零部件进行生产,转换成产品并销售至用户,整个过程均局限于企业内部操作。制造商为了减少对供应商的依赖,彼此间经常讨价还价,这种管理模式下的特征是信任度和协作度低,合作期短。但大规模定制生产是以新产品开发,企业与专业化制造企业间的有效合作、互相依存为前提的,构成的网络化虚拟公司的主干企业与伙伴企业间应是能达到"双赢"的合作关系,其合作关系如下:

主干企业与伙伴企业间应共享信息,通过委托代理经常协调彼此的行为;主干企业必要时应对伙伴企业做技术支持和投资帮助,使合伙企业降低成本,改进质量,加快产品开发;在合作过程中建立相互的信任关系,提高运行效率,减少交易、管理成本;对于通用化、标准化程度高的产品模块,应尽量保持一种能持久的关系,确保产品质量稳定;对于个性化产品的关键模块和零部件,主干企业可吸收伙伴企业参与开发和共同创新,建立战略合作关系,加快新产品的开发过程。

总之,在信息时代,大规模定制生产将是制造业的重要生产模式,成组技术将能发挥更大的作用。

—— 小结 ——

本项目介绍了几种比较先进的制造技术,内容包括现代企业生产运作管理的特征,准时化生产的含义,原则、看板管理,精益生产的概念、精益思想,并行工程的含义、特点及实施,敏捷制造的概念及基本特征,大规模定制的含义及生产模式,计算机集成制造系统的产生、含义及应用情况。

—— 复习思考题 ——

1. 现代企业面临的生产环境有什么变化?
2. 简述现代企业生产运作管理的特征。
3. 何谓准时化、生产方式、精益生产、并行工程、敏捷制造、计算机集成制造系统、大规模定制?
4. 并行工程的特点是什么?
5. 敏捷制造的特征是什么?
6. 大规模定制生产模式有哪些?

7. 实现敏捷制造的措施有哪些？

服务器产业的大规模定制

人类社会进入 20 世纪 90 年代,信息与通信产业作为全球最积极,最有生命力的新兴生产力的代表,正日益成为社会与经济发展的强大动力。"信息高速公路"等目标的提出,更成为世界各国早日跨上"信息快车"的最佳契机。在产业界围绕着这一目标所做的种种努力中,对服务器市场的开发和利用,无疑是眼下最有价值也是最亟待解决的课题。国内服务器市场竞争日趋激烈,而客户的个性化要求又越来越强,传统的大规模生产已经捉襟见肘,一种新的生产管理模式——大规模定制应运而生,并逐步成为国内服务器产业发展的新趋势。

随着更多厂商进入服务器产业和国际 IT 市场需求的下跌,国内的服务器市场竞争日益激烈,正逐步发展成为第二个 PC 市场。与此同时,随着国内各行业信息化应用的深入,用户对服务器的个性化需求增加,服务器市场上出现更多的多元化与细分化。面对越来越难以预测的市场,服务器厂商传统的大规模生产已与现代市场竞争越来越不适应。正是在这样的历史背景下,一种新的生产管理模式——大规模定制在国内领先的 IA 服务器厂商宝德科技公司应运而生了,并开始逐步成为国内服务器产业发展的新趋势。

一、个性化服务器市场新卖点

满足用户个性化几乎成为服务器厂商共识。于是在 2000 年,国内服务器厂商就纷纷针对用户的不同需求,推出文件服务器、E-mail 服务器、Web 应用服务器、负载均衡服务器、VPN 服务器、网络加速服务器、NAS 服务器等。各种面向用户不同应用需求并具备个性化功能的服务器产品,使个性化十足的功能服务器市场迅速增长并成为服务器市场最具活力和创新的市场。2001 年,在 Intel 服务器建筑模块战略的推动下,功能服务器一度成为市场的主流。据业内人士分析,国内 IDC 的市场份额在 2003 年将达到 7 亿多美元,功能服务器的需求增长可能在近两三年内超过通用服务器的市场需求,"以应用为本、为客户量身定做"为特征的个性化服务器无疑正成为服务器市场的新的增长点。

二、大规模定制——服务器供需商业模式革命

相对于我们熟悉的规模化生产,大规模定制可以说是一种全新的生产模式。大规模定制是根据每个用户的特殊需求,用大规模生产的效益完成定制产品的生产,从而实现用户的个性化和大规模生产的有机结合。正因为综合了大规模生产和多品种生产的优点,能够同时达到产品的低成本和品种多样化的目的,目前大规模定制已经从技术前沿变成一个又一个行业的必然趋势,成为企业竞争的重要手段。

目前,国内服务器市场群雄并起,竞争已经日益白热化。服务器产品目前已经高度同质化,要在竞争中获得优势,国内服务器制造商能起到的作用只是转换生产方式,建立一种隐性的、面向顾客的、

重组的业务流程。因此，实行企业再造；流程重组几乎都成为 IBM、HP、浪潮、联想服务器厂商的工作重心。"我们的生产方式必须从大规模制造向大规模定制转变，建立起'消费者需要什么就生产什么'的生产体制。"宝德科技公司董事长李瑞杰如是说。同时，由于大规模定制的生产方式通过采用通用化的设计和柔性制造技术，能够有效地降低定制产品的开发和生产成本，且大规模定制的产品都因用户的需求而生产，几乎没有库存，也没有产品老化、过期、变质、报废等现象，产品的迅速上帝能够降低企业的营销成本。重要的是，在大规模定制生产方式下，服务器厂商是根据某一细分市场里客户的要求，提供完全个性化定制的服务器产品，做到每一个客户都能买到自己称心如意的服务器产品。

三、大规模定制离我们有多远？

随着 IA 技术的迅猛发展，基于开放架构和业界标准的英特尔架构服务器已经被广泛应用于企业计算的各个领域，正逐渐成为服务器的新标准；而随着我国信息化进程的推进，国内用户对 IA 架构服务器的需求也越来越大。因此，如何在 IA 标准基础上针对用户需求实施大规模定制生产方式，在服务器产业里实质上已经成为争夺市场和发展空间的基础。目前，国内专业的 IA 服务器厂商宝德科技已经宣布在先前按需定制的基础上，开始在业内率先实施大规模定制的生产策略，从而被一些业内人士看作是国内服务器规模定制生产的一个历史性开端。

对国外品牌而言，戴尔凭借的是领先 PC 行业强大对手的两件法宝：现成部件

和规模定制生产的高效率，它帮助戴尔在更加有利可图的服务器市场夺取份额，这已经使得 IBM、HP 等老牌服务器生产商开始竭力降低成本、提高效率，为顾客提供更经济的选择。戴尔公司以特有的模式经营电脑：为用户定制。确立价格与性能优势的竞争策略，采取直供电脑方式，省去中间环节。目前 IBM、HP 等国外服务器厂商已经在我国的深圳、上海等地投资建立工厂，大力扩大生产规模，推行本土化政策，实施低成本策略，以在占据高端产品市场的同时，抢夺服务器中低端产品市场，普遍的大规模定制生产已经离我们越来越近。

四、与顾客结盟

制造服务器有不同方法。如果以服务器制造工程师为中心造服务器，工程师们整天想着怎样利用自己的技术发明个什么新东西？把它造出来，然后看看有哪些人要。而戴尔用自己的方法造服务器；第一步需要认识顾客；第二步了解他们的需求和好恶，要知道他们所在意的价格；第三步需要本公司能对他们业务效率的提升做些什么。戴尔最大的竞争优势在于了解顾客。他们一直在想，怎样的顾客才是最好的顾客？是最大的顾客吗？是购买力最强的顾客吗？是对本公司的服务要求最少的顾客吗？这些顾客果然是受欢迎的，但不是最好的顾客。最好的顾客应该是能够给戴尔公司以最大启发的顾客。能够教戴尔公司超越现有产品和服务，提供更大附加值的顾客。是能提出挑战！让戴尔想出办法后也可以嘉惠其他人的顾客。

思考题：

1. 你认为国内服务器市场竞争的特点是什么？价格战是一条有效途径吗？为什么？

2. 从生产运作管理的角度，谈一谈我国 IT 业在实施大规模定制的生产方式时，会遇到哪些挑战。

3. 面对客户和最终消费者日趋个性化趋势的需求，国外先进企业的生产方式对国内企业在哪些方面有借鉴之处？

4. 戴尔公司的"直接模式"是怎样产生的？有什么好处？

5. 戴尔公司是怎样看待自己的顾客的？

主要参考文献

陈荣秋,马士华.2006.生产与运作管理[M].第2版.北京:高等教育出版社.

陈荣秋,马士华.2009.生产运作管理[M].第3版.北京:机械工业出版社.

陈荣秋,周水银.2002.生产运作管理的理论与实践[M].北京:中国人民大学出版社.

洪元义等.2002.生产与运作管理[M].武汉:武汉理工大学出版社.

季建华.2004.运营管理[M].上海:上海交通大学出版社.

理查德.B.蔡斯等.2000.生产与运作管理[M].北京:机械工业出版社.

刘丽文.2002.生产与运作管理[M].北京:清华大学出版社.

刘胜军.2003.精益生产——现代IE[M].北京:海天出版社.

骆温平.2002.物流与供应链管理[M].北京:电子工业出版社.

马克.M.戴维斯等.2004.运营管理基础[M].北京:机械工业出版社.

潘尔顺.2003.生产计划与控制[M].上海:上海交通大学出版社.

潘家轺,曹德弼.2003.现代生产管理学[M].第2版.北京:清华大学出版社.

史蒂文森.2000.生产与运作管理[M].北京:机械工业出版社.

田英,黄辉,夏维力.2005.生产与运作管理[M].西安:西北工业大学出版社.

全新顺.2007.生产与运作管理[M].南京:南京大学出版社.

王蓓彬.2004.现代仓储管理[M].北京:人民交通出版社.

严新民.2004.计算机集成制造系统[M].西安:西北工业大学出版社.

杨尊琦,林海.2006.企业资源规划(ERP)原理与应用[M].北京:机械工业出版社.

张淑君,林光.2004.企业运作管理[M].北京:清华大学出版社.

周玉清等.2003.ERP原理与应用[M].北京:机械工业出版社.